Dolcetto d'Acqui, Dolcetto d'Alba, Dolcetto di Diano d'Alba, Lessona, Bramaterra, Boca, Sizzano, Fara, Carema, Erbaluce di Cheri, Freisa d'Asti, Bubino di Cantavenna, Gabbiano, Makvasia di Castelnuovo Don Bosco, Malvasia di Casorzo d'Asti, Dolcetto delle Langhe Monregalesi, Dolcetto di Dogliani, Roero Nebbiolo, Roero Arneis, Dolcetto d'Asti, Ruche di Castagnole Monferrato, Colli Tortonesi, Loazzolo, Colline Novaresi, Monferrato, Piemonte, Langhe, Folcetto di Ovada, Cinque Terre, Rossese di Dolceacqua, Dolceacqua, Riviera Ligure di Ponente, Colli di Luni, Franciacorta, Terre di Franciacorta, Alto Adige, Trentino, Sorni, Colli Conegliano, Pivae, Lison, Pramaggiore, Bagnoli di Sopra, Prosecco di Conegliano Valdobbiadene, Collio Goriziano, Collio, Colli Orientali del Friuli, Friuli Aquileia, Colli Parma, Bianco di Scandiano, Montuni del Reno

ブルーガイド
わがまま歩き……13
イタリア

訪れるすべての街が
圧倒的な個性と迫力で
人の心を揺さぶる

JN204080

ブルーガイド わがまま歩き⑬ イタリア Italy

CONTENTS

- Map イタリア ………………… 6
- Map 主要鉄道路線図 ………… 8
- イタリア旅行基本情報 ……… 10

イタリアを知る
- 高速鉄道で巡る魅力的な旅 …… 14
- 地元っ子も通う実力派お手頃イタリアン…18
- イタリア・アルプスを巡る旅 …… 22
- アマルフィ海岸の旅 ………… 28
- 名景と出会う世界遺産 ……… 30
- 旅のモデルテーマ早わかり …… 34
  - プランニングのヒント1 …… 36
  - プランニングのヒント2 …… 38
  - プランニングのヒント3 …… 40
- 魅惑の教会建築 ……………… 42
- 必ず鑑賞したい巨匠の名作 …… 44
- ビジュアルイタリア美術史 …… 46
- イタリア料理・前菜、第1の皿…48
- イタリア料理・第2の皿 ……… 50
- イタリア料理・パスタ、パニーノ…52
- 郷土料理 ……………………… 54
- イタリア料理・チーズ&ワイン…56
- おみやげ&オペラ …………… 58

ローマ ………………………… 61
- ローマのどこに何がある？ …… 62
- ローマ　おすすめコース① …… 64
- ローマ　おすすめコース② …… 66
- Map ローマ …………………… 68
- Map 地下鉄&トラム&バス路線…80
- 交通
  - 空港から市内への行き方 …… 82
  - 市内の交通／地下鉄 ……… 84
  - バス／トラム／タクシー …… 88
- 見どころ
  - テルミニ駅～クィリナーレの丘…90
  - スペイン広場～ポポロ広場 … 94
  - ヴェネツィア広場周辺 ……… 96
  - パンテオン～ナヴォーナ広場 … 98
  - ヴァチカン市国～サンタンジェロ城…100
    - サンピエトロ大聖堂 …… 102
    - ヴァチカン美術館 ……… 103
  - フォロ・ロマーノ～カラカラ浴場…104
  - アッピア旧街道 ………… 106
- ショッピング ………………… 107
- レストラン …………………… 113
- ホテル ………………………… 118

ローマ起点の旅
- オスティア・アンティーカ … 124
- ティヴォリ …………………… 126
- カステッリ・ロマーニ ……… 128
- ヴィテルボ …………………… 130
- オルヴィエート ……………… 133
- ペルージャ …………………… 136
- アッシジ ……………………… 140
- ラツィオ&ウンブリア
  その他の町 …………………… 142

フィレンツェ ……………… 143
- フィレンツェのどこに何がある？……144
- フィレンツェ　おすすめコース…146
- Map フィレンツェ …………… 148
- Map フィレンツェ中心部 …… 150
- 交通
  - フィレンツェへの交通 …… 152
  - 市内の交通 ………………… 153
- 見どころ
  - ドゥオモ周辺 ……………… 154
  - サン・マルコ広場周辺 …… 156
  - シニョリーア広場周辺 …… 158
  - ウフィツィ美術館 ………… 160
  - アルノ川左岸 ……………… 162
  - 日帰りバスツアー ………… 164
- ショッピング ………………… 165
- Shopping Map
  - トルナブオーニ通り&
    ヴィーニャ・ヌオヴァ通り 169
- レストラン …………………… 171
- ホテル ………………………… 175

街歩き携帯版
切りとり超ワイドマップ
Walking マップ
ローマ
フィレンツェ/ヴェネツィア

ヴェネツィア……219

ヴェネツィアのどこに何がある？…220
ヴェネツィア　おすすめコース…222
Map ヴェネツィア……224
Map ヴェネツィア中心部……226
交通
　ヴェネツィアへの交通………228
　市内の交通………………229
見どころ
　サン・マルコ広場〜リアルト橋周辺 232
　大運河沿い………………234
　ラグーナの島々……………237
ショッピング………………238
レストラン…………………240
ホテル……………………242

イタリア・テルメ…………179

フィレンツェ起点の旅……180

　フィエーゾレ＆プラート……182
　シエナ……………………185
　サン・ジミニャーノ………189
　ピサ………………………191
　ルッカ……………………193
　ラヴェンナ………………196
　ボローニャ………………200
　ウルビーノ………………204
　サン・マリノ共和国………207
　パルマ……………………210
　モデナ……………………213
　フェッラーラ……………216

ヴェネツィア起点の旅……244

　パドヴァ…………………246
　ヴィチェンツァ……………249
　ヴェローナ………………252
　トリエステ………………255

ミラノ……257

ミラノのどこに何がある？……258
Map ミラノ…………………260
Map ミラノ中心部……………262
交通
　ミラノへの交通……………264
　市内の交通………………265
見どころ
　ドゥオモ〜ブレラ地区………266
　ミラノ・ノルド駅〜ナヴィリオ地区 268
ショッピング………………272
Shopping Map
　モンテ・ナポレオーネ通り
　〜スピガ通り……………274
レストラン…………………281
ホテル……………………284

ミラノ起点の旅 …… 288

コモ湖 …… 290
マッジョーレ湖 …… 292
ベルガモ …… 294
パヴィア …… 296
クレモナ …… 299
ガルダ湖 …… 301
マントヴァ …… 303
ジェノヴァ …… 306
ポルトフィーノ …… 310
サンタ・マルゲリータ・リグレ …… 312
チンクエ・テッレ …… 313
サン・レモ …… 315
トリノ …… 316

ナポリ …… 319

Map ナポリ/中心部 …… 320
交通
　ナポリへの交通/市内の交通 …… 324
見どころ
　王宮〜サンタ・ルチア地区 …… 326
　ドゥオモ〜スパッカ・ナポリ …… 328
　ヴォーメロ地区 …… 329
レストラン …… 330
ホテル …… 331

ナポリ起点の旅 …… 332

ポンペイ …… 334
ソレント …… 337
カプリ島 …… 338
イスキア島 …… 341
ポジターノ …… 343
アマルフィ …… 346
サルデーニャ …… 349
バーリ …… 351
アルベロベッロ …… 352
マテーラ …… 354

シチリア …… 355

シチリアへの交通 …… 356
パレルモへの交通 …… 358
パレルモ …… 360
レストラン＆ホテル …… 363
モンレアーレ …… 364
セジェスタ …… 365
タオルミーナ …… 366
アグリジェント …… 368
カターニャ …… 371
シラクーザ …… 373

トラベルインフォメーション 日本編 …… 375

出発日検討カレンダー …… 376
イタリアへいつ旅行する？ …… 378
ツアー選びのポイント …… 380
航空券の手配が要 …… 382
旅の必需品 …… 384
お金の持っていき方 …… 386
持ち物プランニング …… 388
携帯電話 …… 389
鉄道パスの予約＆手配 …… 390
日本でのホテル予約 …… 391
空港に行く …… 392

トラベルインフォメーション イタリア編 …… 403

到着と入国審査 …… 404
帰国日のチェックポイント …… 406
国内を飛行機で移動する …… 408
国内を鉄道で移動する …… 409
バス・フェリーで移動する …… 411
レンタカーで移動する …… 412
電話／インターネット／ATM …… 414
手紙・小包／祝祭日・トイレ …… 416
買い物・免税／ホテル事情 …… 418
レストラン事情 …… 420
　注文・マナーと支払い／バール …… 421
イタリアの世界遺産 …… 422
旅の安全と健康 …… 424
INDEX …… 426

とっておき情報

頼れる旅行関連のホームページ …… 60
前売り予約を活用しよう …… 160
メディチ家とルネサンス文化 …… 163
トスカーナ料理の素材 …… 171
シエナの繁栄とシエナ派 …… 188

ヴェネツィアの歴史と悩み……231	シチリア島はツアーを活用すると便利…365
お得なヴェローナ・カード……254	イタリアの世界遺産……………422
「最後の晩餐」は予約制…………269	
建築を楽しむキーワード………271	
ナポリのショッピング事情……329	
エルコラーノの遺跡を見る……336	ローマってドロボーが
カプリで味わいたいもの………340	多いってホント？………………93
シチリアでアグリツーリズモ…358	

この本の使い方

●通貨記号
　€はユーロ　€1 ＝ 132円　1万円≒€76　(2018年5月現在)

●地図記号
- H…ホテル
- R…レストラン
- S…ショップ
- C…カフェ
- N…ナイトライフ
- 〒…郵便局
- B…銀行
- P…駐車場
- ♀…バス停
- 文…学校
- ✈…空港
- ✚…病院
- ✝…キリスト教会
- i…観光案内所
- ✕…警察
- ▲…山
- ・・・地下鉄
- ——鉄道

●この色の建物はホテル
●この色の建物はショッピングセンター
●この色の建物は主な見どころ

巻頭切りとり地図、
赤わくと青わく＝表と裏の法則

切りとり地図は、表面が地図の周囲が赤わく（ローマ）、裏面が地図の周囲が青わく（フィレンツェ、ヴェネツィア）になっています。それぞれの観光ポイントやお店の記事中で、

●切りとり-15、p.70-F
　ここが赤だと表面地図の15の位置にめざす物件があります
　また、70ページのFの位置にもめざす物件があることを示します。

●切りとり-30、p.148-F
　ここが青だと裏面地図の30の位置にめざす物件があります。
　また、148ページのFの位置にもめざす物件があることを示します。

★レストラン・ページでの各種記号は以下のような意味です。
- €：1人分のコースディナー（前菜＋主菜＋デザート）の目安。飲み物も含みます。
- ☎：事前に予約を入れた方がよい店
- 👔：男性はネクタイ着用、女性はドレッシーな服装などのドレスコードのある店

★ホテル紹介ページのホテル料金は、ホテル公式サイトのスタンダードクラスの客室料金を掲載しており、Sはシングル、Tはツインまたはダブルの部屋の料金です。

★料金、営業時間、定休日、電話番号、交通機関の運行時刻など、本書の各種データは2018年3月確認時までのものです。その後の変更も予想されます。またイタリアでは、これらが実際には厳密に運用されていないケースも見受けられますので、あらかじめご承知おきください。

まずは知りたい イタリア旅行基本情報

イタリアの国旗

イタリアの国章

緑、白、赤の縦三色旗で「トリコローレ」と呼ばれている。フランスの三色旗が起源で、イタリア統一運動のシンボルだったもの。緑は美しい国土、白は雪、赤は愛国者の熱血を表わすと同時に、それぞれ自由、平等、博愛も意味している。

イタリアの州と州都

イタリアのミニ・ガイド

- **国名**●イタリア共和国
- **首都**●ローマ
- **面積**●30万1268㎢（日本の約5分の4）
- **人口**●6050万人（2018年推計）
- **公用語**●イタリア語（北部ではドイツ語、フランス語も話される。歴史・文化的に複雑なため、方言の差も激しい）
- **民族**●諸民族混合
- **宗教**●キリスト教（カトリック）が国民の97％。他にプロテスタント、イスラム教、ユダヤ教。
- **時差**●日本とは8時間の時差（夏時間実施中は7時間）
- **政体**●共和制
- **主要産業**●機械、繊維、自動車、鉄鋼
- **GDP**●1兆8507億ドル（2016年推計）
- **国民1人あたりのGDP**●3万507ドル（2016年推計）
- **経済成長率**●0.9％（2016年）
- **物価上昇率**●-0.1（2016年）
- **失業率**●11.7％（2016年）
- **通貨**●ユーロ
- **国際電話番号**●39
- **在留日本人数**●1万3800人（2016年）
- **イタリア雑学知識**●飲酒できる年齢は16歳以上。20歳にならないと飲めない日本とは、だいぶ違うのは、ワイン大国のお国柄？　また、イタリア料理といえばトマトを使うイメージもあるが、トマト消費量は世界6位と意外と少ない。1人あたり消費量は日本の7倍。

イタリアのあれこれ

■イタリア発祥の文化・芸術運動、食文化は？

15〜16世紀にフィレンツェを中心に始まった文芸復興運動であるルネサンス、「ファストフード」に対抗する概念である「スローフード」運動、新鮮な果物やミルクを使って作られるアイスクリーム「ジェラート」、世界中のカフェで人気メニューになっている「カフェ・ラテ」など。

■世界的なイタリア人オペラ歌手・指揮者と出身地は？

テノール歌手の1人、故ルチアーノ・パバロッティは北部のモデナ出身。ミラノ・スカラ座の芸術監督を長く務めた指揮者リッカルド・ムーティはナポリ出身。世界で活躍する現役バリトン歌手のダビデ・ダミアーニは中部のペーザ生まれ。

■イタリアの製品・メーカー

自動車ではフィアット・グループ（マセラティ、フェラーリ、アルファロメオ、ランチア）、家電製品ではデロンギ、電子機器ではオリベッティ、ファッションではベネトン、グッチ、ブルガリ、プラダ、ジョルジオ・アルマーニ、ジャンニ・ヴェルサーチ、ジャンフランコ・フェレ、フェラガモ、トッズなどが有名。

日本とくらべて

■バーゲンセールの公式解禁日が都市ごとに違う？

イタリアでは、各都市のセール公式解禁日というものが設けられている。たとえば、ある年の冬のセールでは、ナポリが一番早く1月2日から、フィレンツェが7日、一番遅いのがローマで1月14日から、という具合だ。夏のセールはミラノ、ローマが7月4日から、フィレンツェが7日からなど。

■2階は1階？

イタリアでは、建物の1階は「T（ピアノ・テッラPiano Terra、地上階）」と表示される。日本でいう2階は「1階（プリモ・ピアノPrimo piano）」、3階は「2階（セコンド・ピアノSecondo piano）」と表示される。エレベータなどでとっさに日本でいう階数のボタンを押しがちなので、間違わないようにしよう。

通貨

通貨単位　ユーロ€（イタリアではエウロ）
補助単位　ユーロ・セント¢（エウロ・チェント、1€=100¢）

◆ユーロ換算レート　　　　　　　　（2018年5月現在）

1	132円	20	2640円
3	396円	30	3960円
5	660円	40	5280円
7	924円	50	6600円
10	1320円	100	13200円
15	1980円	150	19800円

チップ

　日本人にはなじみの薄いチップの習慣だが、基本的には気持ちよいサービスを受けた場合に払う「心付け」。サービスや商品価格に不満があれば払う必要はない。支払いをする際などに、さりげなく渡そう。リストランテでサービス料が含まれない場合に5％、含まれていれば1人あたり€1くらいをテーブルの上に置く。トラットリアやカフェでは不要。タクシーは料金の5％程度。劇場のクロークに€0.5、案内所に€1程度。ホテルでは、ベルキャプテン€1、ベッドメイク係€1、ルームメイドに用事を頼んだ場合€1（料金は目安）。

イタリアの物価の目安

品物	値段(ユーロ)	解説
ミネラルウォーター、ジュース500mℓ	1	売店で購入の場合。ホテルのミニバーでは3〜4倍
ビール330〜350mℓ	2	
エスプレッソ（カフェで）	3〜	バールでは少し安い
ランチ	15〜	日本より高い
夕食（中級レストラン）	30〜	コースでは安くても、ワインなどの飲み物代がかかる
夕食（高級レストラン）	50〜	
地下鉄、バス	1.50	何度も乗るなら1日券などを購入
タクシー（初乗り料金）	3〜3.30	ローマの中心部の移動なら€15くらいまで
観光名所、美術館の入館料	4〜15	意外に大きな出費になることも
日本への電話（公衆電話）	3〜5	ホテルからかけると手数料が加算される

イタリアのホテル

グレード	★★★★★	★★★★	★★★	★★	★
シングルの料金の目安	350〜	200〜	115〜	70〜	45〜
ツインの料金の目安	500〜	250〜	155〜	100〜	70〜
解説	重厚な感じで、サービスも充実。街の中心部や高級リゾート地にあり、観光やビジネスに便利な立地。	日本のシティーホテルに相当。近代的設備も完備し、サービスもよい。	日本のビジネスホテルに相当。なかには4つ星と変わらない高級感のあるホテルも。	トイレ・シャワーが共同のところも。朝食の時間が決められているなど、日本の民宿に近い。	

星の数は、ホテルのグレードを表す。多いほど高級。　　（単位はユーロ）
1つ星のホテルは、ペンショーネ、ロカンダとも呼ばれている

紙幣

5ユーロ
10ユーロ
20ユーロ
50ユーロ
100ユーロ
200ユーロ
500ユーロ

　ユーロ紙幣のデザインは各国共通。表に門か窓が、裏には橋がデザインされている。紙幣を発行した国は、11桁の番号の最初のアルファベットでわかるようになっていて、イタリア発行の紙幣は番号が「S」で始まる。

コイン

1ユーロ　　2ユーロ

1ユーロセント　2ユーロセント　5ユーロセント

10ユーロセント　20ユーロセント　50ユーロセント

　コインのデザインは表面が各国共通、裏面は発行国のオリジナルデザインになっている。イタリアの硬貨は、ボッティチェッリの『ヴィーナスの誕生』やローマのコロッセオなど、美術作品や観光名所がデザインされている。

祝日

1月1日●元日（Capodanno）
1月6日●キリスト公現祭
（Epifania）
4月21日●2019年の復活祭※
（Pasqua）
（春分後の最初の満月後の日曜日）
4月22日●復活祭翌日の月曜日
（Lunedi di pasqua）
4月25日●イタリア解放記念日
（Anniversario della
Liberazione d'Italia）
5月1日●メーデー
（Festa del Lavoro）
6月2日●共和国記念日
（Fondazione della
Repubblica）
8月15日●聖母被昇天の日
（Assunzione）
11月1日●諸聖人の日
（Ognissanti）
12月8日●聖母受胎祭
（Immacolata Concezione）
12月25日●クリスマス
（Natale）
12月26日●聖ステファノの日
（Santo Stefano Martire）
※復活祭は毎年変動する。

イタリアの単位

日本と同じメートル法を採用している。市場などで見かけるettoエットは100グラムのこと。

イタリアまでのフライト時間

日本からの定期直行便は、アリタリア-イタリア航空が成田空港から週14便（冬期12便）。到着空港は、ローマのフィウミチーノ空港とミラノのマルペンサ空港。フライト時間は、約13時間。直行便の他に、ルフトハンザ ドイツ航空、ブリティッシュ・エアウェイズ、エールフランスなどを利用してEU諸国から乗り継ぎでイタリアに入国することもできる。（→p.382）

コンセント＆プラグ

右がコンセント。左がプラグ。

気候

イタリアの気候は温暖で四季がはっきりしている。ローマ、ミラノの平均気温は東京とほぼ同じ。全体的には日本の気候に似ている。ただし、朝夕の気温差が大きく、中部以北の地方では冬季はかなり冷え込む。夏は直射日光が強く乾燥し、冬は湿度が高い。そのため特に夏季の水分補給はしっかりと。

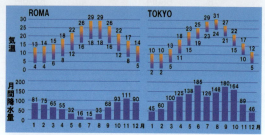

ビジネスアワー

- ■銀行　　　8:20～12:20
  （支店によっては、午後1時間ほど開けるところもある）
- ■オフィス　9:00～13:00、14:00～18:00
- ■一般商店　9:00/10:00～12:30/13:00、15:30/16:00～19:30/20:00
- ■デパート　9:00/10:00～21:00/22:00
- ■美術館　　9:30～13:00、15:00～18:30
  （午前だけ開館の美術館も多い）
- ■レストラン 12:00～14:30、19:00～24:00

電圧とプラグ

イタリアの電圧は220V（日本は100V）。日本と電圧が異なるため、日本で使っていたものをイタリアで使う場合は、220V対応の国際仕様になっているか確認が必要（100-240Vという表示のあるもの）。国際仕様のものならそのまま使えるが、そうでないものは、電圧変換アダプターなどを持参すること。また、プラグの形も日本とは異なる（左下写真参照）ため、そのためのアダプターの持参も忘れずに。

イタリアの飲料水事情

水道水は、アルプスを源流とする石灰質の多い硬水で、衛生上は飲めないことはないが、ミネラルウォータの方が安心。ただし、ローマは水質が良いので水道水でも安心して飲むことができる。硬水が体質に合わない人は（お腹がゆるくなるなど）、軟水のミネラルウォーターで水分補給を。また硬水は髪を傷めるので、保湿性のあるシャンプーやリンスは必需品。下着などを手洗いするなら、石けんではなく硬水でも洗浄力の落ちない中性洗剤を持参するのがおすすめ。

12

電話のかけ方

● イタリアから日本へ
日本の03-6809-0452へかける場合（ダイヤル直通電話）

- **00** 国際電話の識別番号
- **81** 日本の国番号
- **3** 市外局番（0をとる）
- **6809**
- **0452** 相手の電話番号

● 日本からイタリアへ
ローマの06-12345678へかける場合

- **001 KDDI** 電話会社の識別番号
- **0061 ソフトバンクテレコム** / **0033 NTTコミュニケーションズ** いずれか1つを選ぶ
- ※マイライン、マイラインプラスに加入している場合は不要
- **010** 国際電話の識別番号
- **39** イタリアの国番号
- **06** 市外局番（0も必要）
- **12345678** 相手の電話番号

携帯電話＆WiFi事情

海外利用に便利なアプリを日本国内でダウンロードしておこう。ホテルの客室や市内のカフェでは無料もしくは有料でWiFiが使えるところが多く、空港バスや列車、駅構内などでも無料で使える。民間高速鉄道イタロはパスワードをもらい、無料で使える。携帯電話は、自分の機種がイタリアで使えるかどうか出国前に確認し、国際サービスの申し込みをしておきたい。

喫煙事情

イタリアでは禁煙法が施行されており、レストランやバール、美術館、博物館、鉄道など、公共の場での喫煙が禁止されている。「VIETATO FUMAREヴィエタート・フマーレ」（禁煙）という表示や禁煙マークには注意しよう。違反した場合、€27.20～€275の罰金が課せられる。周囲に子供や妊婦がいた場合はさらに罰金が倍額になる。

◆サイズ比較表 日本・イタリア

■女性

	日本	イタリア
服	7	38
	9	40
	11	42
	13	44
	15	46
	17	48
靴	22	34
	22.5	35
	23	36
	23.5	37
	24	38
	24.5	39

■男性

	日本	イタリア
服	S	44
	M	48
	L	52
	LL	56
靴	25	40
	25.5	41
	26	42
	26.5	43
	27	44
	27.5	45

時差　日本は今、何時？

日本時間はイタリア時間に＋8時間。日本が8時間早い（夏時間は＋7時間）。

サマータイム

毎年3月の最終日曜から10月の最終日曜までがサマータイムとなり、時差が1時間短くなる（開始日と終了日が変更される年もあるので注意）。

～イタリアの車窓から～
高速鉄道で巡る魅力的な旅

世界遺産の登録数が世界最多のイタリアは見どころが豊富。効率よく周遊するなら鉄道がおすすめだ。約1万9000kmの鉄道ネットワークが整備され、起伏の多い国土を高速走行する車両技術も発達している。近代的で快適な鉄道を利用して、魅惑の都市を訪れよう。

未来的なフォルムの"イタロ"

全席 座り心地のよい革張りシート

4人掛け席もあるスマートクラス

停車駅に設置されているモダンな待合室。大型タッチパネルでチケットを購入できる

旧国鉄の事業を受け継いだトレニタリアの独擅場だったイタリアの鉄道に、民間鉄道会社NTV社が運行する高速特急列車「イタロ」Italoが加わり、鉄道を使う旅の楽しさと快適さがさらにアップした。

　フェラーリの会長などが出資していることから「フェラーリ特急」ともいわれるイタロは、スタイリッシュな真紅の車体、きめ細やかな接客サービスが好評。清潔で機能的な車内は心地よく、高い乗車率をキープしている。

クラブ・エグゼクティブでは茶菓・軽食サービスも

　イタロの車両は11両編成。座席クラスは特等「クラブ・エグゼクティブ」、1等「プリマ」、準1等「コンフォート」、2等「スマート」の4種類がある。どのクラスも座席に高級革が使われ、座り心地がいい。車内はWiFiが無料で

イタリアの車窓から

鶏肉のトマト煮などの料理が瓶詰に

高級スーパー「イータリー」特製の軽食ボックス

4カ国語でニュースや映画を上映

スマートクラスには映画が上映されるシネマ車両が1両つく

1列3席でゆったりしたスペース

プリマクラスでは高級感ある座席に、9インチのタッチスクリーンTVも完備

使え、コンセントも座席正面の使いやすい位置にある。鍵のかかる大型荷物置き場もある。こうした細かい配慮がされているのがイタロの快適さにつながっている。
　クラブ・エグゼクティブでは主要駅での専用ラウンジの利用、優先乗車サービスがある。また、車内では茶菓・軽食サービスがあるのもうれしい。

「プリマ」「コンフォート」と「スマート」のみ。「ローコスト」は座席数に限りがあり、早い者勝ち。旅程が決まったら、なるべく早く予約しよう。「レイルヨーロッパ・ジャパン」(p.60)などで日本語で予約購入できる。

ローマ、ミラノ、トリノでは駅を使い分けよう

　イタロはこれまでのイタリア鉄道と違い、ローマ、ミラノ、トリノでは中央駅に停まらない列車もある。ローマではテルミニ駅とティブルティーナ駅に停まる。ミラノではミラノ中央駅とロゴレード駅、トリノではポルタ・スーザ駅とポルタ・ヌオヴァ駅に発着する。いずれも交通の便はいいが、市内の移動まで考慮して発着駅を使い分けよう。

親切な係員が待機する専用待合室も魅力

　イタロのもう一つの特徴は、停車駅に専用待合室「カーザ・イタロ」を設けていること。混雑した駅の雑踏を避け、ここで出発までの時間を過ごせるのはありがたい。待合室でもチケット購入や無料WiFiサービスを利用できる。タッチパネル方式の画面でのチケット購入法がわからないときは、係員が親切に教えてくれる。
　運賃は3段制。最も安い「ローコスト」は

運行区間と所要時間

　運行ルートはトリノからサレルノまで、1日約50本。所要時間はミラノ〜ローマを最短2時間40分、フィレンツェ〜ローマが約1時間20分。ミラノ〜ナポリは4時間03分。

イタロ運行路線

料金の一例 (ミラノ〜ローマ片道) ※2018年4月 単位：€				
	スマート	コンフォート	プリマ	クラブ・エグゼクティブ
フレックス	75.90	88.90	113.90	129
エコノミー	38.90	48.90	58.90	78.90
ローコスト	27.90	38.90	46.90	-

イタリアの車窓から　高速鉄道で巡る魅力的な旅　15

～イタリアの車窓から～
高速鉄道で巡る魅力的な旅

イタリア版新幹線で移動時間もじっくり満喫

イタリアの主要列車は、旧国鉄を引き継ぐ民間鉄道会社トレニタリア Trenitalia により運行されている。そのトレニタリアの最速列車が、「フレッチェ」シリーズ Le Frecce の "フレッチャロッサ Frecciarossa"。「赤い矢」を意味する、このイタリア版新幹線は時速300kmでトリノ、ミラノ、フィレンツェ、ローマなどの主要幹線を駆け抜ける。

ミラノ発 ▶ 9:15

車窓を眺めながらの食事も旅の楽しみ

広々としたフレッチャロッサの車内は、内装を自動車のデザインで知られる有名デザイナーが手掛け、センスよい空間に仕上がっている。大きな荷物は収納力のある網棚のほか、座席の背もたれの隙間にも置ける。スタンダードクラスは横4列の配置だが、プレミアムクラスはシート幅がやや広めで、ウエルカムドリンクのサービスがある。ビジネスクラスは横3列でよりゆったりしている。最上位のエグゼクティブクラスではチケットの予約変更などが何度でもでき、出発前なら払い戻しも可能だ。

ミラノ中央駅を滑り出たフレッチャロッサは、のどかな田園風景のなか、ほとんど揺れを感じさせずに滑るように走る。車内ではPCを広げるビジネスマンの姿も多い。

フレッチャロッサには、朝夕食の時間帯は食

フレッチャロッサの車内。落ち着いた色合いのシートが心地よい

リバティ様式やアールデコ様式を取り入れたミラノ駅は、ローマに次ぎイタリアで2番目の乗降客数がある

ヨーロッパで一番美しいとも評されるミラノ中央駅

イタリアの車窓から

スタンダードクラスでも
ゆったりした座席は
乗り心地もいい

フレッチャロッサのスタンダードクラス。PCを置ける広さのテーブルが備わり、WiFiによるネット接続は無料

フレッチャロッサの
バール車両は
明るいオレンジ色が基調

昼前から夕方までバール車両がオープン。各種ドリンクとパニーノなどを販売する

堂車が連結される。車窓の風景を眺めながら温かい食事を味わえるのはいいものだ。1等に相当するビジネスクラスなら食堂車のサービスが始まる前に車掌が希望を聞きに来て、その場でテーブルを予約することもできる。2014年から運行が始まった新型フレッチャロッサ1000では、食堂車の床にも間接照明が施され、より「もてなし感」がアップ。もちろん、バールでパニーノとコーヒーというスタイルでもいい。コーヒーを片手に車窓の景色を眺めていたら、列車はミラノを出て1時間40分ほどでフィレンツェのサンタ・マリア・ノヴェッラ駅に到着。

フィレンツェ発 ▶ 11:08

長時間座り続けても疲れない座席

フィレンツェを出ると、窓外に広がるのは広大なブドウ畑の間に点在する糸杉と民家。看板が林立する日本と違い、車窓風景の素朴な美しさに心洗われる思いがするのもイタリア鉄道旅行の楽しさだ。トスカーナ州からラツィオ州にかけては、小高い山の山頂に、中世の姿をとどめた町々が点在するのが、車窓からも見える。急峻な崖の上にはどんな生活があるのだろう。そんなことを思いめぐらしているうちに、ローマに到着した。

ローマ着 ▶ 12:40

広い構内に商業施設も充実のターミナル駅

ローマ・テルミニ駅は、1日約48万人の乗降客が利用するイタリア最大の鉄道駅。わかりやすい案内板、商業施設も充実しているなど、駅の構造も機能的だ。

イタリア鉄道の大動脈、ミラノとローマの間は最も本数が多く、1日約40便が運行し、ノンストップ便なら2時間55分とハイスピード

フレッチャロッサのビジネスクラス。革張りシートで快適な座り心地

で二大都市を結んでいる。また、2014年には最新型のフレッチャロッサ1000が投入された。「フレッチェ」シリーズの列車群には、フレッチャロッサのほかに、フレッチャルジェント(最高速度250km)、フレッチャビアンカがある。ユーロスターはいずれも全列車が座席指定制。ユーレイル イタリアパスなどを所持している場合でも座席指定料が必要だが、ゆったりした車内での移動は快適そのもの。人間工学を取り入れた座席も快適で、長旅でも疲れにくい。イタリアを旅するならぜひ乗車したい。公式サイトのほか、レイルヨーロッパ・ジャパン(p.60)のサイトから日本語でチケット予約・購入ができる。

雄大で変化に富んだ車窓風景が、
イタリア鉄道旅の魅力

イタリアの車窓から

高速鉄道で巡る魅力的な旅

地元っ子も通う
実力派お手頃イタリアン

イタリア旅行の楽しみの一つが「食」。本格リストランテもいいが、土地の人も普段使いする、デパートのイートインやパニーノ専門店などは旅行者にも強い味方。老舗カフェ＆バールも軽いランチや小腹が空いたときに上手に活用すると、少ない予算でも十分楽しめる。

注目度大！食のデパートで軽食

全国からおいしいものを集めた"食のデパート"でイートイン
イータリー・ローマ
Eataly Roma
MAP p.69-K　ローマ

全国から選りすぐりの美味を集めた店内は、さながら「食のテーマパーク」。1階はスイーツや乳製品、2階はビール、オリーブオイル、チーズ、3階は肉・魚など、約1万4000種類の食材が並ぶ。高品質のおみやげ探しに最強の一軒だ。

- 交 オスティエンセ駅または地下鉄B線ピラミデ駅から地下道を通り徒歩7分
- 住 Piazzale XII Ottobre,1492
- ☎ 06-90279201
- 開 9:00～24:00　休 8/15

肉・魚、パスタ、パンと、それぞれのカテゴリーごとにイートインコーナーも20カ所以上併設。ビールのイートイン（左中）では世界のビールとおつまみを楽しめる

実力派お手頃イタリアン

こだわりが光る お手頃実力店

**温室の陽だまりに心なごむ
緑あふれる隠れ家カフェ**

セッラ・ディ・ジャルディーニ
Serra di Giardini
MAP p.225-L 外　ヴェネツィア

緑少ないヴェネツィア本島で、ほっとくつろげる貴重な一軒。昔の温室を利用した陽光降り注ぐ店内は花屋も兼ねており、カフェではビオ（有機）で作られたパニーノやスイーツも味わえる。

- 交 水上バス1・2番線ジャルディーニから徒歩5分
- 住 Viale Giuseppe Garibaldi,1254　☎041-2960360
- 開 10:00〜20:00　休 カフェ・無休、花屋・月曜

**美しい貴族の館の中庭で
モツァレラ料理を堪能**

オビカ・モツァレラ・バール
Obikà Mozzarella Bar
MAP ●切りとり30 p.150-F　フィレンツェ

ナスとモツァレラのトマトソースパスタや、9種類のピッツァなどのプリモ（第一の皿）が€10.50〜13。リコッタチーズと蜂蜜のムースなど、チーズを使ったデザートもおいしい。美しい邸宅の中庭という立地がゴージャス。

- 交 ドゥオモから徒歩7分　住 Via dé Tornabuoni, 16　☎055-2773526（要予約）　開 12:00〜16:30、18:30〜23:00、土・日曜12:00〜23:00(16:00〜18:30は喫茶のみ)、アペリティーヴォ18:00〜20:00　休 無休

**ラツィオ州直営ワインバーで
名物料理で気軽に一杯**

パラティウム
Palatium
MAP ●切りとり10 p.73-C　ローマ

ローマのあるラツィオ州のワイン紹介のためにオープンしたエノテカ（ワインバー）。珍しいワインを、それに合う郷土料理とともにグラスで気軽に試せる。グラスワインは一杯€3.50〜とリーズナブル。

- 交 地下鉄A線スパーニャ駅から徒歩6分
- 住 Via Frattina,94　☎06-69202132
- 開 エノテカ11:00〜23:30／食事12:30〜15:00、20:00〜22:30　休 日曜、8月の2週間

**ご近所さんに教えてもらった
ワンプレートランチが人気の店**

ボッティリエリア・ダ・ピーノ
Bottiglieria da Pino
MAP p.263-G　ミラノ

手軽なワンプレートランチが好評のトラットリア。骨付き豚スネ肉（写真）など肉料理とリゾットが自慢。メイン料理が選べて前菜とミニグラスワインが付くのランチもお得。

- 交 地下鉄サン・バビラ駅から徒歩5分
- 住 Via Cerva,14
- ☎02-76000532
- 開 12:00〜15:00
- 休 日曜・祝日、8月、12/25、年末年始の約2週間

**中央市場一番の人気店
牛肉とパンの最強タッグ！**

ネルボーネ
Da Nerbone
MAP p.149-C　フィレンツェ

旅行者も楽しめる穴場店がある中央市場。なかでも一番人気はこの店のランプレドット。牛の第四胃袋を柔らかく煮込んだ伝統料理で、それをパンにはさんでくれる。店の前のイートインでビールなども注文できる。

- 交 サンタ・マリア・ノヴェッラ駅から徒歩10分
- 住 Piazza del Mercato Centrale,47r
- ☎055-219949
- 開 7:00〜14:00
- 休 日曜

食のデパート／注目の店

地元っ子も通う
実力派お手頃イタリアン

ほとんどの都市の中心部には、長く地元に愛されてきた雰囲気のよい老舗カフェやバールがあり、こだわりのパニーノやスイーツの味を競い合っている。レストランに飽きたらランチタイムなどに立ち寄ってみよう。

ランチにおすすめ 具だくさんパニーノ

❶七面鳥＆トマト（左）❷生ハム＆チーズ❹サーモン❺サラミ（右下）など具材のよさがわかるパニーノもお手頃。香りのよいカフェラッテ❸と一緒に、優雅な気分でリーズナブルにランチを楽しんで❻クロワッサンや全粒粉パンズに野菜やハムをはさんだパニーノ（サンドイッチ）❼クルミパン、リコッタチーズ入りタルト

上質なパニーノの種類が豊富
老舗カフェの実力発揮
スクディエリ
Scudieri　　**フィレンツェ**

MAP ●切りとり 27 p.151-C

＜上の写真❶～❺＞

ドゥオモと洗礼堂の真ん前という一等地にあり、店内はアールデコのインテリアが美しい。胡椒入りサラミなどのパニーノ（写真下）は上品な味わい。パニーノとスイーツの種類が豊富なのも特徴。

- 交ドゥオモから徒歩1分
- 住Piazza di San Giovanni,19/r
- ☎055-210733　開夏季7:00～23:00（冬季は変動あり）休無休

サクッと歯触りのよい
焼き立てパンとスコーン
パニーノ・ドゥリーニ
Panino Durini　　**ミラノ**

MAP p.263-G

＜上の写真❻＞

ドゥオモやモンテナポレオーネに近い中心部にある。外はサクッ、中はしっとりの焼き立てスコーンや小ぶりのパニーノがおいしいと評判。早朝から開いていて、朝食にも使える。

- 交地下鉄サン・バビラから徒歩5分
- 住Via Durini,26
- ☎02-76024237
- 開7:00～20:30
- 休無休

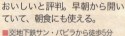

薪釜で焼く具だくさんの
天然酵母パンに舌鼓
フォルノ・ロッショーリ
Forno Roscioli　　**ローマ**

MAP ●切りとり 15 p.72-J

＜上の写真❼～❽＞

近くにあるデリカテッセン＆レストラン「ロッショーリ」のパンを作っているのが姉妹店のここ。このパンがおいしいと地元で評判に。具だくさんのパニーノやタルトは軽食に最適。

- 交カンポ・デ・フィオーリ広場から徒歩3分
- 住Via dei Chiavari, 34
- ☎06-6864045　開7:00～19:30、日曜8:00～18:00　休無休

実力派お手頃イタリアン

ハッピーアワーに軽く飲んでつまみを食べる「アペリティーヴォ」も試したい。実施時間帯は18:30ごろからの約3時間。低料金でおつまみ食べ放題の店もあるが、地元の食材を生かしたこだわりの1品をそろえた店が多いのも、美食の国ならでは。

食材のよさが光る アペリティーヴォの店

魚屋さんの店先で 軽く食べてちょいと一杯
フィアスケッテリア・ディ・ペッシェ
Fiaschetteria di Pesce　**フィレンツェ**
MAP p.148-A

臭みのないイワシのマリネや生ガキをつまみにグラスワインを楽しめる鮮魚店。こんな店が自宅の近くにほしいと思わせる一軒だ。

- 交 トラム・ポルタ・アル・プラートPorta al Plato駅から徒歩8分
- 住 Piazza Taddeo Gaddi,5/6r　☎055-706492
- 開 12:00～15:00、19:00～22:30　休 日曜

ガンベリ（手長エビ）のロースト、サーモンマリネなどのクロスティーニ（カナッペ）は一つ€2前後と手頃

郷土料理のおつまみで ヴェネトワインを楽しむ
アンティコ・ドーロ
Antico Dolo　**ヴェネツィア**
MAP 切りとり39 p.227-G

ディナー前に軽く飲んでつまみを味わえる店。茹でエビなどのヴェネツィア料理のカナッペは一つ約€2.50、ワインも北イタリア中心に80種類以上ある。

- 交 水上バス1・2番線リアルトから徒歩5分
- 住 Ruga Rialto, 778
- ☎ 041-5226546
- 開 11:00～22:00
- 休 無休

「バッカラ」（干しダラ）のカナッペなどヴェネト地方の郷土料理のつまみが楽しめる

地元の人々に愛される テイクアウトの店

ゆっくりレストランで食事をする時間がないときに重宝するのが、立ち食いのできる店。バリエーション豊富なパニーノは具材のマッチングが絶妙で、大満足のボリューム。

お昼時は行列も！ 路地裏のB級グルメ
イ・ドゥエ・フラテッリーニ
I Due Fraterrini　**フィレンツェ**
MAP 切りとり31 p.151-G

間口の狭い店なのに、地元で知らない人はいない人気店。温かいパンに「カプリーノチーズとトスカーナサラミ」など好きな具を詰めてもらい立ち食いを楽しもう。

- 交 シニョリーア広場から徒歩3分
- 住 Via de Cimatori,38/r　☎055-2396096
- 開 10:00～20:00
- 休 無休

昼時には行列ができる。パニーノは€2.50～。モルタデッラチーズとハム（写真）などメニューは約30種類

ミラノっ子に愛されてきた 揚げパン一筋の店
パンツェロッティ・ルイーニ
Panzerotti Luini　**ミラノ**
MAP p.263-G

リコッタやモツァレラなどのチーズ、ハム、ホウレンソウなどを具に、ピッツァ生地のパンを揚げたもの。小腹が空いたときにちょうどいいボリュームだ。

- 交 ドゥオモから徒歩3分
- 住 Via Santa Radegonda,16　☎02-86461917
- 開 10:00～20:00、月曜は～15:00　休 日曜

パニーノ／軽食

山岳リゾートを楽しむ
心に残る大自然と絶景
イタリア・アルプスを巡る旅

北イタリアの山岳地帯は、大きく2つのエリアに分けられる。東のドロミティと西のアオスタ周辺だ。東側は世界遺産に指定された豊かな自然美を誇り、氷河が刻んだ峡谷や奇岩、美しい湖、山麓の牧歌的な町や村などの魅力にあふれている。西側はヨーロッパアルプスの最高峰モンテ・ビアンコ（モンブラン）などを擁し、フランス、スイス側とはまた違った山容を見る楽しみがある。

ドロミティ
ドロミティはオーストリア国境に近いイタリアアルプスの東部の山塊。主峰はトファーナ（3244m）、クリスタッロ（3221m）、ソラピス（3205m）など。

セッラ山群
ドロミティ山塊の中西部にある、3000m級の連山。ここを巡る約23kmのセッラロンダと呼ばれるスキーコースが有名。周辺にはハイキングルートが多数ある。

アオスタ
西はフランス、北はスイスと国境を接するアオスタは、アルプスの名峰と渓谷が造る壮大な景観の山岳都市。モンテ・ビアンコ（モンブラン）やモンテ・チェルヴィーノ（マッターホルン）などへの玄関口となる。アオスタへはトリノもしくはミラノから入る。

● 取材協力：フェロートラベル（p.26参照）

●ラガッツォーイ展望台

コルティナ郊外のファツァレーゴ峠(2105m)からロープウェーで約5分上れば、海抜2803mのラガッツォーイ展望台に出る。広々とした展望台からはトファーナ、チベッタ(3220m)などドロミティ東部の名峰がよく見える。

コルティナ・ダンペッツォ

ドロミティの玄関口コルティナ・ダンペッツォへはヴェネツィアから入る。すり鉢状の谷に位置し、周囲をトファーナ(3244m)、クルスタッロ(3221m)などドロミティの名峰に囲まれている。人口約6570人の町は夏にはハイキングや登山客で、冬はスキー客で賑わう (p.26参照)。

ドロミティ街道とは

ボルツァーノからコルティナ・ダンペッツォまでを結ぶ109kmのドロミティ街道は、オーストリア帝国皇帝フランツ・ヨーゼフによって1895年〜1909年に開かれた。最高地点は標高2239mのポルドイ峠。ボルツァーノとコルティナの間はCortina Expressバスが1日2便出ている(夏季のみ)。途中のOrtiseiとColfoscoで乗り換え、所要時間は約4時間。
https://www.dolomiti.org/

マルモラーダ

ドロミティ山塊の最高峰で標高3342m。北斜面には雪と氷で覆われた氷河があり、フェダイア湖から山頂行きの立ち乗りリフトで登れる。フェダイア湖へはカナツェイからマルガチャペラ方面行きの路線バスに乗り、約20分。

イタリア・アルプスと世界遺産

2009年に自然遺産に登録されたドロミティ山塊は、アルプス東部に位置。最高峰マルモラーダ(3342m)をはじめ3000mを超える山が18峰もあり、荒々しい山容や花咲く草原、モミやトウヒ、アカマツなどの針葉樹が密生した豊かな森が独特の景観を形づくっている。

山岳リゾートを楽しむ　イタリア・アルプスを巡る旅

山岳リゾートを楽しむ

雄大な名峰と山麓の町を訪ねる
ドロミティ街道の旅

ドロミティ街道の最大のリゾート、コルティナ・ダンペッツォからは、ここを基点とする数多くのハイキングコースが整備されている。その中で手軽に楽しめる人気のコースを歩いてみた。雄大な山容、美しい山上湖、可憐な花々が咲き乱れる高原をゆったり歩きながら世界遺産ドロミティをじっくり味わいたい。

コルティナ・ダンペッツォ基点 人気ハイキング3コース

ソラピス山を映し出すミズリーナ湖へはローカルバスで手軽に行ける

コース イ　トレチーメ一周
●所要約4時間30分　●一周約10km

トレチーメ・ディ・ラヴァレード（以下トレチーメ）の3つの岩峰（標高2999m）の周りを一巡りする4、5時間のコース。ドロミティのハイキングコースの中でも動植物の多様さと変化に富む景色の美しさで人気がある。

コルティナのバスターミナルを出たバスは、美しいミズリーナ湖を経てオーロンゾ小屋近くの駐車場（海抜2298m）に到着。ここから3峰を回るトレッキングをスタート。途中エメラルド色の水をたたえた小さな池の畔でなごみ、空を切り裂くようなミズリーナ山脈の荒々しさにもびっくり。初心者でも比較的歩きやすいコースなのに、大地から突き出たようなトレチーメの迫力ある山容やクリスタッロなど3000m級の山々の絶景が見られて大満足。バスを利用して一人でも行けるが、バス便は少ない。帰りのバス時刻をチェックし、ゆとりある行程を組もう。

コルティナ・ダンペッツォ周辺

ロカテッリ小屋（海抜2405m）テラスからのトレチーメ（写真上）。ロカテッリ小屋への道（写真下）

◀ 夏でも雪が残るリフト終点。2本目のリフトは立ち乗り

▼ 展望台からは崖の向こうにミズリーナ湖の青い湖面が見える

コース2 クリスタッロ展望台周遊
●所要往復約2時間

コルティナからのバスをリオ・ジェレで下車。そこからソン・フォルチア（海抜2218m）までと、クリスタッロ山頂間近のスタウニーズ鞍部（2930m）まで2本のゴンドラリフトを乗り継いで展望台へ。ゴンドラ終点にはロレンヅィ小屋（2948m）があり、ここで休憩。展望台からはクリスタッロ（3221m）が目の前に迫り、迫力満点。

▲ 明るく開放的なジアウ峠。正面の山はグセラ峰（2595m）

◀▼ エーデルワイスやレーティクム・ケシ（左上）などの高山植物が咲き誇る

コース3 ジアウ峠〜クロダ・ダ・ラーゴ周遊
●所要約4時間

ジアウ峠（海抜2236m）からスタート。放牧の馬や牛が草を食む草原を抜け、コース最高地点2360mのフォルチェッラ・ジアウに登った後、クロダ・ダ・ラーゴ南麓から東麓へ緩やかに下って、クロダ・ダ・ラーゴ小屋のゴールを目指す。ドロミティの名だたる名峰マルモラーダ、クリスタッロ、セッラ山群が見渡せてとても気持ちいいコースだ。小屋からコルティナまではあらかじめチャーターしたタクシーで戻ろう。コルティナからの公共交通機関はないので、ツアーバスに参加するかタクシーをチャーターすることになる。

▶ フォルチェッラ・ジアウへの道。静寂の山間に、澄み切ったカウベルの音が響く

ドロミティの成り立ち

太古ドロミティは海底だった。18世紀のフランス人地質学者ドロミューはドロミティの山々が炭酸カルシウムとマグネシウムを含むドロマイト岩であることに着目。氷河期に熱帯のサンゴ礁や海底の岩石が侵食され地球の地殻変動により海底が海抜3000mまで押し上げられたことを発表した。今も付近の岩からは海の生物の化石が見つかる。

山岳リゾートを楽しむ

ドロミティ街道

25

◀ クロダ・ダ・ラーゴの東麓を北上し、フェデラ湖を目指す

山岳リゾートを楽しむ

"ドロミティの黄金盆地"
コルティナ・ダンペッツォ

MAP p.6-B

ドロミティへの拠点となるのがコルティナ・ダンペッツォ。迫力ある山々が迫る美しい景観から「ドロミティの黄金盆地」と呼ばれている。コルティナの町には洗練されたショップや宿泊施設も多く、ヴェネツィアからの交通の便もいい。

コルティナの見どころ

聖フィリッポと聖ヤコブ・バシリカ聖堂
Basilica dei Santi Filippo e Giacomo Apostolic

コルティナの町のどこからでも見える聖堂。併設された高さ65.8mの鐘楼（1851～58年）はドロミティで採れる白いドロマイト岩でできている。

■住Piazza Roma

民俗博物館
Museo Etnografico

アンペッツォ谷の伝統的な農村での暮らしが再現され、木工芸品、鉄細工、民族衣装などが展示されている。同じ建物内に古生物学博物館や劇場、コンサートホールもある。

■住Via Marangoni,1
■☎0436-875524

コルティナの郷土料理

ヴェネト地方の影響を受けたポレンタ(写真上)やチロル風シュペッツル(ほうれん草入りニョッキ)、郷土料理カスンツィエイ(赤カブ入りラヴィオリ・写真下)などが町の名物。

観光案内所が主催する現地ツアー

市内中心部にある観光案内所では夏季（一部9月も）にハイキングや農家でのディナー、山の薬用植物の栽培／収穫見学のツアーを実施。6月17日～7月31日と9・10月の2カ月、18時～19時(土・日曜を除く／9・10月は月・水・金曜日)に日本語を話すマヌエラ・コンテさんが相談に応じている。

コルティナ・ダンペッツォへのアクセス

ヴェネツィア・メストレ駅脇のバスターミナルからＡＴＶＯ社のバスで所要約2時間30分。料金は25。チケットはバスターミナルの窓口もしくは乗務員から購入。

スペシャリストが案内する
ドロミティハイキング

ハイキングやスキー専門の旅行会社を利用すれば、個人では不便な場所もじっくり回れる。

ドロミティ街道モデルプラン
（たとえばこんなツアーが）

名峰マルモラーダ、チベッタに迫る山旅
コルティナ＆チベッタ10日間

1日目 日本発→夜ヴェネツィア着 コルティナ泊
ヴェネツィアへ。到着後、ドロミティ街道のリゾート都市コルティナへ専用車で移動。

2日目～4日目 終日コルティナ滞在 コルティナ周辺ハイキング
数多くのハイキングコースの中から旅の目的やコースの難易度に合わせて選べる

5日目 朝コルティナ発コルバラへ ポルドイ峠泊
ドロミティ街道の最高地点ポルドイ峠は街道の中でも風光明媚なポイント！

6日目 朝ポルドイ峠発ハイキング アレゲ泊
奇岩で構成された山々、氷河を抱く高峰、美しい湖の景観が楽しめる

7日目 終日アレゲ滞在
8日目 アレゲ泊
名峰チベッタ山麓にあるアレゲは湖畔に面した静かな町。リフトで標高1922mの展望台へも行ける

9日目 早朝アレゲ発ヴェネツィアへ
10日目 午後、ヴェネツィア発日本へ

●問い合わせ先：
フェロートラベル　アルプスウェイ
http://www.fellow-travel.co.jp/
東京／03-5489-5026　名古屋／052-569-1071
大阪／06-6347-8980

イタリアで一番小さな州
ヴァッレ・ダオスタの旅

古くからスイス、フランスへ通じる交通の要衝ヴァッレ・ダオスタは、イタリア最小の州。州都アオスタからロープウェーに乗り17分で行くことができるピラの展望台からはモンテ・ビアンコ、モンテ・チェルヴィーノ、モンテ・ローザの山頂を一望できる。

アオスタ MAP p.6-A
Aosta

夏はハイキングやサイクリング、冬はスキーを楽しめる山岳都市。初代ローマ皇帝アウグストゥスは中央ヨーロッパに通じるこの地を戦略的に重視し、城門、円形劇場、地下通路などを建造した。「アルプスのローマ」といわれるほどのかつての姿は、現存する100以上の塔や城からも推し量ることができる。

ヴァッレ・ダオスタの主な山々

❶ モンテ・ビアンコ（モンブラン）

イタリア側から見たモンブランはスイス側とはまるで違う荒々しい山容。麓のクールマイユールはヴァッレ・ダオスタ州で最も歴史のあるスキーリゾート。

❷ モンテ・チェルヴィーノ（マッターホルン）

麓の町チェルヴィニアからリフトを乗り継ぎ、スイスとの国境に位置するプラトー・ローザ展望台（3480m）へ上れば、迫力ある山容を間近に望める。

❸ モンテ・ローザ

スイス国境付近の4000m級山々の総称。最高峰は4634mのデュフール峰。麓の町や村には「ヴァルサー」と呼ばれるゲルマン系民族の文化が色濃く残る。

❹ グラン・パラディーゾ

アルプスの高峰のなかで、唯一、イタリア領内にのみ広がるグラン・パラディーゾ（4061m）。観光の拠点コーニュは夏のハイキング、冬のクロスカントリーで有名。

アオスタへのアクセス

ミラノ中央駅からトリノ経由で所要約3時間15分、アオスタ Aosta駅下車。トリノのポルタ・ヌオヴァ Porta Nuova駅からは約2時間。アオスタからは周辺の町までバス（プルマン）が運行。たとえばアオスタからコーニュまではSavda社のバスで所要約50分。アオスタからシャモニー、クールマイユール、セント・ヴィンセントへはVitagroup社のバスが運行している。

- http://www.savda.it/
- http://www.vitagroup.it/

山岳リゾートを楽しむ　コルティナ＆アオスタ

地中海リゾートを楽しむ

紺碧の海とレモンが香る二大リゾート
アマルフィ海岸の旅

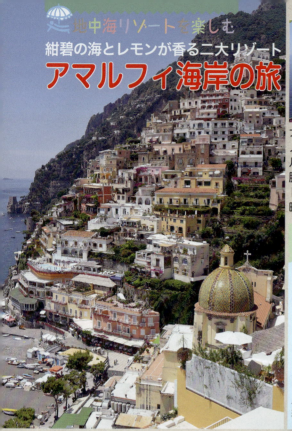

▲マヨルカ焼のクーポラとカラフルな家並みが特徴的なポジターノ

ナポリの南、ソレントからサレルノまでの約40kmにわたるアマルフィ海岸は、海岸線に沿って景勝地が続くイタリア屈指のリゾート。世界の人々を魅了する美しい町を旅しよう。

サレルノ港から4月中旬から9月末まで高速船が運航、アマルフィまで約35分、ポジターノまで約1時間10分。料金約€20～40。

ポジターノ POSITANO
●詳細ガイドは p.343 へ

目にしみる青い海とカラフルな家並み

急峻な崖に建ち並ぶパステルカラーの家々とコバルトブルーの海がコントラストをなす景観から「アマルフィ海岸の宝石」とも。食通もうなるレストランやセンスよいリゾートウエアの店も多く、地中海リゾート気分を満喫できる。

1 ブーゲンビリアの花で飾られた路地の両側に、アクセサリーや風景画などのおみやげ品が並ぶムリーニ通り Via dei Mulini。ここからさらに坂を登ったクリストフォロ・コロンボ通り Via Cristoforo Colombo 一帯が町の中心。2 周辺はレモン栽培が盛ん。レモンのリキュール「リモンチェッロ」は食後酒としてストレートで飲む。3 ムリーニ通りのパラッツォ・ムラット・ホテル向かいで見つけたリゾートウエアの「ラ・スクリーニョ・ディ・ブルネッラ」。夏向きのリネンのワンピースで約€60～。4 ポジターノを代表する人気レストラン「レ・トレ・ソレッレ」（店情報は p.345）。魚介をたっぷり使ったブイヤベース「ズッパ・ディ・クロスタチェイ」などが名物

▲暖かい日なら6月下旬から泳げるアマルフィのビーチ。エメラルド色の入り江に、カラフルなパラソルが並ぶ

アマルフィ AMALFI
●詳細ガイドは p.346 へ

海洋王国の栄華を伝える古都

　中世にはヴェネツィアと並ぶ海運共和国の中心都市として栄えた町。アラブ様式のエキゾチックなドゥオモが当時の面影を伝えている。町なかには活気あふれる店や迷路のような路地もあり、ゆったりと散策を楽しめる。

1 青い海と緑茂る山、南国の町並みが目にまぶしいアマルフィ。8月から9月中旬が最も混み合うシーズン。2 ドゥオモ広場に面した老舗カフェでひと休み。3 カフェの人気菓子スフォリアテッラ。貝の形をしたパイ生地にリコッタチーズクリームとオレンジピールを詰めたもの。4 新鮮なムール貝のスープ仕立て。ムール貝の量にびっくり。5 12世紀中ごろから製紙業が盛んで、今も一枚一枚手漉きで作られるアマルフィ・ペーパーも町の特産品。ドゥオモ前のメインストリートに専門に扱うみやげ店がある。6 海運共和国の財力を象徴するドゥオモ

地中海リゾートを楽しむ

29

アマルフィ海岸の旅

イタリアを知る

心に留めておきたい名景と出合う世界遺産へ、さあ出かけよう

氷河が侵食した絶壁、エメラルド色の地中海を望む壮大なギリシア神殿、
多様な文化が融合した建造物——。
何度訪れても飽きない魅力に恵まれたイタリアは、世界遺産の登録数も世界トップ。
その時代最高の芸術家が腕を奮い、時代のエッセンスを盛り込んだ美と、
豊かな自然景観が融合し、人類にとっての未来への遺産として輝きを放っている。
p.422「イタリアの世界遺産」参照。

Eredita' del Mondo

Turismo & Cultura

イタリアを知る

31

世界遺産

A デル・モンテ城
イタリア半島の踵に位置するプーリア州アンドリアにある八角形の城。フリードリヒ2世が13世紀に建てたこの城は、イスラムとゴシック2つの様式が混合する珍しいデザイン。

B ヴァル・ディ・ノートの後期バロック様式の町々
シチリア南東部カルタジローネ。1693年の大地震後に建てられた後期バロック様式の街並みが残る。

C カゼルタの18世紀の王宮と公園、ヴァンヴィテッリの水道橋とサン・レウチョ邸宅群
ナポリ近郊のカゼルタはブルボン家統治時代の王宮都市。王宮のほか公園、絹織物工場などが残る。

D アルベロベッロのトゥルッリ
トゥルッリと呼ばれるとんがり屋根の住居群は独特の景観。

E アマルフィ海岸
アマルフィを中心に約30km、断崖絶壁に白い家々が建ち並ぶ。

イタリアを知る

Eredita' del Mondo

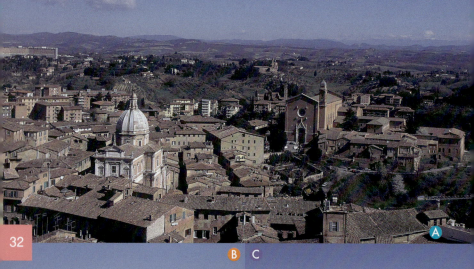

Ⓐ

Ⓑ Ⓒ

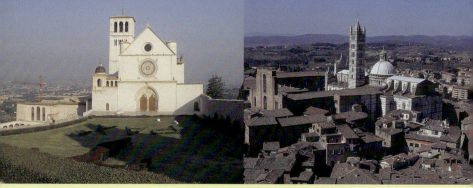

ⒶⒸシエナ歴史地区
シエナは中世の面影を今に残す魅力的な都市。世界一美しいといわれるカンポ広場やマンジャの塔など、市内中心には壮麗なゴシック建築がひしめいている。

ⒷⒹアッシジ、フランチェスコ聖堂と関連修道施設群
ウンブリア州で最も重要な見どころの一つ。標高1290mのスバシオ山の中腹に位置するこの町の聖堂には、若き日のジョットやシモーネ・マルティーニが描いたフレスコ画天井が残る。

Ⓔマテーラの洞窟住居
カルスト地形の丘や谷間に、サッシと呼ばれる先史時代からの洞窟住居群が広がる。

Ⓖモデナの大聖堂、鐘楼とグランデ広場
イタリアでも最も貴重なロマネスク様式の大聖堂の一つ。同じくロマネスク様式の高さ87mの塔は、1169年に建造が開始された。

ⒻⒽヴィチェンツァ市街とヴェネト地方のパッラーディオ様式の邸宅群

Turismo & Cultura

イタリアを知る

33

世界遺産

16世紀後期ルネサンスの代表的建築家アンドレア・パッラーディオが設計した邸宅群が街を彩る。古典的様式を取り入れたシンメトリカルで美しい建築で名声を博し、その影響力はヨーロッパ、アメリカにも広がった。一個人の名が冠せられた建築様式はほかになく、独創性を示している。

旅のモデルテーマ早わかり

アルプスの麓に位置し大パノラマが楽しめる北部、美しい自然と中世の街並みが楽しめる中部、明るい陽光と海の幸が楽しめる南部など、地域ごとに強い個性と魅力を備えたイタリア。
今回、あなたの心に触れるのは、どの地域だろう。

Italy

- AREA 1 ・Milano
- AREA 2 ・Venezia
- Firenze・ AREA 3
- Roma・ AREA 4
- Napoli・ AREA 5
- Sardegna
- Sicilia AREA 6

AREA 1　p257-318
イタリア北西部

商業都市トリノやミラノ、風光明媚なリヴィエラ海岸、スイス国境に広がる湖水地方など、大都市とリゾートが点在し、都市と大自然の両方を楽しめる。ロンバルディア州は、パヴィア、ベルガモ、マントヴァなど、大貴族ヴィスコンティ家やゴンザーガ家のもとで文化芸術が花開いた都市が多く、文化財や建築を訪ねる楽しみも。ピエモンテ州は、イタリアを代表する上質なワインとチーズの産地でもある（p.56、57参照）。

コロンブスが少年時代を過ごしたジェノヴァ

AREA 2　p219-256
イタリア北東部

アドリア海の女王ヴェネツィア、16世紀の建造物が残るヴィチェンツァやロマネスク様式の建築が美しいパドヴァ、夏の野外オペラが有名なヴェローナなど、見どころも多彩。東端の町トリエステでは、エキゾティックなスロヴェニア・東欧文化が色濃い。

ゲーテ『イタリア紀行』に登場するヴェローナは、スカラ家の権威を示す建築が残る

Turismo & Cultura

AREA 3 p143-218
イタリア中北部

芸術作品の数々を堪能できるフィレンツェとシエナ、中世の街並みが残るボローニャ、ロマネスク文化が香る斜塔の町ピサ。教会芸術の町アッシジ、ビザンチン芸術の都ラヴェンナなど、魅力あふれる都市が点在している。ルネサンスの巨匠ラファエロ生誕の地ウルビーノでは、ルネサンス建築を訪ねてみよう。またエミリア・ロマーニャやトスカーナは美食の本場。食べる楽しみも満喫しよう。

食と芸術の町パルマは、フランスやスペインの王朝文化の香りも

AREA 4 p61-142
イタリア中南部

ラツィオ州の州都ローマを中心としたエリア。古代ローマ皇帝の別荘跡が残るティヴォリ、古代遺跡が眠るオスティア・アンティーカ、13世紀の街並みを散策できるヴィテルボ、華麗なる大聖堂で有名なオルヴィエートなどがこのエリア。古代エトルリア文化の本拠地タルクィニアやチェルヴェテリ、ローマ教皇の避暑地だった古城の街カステッリ・ロマーニなどへはローマから日帰りも可能。

歴史的建造物が多く見どころの多いローマ。近郊にも古代エトルリア文化を伝える小都市や古代ローマ皇帝の別荘跡などが点在する

AREA 5 p319-354
イタリア南部

近年、人気高をキープし続けている観光エリア。フランスやスペイン、ギリシア文化の影響を受けた多彩な文化的背景も魅力。火山の噴火で埋もれた古代遺跡ポンペイ、風光明媚なポジターノやアマルフィ、ローマ時代の皇帝の別荘地だったカプリ島、そして、とんがり屋根の街並みが見られるアルベロベッロなどがこのエリアの人気のディスティネーション。

ティレニア海に面した風光明媚なポジターノやアマルフィなどのリゾートや、古代からの岩盤住居が残るマテーラなど独特な景観が魅力

AREA 6 p355-374,349-350
シチリア／サルデーニャ

地中海に浮かぶイタリア最大の島シチリアは、島全体で一つの州を形成。古代ローマ時代に建てられた神殿跡が残るアグリジェント、古代の別荘跡ヴィッラ・ロマーナ・デル・カサーレ、バロック様式の建築群が残るヴァル・ディ・ノートなど文化遺産も多数。また、サルデーニャも一つの州を形成。富裕層がバカンスを過ごす高級リゾートのエメラルド海岸や、ローマ時代の遺跡が残るカリアリなどの街がある。

ギリシア、アラブ、ノルマンなどの支配を受けたシチリア島では、風景も個性的

イタリアを知る

旅のモデルテーマ早わかり

プランニングのヒント

1 初心者向けベーシックコース
3大都市に魅惑の中都市をプラス 北〜中部を満喫する欲張りプラン

必見の都市に加えてトスカーナの町へも

イタリアは初めてという人にも、2度目の人にもお勧めしたい北部、中部を巡るベーシックなコース。パッケージツアーでもアッシジ、シエナ、ピサなどの中都市は組み込まれているものも多いので初心者でも安心。

コースの魅力
- ローマ、フィレンツェ、ヴェネツィアという見どころ満載の3大都市に加えて、個性豊かな中都市を網羅
- 新幹線に相当するフレッチャロッサやイタロで快適に旅できる
- 移動時間は2時間半以内、体力の消耗を抑えられる

アドバイス
- パッケージツアーに同様の企画があれば、パッケージを利用したほうが費用が抑えられ、時間の無駄も省ける。
- 個人でまわるときは、電車やバスの時刻を予め調べて、待ち時間の無駄を抑えよう。
- 2度目の旅なら、アッシジの代わりにペルージャ、シエナやピサの代わりにヴェローナやボローニャに宿泊しても変化をつけられる。ヴェローナからミラノへは列車も頻繁に出ている。
- フィレンツェに時間を割く場合はシエナかピサを省略。

■モデルプラン（一例）
9泊10日　ベーシックプラン

1日目　日本発 ➡ 夜ローマ着　ローマ泊
★ワンポイント
日本からの便が着くのは夜。夕食は機内で済ませておき、ホテルは空港からの交通アクセスのよいところにしよう。

2日目　ローマ観光　ローマ泊
★ワンポイント
見どころの多いローマ。初めての滞在なら2日、3日と延泊してもまわりきれないほど。全体の日程を組む際に調整しよう。

3日目　ローマ ➡ アッシジ ➡ フィレンツェ　フィレンツェ泊
★ワンポイント
アッシジは小さな町だが、見どころはすべて足でまわることになるので、観光には少なくとも3、4時間はかかると考えておこう。

4日目　フィレンツェ ➡ シエナ日帰り　フィレンツェ泊
★ワンポイント
シエナへはバス便も多く、日帰りが可能。朝早く出発して、余裕を持って行動しよう。帰ってきてからフィレンツェの街歩きも。

5日目　フィレンツェ ➡ ピサへ日帰り　フィレンツェ泊
★ワンポイント
ピサもフィレンツェから十分日帰りで楽しめる。フィレンツェにスーツケースを置いて、身軽に旅しよう。

6日目　フィレンツェ ➡ ヴェネツィアへ　ヴェネツィア泊
★ワンポイント
フィレンツェを午前中に出発する便に乗れば、夕方ヴェネツィア観光に時間を使える。ヴェネツィアまでは高速列車で約2時間。

7日目　ヴェネツィア観光　ヴェネツィア泊
★ワンポイント
ヴェネツィアもまた見どころが多い。初めてのヴェネツィアなら最低でも2泊はしたい。

8日目　ヴェネツィア ➡ ミラノへ　ミラノ泊
★ワンポイント
ヴェネツィアからミラノへは高速列車で所要約2時間15分。意外に美術館、博物館が充実したミラノでもう1泊するのも一案。

9日目　ミラノ発

10日目　日本着

Turismo & Cultura

日本からのアクセスがよいミラノ、
ローマを基点に人気の見どころをしっかり網羅！

イタリアで最も人気の高いローマ、フィレンツェ、ヴェネツィアを組み込んだベーシックなプランに、中部、北部の魅惑の都市を見てまわる。2度目のイタリアでも満足の欲張りプランだ。ここではローマ着・ミラノ発だが、この逆でもOK。

商業と芸術の都
ミラノ ▶p.257

イタリア屈指の商業都市だが、文化財も数多い。レオナルド・ダ・ヴィンチの最高傑作『最後の晩餐』だけでなく、オペラシーズンは観劇も楽しめる。

世界のどこにもない風景を求めて
ヴェネツィア ▶p.219

クルマが走らない水の都ヴェネツィアは、必ず訪れたい街。街全体がまるで巨大なアミューズメントパークのよう。着いた瞬間から非日常を味わえる。

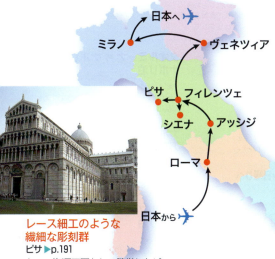

聖者が生まれた山上の町
アッシジ ▶p.140

イタリアの守護聖人、聖フランチェスコが生まれた町。おだやかな田園風景が広がるウンブリア州の丘の上にあり、12〜13世紀の宗教建築やフレスコ画の大作など中世そのままの芸術作品を見ることができる。

古代ローマ時代の神殿

アッシジは古代ローマ時代にはローマに属する自由都市として発展を遂げた。町の中心には紀元前1世紀に建てられたミネルヴァ神殿があり、神聖ローマ帝国の侵略に対抗して築かれた中世の要塞も残っている。

レース細工のような繊細な彫刻群
ピサ ▶p.191

かつて海運王国として繁栄したピサ。その名残は美しい建築群が残るドゥオモ広場周辺の華やかさに見られる。予約すれば内部を見られる斜塔も必見。

トスカーナ芸術のもう一つのふるさと
シエナ ▶p.185

ルネサンス芸術の都フィレンツェと並ぶ文化発信地だったシエナ。街には数々の文化財が残り、イタリアの数ある広場の中でももっとも美しい広場と称されるカンポ広場は一度は訪れたい。

イタリアを知る

プランニングのヒント1

プランニングのヒント

2 南イタリア周遊コース
人気の南イタリアを巡る
イタリアらしさいっぱいのこだわり旅

イタリアが2度目の人、南イタリアに最大の関心があるという人に、おすすめしたいコース。目の覚めるような地中海の青い海とレモンの香るリゾート、遺跡巡り、世界遺産と、思い切り欲張りな充実旅を味わって。

美しい南イタリアの中でも印象的な街を訪ねる

コースの魅力
- シチリア、アマルフィ海岸、アルベロベッロのトゥルッリ、マテーラの洞窟住居など南イタリアの人気スポットをまわる
- 歴史的に見逃せない観光ポイントを周遊
- 世界遺産をいくつもまわる贅沢なコース

アドバイス
- 南イタリアは交通の便が悪く、移動効率が悪い。パッケージツアーに同様の企画があれば、利用したほうが料金面でも時間効率の面でもお得。
- 個人でまわるときは、電車やバスの時刻、乗降場所をしっかりチェックして。

■モデルプラン（一例）
10泊11日 人気の南部をめぐるプラン

1日目 日本発 ➡ 夜パレルモ着
パレルモ泊
★ワンポイント
日本から乗り継ぎでパレルモへ。到着は深夜になるので空港からアクセスのよいホテルを。

2日目 パレルモ観光　モンレアーレ日帰りへ
パレルモ泊
★ワンポイント
パレルモからモンレアーレはバスで約30分。帰りのバス時刻を調べて行動しよう。

3日目 パレルモ ➡ アグリジェントへ
アグリジェント泊
★ワンポイント
神殿地区は駅から離れており、バスの本数も少ない。パレルモを朝早めに出発しよう。

4日目 アグリジェント ➡ タオルミーナへ
タオルミーナ泊
★ワンポイント
アグリジェントからカターニャまでSAIS社のバス利用、カターニャから鉄道で移動を。

5日目 タオルミーナ観光
タオルミーナ泊
★ワンポイント
タオルミーナは小さな町なので半日で観光できる。翌朝早朝出発でもOK。

6日目 タオルミーナ ➡ ナポリ
ナポリ泊
★ワンポイント
タオルミーナからナポリへは特急ICでも約7時間。午前発の列車に乗って移動を。

7日目 ナポリ ➡ サレルノ ➡ アマルフィ
アマルフィ泊
★ワンポイント
ナポリからアマルフィへは、鉄道でサレルノまで行きSita社のバスがベスト。

8日目 アマルフィ ➡ サレルノ ➡ ナポリ
ナポリ泊
★ワンポイント
サレルノからナポリまでの急行列車は便数が少ない。前日までにチケット入手がおすすめ。

9日目 ナポリ ➡ バーリ ➡ アルベロベッロ
アルベロベッロ泊
★ワンポイント
ナポリ〜バーリ〜アルベロベッロは計5時間30分の長距離移動。朝早い出発がおすすめ。

10日目 アルベロベッロ ➡ バーリ乗り継ぎローマ発
★ワンポイント
バーリ発ローマ経由の飛行機、午後は便数が少ない。乗り継ぎを調べ出発時刻を決めよう。

11日目 日本着

Turismo & Cultura

一度は行きたいシチリアまで足をのばし
世界遺産を巡る見どころ満載の旅

リピーターも垂涎のシチリアを含め、たっぷり味わう通好みの旅。地中海文化の交差点シチリア、独特の住居が世界遺産に指定されているアルベロベッロなど、目に触れるものすべてが珍しく、忘れられない旅になりそう。余裕があれば洞窟住居で有名なマテーラにも足をのばしたい。

世界遺産の海岸で思い思いの時間を
アマルフィ ▶p.346

イタリア屈指の美しさを誇るアマルフィ海岸。アマルフィでは色鮮やかなモザイクが残るイスラム風ドゥオモを見学したら、「アマルフィの宝石」と呼ばれるポジターノへも。ティレニア海を眺めながらのウォーキングも楽しい。

円錐形のとんがり屋根の集落
アルベロベッロ ▶p.352

とんがり屋根と白塗りの壁を持つ石積みの家並みがかわいらしい。トゥルッリと呼ばれるこの家々は200年以上の歴史がある。とくにアルベロベッロは有名で、世界遺産にも登録されている。

ノルマン様式の華麗な建築
モンレアーレ ▶p.364

パレルモの南西約8kmのところにある。ギリシア、アラブ、ビザンチン、ノルマンなど各様式の混在するドゥオモは保存状態もよく、必見。ノルマン=アラブ芸術の最高傑作の一つに数えられる。

東西文化の交差点
パレルモ ▶p.360

フェニキア、アラブ、ノルマンなどに支配された歴史を持つ、ナポリに次ぐ南部第二の都市。街中にはビザンチン、イスラム様式の建築が多数残り、エキゾチックな趣。シチリア各地へのバス便もよい。

海を見下ろすローマ劇場
タオルミーナ ▶p.366

青一面の海を見下ろす古代ローマの円形劇場。そこに立つと、いにしえのシーンが目の前によみがえる。シチリアでも屈指の美しいこの町には、ノルマン、アラブ、スペインの文化が今も香る。エキゾチックな情緒を満喫できる。

青い海を見下ろす丘に建つギリシア建築
アグリジェント ▶p.368

古代ギリシア時代の神殿が点在する「神殿の谷」は、一度は訪れてみたいところ。ギリシアの詩人ピンダロスはこの丘を「この世で一番美しい場所」と称えた。遺跡エリアを見た後は、博物館で出土品、美術品を鑑賞するのも忘れずに。

イタリアを知る　プランニングのヒント2　39

プランニングのヒント

3 ヴェネツィア、フィレンツェを中心に中世の街並みを巡る旅
2大都市にグルメと文化の街をプラス

印象に残るイタリアを求めている人におすすめの、わがまま歩きのためのプラン。ヴェネツィアとフィレンツェの間に位置する美しい中世の街や、魅力的な小都市を歩いてみよう。

2度目以降のイタリアなら気品あふれる小さな町へも

コースの魅力
- 2度目の旅なら小さな街へも足をのばそう。見どころの多いヴェネツィア、フィレンツェを中心に、自分だけの旅をアレンジ
- 現地発着オプショナルツアーを利用して、手ごろな手作りツアーをつくれる
- 美しい小都市に心やすらぐ

アドバイス
- ヴェネツィア、フィレンツェに小都市をプラスしたじっくり滞在型のツアーは変わらぬ人気。ツアーを利用すれば、個人でホテル、航空券を手配するより安くあがる。
- 個人でまわるときは、現地発着オプショナルツアー情報を事前に集めておこう。
- ヴェネツィア、フィレンツェからの日帰りを上手に組み合わせ、大きな荷物を持っての移動は最小限にすると消耗を防げる。

■モデルプラン（一例）
9泊10日　イタリア中北部の珠玉の街を訪ねて

1日目 日本発 ➡ ヴェネツィア着　ヴェネツィア泊

2日目 ヴェネツィア観光　ヴェネツィア泊
★ワンポイント
ヴェネツィアが初めてなら2泊は取りたい。全体の日程を調整しよう。

3日目 ヴェネツィア ➡ ボローニャへ　ボローニャ泊
★ワンポイント
ボローニャへは高速列車で所要約1時間15分。列車の本数も多いので移動はラク。

4日目 ボローニャ ➡ パルマ　パルマ泊
★ワンポイント
パルマまでは高速列車で所要約50分。午前中に出発すればボローニャから日帰りで観光できる。

5日目 パルマ ➡ モデナ ➡ フィレンツェ　フィレンツェ泊
★ワンポイント
パルマ－モデナは列車で約30分の距離。パルマからフィレンツェまではほとんどの列車がボローニャ乗り換えとなる。

6日目 フィレンツェ観光　フィレンツェ泊
★ワンポイント
フィレンツェが2度目なら、日帰りでシエナ、ピサ、サン・ジミニャーノなどを見学するのもおすすめ。

7日目 フィレンツェ ➡ オルヴィエート ➡ ローマへ　ローマ泊
★ワンポイント
フィレンツェからオルヴィエートは約1時間45分。オルヴィエートからローマはインターシティで約1時間。午前11時頃までにフィレンツェを出発したい。

8日目 ローマ観光　ローマ泊
★ワンポイント
何度訪れても見たい風景があるローマ。時間が許すならさらに滞在して楽しもう。

9日目 ローマ発

10日目 日本着

Turismo & Cultura

ロンバルディアの美食都市や宮廷文化の香る古都をまわる

世界に例のない水上都市ヴェネツィア、ルネサンス芸術が花開いたフィレンツェ。人気の2大都市に加えて、ロマネスクやゴシックの名建築で彩られた宝石のような街オルヴィエートや宮廷文化の遺産が見られるモデナ、美食の街パルマをまわり、イタリア中北部の美しさに触れる。

世界遺産のグランデ広場
モデナ ▶p.213

バルサミコ酢の産地モデナもグルメの町。かつての領主エステ家ゆかりの宮殿や博物館などもあり、散策するだけで楽しい。

独特の景観が旅情を誘う
ヴェネツィア ▶p.219

水の都のロマンティックな景観が心に残るヴェネツィア。リピーターならヴェネツィアの代わりに、野外ローマ劇場の残るヴェローナを訪れるのもいい。

おいしい生ハムを味わおう
パルマ ▶p.210

フランス領になったこともあり、どこかフランス的な雰囲気がある。グルメの街で、最高級の生ハムはこの近郊でつくられる。朝市を訪れる楽しみも。

美食で知られる回廊のある街
ボローニャ ▶p.200

中世の都市計画によって張り巡らされた回廊が残る街は、歩くだけでも楽しい。グルメの街だけに、食事の楽しみも倍増。

何度でも飽きない永遠の都
ローマ ▶p.61

古代遺跡が多いローマは、悠久の歴史を刻むスケールの大きな見どころがいっぱい。時間の許す限り、心ゆくまで楽しもう。

中世の香り残る丘の上の町
オルヴィエート ▶p.133

城塞都市オルヴィエートは、古くはエトルリア人が地下都市を築き、いまだその一部しか発掘調査が済んでいないという。イタリアの奥深さを感じさせる街で、ロマネスク時代の名建築も魅力。ローマからの日帰り客が多いが、静かなこの街で一泊するのもロマンティック。

イタリアを知る　41　プランニングのヒント3

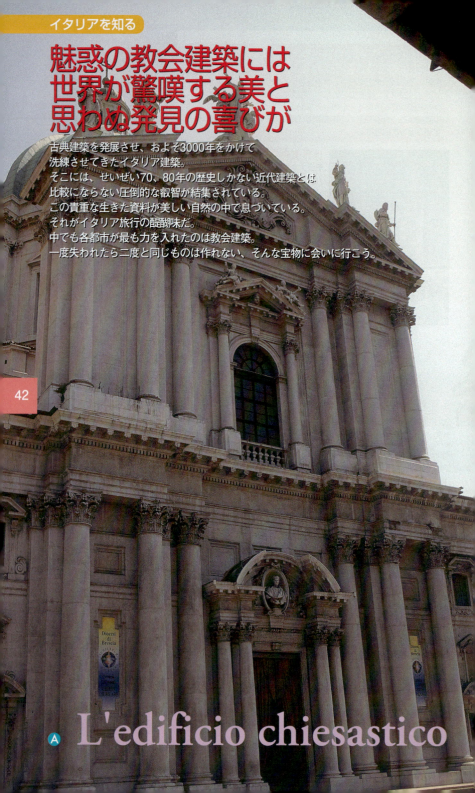

イタリアを知る

魅惑の教会建築には 世界が驚嘆する美と 思わぬ発見の喜びが

古典建築を発展させ、およそ3000年をかけて
洗練させてきたイタリア建築。
そこには、せいぜい70、80年の歴史しかない近代建築とは
比較にならない圧倒的な叡智が結集されている。
この貴重な生きた資料が美しい自然の中で息づいている。
それがイタリア旅行の醍醐味だ。
中でも各都市が最も力を入れたのは教会建築。
一度失われたら二度と同じものは作れない、そんな宝物に会いに行こう。

Ⓐ *L'edificio chiesastico*

Turismo & Cultura

Ⓐ ミラノから日帰りが可能な北部の町ブレッシャのドゥオモ。イタリアで3番目に高いドーム、白大理石の堂々とした正面ファサードが目を引く。

Ⓑ シチリア島の海の玄関口メッシーナのドゥオモに付属する鐘楼。震災や第二次世界大戦で壊滅的な打撃を受けたが、その後修復された。歴史の荒波をくぐり抜けて生き続ける。

Ⓒ メッシーナのドゥオモ。後期ゴシック様式の扉、細部の装飾に、美へのこだわりが見えてくる。

イタリアを知る

43

教会建築

Ⓓ アマルフィのドゥオモ柱廊玄関。アラブ・ノルマン様式の混合、モザイクによる装飾にも歴史が息づく。

Ⓔ 中世のシエナでは華やかなドゥオモが建造された。シエナの大聖堂の下半分はロマネスク、上部は後期ゴシックの二つの様式が調和している。

Ⓕ ギリシア、ノルマン、アラブに支配された時代を持つシチリア島では、さまざまな様式の文化財が混在。メッシーナのサンティッシマ・アヌンツィアータ・デイ・カタラーニ教会。

Ⓖ 洞窟住居群で知られるマテーラにも、凝灰岩の石切り場に建てられた岩窟教会がある。

Ⓗ 13世紀に建立されたマテーラのカテドラル。ロマネスク様式の建築として、建造当時の姿をよくとどめている。

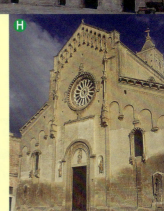

古代ローマやバロック期、ルネサンスの芸術作品が街を彩る
ローマ

古代ローマ時代の政治・経済の中心ローマには、遺跡のほかにも、古代エトルリア美術、ギリシア・ローマ時代やバロック期の彫刻作品など見るべきものが多い。圧倒的な質と量の収蔵品を誇るヴァチカンでは、ラファエロ、ミケランジェロ、レオナルド・ダ・ヴィンチなどの芸術作品も必見。鑑賞にはできるだけ時間を割きたい。

▲美術史上に燦然と輝く巨匠たちの代表作に出会えるヴァチカン美術館。中でもシスティーナ礼拝堂の『最後の審判』はミケランジェロの最高傑作

▲ローマはまたバロック期の芸術作品の宝庫でもある。バロック様式の噴水彫刻は街を彩る最高の装飾品

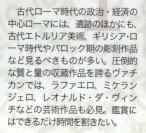

▲ヴァチカンのサン・ピエトロ大聖堂にはミケランジェロが23歳のとき制作した『ピエタ像』が。悲嘆に暮れるマリア、死せるキリストのリアルな表現は迫力満点

どこで何を見る？
必ず鑑賞したい巨匠の名作

世界の観光客を永遠に惹き付ける美の国イタリア。
その魅力を思う存分に味わうには、どの街で何を見るか、
外せない美術館や博物館はどこか、
自分流の目的地を決めること。
歴史に残る天才たちの芸術品に触れれば、
心洗われ、パワーもチャージ。

ルネサンスの巨匠作品に出会う街
見逃せない名品が結集
フィレンツェ

15〜16世紀に花開いた文芸復興運動ルネサンスの中心地。ルネサンスの巨匠、ラファエロ、ボッティチェッリ、ミケランジェロ、カラヴァッジョら、ルネサンス絵画の傑作を集めたウフィツィ美術館は必見。ルネサンス運動を財政面から支えたメディチ家が収集した数々の美術傑作は、何度この街を訪れても鑑賞したい。

▼ウフィツィ美術館収蔵の『受胎告知』は、20代のレオナルド・ダ・ヴィンチの実力を示す貴重な1作。空気遠近法を用いた遠景表現、写実的な野草の描き方などから、天文学、物理学、建築学など多彩な分野に関心を広げたダ・ヴィンチの才能が伝わってくる。

▲ウフィツィ美術館の至宝『ヴィーナスの誕生』と『春』。どちらもボッティチェッリの最高傑作。海から上がるヴィーナスを祝福する『ヴィーナスの誕生』、愛と美の女神ヴィーナスを中心に、三美神と春の女神・花の女神を配する『春』。色彩の華やかさ、おおらかで甘美な輪郭線、装飾的な構図は初期ルネサンスの代表的な作品。

Turismo & Cultura

ダヴィンチの足跡が残る街は
イタリア有数の美術館も
ミラノ

　北イタリア屈指の商業都市ミラノは、ルネサンス期に活躍したレオナルド・ダ・ヴィンチ、ラファエロ、ボッティチェッリや14〜19世紀のヴェネツィア派絵画などの重要作品を収蔵する美術館や教会が多数。また、4〜9世紀頃に建てられたロマネスク様式の建築も意外なほどたくさん残っている。美術・建築に興味のある人は、この街も外せない。

▲レオナルド・ダ・ヴィンチの最高傑作『最後の晩餐』。予約制（p269参照）。日本語表示のあるサイトで予約できるので、鑑賞の予定をスケジュールに組み込もう。

▲▶イタリアを代表する絵画を集めたブレラ絵画館も見逃せないスポット。中でもジョバンニ・ベッリーニの最高傑作『ピエタ』は、数百年前に描かれたと思えないほど鮮やかな色彩、情緒性豊かな表現

この街に惹かれた多くの
芸術家・文化人の遺産が息づく
ヴェネツィア

　中世に建てられた教会の中で、創建当時と同じ状態でティツィアーノやティントレットらヴェネツィア派絵画の巨大作品が見られるのが、この街を訪れる喜びの一つ。優美な色彩表現と大胆な構図で知られるヴェネツィア派絵画作品を集めた北イタリア屈指の規模を誇るアカデミア美術館も必ず訪れたい。

エトルリア文化と
優美な13世紀芸術の故郷
ペルージャ

　清らかな天使画で知られるフラ・アンジェリコ、ラファエロが師と仰いだペルジーノなど、ウンブリア派と呼ばれる芸術家たちの絵画作品を集めた国立ウンブリア美術館や、エトルリアやゴシックなどさまざまな時代の建築が残る古都。

ラファエロを産んだ
芸術のゆりかご
ウルビーノ

　ルネサンスの巨匠ラファエロやイタリアを代表する建築家ブラマンテを生んだ街。ラファエロの生家が残っており見学できる。また、ルネサンス絵画をじっくりと鑑賞できる国立マルケ美術館やルネサンス様式の宮殿や邸宅があり、15〜16世紀の街並みをそぞろ歩きながらの旅は印象深い。

◀アカデミア美術館収蔵ティントレット『聖マルコ』シリーズの代表作。巧みな遠近法、大胆で斬新な構図、ドラマティックな作風に注目

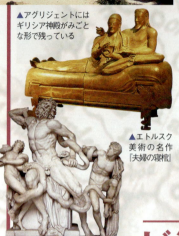

▲アグリジェントには ギリシア神殿がみごと な形で残っている

▲エトルスク 美術の名作 『夫婦の寝棺』

▲ヘレニズム美術の名作 『ラオコーン』

古代　ギリシア美術〜ローマ美術

　紀元前8世紀以来、イタリア南部とシチリアはギリシアの植民都市として栄え、ギリシア美術が開花した。当時の遺物は、シチリアのアグリジェント遺跡(p.368)などに見ることができる。イタリア中部では、紀元前4世紀までエトルリア(アルカイック)美術が全盛期を迎える。エトルリア美術の特徴は、ギリシア美術の流れを受け継いだ端正な表現に、より生き生きした表現やオリエントの影響が合わさっていること。エトルリア美術は、ローマのヴィラ・ジュリア・エトルリア博物館、ヴァチカン美術館(p.103)のなかのエトルスコ博物館で見ることができる。

　次に起こるのが、ヘレニズム期と呼ばれるエポックの美術。この時代は、アレクサンダー大王によって征服された小アジアの都市に新しい作風が起き、ヴァチカン美術館に展示されている『ラオコーン』などの美しい作品が生まれた。

　エトルリアを含めギリシア世界を吸収して地中海の覇者となったローマ人は、首都ローマを中心に、堂々たる競技場、浴場、劇場、水道橋などの大建築を次々築いていった。カラカラ浴場(p.105)、コロッセオ(p.105)、パンテオン(p.99)などがこの時代の記念物だ。

ビジュアル早分かり イタリア美術史
知れば知るほど旅の味わいが深くなる

▼ラヴェンナのガッラ・プ ラチーディアの霊廟を彩る モザイク

◀優美なロマネスク建築の代表作 ピサのドゥオモ

▶シモーネ・マルティーニの代表作『受胎告知』

中世　ビザンチン・ロマネスク・ゴシック美術

　中世に入ると、コンスタンティノープルに首都を置く東ローマ帝国が文明の庇護者となり、東方の影響を受けた美術様式が現れる。それがビザンチン美術だ。313年にキリスト教が公認されると、それ以後は教会内部を色石のモザイクや絵で埋めつくし、初期キリスト教的世界を表現するビザンチン美術が花盛りになる。北イタリアのラヴェンナのサン・ヴィターレ聖堂(p.197)やガッラ・プラチーディアの霊廟、シチリアのパレルモにあるノルマン宮殿(p.362)、ヴェネツィアのサン・マルコ大聖堂(p.232)のモザイクがその代表作だ。

　11世紀に入ると、ピサのドゥオモ(p.192)、フィレンツェではサン・ジョバンニ洗礼堂(p.155)に見られるような、端正な直線美と狭い窓を特徴とするロマネスク建築の時代になる。

　12世紀後半からは、するどい尖塔や高さのあるクーポラを特徴とするゴシック様式の時代になる。この時代の代表建築がミラノ、フィレンツェ、ボローニャ、オルヴィエートのドゥオモだ。絵画では、人物表現をより情感豊かに描くようになったのが特徴。ゴシックの代表画家に、フィレンツェのウフィツィ美術館に展示されている『受胎告知』を描いたシモーネ・マルティーニ、同じくフィレンツェのサン・ジョバンニ洗礼堂の西・南面の扉彫刻を手がけたピサーノ父子がある。

Turismo & Cultura

近代　ルネサンス美術

　15世紀になると、フィレンツェとシエナで「芸術復興運動」（ルネサンス）が起こる。この時代はもっとも文芸が高揚し、すばらしい巨匠たちを生み出した。絵画ではチマブーエ、ジョット、フラ・アンジェリコ、マサッチョ、フィリッポ・リッピ、サンドロ・ボッティチェッリ、マンテーニャ。建築ではブルネレスキ、彫刻ではドナテッロ、ギベルティなどのトスカーナ、ウンブリア出身の巨匠たちが活躍した。15世紀末から16世紀にルネサンスは頂点に達し、欧州全土にまで広がっていった。この時代に活躍したのがフィレンツェとミラノで活躍した天才レオナルド・ダ・ヴィンチ、フィレンツェとローマで活躍したミケランジェロ、ローマで活躍したラファエロ、ヴェネツィア派のティツィアーノ、ティントレットといった巨匠たちだ。レオナルド・ダ・ヴィンチの傑作『最後の晩餐』(p.268) にはミラノで、ミケランジェロの『ダヴィデ』(p.157) にはフィレンツェで出会える。

▼ウフィッツィ美術館に飾られたフィリッポ・リッピの傑作『聖母子と二天使』

▲ヴァチカン、システィーナ礼拝堂を飾るミケランジェロの天井画（部分）

▲ウフィッツィ美術館にあるミケランジェロの絵画作品『聖家族』

　イタリアほど第一級の芸術作品の宝庫である国も珍しい。大都市はもちろんだが、どんな小さな町を訪れても、西洋美術史の教科書に名前が出てくるような名匠の美術品・建築があるのだから。その長い歴史が育んだ芸術作品の数々を堪能するために、ぜひイタリア美術史のツボを押さえておきたい。

▲ウフィッツィ美術館の宝、ボッティチェッリの『春』（部分）

17世紀　後期イタリア・ルネサンス、バロック美術

　ルネサンス末期には、人体を細長く引き伸ばしたりして強調する「マニエリスム」と呼ばれる人為的な画風が流行る。その時代の代表画家がパルミジャニーノ。やがて、行過ぎたマニエリスムは飽きられ、豪華な趣向を旨とするバロック様式が全盛となる。この時代に活躍したのがボローニャ派のカラヴァッジョ、高揚感溢れる画風で知られるヴェネツィア派のティエポロなどの画家と、ローマのサン・ピエトロ大聖堂(p.102)の彫刻を手がけたマデルナ、ベルニーニ、ボッロミーニなどだ。ベルニーニの傑作は、サン・ピエトロ大聖堂の大天蓋(p.103)、ナヴォーナ広場の『四大河の噴水』など。また、ボッロミーニの代表作はローマのサン・カルロ・アッレ・クアトロ・フォンターネ教会などがある。

◀若きカラヴァッジョの自画像とされる『病める少年バッカス』

▲装飾性豊かで優美な表現を得意としたティエポロ（ヴェネツィア、サン・ロッコ大信徒会堂）

▶ベルニーニの傑作『アポロンとダフネ』（ローマのボルゲーゼ美術館）

ボッロミーニの代表作クアトロ・フォンターネ教会

イタリアを知る

47

イタリア美術史

イタリアンフードを味わいつくす

カプレーゼ ● *Caprese*

▲トマトとモッツァレラチーズを取り合わせた定番メニュー。塩とオリーブオイルでさっぱりといただく

モッツァレラ・ディ・ブーファラ ● *Mozzarella di Bufala*

▲水牛の乳からつくる新鮮なモッツァレラチーズと生ハムなど。塩とオリーブオイルの味付け

クロスティーニ・ディ・フェガト ● *Crostini di Fegato*

▶トスカーナ地方のパンに、鶏レバーペーストを塗ったカナッペ。生ハムなどとともに出されることもある

前菜
Antipasti
アンティパスト

生ハム、野菜、魚介など。その日のおすすめを盛り合わせたAntipasto mistoアンティパスト・ミストを頼むのもいい。全体の量を考えて注文しよう。

グルメの国イタリアでこそ楽しみたいグルメカタログ

日本ではパスタやピッツァが有名だが、それはイタリア料理を構成するほんの一部。それぞれの土地で特徴ある産物が食卓を賑わせ、コースを楽しむリストランテでは前菜、パスタやスープ、肉・魚料理、デザートと続く。野菜の種類も実に豊富だ。ワインとともにバリエーション豊かな食の世界を楽しみたい。

カルパッチョ ● *Carpaccio di tonno*

▲マグロのカルパッチョ。牛肉のカルパッチョなども人気メニュー。パルミジャーノ・チーズやルッコラなどの野菜を合わせることが多い

生ハムメロン／イチジク ● *Prosciutto e Melone/fichi*

▼生ハムの定番メニュー。メロンMeloneの代わりにイチジクfichiを盛り合わせたプロシュート・エ・フィーキも人気

La buona cucina Italiana

第1の皿
Primo Piatti
プリモ・ピアット

パスタやリゾット、スープなどが前菜の次に出てくる。肉・魚料理の前に、お腹に入れる料理で、炭水化物が中心。少なめに頼んだり省略してもOK。

イカ墨のスパゲティ ● Spaghetti neri con Seppie

▶ イカ墨とイカの身を使ったパスタ。甘いイカの身と、潮の香りのするソースは、あっさりした味わい

スパゲティ・カルボナーラ ● Spaghetti alla carbonara

▶ ベーコン、パルミジャーノチーズ、黒胡椒、卵の黄身が入ったパスタ。コクのある味はクセになりそう

豆のスープ ● Zuppa di fagioli

▲ 豆や野菜のスープは第1の皿のカテゴリー。肉・魚料理がくる前に、軽くお腹に入れる健康志向の一品

付け合せ／野菜
Contorno/Verdura
コントルノ・ヴェルドゥーラ

第1の皿か第2の皿を注文する際に、併せて注文するのが一般的。サラダInsarataインサラータのほか野菜のソテーやフライ料理なども用意されている。

ニョッキ・ゴルゴンゾーラソース ● Gnocchi al gorgonzola

▲ じゃがいもの粉と小麦で練ったパスタ。もちもちした食感が、青カビのチーズによく合う

野菜のソテー ● Verdure alla Griglia

▲ 旬の野菜を網焼きしたもの。塩とオリーブオイル、ハーブなどで味付けすることが多い

▼ ズッキーニの花の中にリコッタチーズなどを詰めて揚げたもの。ほんのり苦い花とコクのあるチーズが絶妙にマッチ

花ズッキーニのフライ ● Fiori Fritti

イタリアを知る

イタリア料理

イタリアンフードを味わいつくす

第2の皿
Secondi Piatti
セコンド・ピアット

肉・魚のメイン料理。メニューには肉carni、魚pesciと記載され、素材も料理法も多彩。量が多く食べきれないときは第2の皿を省略したり、2人で分けてもOK。

草を食む前の子羊（アバッキオ）をローストしたもの。骨付き肉にニンニク、ローズマリーなどのハーブがよく合う

アバッキオ ●Abbacchio

オッソブーコ ●Ossobuco

▲子牛のすね肉煮込み。トマトやワインとともによく煮込んだすね肉は、とろとろに柔らかく、すね肉独特の甘みがある

魚介のフライ ●Fritto misto di mare

▲シーフードのミックスフライ。エビ、イカ、タコ、小魚をからっと揚げ、塩とレモンでさっぱりと食べる

サルティンボッカ ●Saltinbocca

▶薄切りにした子牛肉に生ハム、セージを挟んでソテーしたもの。料理名は「口の中にすいすい入る」。その名のとおり食が進む

デザート
Dorci

ドルチェ

▼イタリア版フルーツポンチ。カットフルーツに蒸留酒グラッパ、グラニュー糖をあえたもの

▶タルト生地にフルーツとクリームを載せた定番。洋ナシ、ブルーベリー、ラズベリーなどフルーツは季節で変わる

▼フルーツ系、クリーム系などさまざまな味がある。カロリーが一般的なアイスクリームの約半分と低いのもうれしい

マチェドニア ●Macedonia

フルーツタルト ●Cestina di Frutti di Bosco

ジェラート ●Gelato

La buona cucina Italiana

ピッツァ
Pizza
ピッツァ

本場だけに種類は豊富。手で延ばした生地にチーズと、さまざまな具を載せて、窯で短時間で焼き上げる。とろけるチーズとフレッシュな具材のハーモニーに思わずうっとり。

水牛モツァレラ
● Mozzarella di Bufala

◀ローマ風水牛のモツァレラを使った贅沢な一品。フレッシュなモツァレラの風味を生かすため具材はシンプル

カプリチョーザ
● Capricciosa

▲「気まぐれ」という名のピッツァ。その日の気分でいろんな具材を載せて作る。生ハム、ゆで卵、黒オリーブ、フンギ、アーティチョークなど

八百屋風
● Ortolana

クアトロ・フォルマッジョ
● Quattro Formaggio

▼「漁師風」という名前のとおり、小エビやイカなどシーフードを載せた潮騒の香りのする一品

▲ズッキーニ、パプリカ、ナスなど、旬の野菜をふんだんに使ったヘルシーな一枚

▲モツァレラ、ゴルゴンゾーラ、タレッジョ、パルミジャーノと4種類のチーズを贅沢に使った一品。チーズ好きにはたまらない

ペスカトーレ
● Pescatore

腸詰ソーセージ入り
● Salsiccia

◀塩味の利いた腸詰ソーセージ「サルシッチア」を載せたもの。シンプルながら癖になるおいしさ

生ハムとルッコラ
● Prosciutto e rucola, formaggi

生ハム、ルッコラ、フレッシュなモツァレラチーズ、とうもろこしなどが競演

サヴォイア家王妃マルゲリータがナポリを訪れた際に注文したのが名の由来。シンプルだが最高のコンビネーション

マルゲリータ
● Margherita

51 イタリアを知る／イタリア料理

イタリアンフードを味わいつくす

パスタ
Pasta
パスタ

数百種類のパスタがあり、調理のバリエーションも地方色豊かなイタリア。訪れる町々で出合うパスタ料理は、忘れられない旅の思い出になるはず。今度の旅で、どんなパスタに巡り合えるだろう。

ボローニャ風ニョッキ ●Gnocchi al Bolognese

▲ウサギや猪肉を使ったミートソースのニョッキ。ニョッキはじゃがいもと小麦粉で作るイタリア版「すいとん」によく合う

ペンネ・アッラビアータ ●Penne all'arrabiata

◀トマトと唐辛子のスパイシーなソース。唐辛子を使わないトマトソースならペンネ・アル・ポモドーロ

タリアテッレ・アイ・フンギ・ポルチーニ ●Tagliatelle ai Funghi porcini

◀幅約4ミリの平打ち麺タリアテッレ。秋の味覚の代表ポルチーニ茸による味付け

スパゲティ・ボンゴレ ●Spaghetti con Vongole

◀日本でも定番のアサリのスパゲティ。ニンニクと唐辛子で食欲をそそる味付け

ラヴィオリ ●Ravioli

◀平たいパスタ。中にリコッタチーズやカボチャなどの具を詰めたもの

ラザニア ●Lasagna

◀板状のパスタ。リコッタ、パルミジャーノ、モツァレラという3種類のチーズを混ぜて使うことも一般的

魚介のスパゲティ ●Spaghetti alla Pescatora

▶「漁師風」という意味のスパゲティ。手長エビ、アサリ、ムール貝などの魚介がたっぷり

▼幅広麺のパッパルデッレはウサギや猪、牛肉などのミートソース「ラグー」と相性抜群

パッパルデッレ、ラグーソース ●Pappardelle al Ragu di Carne

アサリとトマトソースのジェメッリ ●Gemelli con vongole rosso

▶「双子」という意味を持つ、くるんと内側にカールしたショートパスタ。断面がS字状になっているのでソースの絡みがよい

52

La buona cucina Italiana

パニーノ
Panini
パニーニ

イタリア版サンドイッチ。生ハムやチーズ、フレッシュな野菜を詰めたパニーノは、それだけで立派なランチに。バールでもカジュアルなトラットリアでも食べられる。

★商品の名前は店によって異なる場合もある

カルパッチョ
● Carpaccio

▲ローストビーフとハードタイプチーズはコクがありボリューム満点。ルッコラの爽やかさもプラス

サルモーネ
● Salmone

▲スモークサーモンをさっぱりとレモンで引き締めたヘルシーなサンド

生ハムとルッコラ
● Prosciutto e rucola

▲シンプルな定番。ルッコラより香りの強い野生種ルッコラ「セルバチコ」を入れることも多い

ジュスト
● Giusto

▲スモークハム、モツァレラ・チーズ、トマト、アンチョビをはさみ、マスタードで味付け

タルトゥーフォ
● Tartufo

▲パルマ産生ハム、ブリー・チーズ、ルッコラ、トマトなどを入れ、白トリュフのオイルで風味付け

テッラノーヴァ
● Terranova

▲塩漬けラードを加えてつくるスパイシーなモルタデッラ・ハム、ブリー・チーズが、こってりとした味わい

イタリアを知る

53

イタリア料理

バールの基本メニュー

コーヒーだけでもこんなバリエーションが！

バールは立ち飲みが基本だが、席に座って注文することも可能。立ち飲みの場合はレジで注文を伝えて先に支払い、レシートを持ってカウンターで商品を受け取るシステム。席に着く場合は給仕係に注文し、最後に支払う。

エスプレッソ
● Espresso

◀食後に必ず飲むのが、濃厚なエスプレッソ。食後だけでなく、1日に何度も立ち飲みする

カプチーノ
● Cappuccino

▼エスプレッソと泡立てた牛乳を半々に注いだもの。ずっしりとお腹にたまるので、朝食に飲むことが多く、午後は飲まない

カフェ・マッキャート
● Caffe Macchiato

▼エスプレッソに泡立てた牛乳を少し入れたもの。牛乳が多くエスプレッソが少なめのものはラッテ・マッキャートLatte Macchiato

カフェ・コンパンナ
● Caffe con Panna

▼エスプレッソに、ホイップした生クリームを載せたもの。食後酒アマレットを加えるバージョンもあり

旅の思い出を彩るのは、どんな料理？

ミラノ
Milano
穀倉地帯を抱えるミラノは米料理「リゾット」がポピュラー。叩いて薄く延ばした子牛肉をフライパンで揚げたカツレツなど、シンプルな肉料理も多い。

リゾット・アッラ・ミラネーゼ
Risotto alla Milanese

ミラノ風リゾット。黄色い色はサフラン。コンソメで煮込み、仕上げにパルミジャーノ・チーズでコクを出す

コトレッタ・ミラネーゼ
Cotoletta alla Milanese

ミラノ風カツレツ。叩いて薄く延ばした子牛肉にパン粉をつけて揚げたもの。塩とレモンでさっぱりと

オッソブーコ
Ossobuco

子牛のすね肉をトマトと白ワインでじっくり煮込む

旅の思い出を彩るのは、どんな料理？

南北に長く地域によって地形や気象の異なるイタリアでは、変化に富んだ食文化が発達してきた。
麺一つとっても、スパゲティは南イタリア、手打ちパスタは北イタリアが本場であるなど、食文化は郷土と結びついている。
イタリアを旅したら、その土地ならではの味を楽しもう。

ラザーニャ
Lasagna

平たい板状のパスタ。イノシシや鴨、ウサギなどのミートソースをはさんで焼いたもの

タリアテッレ・ラグー・アッラ・ボロネーゼ
Tagliatelle ragù alla bolognese

ボローニャ風タリアテッレ。イノシシやウサギなど肉をベースにしたミートソースを絡める

ボローニャ
Bologna
広大な穀倉地帯が背後に広がるイタリア有数の美食都市。ひき肉を使ったソースをあえたパスタ「ボロネーゼ」やラザニアなどが名物。

子牛肉を生ハムで包み、セージの葉で香りを添えて焼いたもの。バターとオリーブ油を併用する

サルティンボッカ
Saltimbocca alla romana

ローマ
Roma
歴史が古く、18、19世紀の庶民料理がベースとなっている。肉が貴重品だった頃の伝統で、内臓や尻尾などを使った肉料理が発展。トマトやベーコンを使った料理も多い。

アバッキオ
Abbacchio

子羊肉をローズマリーを添えて焼いたもの。オーブン焼きはabbacchio al forno

スパゲティ・アマトリチャーナ
Spaghetti all'amatriciana

トマト、豚のほほ肉、羊乳のチーズ「ペコリーノ・ロマーノ」で仕上げたソースを絡める。アペニン山脈麓のアマトリーチェという村が発祥

フリット・アッラ・ロマーナ
Fritto alla Romana

野菜や内臓のフリット。古代エトルリア人が中東から取り入れたアーティチョークcarciofiもローマ人のお気に入り

La buona cucina Italiana

ヴェネツィア
Venezia

古くから海運で栄えたヴェネツィアでは、アドリア海の魚介をふんだんに使った食文化が発展。トウモロコシのお粥「ポレンタ」やイカ墨のパスタなどもぜひ味わいたい。

アンティパスト・ディ・ペッシェ・エ・ポレンタ
Antipasto di Pesce e Polenta

魚介の前菜ポレンタ添え。ポレンタとは、トウモロコシ粉で作るお粥のようなもの

ペッシェ・アッラ・グリーリア
Pesce alla Griglia

シーフードのグリル。エビやカニ、魚をシンプルにグリルし、レモン汁をかけて食べる

フリット・ミスト・ディ・マーレ
Fritto Misto di Mare

シーフードをからりと揚げたフリット。シンプルに塩、レモンで味わう

フィレンツェ
Firenze

農業が盛んなトスカーナはキアナ牛が有名。この肉を豪快に炭火焼きしたTボーンステーキや豆料理、内臓料理など、素材の持ち味を素朴に味わう料理が多い。

ビステッカ・アッラ・フィオレンティーナ
Bistecca alla Fiorentina

上質なキアナ牛のTボーンを炭火でシンプルに焼いたステーキ。レモンと塩で、素材のうまみを味わう

クロスティーニ
Crostini

牛の第二胃袋ハチノスをトマトソースで煮込んだ内臓料理。意外に癖がなく、あっさりした味わい

薄切りのトスカーナパンに、鶏レバーペーストや豆のピュレを載せたカナッペ。生ハムを盛り合わせることも

トリッパ
Trippa alla Fiorentina

フンギ・ポルチーニ・アッラ・グリーリア
Funghi Porcini alla Griglia

秋になるとこれを楽しみにしているファンは多い。グリル料理はポルチーニの風味が一段と引き立つ

シチリア
Sicilia

地中海の幸に恵まれたシチリア。ギリシャ、ビザンチン、アラブなどの食文化の影響も残る。マグロのステーキ、イワシや生ウニのパスタ、野菜の煮込みカポナータなどが名物。

スペイン料理の影響を受けたもので、ナスやズッキーニ、パプリカなどを甘酢で煮込んだもの

ライスコロッケ。牛肉の煮込み入りCarneカルネ、ハムとモツァレラチーズ入りProsciuttoプロシュットなどがある

アランチーニ
Arancini

カポナータ
Caponata

イタリアを知る / イタリア料理

旅の思い出を彩るのは、どんな料理？

チーズ Formaggio フロマッジョ

地方ごとに個性あるチーズが勢ぞろい。料理に欠かせないだけでなく、デザートにも使われる。

北

北部

北部はイタリア有数の穀倉地帯。アルプスの牧草で作られるクリームやチーズ、バターの生産が盛ん。牛乳と山羊の乳を原料にしたチーズが多い。

タレッジョ Taleggio

ロンバルディア州で作られるウォッシュタイプのチーズ。ねっとりした舌触りと癖のある味わいがチーズ好きに好まれる

ゴルゴンゾーラ Gorgonzola

フランスのロックフォール、イギリスのスティルトンと並ぶ世界三大ブルーチーズの雄。パスタやピッツァ、料理に使われる。アルプス山麓が原産

マスカルポーネ Mascarpone
ロンバルディア州原産だが今は全国で生産。ゴルゴンゾーラなどと混ぜ合わせたりしてパスタソースに、あるいはジャムやフルーツを合わせてスイーツにも使われる

パルミジャーノ・レッジャーノ Parmegiano Reggiano

エミリア・ロマーニャ州にあるパルミジャーノ・レッジャーノで育てられた牛からだけ作られる定番のチーズ

イタリアで味わいたいチーズ&ワイン

イタリアのチーズは約450種類。そのまま食べるだけでなくパスタソースに使ったり、フルーツとあえてデザートにも。ワインもまた北から南まで地方ごとに特色ある逸品が作られている。チーズもワインも「原産地統制呼称」というシステムによって、産地と品質が守られている。

中南部

カンパーニャ州では、湿地帯を利用しての牛の飼育が盛んで、水牛の乳から作られるモツァレラが有名。新鮮食材を使ったシンプルな料理に合うチーズが多い。

ペコリーノ Pecorino

本場はローマのあるラツィオ州とサルデーニャ島。羊の乳を使ったチーズで、スパゲティ・カルボナーラやジェノベーゼ・ソースなどに使う

モツァレラ Mozzarella
カンパーニャ州など中南部を中心に作られる。水牛の乳を使ったものが最高級品。淡白な味わいで、サラダやピッツァに最適

南部

モツァレラと同じ製法で作られ、加熱すると糸状に伸びるスカモルツァなどがある。シチリアではパイ生地にリコッタを詰めたお菓子「カンノーロ」も人気がある。

リコッタ Ricotta

南イタリアで作られる脂肪分の少ないクリームチーズ。パスタやサラダ、デザートにと幅広く活躍する万能チーズ

スカモルツァ／カチョカヴァッロ Scamorza/Caciocavallo
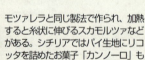
モツァレラの熟成を進めて水分を少なくしたもので、紐でくくって吊り下げて熟成させる。シチリアに古くから伝わる製法のものはカチョカヴァッロと呼ばれる

南

La buona cucina Italiana

ワイン Vino/Vini
ヴィーノ／ヴィーニ

地方によってさまざまな特徴がある。旅行中はぜひ料理とワインのマッチングを試してみよう。

北部

ピエモンテ州では、イタリアを代表する「バローロBarolo」「バルバレスコBarbaresco」などの最高級赤ワインがつくられる。また、シャンパンに似た発泡性スプマンテSpmanteも北イタリアの特産。

A ソアーヴェ Soave
ヴェネト州の白ワイン。「いい気持ち」という名前のとおり、冷やして飲むと爽快

B テッレ・ディ・フランチャコルタ Terre di Franciacorta
ロンバルディア州のDOCで赤と白がある。スパークリングの「フランチャコルタ」もある

C バルバレスコ Barbaresco
ピエモンテ州の最高級DOCGワイン。フルボディの濃厚な味わいの赤

中部

トスカーナ地方のキアンティ Chianti、シエナ郊外モンタルチーノ Montalcinoの銘酒「ブルネッロBrunerro」、モンテプルチャーノMontepulcianoの赤ワインのほか、さわやかな白ワインも多く生産している。

D ブルネッロ・ディ・モンタルチーノ Brunerro di Montalcino
熟成期間24カ月、うち4カ月以上オーク樽で熟成させた長期熟成のDOCGワイン

E ロッソ・ディ・モンタルチーノ Rosso di Montalcino
ブルネッロと同じサンジョヴェーゼ種のみで造られるが熟成期間は1年と短い

F ヴィーノ・ノービレ・ディ・モンテプルチャーノ Vino Nobile di Montepulciano
エレガントでバランスの取れたフルボディの赤。トスカーナのDOCGワイン

イタリアを知る

チーズとワイン

57

南部

カンパーニャ州では「タウラージTaurasi」などの重厚な味わいの赤ワインが有名。カンパーニャ州やシチリアはデリケートな味わいの白ワインも多く生産。

G カンノナウ・ディ・サルデーニャ
Cannonau di Sardegna
カンノナウ種のブドウから造られたサルデーニャ州のDOCワイン。果実味が豊か

H ノタルパナーロ・ロッソ・デル・サレント
Notarpanaro rosso del Salento
プーリア州の単一畑から造られた赤。レンガ色を帯びたフルボディの重厚な味わい

I ロマニャーノ Romagnano
カベルネとメルロー種から造られたラツィオ州の赤。手ごろな価格で高品質なVdT

格付けは参考程度に

イタリアではワインの等級が、上からDOCG・DOC・IGT・VdTに分けられている。最上位に位置づけられるDOCGは「統制保証付原産地呼称ワイン」の略。必ずしもこの等級がワインの品質を保証するものではなく、「サッシカイア」のように格付けはVdTだが品質は最高級のものもある。無名で安価だが高品質のワインを見つけるのも楽しみだ。

イタリアだから見つかる 上質×手ごろ価格の日用品

イタリアの魅力を五感で楽しもう

A ヴェネツィアン・グラス

B エスプレッソ・メーカー

C レース小物

品質・価格に納得！おみやげセレクション！

日本では大都市でないと手に入らない品も、現地ではスーパーや専門店で手軽に入手できる。各地の工芸品など北から南まで各地の特産品や名品まで。地元っ子の気分でチョイスしてみよう。

A ガラスを薄く延ばし、繊細な細工を施したヴェネツィアン・グラスVetro Veneziano。持ち帰るときは丁寧な梱包を頼ろう。

B イタリアではどこの家庭にも必ず1台はあるエスプレッソ・メーカー約€15。写真のビアレッティ社が有名。日本で買うより安く好みの色や形のものを手に入れられる。

C ヴェネツィアで手に入れたいのが繊細なデザイン・造りのレース小物。写真のトイレットペーパーホルダーで約€13。ポプリを入れるための袋やハンカチで約€5～7。

D シルクやベルベット生地をプリーツ加工したヴェネツィアン・シルクのスカーフ約€160～。発色がきれいで色やサイズもバリエーション豊富。おみやげに喜ばれそう。

E フィレンツェの特産品は皮革製品。かさばらず高品質な革の財布やカードケース、コインケースはプレゼントにも最適。

D シルク小物

E 革小物

58

総合芸術の宝箱、オペラに出かけよう

オペラ発祥の国だけに上演回数も欧州一。オペラは懐具合に応じた楽しみ方ができる。どんな席に座っても、その日その空間を共有した人達は同じ感激を味わえる。

ポイント1 テーマは？

イタリア・オペラの代表作は、(1)ロッシーニ作『セビリアの理髪師』、(2)ヴェルディ作『リゴレット』『トロヴァトーレ』『椿姫』『アイーダ』『オテロ』『ファルスタッフ』、(3)プッチーニ作『ボエーム』『トスカ』『蝶々婦人』、(4)ドニゼッティ作『ルチア』『連隊の娘』(5)ベリーニ作『夢遊病の女』など。一般にオペラのシーズンは10月から冬、春を経て翌年の6月まで。オペラ歌手は声を大切にするため、同じ人が同じ演目で連日出演し続けることはしない。プログラム変更もよく起こる。そこで大切なのが事前の情報収集。観光案内所で最新情報を得ておこう。

ポイント2 劇場は？

イタリアにある代表的なオペラ劇場としては、ミラノのスカラ座、ローマのオペラ座、トリノのヌォヴォ・レジオ劇場、フィレンツェのコムナーレ劇場、ヴェローナの屋外アリーナなどがある。これらの大劇場は専属の歌手とオーケストラを持っているが、地方の劇場には巡回の歌劇団がやってくる。どちらで観ても、それぞれのよさがある。ちなみに、イタリアで一番早くオペラが流行した町はヴェネツィア。1637年に世界で初めてのオペラ専用劇場カシアノ座が建設された。そして17世紀末には15もの歌劇場がヴェネツィアで演目を競っていたという。

Souvenir & Opera

F パスタソース
G からすみ
J リモンチェッロ
H チョコレート
I チーズ
L オリーブオイル
K 革手袋
M ナチュラル・ソープ

F 地方色あるパスタソースSalsa di Pastaの瓶詰め。白トリュフ入りやバジリコソースなど、いろんな味覚を試してみよう。

G サルデーニャ産からすみBottargaの真空パック。日本のからすみより安価なのが魅力。粉末にしてパスタに和えると絶品。

H チョコレートの都トリノ、欧州最大級のチョコレート祭りがあるペルージャなど、老いも若きもチョコ好きなイタリア。品質の優れたチョコレートをぜひおみやげに。

I パルミジャーノ・レッジャーノのような熟成ものなら、真空パックになっており日本に持ち帰り可能。

J 南部の強い日差しを浴びて育ったレモンの皮をアルコールにつけた果実酒Limoncello。爽やかさが食後酒に最適。

K 植物から抽出されるタンニンで皮革をなめし、時間をかけて革本来の表情を引き出した手袋は使い込むほどに手になじむ。色や素材のバリエーションも豊富。約€40〜。

L 少量生産の極上品を見つけたら、ぜひ持ち帰りたい。トスカーナ産などが有名。

M 自然派化粧品がポピュラーなイタリア。ハーブを使った高品質な石鹸Saponeやコスメが手ごろな価格で手に入る。写真はフィレンツェのサンタ・マリア・ノヴェッラ薬局の蜜蝋を使用した石けん。

イタリアを知る

59

おみやげ／オペラ

ポイント3 チケットは？

各劇場のチケット売場Biglietteria（ビリエッテリア）に直接出かけ、プログラムと空き席状況を調べるのが一番確実な方法。3つ星以上のホテルのコンシェルジュに頼んでも取ってくれるが、個人的なルートを使う場合が多く、チップが必要。ミラノのスカラ座、フィレンツェのコムナーレ劇場など主要な劇場ではインターネットでのチケット予約・購入も可能だ。

ミラノ／スカラ座　http://www.teatroallascala.org/
フィレンツェ／コムナーレ劇場
http://www.operadifirenze.it/
ヴェネツィア／ラ・フェニーチェ劇場
http://www.teatrolafenice.it/

ポイント4 観賞のコツ

1. よい席のチケットを買ったら、それなりの服装を心がけよう。とくに初日はドレスアップしている人が多い。男性はブラックタイ、女性もそれに見合った服装を。カジュアル過ぎる服装は場違いな印象を与えてしまう。
2. 開演は早くても夜8時、終演は24時を過ぎることも。タクシーを拾うのに時間がかかるので、女性だけのグループはとくに注意を。祭の時期や繁忙期は込むことを予想しておこう。
3. 日本の歌舞伎と同様、事前にプログラムのストーリーを把握しておくと、より楽しめる。

役立つサイトを紹介
頼れる旅行関連のホームページ

観光情報ならまずここを確認
イタリア政府観光局
http://visitaly.jp/
気候などの基本情報のほか、サッカーやオペラの日程確認もできる

民間高速鉄道イタロの利用に
ITALO
https://www.italotreno.it/
空席照会や予約購入が可能。英語版あり。お得なキャンペーン情報も

鉄道の旅ならここ
TRENITALIA
http://www.trenitalia.com/
イタリア鉄道のサイト。チケットの予約がオンラインで。英語版あり

世界遺産に関する最新情報
世界遺産オンラインガイド
https://worldheritagesite.xyz/
世界中の世界遺産についての写真付きの最新情報が得られる。イタリアは世界でいちばん多く世界遺産を保有している国である。

レイルヨーロッパ・ジャパン
Rail Europe Japan
http://www.raileurope-japan.com/
トレニタリアや高速鉄道イタロの鉄道チケットを事前に日本語で予約購入できる。払い戻しや予約変更も日本語でできる安心感がある

アリタリア航空の公式サイト
アリタリア-イタリア航空
http://www.alitalia.com/
航空券予約はもちろん、フライトスケジュールの確認や、キャンペーンの案内も。ほかにヨーロッパの天気、イタリアの最新情報なども得られる

※上記のサイトのほか日本航空www.jal.co.jp/などにも注目

とっておき情報
イタリア鉄道の英語サイトは便利

イタリアを鉄道で移動する際に、頼りになるのがトレニタリア（イタリア鉄道）のサイト。英語版があり、とくに個人旅行には欠かせない。出発地と到着地と日時を入力すれば、候補の列車・料金が表示される。座席の等級、列車やチケットの種類（p.409）を見て、旅程を立てるのに役立つ。注意しなければならないのは、フレッチャロッサやインターシティには座席指定が必要であること。割引運賃では変更や払い戻しができないものもあるので、よく確認を。

STEP1
候補の列車を探す

英語版の検索画面。出発地、到着地、日程を選んで「SEND」ボタンを押せば候補が表示される

STEP2
検索結果から列車を選ぶ

検索結果の画面。出発・到着時間、所要時間、列車番号、列車の種類、1等・2等料金などが表示される

STEP3
座席の等級を確認

チケットの種類（p.390）を選ぶと1・2等の詳細料金が表示される。通常運賃は「BASE」

Roma

ローマ

ローマ	62
オスティア・アンティーカ	124
ティヴォリ	126
カステッリ・ロマーニ	128
ヴィテルボ	130
オルヴィエート	133
ペルージャ	136
アッシジ	140
ラツィオ&ウンブリア その他の町	142

ローマの歩き方
ローマのどこに何がある？

古代ローマ帝国の威容を示す数々の遺跡があるローマ。古代史の懐に迷い込んだ気分で街歩きを楽しめる。ヴァチカン美術館をはじめとする美術館あり、オペラを楽しめる劇場あり。効率よくローマを歩くために、まずはエリアごとの特色をつかんでおこう。

ヴァチカン地区　p.100

カトリックの総本山ヴァチカンのあるエリア。サン・ピエトロ大聖堂が中心。
東京・日比谷公園の3倍ほどの広さしかない独立国の中枢。歴代の教皇が、いざというときに逃げ込んだ要塞でもあったサンタンジェロ城までも近い。
数多い世界遺産のなかでも必見は、人類の至宝を数多抱えるヴァチカン美術館。数十の美術館からなり、ギリシア・ローマ時代の彫刻傑作や、ミケランジェロの大作壁画などが見られる。

ナヴォーナ広場　p.99

バロック芸術の精華ともいえる躍動感ある彫刻が街を彩る、華やかな広場。ライトアップされるので、夕暮れから夜にかけて散策を楽しんでみよう。

トラステヴェレ地区　MAP p.68左下

「真実の口」などがあるパラティーノの丘とテヴェレ川を挟んで対岸に位置するエリアは、気さくなローマの下町。庶民的なピッツェリアやトラットリア、カンツォーネを聴かせる劇場レストランなども点在する。

スペイン広場　p.94

『ローマの休日』の舞台になったスペイン広場。周辺は、高級ブランドが集まるショッピングエリア。名品を買い求める人、ウィンドウショッピングを楽しむ人で賑わっている。

トレヴィの泉　p.97

コインを投げ入れると願いが叶うといわれているトレヴィの泉。大噴水の周りは観光客の姿が絶えない。水の都を実感できる観光スポット。

フォロ・ロマーノ　p.105

1000年以上もの間、ローマ帝国の中心だったフォロ（広場）。元老院、神殿やバシリカなどの遺跡、皇帝が凱旋行進をした「聖なる道」などが残る。フォロ・ロマーノに隣接するコロッセオは、ローマ帝国最大の円形競技場。約7万人の収容力を誇った4層構造の巨大な闘技場だ。

カラカラ浴場　p.105

古代ローマ帝国の中でも最大級の浴場跡。広さは約11万㎡もあり、温熱浴室やプール、体育室、マッサージ室などを完備していた。巨大な跡地には、浴室跡や床のモザイク画が残っている。

ローマ
おすすめコース①

見どころが多く、初めての旅なら5、6日あっても足りないローマ。まずはスタンダードコースを歩いてみよう。美術館は月曜休館のところもあるので、それも考えてコースを選ぼう

スタンダードコース

スタート	地下鉄A線チプロ・ミュゼイ・ヴァチカーニ駅 ➡ MAP p.74-A
徒歩6分	ローマの定番コースは、まずヴァチカンから
ヴァチカン美術館 ➡ p.103	所要 3時間
徒歩5分	ヴァチカン美術館を出て壁沿いに南へ下るとサン・ピエトロ広場に出る
サン・ピエトロ大聖堂 ➡ p.102	所要 40分
バス8分＋徒歩5分	カンチェレリア宮殿前でバスを下車、マッシモ宮殿手前を左折
ナヴォーナ広場 ➡ p.99	所要 30分
徒歩5分	ナヴォーナ広場「四大河の噴水」から東に路地を入るとパンテオン
パンテオン ➡ p.99	所要 15分
徒歩6分	パンテオン前の広場を東に進み大通りのコルソ通りに出たら左折しムラーテ通りVia d.Muratteに入るとわかりやすい
トレヴィの泉 ➡ p.97	所要 20分
徒歩15分	コルソ通りに戻り北上してコンドッティ通りを右折
スペイン広場 ➡ p.94	所要 1時間
徒歩5分	スペイン広場周辺のコンドッティ通りなどでウインドウショッピングを楽しもう。カフェで休憩するのにも最適
地下鉄A線スパーニャ駅 ➡ MAP p.70-B	
地下鉄2分＋徒歩1分	地下鉄で1つ目のフラミニオ駅下車。ポポロ広場はかつてのローマの玄関口
ゴール　ポポロ広場 ➡ MAP p.70-A	

アートコース

スタート	テルミニ駅 ➡ MAP p.71-H
徒歩3分	アートコースの基点はテルミニ駅。駅前広場の向いが博物館
ローマ国立博物館 ➡ p.91	所要 2時間
徒歩5分	博物館前を西北へ進むと共和国（レプブリカ）広場に出る
地下鉄A線レプブリカ駅 ➡ MAP p.71-G	
地下鉄2分	地下鉄で1駅のバルベリーニ駅で下車
バルベリーニ広場 ➡ p.91	

チェックポイント

ローマ観光で必ず訪れたいスタンダードな見どころを周るコース。ヴァチカン美術館を見るには最低でも3時間がかかるので、朝早くスタートするのがコツ。最短でも半日がかりになる。リピーターなら、ナヴォーナ広場からトレヴィの泉をカットして、スペイン広場から地下鉄でコロッセオに出るのもおすすめ。

● アクセスのコツ

ヴァチカンからナヴォーナ広場へは、サン・ピエトロ広場南側のバス停から64番バスでエマヌエーレ2世通りへ出て、エマヌエーレ2世通り沿いのサン・パンタレオ広場でバスを下車するとすぐ。

ヴァチカン市国は見どころが多いので時間にゆとりをもたせて行動を

チェックポイント

古代ローマやバロック美術にゆかりのある見どころを回るコース。ローマ美術の粋を集めたローマ国立博物館は必見。ほかにも美術館・博物館巡りが多いので、歩きやすい格好で。歩き疲れたら、レプブリカ駅やバルベリーニ駅周辺のカフェで休憩しよう。

徒歩3分	駅前を南東に下る	
国立絵画館（バルベリーニ宮殿） ➡ p.91		所要 1時間
徒歩5分	クアトロ・フォンターネ通りを南へ左折、4つの噴水を右折	
サンタンドレア・アル・クィリナーレ教会 ➡ p.92		所要 20分
徒歩5分	クィリナーレ広場からダダリア通りに入り、右折するとわかりやすい	
トレヴィの泉 ➡ p.97		所要 20分
徒歩8分	スタンペリア通りVia d. Stamperiaを北へ進み、トリトーネ通りを右折	
ゴール 地下鉄A線バルベリーニ駅 ➡ MAP p.70-F		

アート&ショッピングのコース

スタート 地下鉄A線スパーニャ駅 ➡ MAP p.70-B		
徒歩10分	スペイン広場から南へ下りトリトーネ通りを横切るとすぐ	
トレヴィの泉 ➡ p.97		所要 20分
徒歩7分	コルソ通りに出たら左折してセミナリオ通りへ入るとわかりやすい	
パンテオン ➡ p.99		所要 15分
徒歩5分	サンティーヴォ教会の脇を抜けると広場に出る	
ナヴォーナ広場 ➡ p.99		所要 30分
徒歩15分	広場からコロナーリ通りを抜けるとサンタンジェロ橋はすぐ	
サンタンジェロ城 ➡ p.101		所要 30分
徒歩7分	ポルタ・カステッロ通りを北へ進む	
コーラ・ディ・リエンツォ通り ➡ p.107		所要 30分
徒歩8分	ファビオ・マッシモ通りを北へ進むと繁華街のこの通りに出る	
ゴール 地下鉄A線オッタヴィアーノ・サン・ピエトロ駅 ➡ MAP p.75-C		

テヴェレ川に面して建つサンタンジェロ城

● **アクセスのコツ**
トレヴィの泉北側のトリトーネ通りからバルベリーニ駅、レプブリカ駅へのバス多数。

内部が美しいサンタンドレア・アル・クィリナーレ教会

チェックポイント
トレヴィの泉やナヴォーナ広場などの定番スポットを周りながら、サンタンジェロ城まで足を延ばすコース。サンタンジェロ橋のたもとからテヴェレ川の観光クルーズ船に乗るのもおすすめ。サンタンジェロ城の北側を東西に走るショッピングストリート、コーラ・ディ・リエンツォ通りに出るのもいい。

● **アクセスのコツ**
リソルジメント広場から81・590番バスでポポロ広場やコルソ通りへも出られる。

ローマ
おすすめコース②

ローマ観光で必ず見たいのが、壮大なスケールを誇る古代ローマの歴史的建造物。フォロ・ロマーノやカラカラ浴場など遺跡エリアは広いので歩きやすい服装で。半日コースならフォロ・ロマーノとコロッセオを訪ねてみよう。

古代ローマ遺跡コース

スタート ヴェネツィア広場 ➡ p.96
徒歩3分 遺跡巡りの基点はローマのへそ、ヴェネツィア広場
カンピドリオ広場 ➡ MAP p.78-A　所要 10分
徒歩6分 天才芸術家ミケランジェロがデザインした広場が、今も当時のまま
フォロ・ロマーノ ➡ p.105　所要 90分
徒歩15分 時間に余裕があればフォロ・ロマーノの南側にあるパラティーノの丘へも
コロッセオ ➡ p.105　所要 1時間
地下鉄3分＋徒歩8分 コロッセオからカラカラ浴場へは地下鉄で1駅。チルコ・マッシモ駅下車
カラカラ浴場 ➡ p.105　所要 40分
徒歩8分 カラカラ浴場の入口は、駅前広場から南へカラカラ浴場通りを約10分下ったところ
ゴール 地下鉄B線チルコ・マッシモ駅 ➡ MAP .78-J

遺跡プラス α コース

スタート ヴェネツィア広場 ➡ p.96
徒歩3分 遺跡巡りプラスαコースの基点もヴェネツィア広場
カンピドリオ広場 ➡ MAP .78-A　所要 10分
徒歩1分 かつて古代ローマの中心として25の神殿があったところ
カピトリーニ美術館 ➡ p.104　所要 90分
徒歩6分 カンピドリオ広場に面して2つの建物に分散展示されている
マルチェロ劇場跡 ➡ MAP .78-A　所要 15分
徒歩15分 紀元前11年頃にカエサルによって建造された古代円形劇場跡
真実の口 ➡ MAP .78-E　所要 15分
徒歩8分 映画『ローマの休日』でアン王女が手を差し込んだ大理石製の円盤がある
ゴール 地下鉄B線チルコ・マッシモ駅 ➡ MAP .78-J

チェックポイント

2000年前の古代ローマの様相を肌に感じられる遺跡巡りは、ローマ観光の基本コース。フォロ・ロマーノへの入口は3カ所あるが、カンピドリオ広場の裏手から、フォロ・ロマーノ全体を眺めながら降りていくとわかりやすい。

● アクセスのコツ

チルコ・マッシモ駅からは、3駅目のテルミニ駅で地下鉄A線に乗り換えられる。

古代ローマ時代のタイルが色鮮やかに残るカラカラ浴場

チェックポイント

古代ローマ時代のすぐれた彫刻作品を集めたカピトリーニ美術館、映画『ローマの休日』の一場面として知られる「真実の口」などへも足を延ばそう。

● アクセスのコツ

真実の口広場からは81・160番バスでチルコ・マッシモ駅やヴェネツィア広場（方角は反対）へ。

記念撮影場所として人気が高い真実の口

ローマのへそにあたるヴェネツィア広場

彫刻作品など見るべきものが多いカピトリーニ美術館

下町ウォーキングコース

スタート	ヴェネツィア広場 ➡ p.96

🚶 徒歩8分　ティベリーナ島を横切り下町エリアへ

マルチェロ劇場跡 ➡ MAP .78-A	所要 15分

🚶 徒歩5分　紀元前11年に完成した円形劇場の跡

ティベリーナ島 ➡ MAP .78-A	所要 10分

🚶 徒歩10分　テヴェレ川の中洲に浮かぶ船のような形の小島

サンタ・マリア・イン・トラステヴェレ教会 ➡ MAP p.68左下	所要 10分

🚶 徒歩6分　G.G.ベッリ広場からルンガレッタ通りへ進むとわかりやすい

G.G.ベッリ広場 ➡ ●切りとり-21

🚌 トラム8分　トラム8番で終点まで

ゴール	ヴェネツィア広場 ➡ p.96

チェックポイント

G.G.ベッリ広場を左折するとトラムの走るトラステヴェレ通り。サンタ・マリア・イン・トラステヴェレ教会周辺には老舗レストランも多い。

● アクセスのコツ

帰りはG.G.ベッリ広場からトラム8番の終点ヴェネツィア広場へ。そこから北へ400m歩くとパンテオンに、また40・64番バスでテルミニ駅へ出ることもできる。G.G.ベッリ広場から780番バスでカンピドリオ広場（ヴェネツィア広場近く）へ出てもいい。

サンタ・マリア・イン・トラステヴェレ教会を基点に下町歩きを

サンタ・マリア・イン・トラステヴェレ教会

テヴェレ川の中洲ティベリーナ島から、下町はすぐ

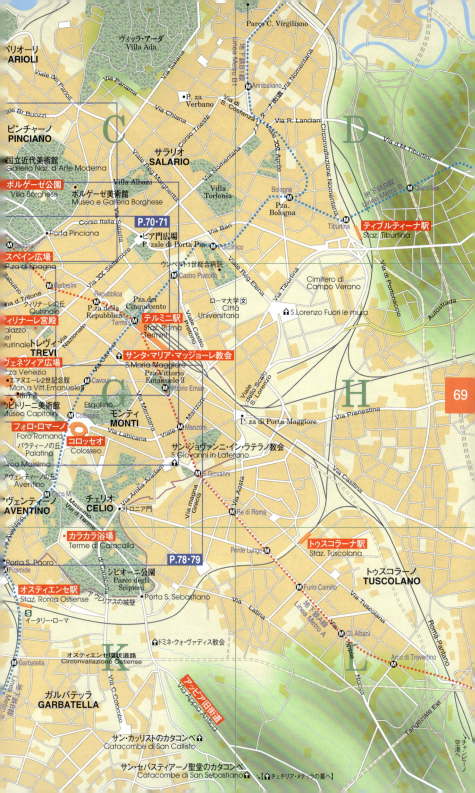

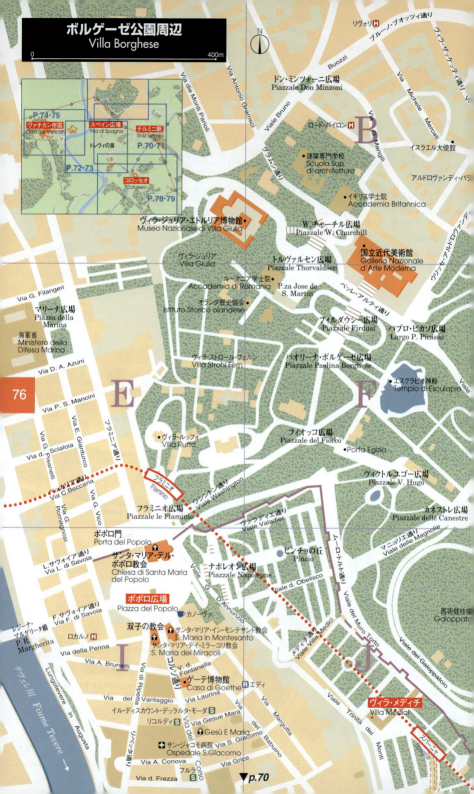

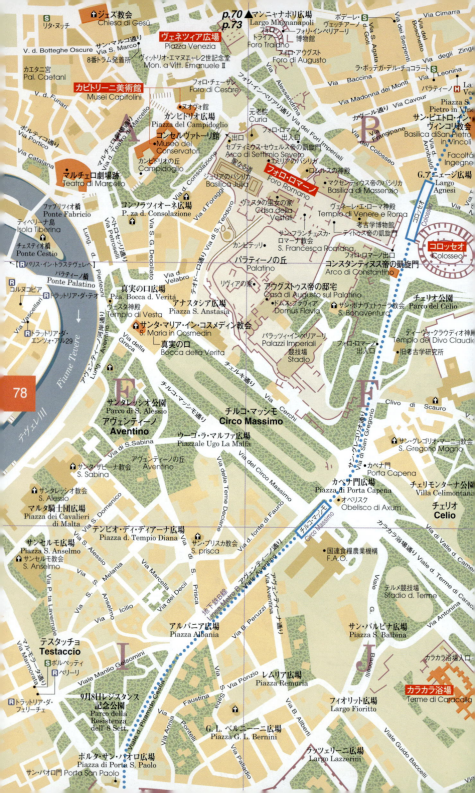

空港から市内への行き方

空港到着ロビー

到着ターミナルから、空港直通列車発着駅への通路

テルミニ駅行きのホーム

テルミニ駅行きの切符売り場
空港直通列車
「レオナルド・エクスプレス」

空港に着いたら

　日本からの直行便が到着するフィウミチーノ空港Fiumicino Airport（レオナルド・ダ・ヴィンチ空港ともいう）が、ローマの玄関口。入国審査を終えたら、両替などを空港で済ませておこう。

　空港の両替所はレートがあまりよくないので、たくさん替える必要はないが、少なくとも市内までの交通費や、ホテルの予約をしていない人はその日の宿泊費くらいは替えておく必要がある。両替所は入国審査を終えてすぐのところにある（p.404 空港到着ロビー図参照）。また、空港内の観光案内所で無料のローマ地図をもらっておきたい。ホテルをこれから探そうと思っている人は、予約を頼むこともできる。

　レンタカーの窓口もあるので、日本から予約してきた人はここで手続きを。地方でレンタカーを借りようと思っている人も、ここで予約しておいた方が安心だ。

空港内は循環バスで

　空港内のターミナル間の移動には無料シャトルバスが使える。1日中ほぼ15分間隔で運行。ただし深夜1:00〜早朝5:00までは、停留所の赤いボタンで呼び出す。無料シャトルバスは、ロングステイ用パーキングとターミナル間でも運行されている。

空港から市内への交通

　市内までは約35km離れている。市内の玄関口であるテルミニ駅までノンストップの直通列車が出ている。これを利用するのがもっとも早くて便利。テルミニ駅に到着したら、そこで地下鉄やタクシーに乗り換え、ホテルまで行こう。

レオナルド・エクスプレス / Leonardo Express

　空港とテルミニ駅を32分で結ぶノンストップの直通列車。運行は5:35から22:35まで、ほぼ30分に1本の間隔。空港ターミナルから空港駅は連絡通路でつながれており、カートのまま移動できる。チケットは自動券売機か、改札手前にある予約オフィスで買う。料金は片道€14。チケットは乗車前に必ず購入し、乗車前に打刻すること。チケットを持たずに乗車すると、罰金を取られるので注意。

ここに注意
ローマ市内へのアクセスは、列車、バス、タクシーの3種類。初めてのローマならわかりやすく確実な列車がおすすめ。バスは複数社が運行していて本数も多い。事前に予約しなくても、その場でバスを選び、運転手からチケットを買うので大丈夫。

空港バス / Airport Shuttle Bus

フィウミチーノ空港およびチャンピーノ空港とテルミニ駅を結ぶバスは4社が運行している。フィウミチーノ空港からは所要時間約45～60分、料金は€4.50～7で列車より安い。5:00～23:00の間は頻繁に出ている。テルミニ駅の乗降場所は、TAM社、コトラル社、ソシエテイタリア社は駅西側のジョバンニ・ジョリッティ通りに、テッラヴィジョン社は東側のマルサーラ通りにある。

▲コトラル社の空港バスは途中、ティブルティーナ駅に立ち寄る。片道€5

◀テッラヴィジョン社の空港バス。片道€5

普通列車＆深夜バス / Train & Bus

直通列車の発着時間外に到着した人や、テルミニ駅以外へ行きたい場合、普通列車か深夜バスを利用する。普通列車は5:57～22:42まで平日約15分、休日約30分間隔で運行している。ティブルティーナ駅まで48分かかる。料金は片道€8。

空港～テルミニ駅間の深夜バスはTAM社が運行し、所要時間は約45分。運行時間は空港発が0:15、1:30、2:30、5:40、テルミニ駅発が0:30、1:30、2:30、3:30、4:30で、料金は片道€6。

タクシー Taxi
フィウミチーノ空港から市内まで約30～40分、€48の定額制。

観光案内所
住 Staz. Roma Termini
☎ 06-421381
開 8:00～18:45　休 無休
テルミニ駅24番ホーム近く
MAP●切りとり-18、p.71-L

ローマの主な鉄道駅

テルミニ駅
Staz. Roma Termini

国際線、国内線が発着する鉄道をはじめ、地下鉄A線、B線も通る最大の拠点駅。空港直通のレオナルド・エクスプレスはホーム最奥部にある23・24番線から発着。始発は5:35、最終22:35（季節により変動あり）。駅構内には観光案内所、デパート、スーパー、銀行、カフェ、バールなどがそろっている。

ローマ・ティブルティーナ駅
Staz. Roma Tiburtina

市中心部の北東にあり、フィウミチーノ空港から普通列車で約40分。地下鉄B線のティブルティーナ駅（テルミニ駅まで約10分）に接続している。高速鉄道「イタロ」（P.14）発着駅でもある。71・492番バスでも市内中心部に行ける。

ローマ・オスティエンセ駅
Staz. Roma Ostiense

市中心部の南西にあり、フィウミチーノ空港から普通列車で約25分。地下鉄B線のピラミデPiramide駅（テルミニ駅まで約10分）と連絡通路で接続している。95番バスで市内中心部に行ける。

市内の交通

　市内には、A線、B線2路線のほか一部開通のC線の地下鉄、バス、トラムが走っており、タクシーを使わなくても、たいていの観光ポイントにアクセスすることができる。ただ、バスやトラムは路線が複雑。それらをどれだけ使いこなせるかが、安く快適に市内を回るカギになるといえるだろう。

自動券売機の使い方（ローマの例）

　自動券売機は、写真にあるようなタイプが一般的。まず4ヵ国語から表示言語を選び、次にキップの種類を選ぶ。紙幣またはコインを入れキップとお釣りを受け取る。

❶ 説明（ガイダンス）を受けたい言語のボタンを押す

❸ 購入したいキップを選ぶ

❷ ❶で選んだ言語による説明が表示される

❹ キャンセルするときは、「Annullamento」ボタンを押す

① 表示言語は、イタリア語、英語のほか、全部で4カ国語ある

② 上から、1回券、1日券、3日券、1週間券のボタンになっている

❺ お金を入れる。使用できる紙幣は限られている場合も。コインは上にある挿入口から

③ お金を入れる方向は決まっているので、よく確認して挿入すること。

⑥ 受取口からキップを受け取る

ローマ地下鉄路線図

※C線は一部開通

1回券は、時間内ならバス、トラムへ乗り換え自由だが、地下鉄の場合は、一度改札口を出てしまったら、時間内でも乗車できない。

地下鉄 Metropolitana

利用価値の高いオレンジ色のA線と青色のB線

　ローマの地下鉄駅は赤地に白いMがマークでわかりやすい。路線はオレンジ色のA線（左ページ路線図では赤）、青色のB線、緑色のC線の3本ある。C線は部分開通で利用機会は少ないが、A線、B線は市内観光に利用価値が大きい。また両線が交差するテルミニ駅は、地方の各都市に向かう列車やバスのターミナルでもある。

　地下鉄で行ける主な観光スポットには、A線オッタヴィアーノ・サン・ピエトロ駅のヴァチカン市国、サン・ピエトロ大聖堂、スパーニャ駅のスペイン広場、B線コロッセオ駅のコロッセオ、フォロ・ロマーノなどがある。

　始発は5:30、最終は23:30（金・土曜は翌1:30）で、平日は5分おき、日曜・祝日は7分おきの運行。

STEP 1 チケットを買う

　チケットは地下鉄、バス、トラム共通で、1回券（BIT）€1.50、24時間券（ROMA24H）€7、48時間券（ROMA48H）€12.50、72時間券（ROMA72H）€18、7日券（CIS）€24などがある。いずれも地下鉄乗り場にある自動券売機（p.84参照）やチケットオフィスのほか、「T」のマークが目印のタバッキ（町なかの雑貨屋、キオスク）や新聞・雑誌のスタンドで買える。

　1回券（BIT）は100分間有効。24時間券は最初の刻印から24時間有効で何回でも乗車可能で、乗車するたびに刻印機に通す必要がある。48時間券、72時間券も同様。7日券（CIS）は7日目の深夜24:00まで有効。1日に4回以上乗り降りするなら24時間券がお得。

チケット表面は共通デザイン。裏面に券種や有効時間などが印字される

3日滞在するならローマ・パスはお得

　ローマ市、文化財省、ATACのコラボレーションにより販売している観光客向け観光パス「ローマ・パスRoma Pass 72 hours（€38.80）」は、ローマに3日滞在する人ならお得。内容は以下のとおり。
・市内2カ所の美術館／遺跡が入場無料、その他の美術館は割引料金が適用
・地下鉄・バスなどの市内の公共交通に3日間乗り放題（フィウミチーノ空港及びチャンピーノ空港とテルミニ駅を結ぶ列車は除く）。有効期限は刻印から3日目の深夜0時まで。
※ほかにRoma Pass 48 hours（€28）もある。

空港線への案内マーク

出口のサイン

進入禁止のサイン

C線の開通に注目

　C線が完成すれば、テルミニ駅からヴェネツィア広場、コロッセオからヴェネツィア広場やヴァチカンなどへのアクセスが便利になる。

チケットの有効時間

　1回券については、刻印をしてから100分間有効。24時間券は最初の刻印後24時間有効。

地下鉄工事に伴う渋滞に注意

　ローマ市内では地下鉄C線開通工事に伴う道路渋滞が起きている。とくに、中心部ではコロッセオやヴェネツィア広場周辺で道路渋滞が起こることがしばしば。タクシーでの移動の際は余裕を持って行動しよう。

地下鉄工事に伴い、遺跡発掘・整備も進むローマ中心部

地下鉄では改札の際、バスでは乗車後すぐに、チケットに刻印すること。刻印がないと検札のとき高い罰金を払わされる。乗り換え時には再度刻印の必要はない。

地下鉄改札口

チケットの裏面で有効期限を確認

　地下鉄チケットの1回券、1日券、1週間券は、表面はほぼ同じデザイン。裏面の印字データが異なるのみなので、複数枚のチケットを購入したときは、間違えないよう注意したい。それには裏面の情報をさっと読み取るための、ちょっとしたコツを覚えておきたい。

　まず、チケットの種類に関しては、1行目に記された「BIT（1回券）」「BIG（1日券）」「CIS（1週間券）」で判断。1回券の場合は100分以内であれば、地下鉄を一度利用した後も、そのチケットを利用してバスに乗り継ぐことができる。使用にあたり、有効期限の確認をしておこう。

　有効期限の日時はチケットの下のほうにある「Scad」の欄に、それぞれ記されている。1回券を使用中はこの「Scad」の日時をチェックしておけば安心だ。

Linea B
dir. Rebibbia
レビッビア方面行きのB線であることを表示するサイン。

STEP 2 乗車する

■ 改札を通る

　チケットを購入したら、改札口へ。矢印ランプが点灯しているゲートにチケットを挿入し、刻印されたらチケットが出てきてゲートが開く。1日券はその日の使い始めだけ刻印される。

　3日券や1週間券も使い方は同じ。検札のとき、刻印がないのが見つかると、無賃乗車と見なされ、罰金が科せられるので注意しよう。

■ ホームへ出る

　A線を利用する場合は、LineaAの表示へ、B線を利用する場合はLineaBの表示に従って歩き、階段やエスカレーターでホームへ出よう。ホームには、どちら方面の電車か、進行方向の終点駅名とともに矢印で表示されているので、目的駅とその方面の終点駅を確認してから乗車しよう。B線はボローニャBologna駅でコンカ・ドーロConca d'Oro行きのB1線とレビッビアRebibbia行きのB線に分岐するので、とくに注意が必要。

地下鉄ホーム　　　　　　　B線の路線表示

■ 乗車する

　観光客が多く利用するA線では新型車両が導入されているが、1955～80年に開通したB線は開通から半世紀以上経ち、古い車両もまだまだ現役。出入口は自動ドアが多いが、ドアの横についているボタンを押して開閉するタイプもあるので降りるときに確認しよう。乗降時にはスリも多いので、ドアの開閉を確認し、貴重品には気をつけよう。平日の朝8時～9時ごろ、夕方17時～19時ごろのラッシュアワーはとくにスリ被害が多発する。

ホームから改札の間は、乗る人専用通路と降りる人専用通路があり、それぞれ別々に一方通行になっている。出口専用通路へと進もう。

STEP 3 降車する

■ 降車する

降りるときも乗る時と同じで、自動開閉の場合と、ボタンを押す半自動の場合があるので気をつけて。出入口が込んでいるときは、「失礼Permesso（ペルメッソ）」と声をかけて降りよう。無言で他人の体を押しのけたりしないこと。ホームでは出口USCITAのサインに従って進めばOK。乗車する人と降車する人は別々の通路を利用するようになっている。

Uscita/Exitの表示に進むと出口へ出られる

■ 改札を出る

バス、トラム、トレニタリア（イタリア鉄道）へ乗り換える人、その駅で降りる人は、改札口へ。バーを押して通るだけで、チケットを渡す必要はない。あとは、地下通路にある方向表示を見て、地上へ上がろう。テルミニ駅での乗り換えは、改札を出ずに、乗り換える路線の表示に従って歩く。また、地下鉄B線のエウル・マリアーナEUR Magliana駅では、オスティア・アンティカに向かうオスティア・リド線に乗り換えることができるが、その場合は、現地で料金精算が必要になる。

出口改札ではチケットは不要

B線のドアはボタンを押して開くものも

B線の車輌ではドアが押しボタン式になっていることもある。ドアの横、床から1mくらいのところに付いているボタンを押せばドアが開くしくみだ。

地下鉄でのルール

地下鉄では、乗車する人、降車する人、それぞれ専用通路があり、逆行は禁止されていて、進入禁止サインが出ている。そのため、込み合う時間でも人とぶつかることは少ない。違反している人もいるが、旅行者は、きちんとルールを守りたいもの。

出口を示すサイン

乗り換え表示

Mのマークが地下鉄

「FERMATA」がバス停の目印

バスの運行時間
始発は5:36、最終は24:00ころ。その後は深夜バスも走っている。運行間隔は5〜10分ほど。

便利な路線
40番＝テルミニ駅〜サンピエトロ広場南東へ。62番の急行版
62番＝レプブリカ広場〜バルベリーニ駅〜ヴェネツィア広場〜ヴァチカン
64番＝テルミニ駅〜ヴェネツィア広場〜ヴァチカンへ
トラム3番・19番＝テルミニ駅から地下鉄B線で2つ目のポリクリニコ駅〜ボルゲーゼ公園へ
116番＝バルベリーニ駅とトレヴィの泉、スペイン広場、ヴァチカンへ
119番＝ポポロ広場からコルソ通りを経てヴェネツィア広場、スペイン広場へ
75番＝テルミニ駅から直接コロッセオへ
492番＝レプブリカ広場〜コルソ通り〜リソルジメント広場（ヴァチカンのそば）へ
780番＝ヴェネツィア広場〜トラステヴェレへ

路線図を入手するには
atacのチケットオフィスで入手可能。市販のものもあり、新聞・雑誌スタンドなどで売られている。atacのホームページでpdfファイルが入手できる。
www.atac.roma.it/

バス / Bus
市内全域を網羅するバスは、慣れてくるとやはり便利

オレンジ色の路線バスは地下鉄と同じatacが運営しており路線の少ない地下鉄に比べ市内全域を網羅していて便利。車1台がやっと入れるというような路地まで、電気で走るミニバスが通っている。路線を把握すれば、行動範囲は大きく違ってくる。ただし、渋滞することもあるので、時間には余裕をもって利用しよう。

STEP 1　路線を知る
あらかじめ路線図を用意するのが、バスを乗りこなす助けとなるが、初めての人にとっては路線図を見ても迷ってしまうほどローマのバス路線は複雑。停留所で確かめながら乗ること。

STEP 2　チケットを買う
チケットは地下鉄と共通なので、買い方は同じ（p.84参照）。バスの中では売られていないので注意。不便なところへ行く場合は1回券を数枚買っておくか、1日券などを利用する。

STEP 3　乗車する・降車する
■バス停を見つける
フェルマータFermataと呼ばれるバス停は、左上のような案内板が目印。そこを通るバス番号と路線の停留所名、いちばん下に終点が書いてある。現在地は赤い枠で囲んであり、わかりやすい。

■乗車する
バスが来たら、バス前面の上に表示されている番号を確認し、前後にある乗車口から乗り込む。ただし、ドライバーに手をあげ、意思表示しないと通りすぎてしまうことがあるので注意したい。乗ったら、地下鉄と同様に、バス内にある改札機でチケットに刻印する。検札が行われることがあるので、忘れずに。

■降車する
ブザーを押して合図し、中央口から降車するが、車内アナウンスはないので、はじめは目的地で降りるのが難しいかも。不安な人は、目的地名を紙に書き、運転手に見せておくといい。

> トラムやタクシーは、補助的手段として利用しよう。タクシーにはいろいろな特別料金が設定されているので、確認を。

トラム / Tram

外の景色を見ながら、気に入ったところで降りられる

　路線数はバスに比べると少なく、主に市街周辺部を走っている。観光に便利なのは、パンテオン南のトッレ・アルジェンティーナ広場とトラステヴェレ方面を結ぶ8番、トラステヴェレ地区とコロッセオ、ボルゲーゼ公園東側を結ぶ3番、地下鉄B線ポリクリニコ駅前とボルゲーゼ公園北側の高級住宅地パリオリ地区を結ぶ19番。チケットも停留所の案内板や乗降の仕方もバスと同じ。

トラム。色はオレンジの他、ブルー、白などさまざま

タクシー / Taxi

快適に利用するために知っておきたいこと

　正規のタクシーには車体の色が黄色と白の2種類あり、後部座席のドアに登録番号が表示されている。空車は車体の上のプレートにランプが付いているが、流しで止まることはまずない。主要な観光ポイントにあるTAXI乗り場から乗るか、電話で呼ぶ。

　料金メーターは運転席横にあり、基本料金は€3で、1kmごとに€1.10が加算される。また、日曜・祝日は基本料金が€4.50に、深夜（22:00〜翌6:00）は€6.50に、それぞれ加算される。大きな荷物は、1個は無料だが2個目から1個€1、5人目の乗客は€1、無線呼び出しは€3.50の加算料金がかかる。

　フィウミチーノ空港から市内は€48の定額制である。

気軽な hop-on-hop-off-bus

乗り降り自由のツーリスト向けバス

　市内を観光するには、周遊型で乗り降り自由のホップ・オン・ホップ・オフ・バスが便利だ。オープントップの2階建てバスで、ローマのパノラマ風景が楽しめる。毎日8:00〜20:30まで運行。市内8カ所にバス停があり、1周約100分だが、複数のバス会社が運営していてコースが微妙に異なるので、自分の旅行プランに合わせて選ぶとよい。ヘッドフォンによる日本語のオーディオガイド付き。料金例は、1日券（当日限り有効）€20、24時間券€25、48時間券€30、ノーストップ券（乗り降りなしで1周）€16など。テルミニ駅前が出発点でチケット売り場もある。

オープントップ・バス

レトロなツアーバスも

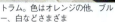

TAXI乗り場の表示

黄色、白、いずれのタクシーも自動ドアではないので注意

運転席横にあるメーターを確認してから行き先を告げて

グリーンライン・ツアーズ
日本語の観光バス
Via Giovanni Amendola,32
☎06-4827480
https://www.greenlinetours.com/

マイバス・イタリー社
Via Vittorio Emanuele Orlando,73
☎06-4825560
http://mybus-europe.jp/

コトラル社
Via Bernardino Alimena,105
☎800-174471(月〜金曜8:00〜18:00)
http://www.cotralspa.it/

ホップ・オン・ホップ・オフ・バス
https://www.hop-on-hop-off-bus.com/rome/

Area 1 中央駅周辺エリア

テルミニ駅〜クィリナーレの丘
Termini−Monte Quirinale

ディオクレツィアヌスの浴場跡。巨大な石造りの建造物だ

街のしくみ&ウォーキングの基礎知識
ローマ最大の美術館がある、ローマの表玄関

　日本から、あるいはイタリアの他の都市からローマに入ると、最初に降り立つのがテルミニ駅だ。見るべきものが多いローマの玄関口、テルミニ駅は鉄道の国際線、国内線のターミナル駅であり、ローマを走る地下鉄A線・B線が交差する乗り換えポイントでもある。また、駅前には市内を走る各種のバスや、観光ポイントをまわる観光バスのターミナルやタクシー乗場があり、どこへ行くにもここが拠点となる。

　いつでも旅行者であふれかえっているので、雑然としており、スリも多い。テルミニ駅周辺では気を緩めず、持ち物にも充分気を配ることを心がけよう（ローマの治安についてはp.93のコラムを参照してほしい）。

　テルミニ駅から大統領官邸のあるクィリナーレの丘エリアは、古代ローマの浴場跡や遺跡から出土した美術品を展示するローマ国立博物館や、ラファエロなどの巨匠の作品を展示する国立絵画館、オペラやバレエ鑑賞が楽しめるオペラ座などの見どころがあり、芸術鑑賞とショッピングの両方が楽しめる。

　テルミニ駅からクィリナーレの丘にかけては、徒歩圏内ではあるが、地下鉄テルミニ駅、レプブリカ駅、バルベリーニ駅や、492番バスなどをうまく利用すると、疲れずに観光ポイントをまわれる。

💡 歩き方のヒント

楽しみ
観光 ★★★
食べ歩き ★★★
ショッピング ★★★

交通の便
地下鉄 ★★★★★
バス ★★★★★
タクシー ★★★★★

エリアの広さ
テルミニ駅から共和国広場までは徒歩3〜4分の距離。共和国広場からバルベリーニ駅までも徒歩15分くらい。

パンテオンを模したドームのあるS・マリア・デリ・アンジェリ教会

見どころ

サンタ・マリア・デリ・アンジェリ教会
Basilica di Santa Maria degli Angeli
●切りとり11　P.71-G
地下鉄A線レプブリカRepubblica駅から徒歩2分

ミケランジェロ発想のファサードが見事
　16世紀半ば、ディオクレツィアヌス帝浴場の建造に携わり殉教したキリスト教徒のため、教皇ピウス4世がミケランジェロに命じて、かつての浴場を改築した教会。外光がふんだんに入る高さ91mの広大な身廊が特徴的。

開 7:30〜19:00、日曜は〜19:30　休 無休　料 無料

『ランチェロッティの円盤投げ』(右)などの名作が並ぶ

ローマ国立博物館(マッシモ宮殿)
Museo Nazionale Romano(Palazzo Massimo) ●切りとり11 P.71-G
テルミニTermini駅から徒歩2分

古代ギリシア・ローマ時代の作品を収蔵

　ローマ国立博物館は、マッシモ宮殿、アルテンプス宮殿Palazzo Altemps及びクリプタ・バルビ、ディオクレツィアヌスの浴場跡の、4つの分館に分けて展示している。本館であるマッシモ宮殿は地上3階、地下1階の4フロアに彫刻、フレスコ画、モザイク、宝飾品などを展示。3階の見どころ『リヴィアの家のフレスコ画』Villa di Liviaはアウグストゥス帝と妻リヴィアの家から発掘された紀元前の名作。2階には2世紀ごろの『ランチェロッティの円盤投げ』Discobo Lancellotti、『ニオベの娘』Niobide dagli Horti Sallustianiなど貴重な彫刻作品が並ぶ。アルテンプス宮殿(P.99)はルドヴィシ・コレクションや石棺、モザイクなどを展示。

開9:00〜19:45（チケット売り場は〜18:45）
休月曜、1/1、12/25　料€12（3日間有効。ローマ国立博物館4館共通）

ローマ国立博物館(ディオクレツィアヌスの浴場跡)
Terme di Diocleziano ●切りとり11 P.71-G
テルミニTermini駅から徒歩2分

3000人も収容できた巨大浴場跡

　3世紀末に登場したディオクレツィアヌス帝は強力な支配力を発揮して、首都を小アジアのニコメディアに移し、帝国を4分割して統治した。その際、ローマにはいずれの本営も置かなかったため、市民の多くは不満を感じていた。この巨大浴場は、そうした市民の気持ちを懐柔するために造られたといわれる。一度に3000人も収容でき、集会堂であるバシリカや温浴室、体育館などを完備していた。
　内部はローマ国立博物館分館になっており、16世紀にミケランジェロが聖堂とともに設計した美しい『ミケランジェロの回廊』Chiostro di Micherangeloがある。

サンタ・マリア・デッラ・ヴィットリア教会
Chiesa di Santa Maria della Vittoria ●切りとり11 P.71-G
地下鉄A線レプブリカRepubblica駅から徒歩3分

バロック様式の傑作を収蔵

　後期ルネサンスの建築家カルロ・マデルナの傑作中の傑作といわれる、17世紀に建てられた教会。華やかな内部には、ベルニーニの『聖テレーザの法悦』も飾られている。
開8:30〜12:00、15:30〜18:30　休無休　料無料

バルベリーニ広場
Piazza Barberini ●切りとり10 P.70-F
地下鉄A線バルベリーニBarberini駅すぐ

多くの通りが交差する要衝

　ヴェネト通り、バルベリーニ通りなどの重要な通りが交わる要衝。広場中央にはアンデルセンの『即興詩人』にも登場したベルニーニの『トリトーネの噴水 Fontana del Tritone』がある。イルカ4頭に支えられた貝の上に、ホラ貝を吹く海神トリトーネの姿が力強い。

バルベリーニ家の紋章や皇室の冠なども刻まれている

国立絵画館(バルベリーニ宮殿)
Galleria Nazionale di Arte Antica ●切りとり11 P.70-F
地下鉄A線バルベリーニBarberini駅から徒歩3分

ラファエロの絵も見られるバロック式宮殿

　バルベリーニ家出身の法王ウルバヌス8世の私邸として、17世紀に造られた。ガラス張りの回廊はベルニーニの作、ファサード右側のらせん階段は、ベルニーニと並ぶバロック期の奇才、ボッロミーニの設計による。
　内部では、ラファエロ作『ラ・フォルナリーナ』や、フィリッポ・リッピの『聖母子』などが見られる。
開8:30〜19:00(チケットは〜18:00)　休月曜、1/1、12/25　料€7

バロック様式の国立絵画館

ローマ　91　見どころ

おいしい水を飲むために立ち寄る人が多い　　ヴィンコリ教会はカブール通りの階段を登った上にある

蜂の噴水
Fontana delle Api
地下鉄A線バルベリーニBarberini駅すぐ

●切りとり11 P.70-F

ベルニーニ作のかわいらしい噴水
　ウルバヌス8世の命によりベルニーニが手がけた作品で、1644年に完成した。バルベリー家の紋章である蜂と、生命と豊穣の象徴である貝をモチーフにしたかわいらしい噴水で、湧き出る水は、おいしい飲み水として、ローマ市民に今でも親しまれている。

サンタ・マリア・マッジョーレ教会
Basilica di Santa Maria Maggiore
テルミニTermini駅から徒歩5分

●切りとり17 P.71-K

聖母マリアに捧げられたローマ最大の教会
　ローマ四大聖堂の一つ。バロック様式のファサードは18世紀の改築時に造られたものだが、身廊の壁に見られる36面の鮮やかなモザイクは5世紀の作で、クーポラや壁画にも聖母マリアが数多く描かれている。
開7:00～19:00（冬季は～18:00）、日曜・祝日9:30～12:00　休無休　料無料

バロック様式のファサードが美しい

サン・ピエトロ・イン・ヴィンコリ教会
Basilica di San Pietro in Vincoli
地下鉄B線カヴールCavour駅から徒歩2分

●切りとり23 P.71-K

ミケランジェロのモーゼ像で名高い教会
　右側廊奥にあるミケランジェロの代表作『モーゼ像』は教皇ユリウス2世が彼自身の廟墓建立計画のため造らせたもので、教皇の霊廟が納められている。天井にはジョヴァンニ・バディステロ・パローディによるフレスコ画『鎖の秘密』が描かれている。
開8:00～12:30、15:00～19:00、10～3月は～18:00　休無休　料無料

クィリナーレ宮殿
Palazzo del Quirinale
地下鉄A線バルベリーニBarberini駅から徒歩5分

●切りとり10 P.70-F

ローマで最も高い丘に建つ大統領官邸
　16世紀後半、グレゴリア13世の離宮として建設が開始され、18世紀半ばに完成。マデ

宮殿前では衛兵交代式が見られる。儀式は約20分間

ルナやベルニーニをはじめ、彫刻家フォンターナやフーガも建築に携わった。以後、教皇の離宮として使われた歴史を持つ。現在は大統領官邸として使われ、15:00から衛兵交代の儀式が見られる。
開日曜8:30～12:00（平日は事前予約のみ見学可）
休月～土曜　料€5

サンタンドレア・アル・クィリナーレ教会
Chiesa di Sant'Andrea al Quirinale
地下鉄A線バルベリーニBarberini駅から徒歩7分

●切りとり11 P.70-F

天才ベルニーニの技が光る教会建築の傑作
　イエズス会の依頼により、バロック時代を代表する建築家ベルニーニが手掛けた唯一の教会。楕円形クーポラに見られるように、狭

い敷地を最大限に利用した技巧は、バロック様式の秀作といわれている。
🔵8:30～12:00、14:30～18:00、日曜・祝日9:00～12:00、15:00～18:00
🔴月曜
🟧無料

内部は建築、彫刻、色彩、光の要素が融合

サン・カルロ・アッレ・クアトロ・フォンターネ教会
Chiesa di San Carlo alle Quattro Fontane

●切りとり11 P.70-F

地下鉄A線バルベリーニBarberini駅から徒歩5分

重厚な曲線が美しいボッロミーニ作の教会

建築家ボッロミーニの傑作と称される教会。八角形、六角形を組み合わせた凝ったクーポラや、うねるような曲線を使ったファサードなどに、天才ボッロミーニの才能が凝縮されている。🔵10:00～13:00、15:00～18:00、土曜10:00～13:00、日曜12:00～13:00 🔴無休(ただし7～8月の午後は休み) 🟧無料

教会内部は白を基調にしており曲線や楕円形を多用。宗教的高揚感をかきたてる空間に

本音でガイド

ローマってドロボーが多いってホント?

夜になっても比較的安全に歩け、銃犯罪や殺人などの凶悪犯罪はアメリカなどに比べるとずっと少ないイタリアだが、ローマ以南では、とくにスリ、ひったくり、置き引きなど、いわゆるドロボーが多いので、十分に注意すること。安全と思いがちなリュックも、いつの間にか中身だけすられていた、というケースが多いので、電車などに乗るときは、リュックは体の前で抱えるようにすること。ローマではとくに、浮浪者(中欧などからの移民も多い)の犯罪が多いので、注意を。

ケース1
地下鉄やバスの乗り降りのとき、赤ちゃんを抱いた浮浪者風の女性がわざとぶつかってきて、ポケットやバッグに手を入れられる。時には、物乞いのようにしつこくまとわりついてきて、お金をせびるように見せかけて、もう一方の手でハンドバックから財布をする。

対策
赤ちゃんを抱いている人でも気を許さないこと。バッグはしっかり持ち、ポケットには貴重品を入れないこと。

ケース2
観光ポイントの入口付近で立ち止まると、浮浪者風の親子が近寄って来て取り囲み、お金を要求する。ダンボールや新聞紙で他の人に見えないよう死角を作り、強引にすられることもある。

対策
立ち止まるときは、周囲に不審な人がついて来ていないか確認する。誰かが近寄ってきたと察知したら、たとえ子供でも、すばやく逃げる。時には大声を出して。

ケース3
道を歩いていると、後ろから近寄って来たバイクに荷物をひったくられる。荷物を離さないと引きずられてケガをすることも。被害にあった人が死亡した不幸なケースも実際にある。

対策
道路を歩くときは、バッグは肩からたすき掛けにし、路肩側でなく建物側を歩く。

Area 2 スペイン広場エリア

スペイン広場〜ポポロ広場
Piazza di Spagna→Piazza del Popolo

観光客で賑わうスペイン階段

街 のしくみ&ウォーキングの基礎知識

華やかなスペイン広場周辺は
ローマで一番のショッピング・エリア

　映画『ローマの休日』のワンシーンで有名なスペイン階段の周辺は、ローマでも一番賑やかな繁華街。スペイン広場のすぐ前には、有名ブランドショップがずらりと並ぶコンドッティ通りが始まっている。コンドッティ通りと並行・交差する周辺の通りにもブランドブティックが並んでいるので、ショッピング派なら絶対はずせないエリア。ウインドウショッピングするだけでも楽しく、心華やぐ。

　そのコンドッティ通りと交差し、南北に延びるコルソ通りにもショップが多く、ローマっ子の人出が多い。ぶらぶら歩きに楽しいエリアだ。コルソ通り周辺には、絵画館として名高いバルベリーニ宮殿、ローマの北の玄関口ポポロ広場などの見どころもある。

　スペイン広場へは、テルミニ駅から地下鉄で。このエリアは地下鉄ならスパーニャ駅か、一駅先（ボルゲーゼ公園寄り）のフラミニオ駅が基点になる。エリア内は徒歩圏内だ。

💡 歩き方のヒント

楽しみ
観光　★★★
食べ歩き　★★★★
ショッピング　★★★★★

交通の便
地下鉄　★★★★
バス　★★★
タクシー　★★★

エリアの広さ
スペイン広場かポポロ広場のどちらかを基点にすれば、歩いてまわれる。ショッピングを楽しみながらのんびり歩こう。

バルカッチャの噴水の水は安心して飲める

見 どころ

スペイン広場
Piazza di Spagna
地下鉄A線スパーニャSpagna駅から徒歩3分

切りとり10
P.70-A

観光客が絶えない活気のある広場
　名前の由来は、17世紀にスペイン大使館があったこと。広場の前にはトリニタ・デイ・モンティ階段（通称スペイン階段）があり、いつも世界中からの観光客で賑わっている。

　階段の手前にある『バルカッチャの噴水』は、テヴェレ川でワインの運搬に使われていた老いぼれ船（バルカッチャ）をかたどったもので、バロック期を代表する彫刻家・建築家ベルニーニの父ピエトロの手によって17世紀に造られた。ここの水は水質がよいことで有名なローマの湧き水のなかでもトレヴィの泉と並んでおいしい水として有名。スペイン広場での飲食は禁止。罰金があるので要注意。

微妙に形が違う双子の教会。小説『天使と悪魔』でも有名に

双子の教会
Santa Maria dei Miracoli e Santa Maria in Montesanto
地下鉄A線Flaminio駅から徒歩2分
 ●ゆとり3 P.70-A

19世紀のバロック式教会
ポポロ広場に面して建つ、2つのそっくりな教会は右がサンタ・マリア・デイ・ミラーコリ教会、左がサンタ・マリア・イン・モンテサント教会。新古典様式の建築で、右の本堂のクーポラは正円、左は楕円と、微妙に異なるが、見た目に同じになる工夫がされている。

トリニタ・デイ・モンティ教会
Chiesa della Trinita dei Monti
地下鉄A線スパーニャSpagna駅から徒歩3分
●ゆとり10 P.70-B

2つの鐘楼が印象的な広場のシンボル
スペイン階段の一番上に建つ、2つの鐘楼が仲よく並ぶ教会。フランス国王ルイ12世の命により1585年に完成したもので、内部は後期ゴシック様式。礼拝堂に飾られたダニエレ・ダ・ヴォルテッラの『キリストの降架』が有名だ。教会前の小広場にあるオベリスクは1789年に教皇ピオ6世によって建てられたもので、かつては巡礼者たちの目印となっていた。
開6:30～20:00　休月曜　料無料

2つの鐘楼の手前にオベリスクが建っている

サンタ・マリア・デル・ポポロ教会
Chiesa di Santa Maria del Popolo
地下鉄A線Flaminio駅から徒歩1分
 ●ゆとり3 P.76-I

芸術品にあふれたルネサンス様式の教会
皇帝ネロの魂が悪霊になったという噂を鎮める目的で、教皇パスカリス2世が1099年に創建した。ラファエロの設計によるクーポラやベルニーニの彫刻のほか、主祭壇左手の礼拝堂には、カラヴァッジョの絵画『聖ピエトロの磔刑』『聖パオロの改宗』がある。
開7:30～12:30、16:00～19:00　休無休　料無料

ヴィラ・メディチ
Villa Medici
スペイン広場Piazza di Spagnaからすぐ
 ●ゆとり4 P.70-A

フランスの若者が学んだ芸術の館
ナポレオンにより統治された時代、フランスの手に渡り、芸術を学ぶ学生で賑わった。現在は庭園のみ一般公開されている。
開9:30～17:30　休月曜、1/1、5/1、12/25　料€12

ポポロ広場とポポロ門
Piazza del Popolo e Porta del Popolo
地下鉄A線フラミニオFlaminio駅から徒歩1分
 ●ゆとり3 P.76-I

多くの旅人が行き交ったローマの玄関口
鉄道ができる前までは、フラミニア街道Via Flaminiaを経てやってきた旅人で賑わっていたローマの北の玄関口。ゲーテもスタンダールもこのポポロ門を馬車でくぐってきた。ポポロ門の内側の装飾は、1655年にベルニーニによって完成したもの。広場中央に立つ高さ36mのオベリスクは、初代皇帝アウグストゥスがエジプトから持ち帰ったものだ。

ゲーテもくぐったポポロ門（正面）

アウグストゥス帝廟
Mausoleo di Augusto
スペイン広場から徒歩7分
●ゆとり9 P.70-A

皇帝アウグストゥス一族が眠る
初代皇帝アウグストゥス帝が自分のために立てた墓。西隣にはアウグストゥスのガリア・スペイン遠征勝利を記念する、平和の祭壇「アラ・パチス」を収めたアラ・パチス博物館がある。祭壇を囲む大理石レリーフが見事。
開11:00～20:00、木・金曜は～22:00、土曜は～23:00、日曜12:00～20:00　アラ・パチス博物館／9:30～19:30（12/24、12/31は～14:00）　休1/1、12/25　料博物館€11

ボルゲーゼ美術館
Galleria Borghese
ヴェネト通りからミニバス116番で終点下車徒歩5分、地下鉄A線スパーニャ駅から徒歩15分
 ●ゆとり5 P.77-H

ベルニーニのパトロンが集めた傑作を公開
ボルゲーゼ家の夏の別荘で、18世紀から美術館として使われている。見どころは、ベルニーニのパトロンだった枢機卿シピオ・ボルゲーゼが集めた傑作ぞろいの彫刻コレクション。開8:30～19:30　予約制。予約☎06-32810（9:00～18:00、土曜は～13:00、日曜休み。受け取りは入館30分前まで）　休月曜、1/1、12/25　料€15
■http://www.galleriaborghese.it/

Area 3 ヴェネツィア広場〜トレヴィの泉エリア

ヴェネツィア広場周辺

Piazza Venezia

モンテチトリオ宮殿とオベリスク

歩き方のヒント

楽しみ	
観光	★★★★
食べ歩き	★★★★
ショッピング	★★★
交通の便	
地下鉄	★★
バス	★★★★★
タクシー	★★★

エリアの広さ
テルミニ駅から40、64番など、数多くのバスが走っている。エリア内は徒歩でまわれる。

街のしくみ&ウォーキングの基礎知識

ローマ一有名な泉のある、賑やかなエリア

「ローマのへそ」ヴェネツィア広場。ここから北へ向かって、ポポロ門にぶつかるコルソ通りが延び、その近くにはローマで一番有名な噴水、トレヴィの泉がある。南へ向かえばローマ時代の美術品が見られる2つの美術館のあるカンピドリオ広場や、ローマを代表する遺跡、フォロ・ロマーノ(p.105)へと続く。さらに東南には、コロッセオ(p.105)がある。ヴェネツィア広場前のヴィットリオ・エマヌエーレ2世通りはローマでも最も交通渋滞が激しく通行量も多いので、通りを渡るときは自動車やバイクに気をつけよう。

トレヴィの泉といえば、フェデリコ・フェリーニ監督の映画『甘い生活』で、アニタ・エクバーグが黒いドレスに身を包み、この泉のなかで水と戯れる美しいシーンが印象的だった。この噴水の美しさ、迫力は、何度見てもまた見たくなるほど。

ヴェネツィア広場はまだ地下鉄がなく、テルミニ駅から40・64番バスで約15分。広場の前には巨大な白い建物ヴィットリオ・エマヌエーレ2世記念堂があるのですぐわかる。広場周辺には、ヴェネツィア宮殿など、内部が見学できるポイントがたくさん。美術ファンは見逃せない。

見どころ

ヴェネツィア広場
Piazza Venezia
市バス64番などでヴェネツィア広場下車、または地下鉄B線コロッセオColosseo駅から徒歩12分

●歩きとり16 P.70-I

巨大な記念像が目印

ヴィットリオ・エマヌエーレ2世記念像が目印のこの広場の南側には、巨大なヴィットリオ・エマヌエーレ2世記念堂Monumento a Vittorio Emanuele が建っている。この建物は、統一イタリアの初代国王になったヴィットリオ・エマヌエーレ2世の偉業をたたえるために建設されたもので、内部は統一記念博物館になっている。

広場の前のヴィットリオ・エマヌエーレ2世通り周辺は、中世からルネサンス時代にはローマの中心だったエリア。周辺には、美術館として使われている貴族の宮殿も多いので、ぜひ立ち寄りたい。

ヴェネツィア広場は交通量も多いので注意

壮大なヴィットリオ・エマヌエーレ2世記念堂

ドーリア・パンフィーリ宮殿（美術館）
Palazzo Doria Pamphilj e Galleria Doria Pamphilj
●切りとり16 P.70-I
ヴェネツィア広場から徒歩2分

カラヴァッジョの作品もある貴族の館

　ドーリア・パンフィーリ家の館として15世紀に建てられ、現在も一族が居住している。敷地は広く、1000以上の部屋に4つの階段、3つの玄関間を持ち、一部は美術館として公開中。入口はコルレッジオ・ロマーナ広場に面した側。

開9:00～19:00　休1/1、復活祭、12/25
料€12
■http://www.doriapamphilj.it/

マルクス・アウレリウスの記念柱
Colonna di Marco Aurelio
●切りとり10 P.70-E
ヴェネツィア広場から徒歩6分

戦いの場面を浮き彫りにした記念柱

　コロンナ広場Piazza Colonnaの中央にそびえている。紀元前2世紀、ドイツ遠征の戦いで勝利したことを記念して建てられたもので、高さ30mに及ぶ柱の表面には、戦いのエピソードがらせん状に浮き彫りされている。すぐ横には、内閣総理府が置かれているキージ宮殿Palazzo Chigiがある。

ナポレオンがうらやんだといわれるオベリスク

モンテチトリオ宮殿
Palazzo di Montecitorio
●切りとり9 P.70-E
ヴェネツィア広場から徒歩8分

エジプトから運ばせたオベリスクが目印

　17世紀の下院の建物で、宮殿正面の装飾はベルニーニが手掛けた。現在も国会議事堂の下院として使われている。モンテチトリオ広場に建つアウグストゥス帝のオベリスクは紀元前6世紀ごろのもの。初代皇帝アウグストゥス帝がエジプトから運ばせて、日時計として使用したというエピソードが残っている。18世紀末に、この場所に移された。

コロンナ宮殿（コロンナ美術館）
Palazzo Colonna e Galleria Colonna
●切りとり16 P.70-I
ヴェネツィア広場から徒歩3分

ルネサンス絵画を展示する美術館

　ローマの貴族コロンナ家が所有する宮殿で、枢機卿ジョヴァンニ・コロンナによって、13世紀に建てられた。14世紀には後の教皇マルティヌス5世の邸宅として使われた。『ローマの休日』のラストシーンで、アン王女の記者会見場として使われた。内部は17世紀の枢機卿ジローラモ・コロンナとその甥ロレンツォ・オノフーリオが収集した美術品が展示されている。なかでも16世紀のヴェネツィア派の巨匠ティントレットの絵画は見逃せない。入口はピロッタ通り17番。

開土曜のみ9:00～13:15　休8月　料€12

トレヴィの泉
Fontana di Trevi
●切りとり10 P.70-F
ヴェネツィア広場から徒歩10分

ローマで最も人気のある、美しい泉

　泉にコインを投げると願いが叶うという伝説で知られるこの泉の前身は、1453年、教皇ニコラウス5世の命令で築かれた噴水。教皇は、アウグストゥス帝が築いた古代の水道「アクア・ヴィルジネ」（処女の泉）の水源を約1000年ぶりに復活させようと、噴水事業に着手した。その後、1762年に教皇クレメンス13世の依頼で現在の姿に造り変えられた。ポーリ宮殿の壁面を飾る噴水には神話上の半人半魚の2人の海神トリトンや大洋の神などが彫刻され、泉と調和している。泉の中央は海神ネプチューンの姿。

純白の美しさで迫るトレヴィの泉

Area 4

ナヴォーナ広場周辺エリア

パンテオン～
ナヴォーナ広場

Pantheon-Piazza Navona

華やかな噴水彫刻に彩られたナヴォーナ広場

街 のしくみ＆ウォーキングの基礎知識

ローマ時代の名建築が密集するエリア

　名建築の多いローマのなかでも、このエリアには見どころが多く、魅力的な教会や広場がひしめいている。まずは、市民の憩いの場、ナヴォーナ広場へ。ベルニーニ作の大噴水が並ぶ広場は美しく、活気にあふれている。

　ナヴォーナ広場から、古代ローマ時代の歴史建造物で最も保存状態がいいパンテオンまでは歩いてすぐ。「筆舌に尽くしがたい」という形容がぴったりなほど美しいドーム空間を持つパンテオンは、時間がなくてもなんとか都合をつけて訪れたい必見ポイント。

　ナヴォーナ広場の南にある、カンポ・デ・フィオーリ広場周辺は、花市場や職人街のある下町エリア。カンポ・デ・フィオーリ広場の南側にあるファルネーゼ宮殿の前から始まるモンセッラート通りからジュリア通り周辺には、アンティーク・ギャラリーや、額縁職人、家具職人のアトリエも多く、散策するのが楽しいエリア。骨董好きな人にぜひおすすめしたい散歩道だ。

　国立ローマ博物館別館として使われているアルテンプス宮殿などの見どころも多いので美術ファンには楽しみなエリアだ。このエリアへは40・46・62・64・70・116番バスのヴィットリオ・エマヌエーレ2世通りかパンテオン停留所で下車が便利。

歩き方のヒント

楽しみ
観光 ★★★★★
食べ歩き ★★★★★
ショッピング ★★★

交通の便
地下鉄 ★★
バス ★★★
タクシー ★★★

エリアの広さ
テヴェレ川とヴェネツィア広場にはさまれた、中心部の西側エリア。
ナヴォーナ広場からパンテオンまでは、歩いても5分の近さ。

壮麗なバロック様式の内部装飾が見どころ

見 どころ

ジェズ教会
Chiesa di Gesu

切りとり16
P.70-I

ヴェネツィア広場から徒歩5分

豪華なバロック装飾はローマでも屈指

　16世紀に建てられた、イエズス会の代表的な教会。遠近法を駆使した天井のフレスコ画『キリストの御名の勝利』はバロック期のバチッチャの作。祭壇右にはフランシスコ・ザビエルの聖体の一部がある。

開 7:00～12:30、16:00～19:45　休 無休　料 無料

サンタ・マリア・ソプラ・ミネルヴァ教会
Chiesa di Santa Maria Sopra Minerva

 切りとり15 P.70-I

パンテオンから徒歩2分

ガリレオが地動説を唱えた場所
ラテン十字の3廊式の内部には、フィリピーノ・リッピ（息子）による『聖母被昇天』や、ラファエロの『十字架を持つキリスト像』などの秀作がある。修道院の異端審問所は、ガリレオ・ガリレイが「それでも地球は動いている」とつぶやいた場所とされる。

開6:55～19:00、土曜10:00～12:30、15:30～19:00、日曜8:10～12:30、15:30～19:00 休無休 料無料

パンテオン
Pantheon

 切りとり15 P.70-I

ナヴォーナ広場から徒歩5分

完璧な形で残る古代ローマの遺構
アグリッパによって、紀元前25年に創建された神殿。その後、火災に遭い、120年ころハドリアヌス帝が再建して、現在のような姿になった。609年以降はキリスト教教会として使われ、現在も教会として利用されている。完成した2世紀当時の姿をほぼ完全にとどめる、数少ない建築であり、ローマ時代の建築技術水準の高さを目の当たりにできる貴重な資料でもある。

16本の円柱のある入口を通って中に入ると、床直径と高さが同じ43.3mという広々とした空間が広がっている。このドームの大きさは、ヴァチカンのサン・ピエトロ寺院のクーポラよりも大きく、ローマ最大。大きな円形の天窓を造ったのは、聖なるものへの敬意を喚起させるためといわれている。なかに入ると、不思議に心落ち着き、そのことを実感できるだろう。 開8:30～19:30（日曜9:00～18:00、祝日9:00～13:00）ただし土・日曜のミサ中は入れない 休1/1、5/1、12/25 料無料

▲ドームの天井から差し込む光が神秘的。時間とともに光の角度が移動する

ギリシア語で「万神殿」という意味を持つパンテオンの内部。心静まる不思議な空間だ

サン・ルイージ・デイ・フランチェージ教会
Chiesa di San Luigi dei Francesi

 切りとり15 P.72-F

パンテオンから徒歩2分

フランス王ルイ9世に捧げられた教会
十字軍を指揮したフランスのルイ9世を祀る。左側奥の礼拝堂には、バロック期の画家カラヴァッジョの3部作『聖マタイの召命』、『聖マタイの殉教』、『聖マタイと天使』がある。

ファサードにはカール大帝の像も

開10:00～12:30、15:00～18:45 休木曜の午後 料無料

ナヴォーナ広場
Piazza Navona

 切りとり15 P.72-F

パンテオンから徒歩5分

3つの噴水が並ぶ美しい広場

ベルニーニ作の彫刻大作『四大河の噴水』、『ムーア人の噴水』、『ネプチューンの噴水』がある。1651年に造られた『四大河の噴水』は、高さ17mのオベリスク（左の写真）がそびえるシンボル的な存在。

サンティーヴォ・アッラ・サピエンツァ教会
Chiesa di Sant'Ivo alla Sapienza

切りとり15 P.72-F

ナヴォーナ広場から徒歩1分

建築家ボッロミーニの代表作の一つ
曲線を描いたファサードや2つの正三角形を組み合わせた星型の床面など、バロック期の名建築家ボッロミーニによる独創的デザインが印象的。内部は白を基調にしていて、清楚な雰囲気が漂う。

開日曜のみ9:00～12:00 休祝日、7～8月

ローマ国立博物館（アルテンプス宮）
Museo Nazionale Romano（Palazzo Altemps）

 切りとり9 P.72-B

ナヴォーナ広場から徒歩3分

ローマ美術の宝庫
ギリシア、ローマ美術の傑作を展示する国立博物館の分館の一つ。コレクションで見逃せないのは、海から今生まれ出たばかりのヴィーナスを描いたレリーフ『ルドヴィシの玉座』。また、ギリシア彫刻の名作『瀕死のゴール人とその妻』は、敵に敗北したゴール（ガリア）人兵士をモデルにした名作。

開9:00～19:45 休月曜、1/1、復活祭、12/25
料€7（国立博物館4館共通）

ローマ 99 見どころ

Area 5 ヴァチカン・エリア

ヴァチカン市国〜サンタンジェロ城
Città del Vaticano—Castel Sant' Angelo

サン・ピエトロ広場には、オベリスクやベルニーニ作の噴水が並ぶ

歩き方のヒント

楽しみ	
観光	★★★★★
食べ歩き	★★
ショッピング	★★
交通の便	
地下鉄	★
バス	★★★
タクシー	★★

エリアの広さ
ヴァチカン美術館だけでも「迷宮」といわれるほど広く、見どころも多い。サン・ピエトロ大聖堂とあわせて半日または1日かけるつもりでじっくり鑑賞したい。

街のしくみ＆ウォーキングの基礎知識

見る人を圧倒する、カトリック教会の総本山

　世界最大のキリスト教教会であり、カトリックの総本山であるサン・ピエトロ大聖堂。ローマ教皇のミサが行われる特別な日には、世界中から集まる約6万人の信者を収容することができる。

　ヴァチカンは世界最小の独立国として認められており、独自の切手も発行している。観光客にとっても、芸術品を鑑賞できる必見の観光スポットだ。ミケランジェロやベルニーニ、ブラマンテなどの天才が完成させた建築・彫刻は、見事なまでの輝きを放っている。ミケランジェロが設計したサン・ピエトロ大聖堂のドームに昇れば、ヴァチカン市国の全貌を展望できる。ローマに来たからには、ぜひ1日「ヴァチカンに出かける日」を作ってゆっくり見学を。

　サン・ピエトロ大聖堂へは、バス64番で終点近くのトンネルを出て1つ目のポルタ・カヴァレッジェッリPorta Cavalleggeri停留所下車が便利。ヴァチカン市国のなかは広く、相当歩きまわるので、歩きやすい靴で。また、神聖な場所なので服装にも気をつけて。短パン、サンダル、ノースリーブは禁止。ヴァチカンの東には、万一のとき教皇が避難する要塞として使われたサンタンジェロ城があり、内部は古代、中世、近代の武器博物館となっている。

ミケランジェロがデザインした服を身にまとったスイス衛兵（左）

見どころ

ヴァチカン市国
Città del Vaticano
バス64番Porta Cavalleggeri停留所から徒歩3分　地下鉄A線オッタヴィアーノ・サン・ピエトロOttaviano S.Pietroから徒歩10分

●切りとり7　P.74-E〜F

ローマ教皇が統治する独立国
　リソルジメント広場からは南、64番バス停からは北に歩くと、すぐサン・ピエトロ広場に到着する。ここがヴァチカン市国の玄関口。
　1929年2月11日、教皇庁とムッソリーニ政権下の政府との間でラテラノ条約が結ばれ、ヴァチカンは独立国を形成。独自の通貨や切手を発行し、鉄道駅、政府政庁、放送局、郵便局、図書館、教皇の居室などのさまざまな施設・機能を備えている。こうしたヴァチカンの広さを実感するためにも、ぜひサン・ピエトロ大聖堂のクーポラに昇ってみよう。

※ヴァチカン市国は全域が世界遺産に登録されている。■http://www.vatican.va

サン・ピエトロ広場正面が大聖堂

広場側から見た大聖堂。入口は建物の正面

サン・ピエトロ広場
Piazza San Pietro
ヴァチカン市国に同じ

●切りとり7
P.74-F

大聖堂への入口
　天才ベルニーニが広場の設計を担当し、1666年に完成した。柱廊には284本の巨大な柱が並び、サン・ピエトロ大聖堂まで導くように続いている。柱の上を見上げると、カトリックの聖人たちの彫刻がずらり。その数140体、いずれもベルニーニの弟子たちが製作したものだ。

　オベリスクの左右にはベルニーニと、サン・ピエトロ大聖堂の造営主任だったマデルノが設計した2つの噴水が左右対称に向かい合っている。ローマ教皇のミサが行われる大きな祭典の際は、この広場もぎっしりと信者で埋め尽くされる。

サンタンジェロ城
Castel Sant'Angelo
サン・ピエトロ広場から徒歩10分

●切りとり8
P.75-H

牢獄として使われたこともある要塞
　139年にハドリアヌス帝の霊廟として建てられ、その後、要塞として強化された。ルネサンス期には大改築が行われ、ヴァチカン宮殿との間の城壁の上に屋根の付いた通路がめぐらされ、非常時には教皇が避難したという。現在は博物館として、中世から近世までの兵器のコレクションなどを展示。
開9:00〜19:30（7〜9月夜間開放あり）　休1/1、5/1、12/25　料€14

ローマ　101　見どころ

サンタンジェロ橋を渡ってサンタンジェロ城へ

サン・ピエトロ大聖堂
Basilica di San Pietro

交ヴァチカン市国に同じ **開**7:00～19:00（10～3月は～18:30）、クーポラ8:00～18:00（10～3月は～17:00) **料**クーポラ/階段€6、エレベータ€8
MAP●切りとり-7、p.74-F

古代ローマ時代の聖ペテロ（ピエトロ）の墓の上に、ローマ皇帝として初めてキリスト教に改宗したコンスタンティヌス帝が、キリスト教教会を建立したのが大聖堂の前身だ。

1506年にユリウス2世のもとで建築家ブラマンテが着工。ラファエロ、ブラマンテ、ミケランジェロなど一流の建築家、芸術家が技を結集させた。ドーム建設にあたっては、ミケランジェロはドームを支える円筒部分と支柱などを制作したとされる。ドーム建築当時高齢だったミケランジェロの死後は、マデルノらが仕事を引き継いで、壮大なプロジェクトを完成させた。ベルニーニも大聖堂の内部の彫刻・装飾を担当している。

大聖堂の内部は巨大で、さまざまな華麗な装飾や彫刻が織り成す壮麗さに目を奪われるだろう。

聖堂内の右側廊には、ベルニーニ作の秀作「秘跡の礼拝堂」が、また、クーポラの真下中央には、ベルニーニ作のブロンズ製天蓋がある。身廊の床には世界の大きな聖堂の広さを示す印が付けられているが、それを見てもこの大聖堂の奥行きの深さがわかる。

ピエタ
Pieta

聖堂内の一番手前の礼拝堂には、この大聖堂でもっとも有名な作品、ミケランジェロのピエタ像がある。この大理石像は1499年から1500年にかけて製作されたもので、ミケランジェロが23歳のときの傑作だ。

ミケランジェロの傑作『ピエタ像』。大聖堂に入り、祭壇に向かって右側の壁面にある。ガラスケース入り

大天蓋
Baldacchino

バロック彫刻を代表する
ブロンズの大天蓋（中央）

サン・ピエトロ大聖堂のドームの下には教皇の祭壇があり、ブロンズの大天蓋で覆われている。この天蓋はベルニーニが助手ボッロミーニとともに1633年に完成させたもの。大胆にねじれた柱、金の装飾が施され、絢爛豪華。バロックを代表する傑作だ。

大聖堂のクーポラ。頂上からの眺めは最高

クーポラ
Cupola

大天蓋の真上のクーポラは、ローマ最大の大きさを誇る。クーポラへは、途中のテラスまで中庭から有料エレベータで昇ることができる。そこから先は、クーポラの内側に付けられた急勾配の階段を登る。ちょっと息が切れるが、頂上からのヴァチカンの眺めは壮観。サン・ピエトロ広場、ヴァチカン市国全体からジャニコロの丘まで見渡せる。

ヴァチカン美術館
Musei Vaticani　MAP●切りとり-7、p.74-B

交 地下鉄A線チプロ・ミュゼイ・ヴァチカーニCipro Musei Vaticani駅から徒歩10分　開 9:00～18:00（入館は16:00まで）、最終日曜は～14:00　休 毎月最終日曜を除く日曜、1/1、1/6、3/19、復活祭と翌日の月曜、5/1、6/29、8/14、8/15、11/1、12/8、12/25、12/26（休館は年により異なるのでHPで確認を）　￥ €17（毎月最終日曜は無料）　■ http://www.museivaticani.va

世界最大級の収蔵数を誇る美術館。ミケランジェロの大作『最後の審判』のあるシスティーナ礼拝堂を筆頭に、ラファエロやレオナルド・ダ・ヴィンチ、ティツィアーノなどイタリアを代表する絵画作品を所蔵する絵画館、ギリシア・ローマ時代の彫刻を集めたピオ・クレメンティーノ美術館、地図のギャラリーなど、実に20を超える博物館、美術館、宮殿からなっている。

内部はとても広く、レストラン＆カフェや有料の日本語による説明テープの貸出もある。腰を据えて、じっくりと見学したい。入口は、リソルジメント広場からヴァチカン通りを進んだ坂の途中にある。

『アテネの学堂』上の階の署名の間にある。教皇ユリウス2世の書斎だった

システィーナ礼拝堂
Cappella Sistina

ミケランジェロの天井画と『最後の審判』で知られるこの礼拝堂は、美術館最大の見どころ。1994年に長年の修復が完了し、ミケランジェロ当時の鮮やかな色彩が蘇った。制作を引き受けた時、すでに60歳だったミケランジェロはこの絵を450のパーツに分け、1パートを1日分の仕事として自分に課したという。

ミケランジェロの『最後の審判』と天井画

ヴァチカン最大の見どころ、システィーナ礼拝堂の天井画

Area 6

フォロ・ロマーノ周辺エリア

フォロ・ロマーノ〜カラカラ浴場
Foro Romano〜Terme di Caracalla

ローマに来たら一度は必ず訪れたい、フォロ・ロマーノ

歩き方のヒント

楽しみ
観光 ★★★★★
食べ歩き ★
ショッピング ★

交通の便
地下鉄 ★
バス ★★★
タクシー ★★

エリアの広さ
とにかく広いエリアなので、1日かけてじっくりと見てまわりたい。元気のある日を選び、1日中歩いても疲れない靴と服装で歩き始めよう。

街のしくみ&ウォーキングの基礎知識

遺跡だらけのエリア、真実の口もここに

約1000年にわたって古代ローマの街の中心であり政治の中枢でもあったフォロ・ロマーノ。4世紀末の西ゴート族の侵入でローマ帝国とともに廃頽し、ルネサンス期には石切り場として破壊されたこともある。政治の中枢、元老院の建物やマクセンティウス帝の神殿、ティトゥス帝の凱旋門などの貴重なモニュメントの数々に、最盛期のローマ帝国の権力の大きさと繁栄ぶりを想像することができる。コロッセオとともに、はずせない観光の名所だ。

広大なこのエリアを歩くには75番バスでフォロ・ロマーノかコロッセオかチルコ・マッシモで下車すると便利。あるいは地下鉄ならB線のコロッセオ駅が基点になる。エリア内では徒歩となり、結構な距離を歩くことになるので、歩きやすい靴で。フォロ・ロマーノ、コロッセオ、パラティーノの丘は便利な共通チケットを活用しよう。コロッセオの前には長い行列ができるので、チケットは比較的空いているフォロ・ロマーノで買うことをおすすめする。フォロ・ロマーノは1〜2月および日曜には16:30、3月でも17:30ごろには閉門してしまうので、早めの時間に訪れたい。

見どころ

カピトリーニ美術館
Musei Capitolini
ヴェネツィア広場Piazza Veneziaから徒歩5分

●切りとり16 P.78-A

古代ローマ彫刻の名作を展示

ローマ彫刻を多数収蔵している美術館。収蔵品のなかでも紀元前3世紀のギリシア名彫刻を再現した『瀕死のガリア人』や『カピトリーノのヴィーナス』がすばらしい。カンピドリオ広場を挟んでヌオヴォ館（カピトリーニ

カピトリーニ美術館にある『瀕死のガリティア人』。紀元前3世紀のギリシア彫刻をローマ時代にコピーした傑作（左）

コンセルヴァトーリ館2階にある『棘を抜く少年』も、ローマ時代にコピーされたギリシアの名作（右）

館）、向かいにはローマ彫刻『刺を抜く少年』のあるコンセルヴァトーリ館Museo dei Conservatoriがあり、地下通路で結ばれている。中庭にもフォロ・ロマーノのマクセンティウス帝のバシリカから発見された巨大な石像の各部が置かれている。
開9:30〜19:30、12/24、12/31は〜14:00（入館は閉館の1時間前まで）休月曜、1/1、5/1、12/25
料€15（コンセルヴァトーリ館とヌオヴォ館共通）

フォロ・ロマーノ
Foro Romano
地下鉄B線コロッセオColosseo駅から徒歩5分
●切りとり22 P.78-B

古代ローマの政治、宗教、商取引の中心地
　フォロとは公共広場のこと。1200年も続いた帝政ローマ時代、歴代の皇帝たちは権力の象徴としてこのフォロに、元老院、裁判所、凱旋門を次々と建立した。「ローマは1日にしてならず」という言葉があるが、まさにここはそのローマ帝国の政治・経済の中枢だ。だが、4世紀末、西ゴート族の侵入により、フォロ・ロマーノは荒廃の一途をたどることになる。入口は、フォリ・インペリアリ通り側に建つ、エミリアのバシリカの脇ほか。
開夏季8:30〜19:15（季節により閉鎖時間が早まる。入場は閉館の1時間前まで）休1/1、12/25　料コロッセオ、パラティーノの丘とセットで€12（2日間有効）

コンスタンティヌス帝の凱旋門
セプティミウス・セウェルス帝の凱旋門（右）

コロッセオ
Colosseo
地下鉄B線コロッセオColosseo駅から徒歩3分
●切りとり23 P.78-B

300年以上も血生臭い試合が行われた舞台
　ヴェスパシアヌス帝が紀元72年に着工した4階建ての円形競技場。剣闘士同士、あるいは剣闘士と猛獣との生死をかけた試合がここで行われ、一度に5万人もの見物客が手に汗握る試合を楽しんだという。各階で様式が違い、1階はドーリア式、2階はイオニ

8年の歳月をかけて完成したコロッセオ

ア式、3階はコリント式となっている。442年の大地震で被害に遭い、その後は石切り場として切り崩された経緯がある。
開夏季8:30〜19:15（季節により閉館時間が早まる。入場は開場の1時間前まで）休1/1、12/25　料€12（フォロ・ロマーノ、パラティーノの丘と共通、2日間有効）

真実の口
Bocca della Verità
地下鉄B線チルコ・マッシモCirco Massimo駅から徒歩10分

●切りとり22 P.78-E

古代のマンホールの蓋だった石の彫刻
　古代ローマ時代の街路には雨水を集めて地下に流し込む溝があった。その蓋だったもの。嘘つきが手を入れると食べられてしまうという伝説がある。6世紀の教会に置かれている。
教会／開9:30〜17:30（冬季は〜16:50）
休無休　料€2

サンタ・マリア・イン・コスメディン教会内にある

カラカラ浴場
Terme di Caracalla
地下鉄B線チルコ・マッシモCirco Massimo駅から徒歩10分

MAP P.78-J

1600人もが入浴できた古代の社交場
　216年ころにカラカラ帝によって造られた大浴場の跡。浴場には冷水浴室、サウナ、高温浴室などの施設があり、色鮮やかなモザイク床で覆われていた。入口はテルメ通りVia Terme側。夏季は野外オペラも開催される。
開夏季9:00〜17:00（季節により閉館時間が早まる。入場は閉館の1時間前まで）、月曜は〜14:00
休12/25、1/1　料€8（催事があるときは変動）

ローマ時代の巨大な社交場、カラカラ浴場

アッピア旧街道
Via Appia Antica

紀元前312年に完成した、世界最古の道アッピア旧街道。ローマの城門、サン・セバスティアーノ門Porta San Sebastianoを基点に、遠く南イタリアのブリンディジBrindisiまで続いていた。石畳の通りには、基点からの距離を示すマイル・ストーンと呼ばれる石柱が立っている。街道周辺には地下墓地や、キリスト教が異端だった時代に迫害を受けた聖者を祀った教会などが点在する。

交通：地下鉄A線コッリ・アルバーニColli Albani駅からバス660番で終点チェッチリア・メッテラCecilia Mettelaバス停下車、または地下鉄B線チルコ・マッシモCirco Massimo駅からバス118番でポルタ・サン・セバスティアーノPorta San Sebastianoバス停下車。アッピア街道のおもな見どころは、この2つのバス停の間のおよそ3kmの間に点在する。
市内からタクシーを使ったツアーもある。アッピア街道3時間で€165〜。

街のしくみ＆ウォーキングの基礎知識

アッピア旧街道は、ローマ時代の最新土木技術を駆使し、紀元前312年に完成した。珍しいカタコンベなどが見られるが、付近にバールなどはないので、飲物を持参しよう。

サン・カッリストのカタコンベ
Catacombe di San Callisto　MAP P.69-K
バス118番でカタコンベ・サン・カッリスト下車

歴代ローマ教皇も眠る共同墓地
城壁内に墓地を作れなかったことから生まれたといわれるカタコンベだが、ここには歴代ローマ教皇をはじめ、初期のキリスト教徒たちが眠っている。一時はその存在が忘れられていたが、16世紀になって再発見された。
開9:00〜12:00、14:00〜17:00
休水曜、1/25〜2/21（年により異なる）　料€8

約1万人の観客を収容できた、マクセンティウスの競技場

サン・セバスティアーノ聖堂のカタコンベ
Catacombe di San Sebastiano　MAP P.69-K
バス118番でバシリカ・サン・セバスティアーノ下車

礼拝堂にキリストの足跡をかたどった石がある
殉教者聖セバスティアヌスの墓の上に建つ教会。地下のカタコンベには聖ペテロと聖パウロの遺骨が移され、現在も墓室の壁に彼らの書いた碑文が残されている。
開10:00〜17:00（入館は〜16:30）
休日曜、1/1、12/1〜12/28　料€8

ドミネ・クォ・ヴァディス教会
Chiesa di Domine Quo Vadis　MAP P.69-K
バス118番でドミネ・クォ・ヴァディス下車

ペテロの殉教を記念する教会
ネロ帝によるキリスト教徒迫害を逃れる聖ペテロ（ピエトロ）の前に、キリストが現れたとされる伝説にゆかりのある教会。
開8:00〜18:00（夏季は〜19:00）
料無料

チェチリア・メテッラの墓
Tomba di Cecilia Metella　MAP P.69-L 外
バス660番でチェチリア・メテッラ下車

巨大な防護壁を備えた円筒形の墓
ローマの執政官クレティウスの娘、聖チェチリアを祀るため紀元前1世紀に建立。
開9:00〜日没1時間前（夏季は19:00頃、冬季は17:00頃）　休月曜、1/1、5/1、12/25　料€6

ショッピング

ブランドショップが多く集まるのはスペイン広場周辺とヴェネト通りなど。月曜の午前、日曜・祭日は閉まる店も多いので、上手に買い物時間を組み込もう。

コンドッティ通り　MAP p.70-E

スペイン階段からまっすぐ延びている通り。コルソ通りと交差するまでの東西南北の碁盤の目に、ブランドショップが軒を連ねている。ブランド品ショッピングを楽しみにしているなら要チェック。ウインドウショッピング派も、華やいだ雰囲気でそぞろ歩きが楽しめる。とくに店が多いのは、コンドッティ通り、ボルゴニョーナ通り、ボッカ・ディ・レオーネ通りなど。

ヴィットリオ・ヴェネト通り　MAP p.70-B

通称ヴェネト通りは、バルベリーニ広場からボルゲーゼ公園の入口ピンチアーナ門まで延びているなだらかな坂道。道の両側に5つ星ホテルや瀟洒なテラス・カフェ、バー、ファッションの店などが点在している。

コルソ通り　MAP p.70-I

ポポロ広場からヴェネツィア広場に向かって真っすぐ延びているコルソ通り。通りの両側にはカジュアルなショップや専門店が点在している。トリトーネ通りとの交差点には1865年創業の老舗百貨店リナシェンテと、中心部では最大規模のショッピングモール「ガレリア・アルベルト・ソルディ」(写真)がある。ZARAやコッチネッレ、トラサルディ・ジーンズなどが入った「ガレリア」は19世紀の建物を利用。リバティ様式の天井ステンドグラスや床のモザイクが風格を漂わせる。1階吹き抜け通路にはカフェや書店もあるので、ひと休みに最適。

トリトーネ通り　MAP p.70-E

バルベリーニ広場からコルソ通りのキージ宮殿まで延びている通り。食器や本屋などの老舗専門店も多い。

コーラ・ディ・リエンツォ通り　MAP p.75-C

ヴェチカンに近いリソルジメント広場とコーラ・ディ・リエンツォ広場を結ぶこの通りにも、ファッションや雑貨の店、靴や下着、カバンなどの専門店が多く集まっている。モードに敏感な人は散策してみよう。オヴィディオ通りとの交差点には百貨店「コイン」もある。

ブランドショップ

ルイ・ヴィトン
Louis Vuitton
MAP p.111-B

バッグをはじめ、靴、ベルトなども

1821年に誕生し、1854年に世界初の旅行カバン専門店をパリに創業。実用性とデザイン性を兼ね備えた品質で知られる。ローマ店は、モノグラム、エピ、ダミエなどのラインの新製品が早く入荷。

- 交地下鉄A線スパーニャSpagna駅から徒歩6分
- 住Via dei Condotti, 13
- ☎06-69940000
- 開10:00～19:30、日曜11:00～
- 休無休

ブルガリ
Bvlgari
MAP p.111-B

ゴージャスなジュエリーと時計

1884年の創業以来、高級感あふれるジュエリーで女性顧客の心をつかんできた。ローマ本店はジュエリーやウォッチからアクセサリー、フレグランスまで幅広い商品を取り扱っている。

- 交地下鉄A線スパーニャSpagna駅から徒歩5分
- 住Via dei Condotti, 10
- ☎06-696261
- 開10:00～19:30、日・月曜11:00～19:30
- 休無休

グッチ
Gucci
MAP p.111-B

モノグラムの新作も豊富

皮革製カバンの店として1922年にフィレンツェで創業。使いやすさとおしゃれな配色で女性顧客の心をつかんだ。GG柄、クルーズ、プリンシーなどのラインがあり、日本未発売の新作も。

- 交地下鉄A線スパーニャSpagna駅から徒歩5分
- 住Via dei Condotti, 8
- ☎06-6790405
- 開10:00～19:30
- 休1/1、12/25、12/26

プラダ
Prada
MAP p.111-B

ミュールがかわいい

高級皮革の店として1913年にミラノで創業。軽くて丈夫なナイロンバッグが大ヒットした。靴、財布、フレグランスなどのアイテムも。創業者の孫娘ミウッチャ・プラダがデザイナーを務めている。

- 交地下鉄A線スパーニャSpagna駅から徒歩5分
- 住Via dei Condotti, 88/90
- ☎06-6790897
- 開10:00～19:30、日曜は～19:00
- 休1/1、12/25、12/26

サルヴァトーレ・フェラガモ
Salvatore Ferragamo
MAP p.111-B

サンダルも充実

1927年に創業。マリリン・モンローやオードリー・ヘプバーンなど多くの映画俳優にも愛されてきた。今も国内の自社工場で製造される靴は高品質。財布やバッグなど革小物の品ぞろえもいい。

- 交地下鉄A線スパーニャSpagna駅から徒歩5分
- 住Via dei Condotti, 73/74
- ☎06-6791565
- 開10:00～19:30、日曜11:00～19:00
- 休1/1、12/25、12/26

シャネル
Chanel
MAP p.111-B

モノグラムが人気

1910年にココ・シャネルが開いた帽子店が始まり。5年後、洋服へも進出、動きやすさを高めた着心地のよいジャージ素材のドレスで一世を風靡した。アクセサリやフレグランス製品も充実。

- 交地下鉄A線スパーニャSpagna駅から徒歩5分
- 住Via del Babuino, 98/101
- ☎06-69766599
- 開10:00～19:00
- 休日曜、8/15、8/16

カルティエ
Cartier
MAP p.111-B

時計が大人気

高い創作性を示す時計、ジュエリーで支持される高級宝飾ブランド。パリ解放を記念して製作されたタンク・ウォッチがとくに有名。革製品、筆記用具、サングラス、香水なども扱っている。

- 交 地下鉄A線スパーニャSpagna駅から徒歩5分
- 住 Via dei Condotti, 83
- ☎ 06-6967548
- 開 10:30～19:30、日曜11:00～19:00
- 休 無休

ジャンニ・ヴェルサーチ
Gianni Versace
MAP p.111-B

グラマラスな洋服＆小物

巧みなカッティングによる華やかな印象のウエアを得意とし、スーパーモデルやハリウッドスターが愛用。創業者ジャンニ・ヴェルサーチの妹ドナテッラがチーフデザイナーを務めている。

- 交 地下鉄A線スパーニャSpagna駅から徒歩7分
- 住 Piazza di Spagna, 12
- ☎ 06-6780521
- 開 10:00～19:30、日曜11:00～19:00
- 休 無休

マックスマーラ
Max Mara
MAP p.111-B

仕事服を探すなら

北イタリアで1951年に創業し、現在は世界90カ国以上に店舗を持つイタリアンブランド。洗練されたデザインのドレスやコートは、とりわけ仕事を持つ都会の女性たちに支持されている。

- 交 地下鉄A線スパーニャSpagna駅から徒歩5分
- 住 Via dei Condotti, 17～18A
- ☎ 06-69922104
- 開 10:00～20:00、日曜は10:30～
- 休 1/1、8月の日曜、12/25

エスカーダ
Escada
MAP p.111-B

シックな大人の服

ドイツ・ミュンヘンに拠点を置く高級ファッションブランド。エレガントな女性らしいデザインで、ハリウッド女優のキム・ベイシンガーなどが顧客リストに名を連ねる。フレグランスの人気も高い。

- 交 地下鉄A線スパーニャSpagna駅から徒歩5分
- 住 Piazza di Spagna, 7
- ☎ 06-6786995
- 開 10:00～19:00
- 休 日曜・祝日、1/1、8/15、12/25、12/26

クリスチャン・ディオール
Christian Dior
MAP p.111-B

最新アイテムがそろう

1946年に創業したファッションブランド。シルエットの美しさでモード界を牽引してきた。時計、化粧品のほか香水部門もあり、ローマ店はウエアからバッグ・小物まで幅広くそろえている。

- 交 地下鉄A線スパーニャSpagna駅から徒歩5分
- 住 Via dei Condotti, 1/4
- ☎ 06-69924489
- 開 10:00～19:00
- 休 1/1、12/25

エルメス
Hermès
MAP p.111-A

スカーフから食器、フレグランスまで

馬具工房として1837年に創業。その後、服飾、装身具、腕時計などで最高級ブランドとしての名声を確立。高品質で風格ある製品は世界のセレブをとりこにしている。

- 交 地下鉄A線スパーニャSpagna駅から徒歩6分
- 住 Via dei Condotti, 67
- ☎ 06-6791882
- 開 10:00～19:00
- 休 日曜、12/25

個性派ショップ

ニア
Nia
MAP ●切りとり-10 p.70-A

トレンド感のあるおしゃれな日常着

エレガントな服造りを目指すブランド。創始者エルミニアさんが今も店頭に立つ。ここ本店の向かいに若者向けの支店も。

- 交 地下鉄A線Spagnaから徒歩7分
- 住 Via Vittoria,48　☎ 06-3227421
- 開 火〜土曜10:00〜19:00、月曜15:00〜19:00
- 休 日曜（ただしオンシーズンは営業）、1/1、12/25、12/26

エトロ
Etro
MAP p.111-B

1968年に創業したイタリアンブランド

ペイズリー柄のカーテンやクッションカバー、スカーフ、ドレスが人気。高品質の生地で作られる製品は染色、縫製も見事。

- 交 地下鉄A線スパーニャSpagna駅から徒歩5分
- 住 Via del Babuino, 102
- ☎ 06-6788257
- 開 10:00〜19:30、日曜10:30〜19:30
- 休 1/1、復活祭、12/25、12/26

マックスアンドコー
Max & Co.
MAP p.111-A

マックスマーラの妹版

フォルムの美しさで知られるマックスマーラの妹ブランドとして1986年にスタート。マックスマーラのコンセプトを引き継ぎながら価格は抑え目。斬新なシルエットで人気がある。

- 交 地下鉄A線スパーニャSpagna駅から徒歩8分
- 住 Via dei Condotti, 46
- ☎ 06-6787946
- 開 10:00〜20:00、日曜は10:30〜
- 休 12/25

トッズ
Tod's
MAP p.111-A

高品質でトレンド感ある靴とバッグ

新作のシューズ、バッグ、ウエア、アクセサリーを取り扱っている。400年前の邸宅を改装した店はエレガントで洗練された雰囲気。コンドッティ通りとコルソ通りの角にある。

- 交 地下鉄A線スパーニャSpagna駅から徒歩6分
- 住 Via Fontanella Borghese,56A/57
- ☎ 06-68210066
- 開 10:30〜19:30、日曜10:30〜14:00、15:00〜19:30　休 祝日

マレーラ
Marella
MAP p.111-B

働く女性に人気のブランド

マックスマーラグループのブランドとして1976年に設立。洗練された都会の女性をイメージしたウエアや小物は、クラシカルでフェミニン。働く女性を格好よく見せてくれると評判。

- 交 地下鉄A線スパーニャSpagna駅から徒歩8分
- 住 Via Frattina, 129/31
- ☎ 06-69923800
- 開 10:00〜20:00、日曜10:30〜19:30
- 休 1/1、12/25

ステファネル
Stefanel
MAP ●切りとり-2 p.75-C

カジュアルウエアで定評

1959年にニット工場として始まった。日常シーンで活躍しそうなシャツやセーターなど、遊び心のあるカジュアルなアイテムが豊富。皮革ジャケットやバッグなどもクォリティが高い。

- 交 地下鉄A線オッタビアーノ・サン・ピエトロOttaviano S.pietro駅から徒歩8分　住 Via Cola di Rienzo, 223　☎ 06-3211403
- 開 10:00〜20:00、日曜11:00〜20:00
- 休 1/1、12/25、12/26

ブルマリン
Blumarine
MAP p.111-B

大人のかわいらしさを演出する

1980年にアンナ・モリナーリが創業。ニット工場から出発しただけに、ニット製品の品質には定評がある。ウエアのほか財布、スカーフ、アクセサリーなども取り扱っている。

- 交 地下鉄A線スパーニャSpagna駅から徒歩7分
- 住 Via Borgognona,31
- ☎ 06-6790951
- 開 10:00〜19:30、日曜11:00〜19:00
- 休 1月、2月、7月、8月、11月の日曜

ペッリカーノ
Pellicano
MAP ●切りとり-15 p.73-G

オーダーメイドもできる手作りネクタイ

手作りのシルクネクタイ専門店。布の裁断から縫製まで、すべての工程を店舗2階にある工房で職人が丁寧に作っている。布地と柄を指定して好みのネクタイをオーダーできる。

- 交 ナヴォーナ広場Piazza Navonaから徒歩5分
- 住 Via del Seminario, 93
- ☎ 06-69942199
- 開 10:00〜19:00
- 休 12/25、12/26

アイスバーグ
Iceberg
MAP ●切りとり-10 p.70-A

おしゃれな普段着なら

1974年にニット会社から分離して創業。ルイ・ヴィトンのアートディレクターを務めるマーク・ジェイコブスがデザインに加わった時期もある。カジュアルウエアや香水が好評。

- 交 地下鉄A線スパーニャSpagna駅から徒歩6分
- 住 Via del Babuino, 87/88
- ☎ 06-32600221
- 開 10:00〜19:00
- 休 祝日

サンタ・マリア・ノヴェッラ薬局
Officina Profumo-Farmaceutica di Santa Maria Novella
MAP ●切りとり -15 p.72-F

中世のレシピで作られる自然化粧品

フィレンツェの修道院で作る天然素材の基礎化粧品＆バス製品は世界中で人気。乾燥肌向けのアーモンドソープや敏感肌用ざくろソープほか。

- 交ナヴォーナ広場から徒歩1分
- 住Corso Rinascimento, 47
- ☎06-6872446
- 開10:00〜19:30
- 休1/1、12/25、12/26

ルコライン
Ruco line
MAP p.111-A

おしゃれなスニーカーならここ

85年にウンブリア州で生まれた靴ブランド。高目のヒールとデザイン性の高さで人気。ローマには、スペイン階段の脇にもう一店舗店舗ある。

- 交地下鉄A線スパーニャSpagna駅から徒歩8分
- 住Via Belsiana, 65
- ☎06-6790879
- 開10:00〜19:30、日曜11:00〜19:00
- 休1/1、8/15、12/25

モリオンド＆ガリーリオ
Moriondo e Gariglio
MAP ●切りとり -16 p.73-G

上質なチョコとフルーツゼリー

高品質のチョコレートとフルーツゼリーの専門店。赤い包み紙にくるまれたハート型チョコなど、美しいパッケージで贈りものに最適。

- 交パンテオンから徒歩5分
- 住Via del Pie di Marmo, 21-22
- ☎06-6990856
- 開9:00〜19:30
- 休日曜

フェミニリタ
Femminilita
MAP ●切りとり -10 p.73-G

高級下着のセレクトショップ

「ラ・ペルラ」と並ぶイタリアの人気下着メーカー「エクシリア」「コットンクラブ」などのイタリア製ランジェリー、ナイトウエア、ストッキングを取りそろえたインナーウエア専門店。

- 交パンテオンから徒歩5分 住Via della Colonna Antonina 36、37
- ☎06-6795947
- 開10:00〜19:30、8月の土曜は〜14:00
- 休8・9月の日曜、8月の土曜の午後

セルモネータ・グローブス
Sermoneta Gloves
MAP p.111-B

手ごろな価格の皮手袋

皮の裏地にカシミアやシルクを使ったものなど、材質、色、デザインの種類が豊富。手を入れたときの感触もよい。自社工場での製造のため、価格が手ごろなこともあり、人気がある。

- 交地下鉄A線スパーニャSpagna駅から徒歩5分
- 住Piazza di Spagna, 61
- ☎06-6791960
- 開9:30〜20:00、9〜6月の日曜と復活祭10:30〜19:00
- 休祝日、7〜8月の日曜

キコ
KIKO
MAP p.111-A

欧州で人気のお手頃コスメ

ミラノで創業し、今や欧州中に500店舗も展開するブランド。ネイル€3.90〜、口紅€5前後と手頃な価格も人気。

- 交地下鉄A線スパーニャSpagna駅から徒歩約10分
- 住Via del Corso, 145
- ☎06-6792167
- 開10:00〜20:00
- 休無休

カストローニ
Castroni
MAP ●切りとり-10　p.73-C

1932年創業の高級食料品店

高品質のオリーブオイルや長期熟成のバルサミコ酢、有機栽培の素材で作られたパスタソース、缶詰、瓶詰など、ヨーロッパ各地から集められた4000種類に及ぶ厳選食品が棚いっぱいに並ぶ。

- 交 スペイン広場Piazza di Spagnaから徒歩9分
- 住 Via Frattina, 79
- ☎06-69921903
- 開9:30～20:00、日曜10:30～20:00
- 休1/1、12/25、12/26

ポデーレ・ヴェッチアーノ
Podere Vecchiano
MAP ●切りとり-17　p.70-J

トスカーナの農園主が経営する食料品&コスメの店

オリーブオイル、ワイン、バルサミコ酢などの食品や石鹸、シャンプーなど、扱う品はすべてトスカーナ産。オリーブの木で作るまな板やフォーク、スプーンなど、見た目にも美しい一品が見つかる。

- 交 地下鉄B線カヴールCavour駅から徒歩7分
- 住 Via dei Serpenti,33
- ☎06-48913812
- 開10:00～20:00
- 休5～9月の月曜、1/1、復活祭、12/25、12/26

リナシェンテ
La Rinascente
MAP ●切りとり-10　p.73-C

ローマに新しく誕生したショッピングモール

老舗のデパート、リナシェンテがショッピングモールを新装オープン、ローマの新しいランドマークとして話題になっている。8フロアに800近いブランドがそろい、展望のよい屋上レストランも人気。

- 交 地下鉄A線スパーニャSpagna駅から徒歩10分
- 住 Via del Tritone,61
- ☎06-879161
- 開9:30～23:00
- 休1/1、復活祭、12/25、12/26

フランキ
Franchi
MAP ●切りとり-2　p.75-C

食の豊かさを感じる老舗食料品店

ローマっ子に愛されている食料品店。チーズだけでも100種類以上あり、量り売りしてくれる。惣菜やハム、チーズを買い、ホテルの部屋で気軽に軽食をとりたいというときにも重宝する一軒。

- 交 地下鉄A線オッタヴィアーノ・サン・ピエトロOttaviano S.pietro駅から徒歩5分
- 住 Via Cola di Rienzo, 200
- ☎06-6874651　開9:00～20:30
- 休日曜・祝日

ラ・ペオニア
La Peonia
MAP p.111-A

サルデーニャ島産食材の専門店

オーナー手作りのカラスミは、サルデーニャ島近海で獲れるボラ、クロマグロ、メカジキの魚卵で作り分けるこだわり。すりおろすとパスタに最適。オリーブオイル、蜂蜜なども高品質。

- 交 地下鉄A線スパーニャSpagna駅から徒歩約7分
- 住 Via Carrozze,85
- ☎06-679-8552
- 開10:00～20:00
- 休8月の日曜、8月の2週間

ケツァルコアトル
Quetzalcoatl
MAP p.111-A

厳選素材のとろけるチョコレート

店頭に並べられたジュエリーのようなチョコレート（1kg約€120）は種類が多く、目移りしそうになる。フルーツの砂糖漬けやマカロン、カラメルソースの瓶詰などみやげに最適なスイーツも見つかる。

- 交 地下鉄A線スパーニャSpagna駅から徒歩6分
- 住 Via delle Carrozze, 26
- ☎06-69202191
- 開10:00～19:30
- 休日曜

レストラン

イタリア旅行の醍醐味は、なんといっても食事がおいしいこと。ローマにはピッツェリアから高級店まで、頬が落ちそうになる店がたくさんある。本場の味を堪能しよう。

€ 予算：ディナー1人分　🕒 予約が必要　👕 服装に注意

パリス・イン・トラステヴェレ
Paris in Trastevere
MAP ●切りとり-21　p.68-左下　€ 50〜

野菜と魚介が作り出す絶妙な味

得意メニューはムール貝のワイン蒸しや、アーティチョークやナスを揚げた野菜のフライなど。新鮮な魚介と旬の野菜を使ったヘルシーなユダヤ＆ローマ料理で、ローマっ子を惹き付けている。

- 交 トラム8番マスタイ広場Mastaiから徒歩5分
- 住 Piazza S. Calisto, 7/a
- ☎ 06-5815378
- 開 12:30〜15:00、19:30〜23:00
- 休 月曜

コッローネ・エミリアーネ
Collone Emiliane
MAP ●切りとり-10　p.70-F　€ 35〜

ボローニャ料理の専門店

ローマにいながら美食の都ボローニャの郷土料理が味わえる。手打ちパスタからデザートまで自家製。タリアテッレ・ボロネーゼ（ミートソース）や細麺のアマトリチャーナ（トマト味）などをぜひ。

- 交 地下鉄A線バルベリーニBarbenini駅から徒歩5分
- 住 Via degli Avignonesi, 22
- ☎ 06-4817538
- 開 12:45〜14:45、19:45〜22:45
- 休 日曜の夜、月曜、復活祭、12/25、8月

ラ・カンパーナ
La Campana
MAP ●切りとり-9　p.72-B　€ 35〜

1500年代から続く老舗中の老舗

イタリアバロック絵画の巨匠カラバッジョも顧客だったという歴史ある店。揚げたアーティチョーク、子イワシとペコリーノチーズソースのタリオリーニなどローマの伝統料理が得意。

- 交 ナヴォーナ広場Piazza Navonaから徒歩5分
- 住 Vicolo della Campana, 18
- ☎ 06-6875273
- 開 12:30〜15:00、19:30〜23:00
- 休 月曜、一部の休日

トラットリア・ダ・フェリーチェ
Trattoria da Felice
MAP p.78-I　€ 40〜

1936年創業の下町のトラットリア

肉団子「ポルペッタ・スーゴ」やロールビーフ「インボルティーノ・アッラ・ロマーナ」（写真奥）、チキンのトマト煮（写真手前）など伝統的なローマ料理が味わえる。ワインも200種以上。

- 交 地下鉄B線ピラミデPiramide駅から徒歩10分
- 住 Via Mastro Giorgio, 29
- ☎ 06-5746800
- 開 12:30〜15:00、19:30〜23:30
- 休 無休

トラットリア・モンティ
Trattoria Monti
MAP ●切りとり-18　p.71-L　€ 35〜

気取らず出かけたい下町のトラットリア

マルケ州出身のオーナーが作るローマ＆マルケ料理が人気のトラットリア。赤玉ねぎの洋風茶碗蒸し（フラン）ゴルゴンゾーラチーズ添え、ツナソースをかけたローストビーフなどがおすすめ。

- 交 地下鉄A線ヴィットリオ・エマヌエーレ駅から徒歩5分
- 住 Via di SanVito, 13
- ☎ 06-4466573
- 開 12:00〜15:00、19:30〜22:30
- 休 日曜の夜、月曜

ローマ　レストラン

クインヅィ&ガブリエリ
高級　Quinzi e Gabrieli
MAP ●切りとり-9　p.72-F　€70～

テーブルの前でグリルするアツアツ料理

とれたての魚介類を目の前でグリルしてくれる店。新鮮な白身魚を生でオリーブオイルと塩・レモンでいただく魚のカルパッチョ、イワシのタルトなど。パンはこだわりの天然酵母パンを使っている。

- 交ナヴォーナ広場Piazza Navonaから徒歩3分
- 住Via delle Coppelle, 5/6
- ☎06-6879389
- 開12:30～15:00、19:30～23:30
- 休無休

トラットリア・ダ・テオ
中級　Torattoria da Teo
MAP ●切りとり-21　p.68-1　€30～

ローマ料理の美味に目覚める一軒

前菜のアーティチョークの天ぷらが絶品。イカとアーティチョークのオーブン焼きやペコリーノチーズと黒胡椒のパスタ「カチョ・エ・ペペ」などローマ料理の真髄に触れられる。

- 交トラム8番ベッリBelli停留所から徒歩5分
- 住Piazza del Ponziani, 7
- ☎06-5818355
- 開12:30～15:00、19:30～23:30
- 休日曜、12/25

ダル・トスカーノ
中級　Dal Toscano
MAP ●切りとり-1　p.74-B　€35～

陽気なシェフがいるトスカーナ料理の店

Tボーン・ステーキの炭火焼「ビステッカBistecca」が名物。ボリュームがありすぎるという場合は、ステーキ肉の切り身「タリアータ」がお勧め。秋なら焼いたポルチーニ茸もぜひ味わってほしい。

- 交地下鉄A線オッタヴィアーノ・サン・ピエトロOttaviano S.pietro駅から徒歩3分
- 住Via Germanico, 58/60
- ☎06-39725717
- 開12:30～15:30、20:00～23:15
- 休月曜

コルヌコピア
中級　Cornucopia
MAP ●切りとり-21　p.78-E　€40～

海の幸が美味しい、下町の隠れ家

ソレント出身オーナーが作る新鮮な魚介料理が評判の一軒。とくにトマトソースは奥行きを感じさせる味で、まろやかな酸味が魚介とよくマッチ。場所は、テヴェレ川にかかるパラティーノ橋のそば。

- 交トラム8番ベッリBelli停留所から徒歩5分
- 住Piazza in Piscinula, 18
- ☎06-5800380
- 開12:00～23:30
- 休無休

サン・マルコ
高級　San Marco
MAP ●切りとり-2　p.75-D　€25～

ピッツァとパスタがおいしい

1947年創業の老舗レストラン。スパゲティのペコリーノソースなど、日替わり、週替わりの手作りパスタは地元っ子に人気で、夜遅くまでにぎわっている。手作りデザートも店の自慢。

- 交地下鉄A線オッタヴィアーノ・サン・ピエトロOttaviano S.pietro駅から徒歩6分
- 住Via Tacito,29
- ☎06-3235398　開12:00～24:00
- 休無休

イル・マトリチャーノ
中級　Il Matriciano
MAP ●切りとり-2　p.75-C　€40～

太めの辛いスパゲッティ、ブカティーニが名物

太めのパスタ「ブカティーニ」やトウガラシが効いたパスタなど、パスタ料理が自慢。肉料理も得意で、仔羊のグリル、牛すね肉をトマトで煮込んだオッソブーコなどのローマ郷土料理を味わって。

- 交地下鉄A線オッタヴィアーノ・サン・ピエトロOttaviano S.pietro駅から徒歩5分
- 住Via dei Gracchi, 55　☎06-3213040
- 開12:30～14:30、20:00～23:00
- 休8月、6～9月の土曜、10～5月の水曜

ベルニーニ・リストランテ
中級 Bernini Ristorante
MAP ●切りとり-15　p.72-F　€3.50～

バロック彫刻の名品を眺めながら一服

ナヴォーナ広場に面した明るく開放的なレストラン。広場を彩るベルニーニ作の彫刻を眺めながらローマの郷土料理やカフェメニューを楽しんだり、夕暮れどきに軽くアルコールを一杯というときにも使える。

- 交パンテオンから徒歩5分
- 住Piazza Navona, 44
- ☎06-68192998
- 開11:00～23:30
- 休1月の数日

エディ
中級 Edy
MAP ●切りとり-4　p.70-A　€35～

手作りパスタが好評

打ちたてのホームメイド・パスタを味わえる店。夏なら、アスパラガス入りラヴィオリもぜひ。ツナ、タマゴ、モッツァレラ・チーズ入りサラダをはじめ、メインの肉料理もボリュームたっぷり。

- 交地下鉄A線フラミニオFlaminio駅から徒歩6分
- 住Vicolo del Bavuino, 4
- ☎06-36001738
- 開12:00～15:00、18:30～23:00
- 休日曜、8/15～8/17

アガタ&ロメオ
高級 Agata e Romeo
MAP ●切りとり-18　p.71-L　€65～

自家製パンがおいしい、モダンなローマ料理

女性シェフのアガタとソムリエのロメオ夫妻が経営する新感覚のローマ料理は、女性らしい繊細な味付けと盛り付けが好評。地下には9000本のワインが眠る。人気店なので早めの予約を。

- 交地下鉄A線ヴィットリオ・エマヌエーレVittorio Emanuele駅から徒歩7分
- 住Via Carlo Alberto, 45　☎06-4466115
- 開12:30～14:30、19:00～22:00
- 休日曜、8月の2週間

ジャコメッリ
中級 Giacomelli
MAP ●切りとり-1外　p.75-C外　€30～（Pizza+飲み物　€10～）

名物の"怪物"ピッツァは食べごたえ十分

マルゲリータやペスカトーレなどの定番ピッツァをはじめ、野菜のピッツァやいろいろな具がたくさん載ったモストロ（モンスター）ピッツァなど、20種類以上の焼きたてピッツァが評判。

- 交地下鉄A線オッタヴィアーノ・サン・ピエトロOttaviano S.pietro駅から徒歩12分
- 住Via Emilio Faa'di Bruno, 25　☎06-3725910
- 開レストラン／12:30～14:30、19:30～23:00
- 休月曜、8月

ジョイア・ミア
中級 Gioia Mia
MAP ●切りとり-10　p.70-F　€25～

幅広パスタと具だくさんの極薄ピッツァ

パスタが自慢の店。しこしこした歯ごたえの幅広麺パッパルデッレは肉類のソースとよくマッチ。薄切り牛肉のゴルゴンゾーラソースは柔らかく仕上がり、香り豊か。フレンドリーなサービスも好評。

- 交地下鉄A線バルベリーニBarbelini駅から徒歩3分
- 住Via dei Avignonesi, 34/35
- ☎06-4882784
- 開12:00～15:00、19:00～23:00
- 休日曜、8月

テラ・ディ・シエナ
中級 Terra di Siena
MAP ●切りとり-15　p.72-F　€30～

家庭料理を日替わりメニューで提供

本格的なトスカーナ料理を味わいたいときに。得意メニューは、パルミジャーノなど4種類のチーズを混ぜ合わせたパスタや、トスカーナ風フェトチーネ、鴨肉のサラダ・バルサミコ酢添えなど。

- 交ナヴォーナ広場Piazza Navonaから徒歩2分
- 住Piazza di Pasquino, 77/78
- ☎06-68307704
- 開12:00～15:30、18:00～23:30
- 休7・8月の日曜

ローマ　レストラン

ポピポピ
Popi Popi
中級 MAP ●切りとり-21 p.68-I €15〜（Pizza+飲み物）、€25〜

ローマ料理も味わえる下町の老舗ピッツェリア

テヴェレ川を渡った下町トラステヴェレ地区にあるピッツェリア。おすすめは、生ハムや卵、ムール貝の載ったオリジナルの「ポピ・ポピ」や、4種類のチーズが入った「クアトロ・フロマッジ」。

- 交 サンタ・マリア・イン・トラステヴェレ広場Piazza Santa Maria in Trastevereから徒歩4分
- 住 Via delle Fratte di Trastevere, 45/47
- ☎ 06-5895167 開 12:00〜翌1:00、6〜9月は18:00〜
- 休 無休

ケッコ・エル・カレッティエレ
Checco er Carrettiere
中級 MAP ●切りとり-20 p.68-I外 €35〜

1935創業の下町の老舗

昔ながらのローマ料理を食べさせてくれる。気軽な食堂のオステリアとリストランテが隣接。オステリアの人気メニューは牛テールのトマト煮込み。柔らかく煮込まれた肉はローマのマンマの味。

- 交 サンタ・マリア・イン・トラステヴェレ広場Piazza Santa Maria in Trastevereから徒歩5分
- 住 Via Benedetta, 10/13
- ☎ 06-5817018 開 12:30〜14:30、19:30〜23:00
- 休 無休

ペリーリ
Perilli
中級 MAP p.78-I €30〜

1911年創業の上質トラットリア

下町テスタッチョを代表する上品なトラットリア。子羊のローストAbbaccioやラムチョップのグリルScottadito、内臓の煮込みTrippaなどの伝統的ローマ料理が得意。丁寧な接客も好印象。

- 交 地下鉄B線Piramide駅から徒歩7分
- 住 Via Marmorata, 39
- ☎ 06-5755100
- 開 12:30〜15:00、19:30〜23:00
- 休 水曜

スコーリオ・ディ・フリージオ
Scoglio di Frisio
中級 MAP ●切りとり-24 p.79-C €30〜

1928年創業で3代続く老舗レストラン

ティレニア海産の豊富な魚介料理が自慢。白身魚のカルパッチョやアサリのパスタ、スズキの豪快な蒸し煮アクア・パッツァなど、予約すれば料理を食べながらカンツォーネの弾き語りも楽しめる。

- 交 地下鉄A線ヴィットリオ・エマヌエーレVittolio Emanuele駅から徒歩6分
- 住 Via Merulana, 256 ☎ 06-4872765 開 10:00〜15:00、18:30〜23:00（ショーは完全予約制）
- 休 不定期（電話確認を）

ツィ・ガエタナ
Zi Gaetana
中級 MAP ●切りとり-8 p.75-C €30〜

修道院や洞窟を思わせる凝った内装

洞窟を思わせる店内がユニーク。子牛と生ハムのソテー「サルティンボッカ」などの伝統的なローマ料理のほか、チーズオムレツ、ピッツァ、パスタなどが得意。オリジナル・デザートも好評。

- 交 地下鉄A線オッタヴィアーノ・サン・ピエトロOttaviano S.pietro駅から徒歩7分 住 Via Cola di Rienzo, 263 ☎ 06-3212342 開 12:30〜23:00（ピッツァは〜23:30）、金・土・日曜〜23:30（ピッツァは〜24:00） 休 8月1週間、8月の昼

オープン・バラディン
Open Baradin
ビーバー MAP ●切りとり-15 p.72-J €13〜 €5〜（生ビール）

イタリアビールの実力を知る一軒

常時150種そろえている瓶ビールの9割がイタリア産という。ワインだけじゃないイタリアの底力に出会う店。焼き加減を聞いてもらえるハンバーガーはステーキに近く、肉の旨みが際立つ。

- 交 トラム8番アレヌラ・カイロリArenula Cairoli下車、徒歩2分
- 住 Via degli Specchi, 6
- ☎ 06-6838989 開 12:00〜翌2:00
- 休 無休

チャンピーニ
Ciampini
カフェ
MAP ●切りとり -9　p.70-E　€12～（軽食）

ジェラートとサンドイッチが自慢

1989年マルコ・チャンピーニ氏が開業。以来、3世代にわたって代々引き継がれている家族経営のジェラテリア。フレッシュな材料を使い丁寧に作るジェラートは口の中でなめらかに溶ける。

- 交 地下鉄A線スパーニャSpagna駅から徒歩10分
- 住 Piazza di San Lorenzo in Licina, 29
- ☎ 06-6876606
- 開 7:30～22:00、日曜9:00～23:00、冬季は～21:00
- 休 一部の休日

デッラ・パルマ
Della Palma
カフェ
MAP ●切りとり -9　p.73-G　€2.50～（ジェラート）

50種類以上の手作りジェラート

見るからにおいしそうなジェラートはどれも濃厚な味わい。トロピカルフルーツ、ナッツ、チョコレートベースのものなど、好みのフレーバーをじっくり選ぶ時間も楽しい。場所はパンテオンの北側。

- 交 パンテオンPantheonから徒歩3分
- 住 Via della Maddalena, 19/23
- ☎ 06-68806752
- 開 8:30～24:00
- 休 無休

グランカフェ・エスペリア・アントニーニ
Gran Caffe Esperia Antonini
カフェ
MAP ●切りとり -9　p.72-B　€1.50～（コーヒー）　€20～（昼食）

お菓子とジェラートで有名なカフェ

1920年創業の有名カフェ。ここはその2号店。店内は新鮮なフルーツを使ったタルトやティラミス、プチフールなどがたくさん。おいしいドルチェ（お菓子）とコーヒーでちょっと一休みするのに最適。

- 交 地下鉄A線スパーニャSpagna駅から徒歩12分
- 住 Lungotevere dei Mellini, 1
- ☎ 06-3203971
- 開 7:00～21:00
- 休 無休

カフェ・グレコ
Caffe Greco
カフェ
MAP ●切りとり -10　p.111-B　€1.30（立ち飲み）、€6～（テーブル席）

1760年創業のエレガントなカフェ

スペイン広場からすぐの繁華街にある有名カフェ。ゲーテやスタンダールなど多くの芸術家も、かつてこの店の常連だった。創業当時のままのインテリアが今も残り、とても優美な雰囲気。

- 交 地下鉄A線スパーニャSpagna駅から徒歩5分
- 住 Via dei Condotti, 86
- ☎ 06-6791700
- 開 9:00～23:30

タッツァドーロ
Tazza d'Oro
カフェ
MAP ●切りとり -15　p.73-G　€1～

エスプレッソのシャーベットがおいしい

エスプレッソ・コーヒーで作る「カフェ・グラニータ」がおいしい。コーヒー豆は自家焙煎した香りのよいものを使用。そのままでもおいしいが、生クリームをかけた「コン・パンナ」もおすすめ。

- 交 地下鉄A線スパーニャSpagna駅から徒歩8分
- 住 Via degli Orfani, 84
- ☎ 06-6789792
- 開 7:00～22:00
- 休 無休

ジョリッティ
Giolitti
カフェ
MAP ●切りとり -9　p.73-G　€3～

大人気の老舗ジェラテリア

1900年創業のジェラテリア。新鮮な旬のフルーツで作る自家製ジェラートはフルーティで味が濃く、ローマっ子に愛されている。果汁をシャーベットにした「グラニータ」も名物。

- 交 パンテオンPantheonから徒歩5分
- 住 Via Uffici del Vicario, 40
- ☎ 06-6991243
- 開 7:00～翌1:30
- 休 無休

Hotel

経済的なホテルが多いのはテルミニ駅周辺。買い物・観光に便利なのはスペイン広場、ナヴォーナ広場、共和国広場など。高級ホテルはヴェネト通り、スペイン広場一帯に多い。

※日本でのホテル予約は、p.391参照

高級 マジェスティック / Majestic Rome
MAP ●切りとり -10 p.70-B

優雅な気分を満喫、1889年創業の老舗

ヴェネト通り最古の歴史を持つホテル。重厚感漂うラウンジは昔のまま残されているが、客室は水回りを中心に改装されている。朝食はさすが5つ星と思える内容。アメニティグッズも良質なもの。

- 交地下鉄A線バルベリーニBarberini駅から徒歩3分
- 住Via Vittorio Veneto, 50
- ☎06-421441　FAX06-4885657
- 料S €280〜　T €420〜　■98室　■WiFi 無料
- http://www.hotelmajestic.com

高級 ハスラー・ヴィラ・メディチ / Hassler Villa Medici
MAP ●切りとり -10 p.70-B

スペイン階段上にあるクラシックなホテル

スペイン階段を上りきったところにある。古き良き時代の雰囲気を今に伝える外観と内装、客室にはバルコニー/テラスがあり、ゆったりと過ごせる。最上階のレストランからの眺めが最高。

- 交地下鉄A線スパーニャ駅Spagnaから徒歩5分
- 住Piazza Torinita dei Monti, 6　☎06-699340
- FAX06-69941607　料S €597〜　T €597〜
- ■91室　■WiFi 無料
- http://www.hotelhasslerroma.com/

高級 ウェスティン・エクセルシオール / Westin Excelsior Rome
MAP ●切りとり -5 p.70-B

華麗な名門ホテル

1906年創業の老舗で、ドームのある外観に風格が漂う。天井の高い客室は改装されて快適。ヴェネト通りの歩道に面したレストランでの食事は優雅。午前1時まで開いているピアノ・バーがある。

- 交地下鉄A線バルベリーニBarberini駅から徒歩7分
- 住Via Vittorio Veneto, 125
- ☎06-47081　FAX06-4826205
- 料S €356〜　T €456〜　■316室　■WiFi 無料
- http://www.westinrome.com/

高級 グランド・ホテル・デ・ラ・ミネルヴェ / Grand Hotel de la Minerve
MAP ●切りとり -15 p.73-G

ナヴォーナ広場に近く、観光に便利

パンテオンの裏手、ミネルヴァ広場に面して建つ。17世紀の建物を改装している。シンプルな内装の客室は広く、ベッドの大きさもゆったり。近くにはレストランやカフェも多く、観光にも便利。

- 交地下鉄A線バルベリーニBarberini駅から徒歩15分
- 住Piazza della Minerva, 69
- ☎06-695201　FAX06-6794165
- 料S €325〜　T €325〜　■135室　■WiFi 無料
- http://www.grandhoteldelaminerve.com

高級 アトランテ・スター / Atlante Star
MAP ●切りとり -8 p.75-G

サン・ピエトロ大聖堂の眺望が自慢

ヴァチカンエリアにあり、ヴァチカン美術館やサンタンジェロ城への観光拠点に便利。客室は落ち着いた雰囲気で、浴室は日本人にうれしいバスタブ付き。行き届いたサービスも気持ちいい。

- 交地下鉄A線オッタヴィアーノ・サン・ピエトロOttaviano S.pietro駅から徒歩10分　住Via Vitelleschi, 34
- ☎06-6873233　FAX06-6872300　料S €180〜　T €205〜　■85室　■WiFi 無料
- http://atlantestarhotel.com

シナ・ベルニーニ・ブリストル
高級　Sina Bernini Bristol
MAP ●切りとり-11　p.70-F

王侯貴族の歴史と格式の高さを誇る

殺風景な外観とは裏腹に、かつてはバルベリーニ王家の館として、各国の王侯貴族が滞在した格式の高さを誇るホテル。18世紀のタペストリーなど、内装は上品で美しい。地下鉄駅のすぐ前で交通至便。

- ■交地下鉄A線バルベリーニBarberini駅から徒歩1分
- ■住Piazza Barberini, 23　☎06-488931
- ■料S €243〜　T €345〜　■127室
- ■WiFi 無料
- ■http://www.berninibristol.com/

バリオーニ・ホテル・レジーナ
高級　Baglioni Hotel Regina
MAP ●切りとり-11　p.70-B

最高の立地に建つ、優雅な貴族の館

ヴェネト通り中央のかつての王妃の館だった建物を改装したホテル。クリーム色系の上品な室内に、良質なアメニティグッズを備えている。歩いて3〜5分のところに地下鉄駅やスーパーがある。

- ■交地下鉄A線バルベリーニBarberini駅から徒歩6分
- ■住Via Vittorio Veneto, 72　☎06-421111
- ■FAX06-42012130　■料S €505〜　T €505〜
- ■118室　■WiFi 無料
- ■http://www.baglionihotels.com/

アトランテ・ガーデン
高級　Hotel Atlante Garden
MAP ●切りとり-8　p.75-G

ヴァチカン近く、観光や買い物に便利

ヴァチカンエリアにある4つ星ホテル。すぐ裏手がショッピング街のコーラ・ディ・リエンツォ通りなので、買い物に便利。静かで落ち着いた客室は居心地よく、スタッフの気配りも親切。

- ■交地下鉄A線オッタヴィアーノ・サン・ピエトロOttaviano S.pietroから徒歩7分　■住Via Crecenzio, 78
- ☎06-6872361　■FAX06-6872315　■料S €125〜 T €145〜　■70室　■WiFi 無料
- ■http://www.atlantegardenhotel.com/

レジデンツァ
高級　La Residenza
MAP ●切りとり11　p.70-B

上流階級の社交場となったクラシックなホテル

立地のよさと部屋の広さで、大使館やマスコミ関係者の定宿として使われることが多いホテル。清潔な客室はシックなデザインで、設備が整い快適。朝食は種類・質とも満足できる内容と好評。

- ■交地下鉄A線バルベリーニBarberini 駅から徒歩5分
- ■住Via Emilia, 22-24
- ☎06-4880789　■FAX06-485721
- ■料S €157〜　T €167〜　■29室　■WiFi無料
- ■http://www.laresidenzaroma.com/

ディンギルテッラ
高級　Hotel d'Inghilterra
MAP ●切りとり-10　p.70-E

コンドッティ通りのそばに立地

多くの文化人が常連客として名を連ねる、コンドッティ通り近くにあるホテル。建物は17世紀の貴族の館。洗練された内装の客室、バーやレストランもクラシカルな雰囲気が漂い、居心地がいい。

- ■交地下鉄A線スパーニャSpagna駅から徒歩6分
- ■住Via Bocca di Leone, 14
- ☎06-699811　■FAX06-69922243
- ■料S €425〜　T €430〜　■88室　■WiFi無料
- ■https://www.starhotelscollezione.com/

アレフ・ローマ・ホテル
高級　Aleph Roma Hotel
MAP ●切りとり-11　p.70-F

エレガントな雰囲気の客室

1923年に建てられた館で、館内の壁には20年代のフレスコ画が描かれている。全体的に古さは否めないが、水周りを中心に改装している。プールやエステサロン、フィットネスなども完備。

- ■交地下鉄A線バルベリーニBarberin駅から徒歩7分
- ■住Via di San Basilio, 15　☎06-4229001
- ■FAX06-42290000　■料S €551〜　T €581〜　■88室
- ■WiFi 無料
- ■http://curiocollection3.hilton.com/

クィリナーレ
高級 Hotel Quirinale
MAP ●切りとり -11 p.71-G

ナヴォーナ広場にも近く、観光にも便利

テルミニ駅から地下鉄で1駅、歩いても行けるレプブリカ広場に近く移動に便利。オペラ座へもすぐという立地からオペラ関係者の利用も多い。テラスレストランでの朝食が好評。

■交地下鉄A線レプブリカ駅Repubblicaから徒歩3分　■住Via Nazionale ,7　■06-4707　■FAX06-4820099　■料S €156～　T €156～　■210室　■WiFi 無料　■http://www.hotelquirinale.it/

パラティーノ
高級 Grand Hotel Palatino
MAP ●切りとり -17 p.71-K

フォロ・ロマーノにも近く、観光に便利

コロッセオの近くに建つ4つ星の大型の近代的なホテル。1968年創業と、新しくはないが、客室は広めでバスルームは清潔。スタッフの接客サービスには定評がある。交通も至便。

■交地下鉄B線カヴールCavour駅から徒歩3分　■住Via Cavour, 213/m　■06-4814927　■FAX06-474072 6　■料S €178～　T €187～　■200室　■WiFi 無料　■http://www.hotelpalatino.com/

グランド・ホテル・プラザ
高級 Grand Hotel Plaza
MAP ●切りとり -10 p.70-E

貴族の館としての面影を残す

コルソ通り沿いに建つ、1860年創業の由緒あるホテル。豪華なサロンには重厚なタペストリーがかかり、華やかな天井画が描かれている。屋上のテラスからの眺望も美しい。

■交地下鉄A線スパーニャSpagna駅から徒歩7分　■住Via del Corso, 126　■06-69921111　■料S €227～　T €243～　■200室　■WiFi 無料　■https://grandhotelplaza.com/

コロンビア
中級 Hotel Columbia
MAP ●切りとり -11 p.71-G

細やか心遣いと趣味のよいくつろぎ空間

1部屋ずつインテリアが違い、女性オーナーのきめ細やかな心遣いを感じる。最上階のダイニングでの朝食が好評。周辺はレストランやカフェ、ショップが多く移動、観光に便利。

■交テルミニTermini駅から徒歩5分　■住Via Viminale, 15　■06-4883509　■FAX06-4740209　■料S €112～T €116～　■45室　■http://hotelcolumbia.com/

スパニッシュ・ステップス
プチホテル The Inn at theSpanish Steps
MAP ●切りとり -10 p.70-A

24室だけの秘密の隠れ家

スペイン階段のすぐ前、老舗のカフェ・グレコの東隣に2000年に開業。向かいは高級宝飾店ブルガリ。全室バスタブ付きで全24室のうち12室は豪華なジャグジーが付いている。

■交地下鉄A線スパーニャSpagna駅から徒歩5分　■住Via dei Condotti , 85　■06-69925657　■FAX06-6786 470　■料S €398～　T €398～　■24室　■WiFi 無料　■http://www.atspanishsteps.com/

フォンタネッラ・ボルゲーゼ
プチホテル Fontanella Borghese
MAP ●切りとり -9 p.73-C

貴族の館に泊まる贅沢を味わえる

買い物客で賑わうコンドッティ通りからコルソ通りを越えてすぐのところにあるホテル。98年オープンと比較的新しい。ボルゲーゼ家の王妃ゆかりの貴族が使っていた館を改装。

■交地下鉄A線スパーニャSpagna駅から徒歩12分　■住Largo Fontanella Borghese, 84　■06-68809504　■料S €99～　T €139～　■24室　■WiFi 無料　■http://www.fontanellaborghese.com/

プレジデント
中級 Best Western President Hotel Rome
MAP ●切りとり -24 p.79-H

朝食も評判のホテル

地下鉄マンゾーニ駅からすぐで、コロッセオも徒歩圏内。清潔で使いやすいバスルーム、卵料理やソーセージなども付く朝食が評判。WiFiはロビー・客室とも無料で利用できる。

■交地下鉄A線マンゾーニ駅から徒歩1分　■住Via Emanuele Filiberto, 173　■06-770121　■FAX06-77087 40　■料S €134～　T €134～　■192室　■WiFi 無料　■https://www.hotelpresident.com/

サンタンナ
中級 Sant'Anna
MAP ●切りとり -8 p.75-G

フレスコ画が壁面を飾る中世の館

16世紀の建物を改装して利用している小規模な3つ星ホテル。オレンジ色の壁が目印。客室は天井が高く、落ち着いた雰囲気。中庭やテラスなどの壁面には中世のフレスコ画も残る。

■交地下鉄A線Ottaviano S.pietro駅から徒歩15分　■住Via Borgo Pio, 134　■06-68801602　■FAX06-68308717　■料S €174～　T €174～　■20室　■WiFi 無料　■http://www.santannahotel.net/

コンドッティ
中級 Condotti
MAP ●切りとり -10 p.70-A

恵まれた立地が魅力

高級ブランドショップの並ぶ角にありながら手ごろな価格で人気のホテル。買い物の拠点としても観光にも便利。室内はシックな内装。夜遅くまで人通りがあるので安心。

■交地下鉄A線スパーニャSpagna駅から徒歩5分　■住Via Mario di'Fiori, 37　■06-6794661　■FAX06-679 0457　■料S €183～　T €183～　■16室　■WiFi 無料　■http://www.hotelcondotti.com/

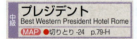

ウインド・ローゼ
Hotel Windrose Rome
MAP ●切りとり-12 p.71-H

ローマ国立博物館すぐ近くの3つ星

クラシックな外観で、最上階の部屋にはローマを一望できるバルコニーがついている。近くにレストランがあり食事には困らない。スペイン階段やコロッセオまで約1km圏内。

■交テルミニTermini 駅から徒歩8分
■住Via Gaeta, 39-41
■☎06-4821913　■FAX06-4821943
■料S €90〜　T €103〜　■52室
■WiFi 無料
■http://www.hotelwindrose.com/

アルベルゴ・デル・セナート
Albergo del Senato
MAP ●切りとり-15 p.70-E

広場側の客室からパンテオンが望める

ロトンダ広場に面し、窓を開けるとパンテオンの眺めが得られる。手ごろな価格でこのロケーションが人気。客室の広さは日本のビジネスホテル並みだが、内装はさすがイタリア。

■交地下鉄A線スパーニャSpagna駅から徒歩15分　■住Piazza della Rotonda, 73　■☎06-6784343
■FAX06-69940297　■料S €185〜　T €256〜　■56室　■WiFi 無料
■http://www.albergodelsenato.it/

キング
Hotel King
MAP ●切りとり-10 p.70-F

中心地にしては手ごろな価格

スペイン広場やトレヴィの泉などの見どころに囲まれ、観光やショッピングの拠点に最適。客室は狭く、さすがに古さは感じさせるものの、清潔感はある。朝食はブッフェスタイル。

■交地下鉄A線バルベリーニBarberini駅から徒歩3分　■住Via Sistina, 131
■☎06-4880878　■FAX06-42011388
■料S €85〜　T €97〜　■72室
■WiFi 無料
■http://www.hotelkingroma.com/

アルベルゴ・サンタ・キアラ
Albergo Santa Chiara
MAP ●切りとり-15 p.73-G

パンテオンがすぐ前の3つ星

このクラスにしては高級感のある外観にたがわず、客室も内装のセンスがいい。客室にはバスタブがなくシャワーブースのみだが、水回りは清潔。1階にはバールもある。

■交パンテオンPantheonから徒歩1分　■住Via Santa Chiara, 21
■☎06-6872979　■FAX06-6873144
■料S €138〜　T €250〜
■96室　■WiFi 無料　■http://www.albergosantachiara.com/

カリフォルニア
Hotel California
MAP ●切りとり-18 p.71-L

防音窓でプライバシーに配慮

クラシカルな内装の小ぢんまりしたホテル。コンパクトな客室は、バスタブ付きの部屋と、シャワーブースのみと2タイプ。テルミニ駅周辺だが、防音性の高い二重窓のため静か。

■交地下鉄A線テルミニ駅から徒歩3分
■住Via Principe Amedeo, 39
■☎06-4822002　■FAX06-4817575
■料S €116〜　T €125〜　■45室
■WiFi 無料　■http://www.hotelcaliforniaroma.it/

ガレス
Hotel Galles Roma
MAP ●切りとり-12 p.71-H

1902年に建てられた貴族の元邸宅

アンティークな内装と調度品の中規模ホテル。石造りの暖炉など英国スタイルの部屋がゲストを温かく迎えてくれる。テルミニ駅周辺にはレストランが多く、食事にも困らない。

■交地下鉄A線カストロ・プレトリオ駅から徒歩2分　■住Viale Castro Pretorio 66　■☎06-448741
■FAX06-4456993　■料S €93〜　T €100〜　■85室　■WiFi 無料
■http://www.galleshotelrome.com/

マンフレディ
Hotel Manfredi
MAP ●切りとり-4 p.70-A

地下鉄駅に近くて便利

スペイン広場から近く、ショッピングや観光にも便利な小規模ホテル。建物はやや古いが、明るい色調の客室は清潔感がある。客室のアメニティグッズも良質なものを使用。

■交地下鉄A線スパーニャ駅から徒歩3分　■住Via Margutta, 61　■☎06-3207676　■FAX06-3207736　■料S €260〜　T €260〜　■16室
■WiFi 無料
■http://www.hotelmanfredi.it/

カルロ・アルベルト・ハウス
Carlo Alberto House
MAP ●切りとり-18 p.71-L

テルミニ駅から近い日本人経営の宿

日本人オーナーのB&B。観光・レストラン情報なども日本語で説明してもらえる。シングル、ダブル、トリプルの3タイプの部屋がある。場所はテルミニ駅から南西へ約600mのところ。

■交地下鉄A線Vittorio Emanuele駅まで　■住Via Carlo Alberto,63
■☎06-338-1380175　■FAX06-96846768
■料S €104〜　T €140〜　■5室
■WiFi 無料　■http://carlo-alberto-house.com/

テティ
Hotel Teti
MAP ●切りとり-18 p.71-L

経済的で清潔で駅にも近い

テルミニ駅近くの雑居ビル内にあるエコノミーホテル。浴室はシャワーのみで備品も簡素だが、室内は掃除が行き届いている。周辺にはレストランやカフェが多く、食事に困らない。

■交テルミニTermini 駅から徒歩3分
■住Via Principe Amedeo, 76
■☎06-48904088　■FAX06-92912102
■料S €50〜　T €70〜
■12室　■WiFi 無料
■http://www.hotelteti.it/

ローマ　ホテル

ローマ起点の旅

ラツィオ州 Lazio

ローマからの日帰りツアー

ティヴォリへのツアーは数多くあり、グリーンライン・ツアーズでも半日（所要時間4〜5時間、€58〜66）ツアーを主催。
☎06-4827480（日本語可）
カステッリ・ロマーニのツアー（€46〜52）や、オスティア・アンティーカへのツアー（€54〜60）もある（どちらも英語のみ）。
■https://www.greenlinetours.com

ラツィオ州は、ローマ文明発祥の地。ローマ市街から約30km圏内には、古代ローマ時代の商業港として栄えたオスティア・アンティーカOstia Anticaや、古代ローマ時代の別荘地だったティヴォリTivoli、カステッリ・ロマーニCastelli Romaniなどがあり、日帰りでも十分楽しめる。ローマでの日程が1日余ったら、歴代教皇や貴族の城や別荘が残るこれらの田園都市へも、ぜひ足を延ばしてみよう。

ファシズムによる国家統一を図ったムッソリーニが建設しようとした町もある。場所は地下鉄B線の終点ラウレンティーナLaurentinaにあるエウルE.U.R.。E.U.R.とはローマ万国博覧会の頭文字で、ムッソリーニが1942年に開催する予定で開発した地区のことだ。第二次世界大戦のため実現できなかったが、戦後も斬新な建築物が建てられた。

西北へ足を延ばせば、エトルリアの代表的都市タルクィニアTarquinia、チェルヴェテリCerveteri、チヴィタヴェッキアCivitavecchiaなどの遺跡の町や、かつて教皇庁が置かれ、中世の街並が残るヴィテルボViterboなどの古都がある。とりわけ、タルクィニアは紀元前11世紀から普及した鉄器文化時代までさかのぼる古都で、紀元前7世紀以降はエトルリア12都市国家の中心として栄えた歴史をもち、壁画装飾噴が6000も造られたところ。現在そのうち10ヵ所が公開されているので、エトルリア文化に興味のある人はぜひ見ておきたい。

ラツィオ州の名物

カステッリ・ロマーニ地方へ出かけたら、名産の白ワインを楽しんでみよう。さわやかな口当たりのフラスカーティFrascatiや、エスト！エスト！エスト！Est!Est!Est!がとくに有名。料理では、サルティンボッカSaltimboccaと呼ばれる、子牛のエスカロップにハムを巻いてマルサラ・ワインで味付けしたものや、アーティチョークのフライCarciofi alla Giudiaなどが有名。

美しい庭園や別荘のあるティヴォリ

遺跡の残るオスティア・アンティーカ

エリア内 ウォーキングの基礎知識

どのエリアも比較的交通の便はよく、遠くてもローマから100km圏内なので、日帰りでの観光が可能。オルヴィエートはローマからフィレンツェ方面行きのIC特急で約1時間しかかからない。また、オルヴィエートからフィレンツェへもIC特急で約1時間40分〜2時間。フィレンツェへ抜ける途中に立ち寄りたい。

ヴィテルボへは、ローマから往復すると最も便利がいい。ローマの地下鉄A線フラミニオFlaminio駅で私鉄ローマ・ノルドRoma Nord線に乗り換えて、サクサ・ルーブラSaxa Rubra駅下車。駅前のターミナルからコトラルCotra社のバスで約1時間30分。乗り換えがちょっと不便だが、日帰り観光で充分だ。

ティヴォリ、カステッリ・ロマーニ、タルクィニア、チェルヴェテリなどは、ローマからツアーバスが出ており、ツアーを利用したほうが効率よく回れる。

ウンブリア州 Umbria

広大な丘陵と谷間が続くウンブリア州は、牧草地帯のなかを河川がゆったりと流れるのどかな風景が特徴的。エトルリア時代からの集落を発展させた中世の町が点在する。ヴィテルボの北には、美しいファサード装飾のドゥオモと、16世紀の深井戸で知られるオルヴィエートOrvietoがある。宗教芸術の宝庫、サン・フランチェスコ聖堂があるアッシジAssisiもぜひ訪れたい。

ウンブリア州の名物

ポルケッタPorchettaという、子豚の丸焼き料理が名物。オルヴィエート産の白ワインも有名で、町内で取れた白ワインを、サラミなどのつまみで飲ませるエノテカ（ワインバー）もあるので、気軽に賞味してみたい。

MAP P.123-A

外港都市として繁栄した港町
Ostia Antica
オスティア・アンティーカ

東西約1kmに遺跡が連なる

古代ローマの外港都市として紀元前6世紀ころから発展した港町。植民地や異国からの貢ぎ物などを運ぶ船や、さまざまな食糧船、海外の占領地や戦場に向かう戦士を運ぶ輸送船などが頻繁に出入りしていた。港はティレニア海ではなく、テヴェレ川の河口にあったので、波浪から船が守られただけでなく、上流にあるローマにも簡単に荷を運搬でき、港周辺には倉庫が数多く立ち並んでいた。

5世紀ころまで栄えていたといわれているが、帝政ローマの衰退とともに活力を失っていった。新しい商業都市の建築により、大理石や石材などが次々と持ち出され、9世紀には海賊などによる破壊が進み、追い討ちをかけるようにマラリアなど病気の蔓延で人口が激減し、ついに「死の町」と化していった。

遺跡の発掘作業が本格化されたのは、1938年と20世紀になってからのこと。東西1300m、南北500mに及んだ町の全体像が現れたが、18世紀に暗躍した盗掘により美術品の多くは、失われてしまった。現在では倉庫や神殿、劇場跡などを見ることができる。

■交通
ローマの地下鉄B線エウル・マリアーナ駅EUR Maglianaで、私鉄のオスティア・リド線に乗り換え（待ち時間20〜30分、所要時間約40分）、オスティア・アンティーカOstia Antica駅で下車。史跡公園の入口までは徒歩5分ほど。開3月最終日曜〜8月8:30〜19:15（入場は〜18:15、季節により変動あり。冬季は〜16:30）休月曜、1/1、5/1、12/25 料€8

街のしくみ＆ウォーキングの基礎知識

オスティア・アンティーカの隣のリド中央駅Lido Centro近くには、ローマっ子にも人気のビーチがあるが、オスティア・アンティーカ駅周辺はひっそりとしていて、遺跡以外とくに見どころはない。

オスティア・アンティーカ駅から遺跡のある史跡公園の入口までは一本道で迷うことはない。公園入口には売店があるので、夏場はここでミネラル・ウォーターを買って、歩き始めよう。遺跡は保存状態もよいので、見学には3時間くらいみておこう。

城壁や門、商店跡神殿などが残っている

見どころ

ネプチューンの浴場
Terme di Nettuno
MAP p.125-B

■オスティア・アンティーカ駅から徒歩8分

モザイク画が残る巨大浴場跡

ハドリアヌス帝の時代に建設が始まり、アントニヌス・ピウス帝の財政援助により139年に完成した公共浴場跡。壮大な床のモザイク画は見ごたえがあり、縦18m、横12mの一番大きな部屋の床に海神ネプチューンや海獣、半魚人などが描かれている。浴場の近くには展望台、屋外運動場なども見られる。

浴場跡のモザイク画も残っている

遺跡の中ほどにあるフォロとカピトリウム神殿

劇場
Teatro
MAP p.125-B

■ネプチューンの浴場から徒歩1分

3500人も収容できた巨大劇場
　アウグストゥス帝時代に造られ、196年に改築。半円形に並んだ階段状の椅子がきれいに残っている。劇場の外壁やアーケードの内壁は化粧レンガや漆喰の装飾が施され、最上席には大理石柱で支えられたギャラリー席があったと考えられている。また、帝政末期にはオーケストラ席の部分を囲って水を張り、水上劇も催されたといわれている。

ディアーナの家
Casa di Diana
MAP p.125-A

■ネプチューンの浴場から徒歩4分

高さ18mもあった高層建物
　ディアーナの女神が描かれた板が掛かっていることからディアーナの家と呼ばれている。現在でいう賃貸マンションのような建物で、1階は商店、2階以上は住居として貸され、3階か4階建てだったと考えられる。高さにして18mもあるこの建物からは、当時すでにレンガ積みの技術が発達していたことがうかがえる。

オスティア博物館
Museo delle via Ostiense
MAP p.125-A

■ネプチューンの浴場から徒歩5分

近年の発掘で発見された品々を展示
　1865年、法王ピオ9世の命により完成。2世紀の女帝ファウスティーナの像やトラヤヌス帝の頭部の肖像、ローマ時代の石棺などがある。
開9:30〜、閉館はオスティア・アンティーカに同じ
休月曜、1/1、12/25　料無料

ローマ起点の旅

125

階段状の客席が並ぶ半円形の劇場

古代ローマ皇帝の別荘地
Tivoli ティヴォリ

MAP P.123-B

ヴィラ・デステにはさまざまな噴水がある

ローマの北東約30kmの丘陵地帯にあるティヴォリは、古代ローマ時代から皇帝や貴族の別荘地として栄えた田園都市。ヴィラ・デステVilla d'Este、ヴィラ・アドリアーナVilla Adriana、ヴィラ・グレゴリアーナVilla Gregorianaの3つの優雅なヴィラ（別荘）が点在している。

豊かな緑と水が作る美しい庭園やみごとな建築物が残っており、夏には涼を求める人で賑わう。

■交通
ローマの地下鉄B線の終点レビッビアRebibbia駅またはPonte Mammolo駅から、ティヴォリ行きコトラルCotral社バスを利用。ティヴォリの町の入口、ペヌルティマーテPenultimate停留所まで約40分。バスチケットは、テルミニ駅で1日券を購入しておくと、ローマ地下鉄にも使える。
●観光案内所 [i] Piazzele Nazioni Unite ☎10:00～13:00、16:00～18:00 休月曜 ☎0774-313536

街のしくみ & ウォーキングの基礎知識

小さな街だが、坂が多いので、ヴィラ・デステ以外の2つのヴィラを見てまわるには、市バスを利用するのが便利。観光案内所やヴィラ・デステはペヌルティマーテ停留所からすぐ。

ヴィラ・グレゴリアーナは市バスに乗り換えて10分で着く。ハドリアヌス帝の別荘ヴィラ・アドリアーナはティヴォリの6kmほど手前にあり、ペヌルティマーテ停留所からバスで約15分ほど。

ヴィラ・デステの見学所要時間は約2時間。ヴィラ・アドリアーナは約2時間30分ほどを予定しておこう。

見どころ

ヴィラ・デステ（エステ荘）
Villa d'Este
MAP p.126
■ ティヴォリのバス停から徒歩10分

趣向を凝らした噴水が涼を呼ぶ優美な別荘

もともとはベネディクト会の修道院だったが、エステ家出身の枢機卿イッポリート・デステが1550年に隠遁した際、別荘として改築するこ

グレゴリアーナの大滝とサンタ・マリア・マッジョーレ教会

ヴィラ・アドリアーナの一番奥にあるカノプス（左・下）。彫刻群と池の対比が美しい

とに。建築家にナポリ出身のピッロ・リゴリオを起用し、贅を尽くした噴水庭園を造らせた。

　古代建築を研究したリゴリオの庭園には、動物や女神の顔をかたどった「百の噴水」や「オルガンの噴水」、シビラ（巫女）の像が立つ「卵形の泉」、ベルニーニ作といわれる「大グラスの噴水」などが次々と現れ、目を楽しませてくれる。すぐ隣にはベネディクト派のサンタ・マリア・マッジョーレ教会が建つ。

開5〜8月8:30〜19:45、9月は〜19:15、10月は〜18:30、11〜1月は〜17:00、2月は〜17:30、3月は〜18:15、4月は〜19:30（入場は閉館1時間前まで）
休月曜、1/1、5/1、12/25
料€8（特別展は変更あり）

ヴィラ・グレゴリアーナ
Villa Gregoriana
MAP p.128

■ティヴォリのバス停から市バスでLargo S.Angelo停留所すぐ

緑に囲まれたグレゴリウス教皇の別荘

　1826年にグレゴリウス16世によって整備された広大な庭園。鬱蒼と茂る林の中から現れる大滝が見もので、落差は100m以上もある。谷に下りるハイキングコースは、かなり距離があるが、シビラの洞窟、ベルニーニの滝などがあり、豊かな自然を満喫できる。

　対岸の断崖の上には大理石柱の残る紀元前1世紀の建築物ヴェスタの神殿Tempio di Vestaやティヴォリの街を建設したといわれるティブルヌスが祀られているシビラの神殿Tempio di Sibillaなども見ることができる。

開4〜10月10:00〜18:30、3・11・12月は〜16:00（12〜2月は予約のみ☎0774-332650）、入場は閉館1時間前まで　休祝日でない月曜、1/1、5/1、12/25
料€6（特別展は変更あり）

ヴィラ・グレゴリアーナのヴェスタの神殿

プールも完備していた、ヴィラ・アドリアーナの大浴場跡

ヴィラ・アドリアーナ
Villa Adriana (Hadrian's Villa)
MAP p.128

■ティヴォリのバス停から市バスで約15分

皇帝が構想したロマンチックな遺跡跡

　ハドリアヌス帝が118年から130年にかけて建設した別荘。視察旅行で旅したオリエントの名所などを再現するなど、ユニークな建築が試みられたが、皇帝は完成後わずか4年で死去。後の皇帝たちはティヴォリに移動したため、別荘の存在は次第に忘れ去られてしまった。オスティア・アンティーカ同様、盗掘にあい、本格的に発掘が開始された19世紀には貴重な美術品は失われていたが、皇帝の夢見た世界の全体像は明らかになった。アテネの彩色回廊を模した長方形の彩色柱廊Pecileや、エジプトの町カノーポスにあるセラピス神殿を模したカノプスのほか、劇場、共同浴場、図書館などの跡が見られる。

開5〜8月9:00〜19:30、4・9月は〜19:00、3・10月は〜18:30、2月は〜18:00、11〜1月は〜17:00
休1/1、5/1、12/25（変更あり要確認☎0774-530203）
料€8（特別展は変更あり）

ローマ起点の旅

ティヴォリ

ローマ教皇の避暑地だった古城地帯
Castelli Romani
カステッリ・ロマーニ

MAP P.123-B

レンタカーでまわるのも気分がいい

古代ローマ時代から避暑地だったカステッリ・ロマーニ地方は、2つのカルデラ湖のある丘陵地に古城が点在するエリア。「カステッリ・ロマーニ」という呼び名も、「ローマの古城」という意味だ。ローマの喧騒や治安の悪さを避け、この地方に別荘を建てた教皇や貴族の城が現在も残っている。なかでも代表的なのが、フラスカーティの町に残るヴィラ・アルドブランディーニVilla Aldobrandiniなどの16〜17世紀の美しい別荘（見学の可否は、観光案内所で問い合わせを。空いていれば当日でも見学可能）。都会から気軽に行ける行楽地として、とりわけ夏にはローマっ子が好んで出かけるハイキング・エリアだ。

アルバーノ湖とネーミ湖の周辺には牧草地やぶどう畑、オリーブ畑が広がり、風光明媚な景色を形作っている。四季折々の美しい景色を楽しみながらまわるといい。アルバーノ湖の東にあるモンテ・カーヴォ山の山頂には、かつての修道院の建物を改装したクラシックなホテルもある。

■交通
ローマの地下鉄A線アナニーナAnagnina駅からコトラルCotral社バスを利用する。
カステル・ガンドルフォCastel Gandolfo、マリーノMarino、フラスカーティFrascati行きなど多くのバスが発着している。
バスチケットは地下鉄アナニーナ駅構内にあるコトラル社窓口で買っておこう。
アナニーナ駅のバス発着所から1時間に1、2本出ている。

アナニーナ駅のバス乗場

街のしくみ＆
ウォーキングの基礎知識

アルバーノ湖Lago Albano、ネーミ湖Lago di Nemiといった2つの湖を囲むように、カステル・ガンドルフォCastel Gandolfo、フラスカーティFrascati、ネーミNemiなどの町や村が点在している。どの町村にもバスが通っているので公共の足だけでまわれるが、すべてを効率よくまわろうと思ったら、レンタカーを借りるのが一番。バスなら、ローマから1日で2つか3つの町村をまわる予定でスケジュールを組むとちょうどいい。

水深170mといわれる美しいアルバーノ湖

見どころ

カステル・ガンドルフォ
Castel Gandolfo
MAP p.128

■地下鉄A線Anagnina駅からバスで約1時間

教皇の別荘から望むアルバーノ湖は見事

　12世紀に建てられたガンドルフィ公の城の名に由来する街だが、現在は、教皇の夏の別荘がひっそりと建っているのみ。この建物は、ガンドルフィ公の城が教皇庁の所有となった17世紀後半、ウルバヌス8世の別荘として、マデルノの設計で改築されたもので、教皇宮殿とバルベリーニ館として残っている。

　宮殿前の広場は噴水のある石畳で、静かで落ち着いた雰囲気。裏のテラスからは青々とした水をたたえるアルバーノ湖の広々とした景色を一望できる。

　すぐ隣には、ベルニーニが設計したサン・トマーゾ教会や、大きな天文ドームを持つヴァチカン天文台もある。

アルバーノ・ラツィアーレ
Albano Laziale
MAP p.128

■地下鉄A線Anagnina駅からバスで約50分

郊外には伝説の英雄ホラティウスの墓も

　かつて、ドミティアヌス帝の別荘があったところで、ローマ建国の神話に登場するロムルスの生誕地といわれている。美しいサンタ・マリア・デッラ・ロトンダ教会がある。カステル・ガンドルフォからはすぐ。

マリーノ
Marino
MAP p.128

■地下鉄A線Anagnina駅からバスで約30分

10月のワイン祭りが有名

　アルバーノ湖の湖畔をさらに北へ行くと、白ワインの産地マリーノがある。毎年10月には盛大なワイン祭りが行われ、町はお祭りムード一色に染まる。

フラスカーティ
Frascati
MAP p.128

■地下鉄A線Anagnina駅からバスで約20分

上質の白ワインの里

　マリーノの北東には、イタリアを代表する白ワインの里のひとつ、フラスカーティがある。水はけの良いこの地で造られる白ワインは、ワイン格付けのなかでもDOCの上位に毎年ランクされ、高く評価されている。

　16～17世紀に造られたヴィラ（別荘）も多く、なかでもヴィラ・アルドブランディーニVilla Aldobrandiniは、テラス状に樹木を配置した美しい庭園で有名。この庭園からはローマを一望することもできる。

ローマ起点の旅

カステッリ・ロマーニ

カステル・ガンドルフォの教皇宮殿

白ワインで有名なフラスカーティ

ヴィテルボ
中世の家並みが残る町
Viterbo

MAP P.123-A

サン・ペレグリーノ通り

ローマから70km離れたヴィテルボは、ラツィオ州の県庁所在地。1261年から20年間、法王の住居が置かれたことから、カッシア街道沿いに発展してきた。今も7つの門のある城壁に囲まれ、中世の面影を色濃く残している。

夕暮れ時のヴィテルボの町は、不思議な中世の気配に包まれる。街路樹がオレンジ色に染まり、教皇の宮殿の回廊がオペラの舞台装置のように浮かび上がって、遠い時代へ見る人を誘うかのよう。そんな旅情がたっぷり味わえるのが、ヴィテルボの魅力だ。

ローマから日帰りで十分まわれるが、日程に余裕のある人なら、市内からバスで10分ほどで行けるテルメに宿泊するのも楽しみ。温泉エステが受けられるビューティサロンを併設した高級ホテルがある。温泉で旅の疲れを癒やしたり、肌磨きにヨリをかけてみては？

ヴィテルボの北東3kmには16世紀に建てられたルネサンス様式のサンタ・マリア・デッラ・クエルチャ教会 S. Maria della Quercia が

■交通
ローマのフラミニオ Flaminio 駅から、私鉄線のローマ・ノルド Roma Nord 線に乗り換えて、サクサ・ルーブラ Saxa Rubra 駅下車。駅前のターミナルからコトラル Cotral 社のバスで約1時間30分。ヴィテルボから、温泉ホテルへは、町の中心にあるプレビシート広場 Piazza del Plebiscito から市内バス2番で約10分。ランテ荘 Villa Lante へは、プレビシート広場からバニャイア Bagnaia 行きに乗り、約15分。●観光案内所 ⓘ Piazza Martiri d'Ungheria ☎0761-226427 開 1～3月、9月11日～12月 10:00～13:00、15:00～19:00、4～8月20日 10:00～13:00、15:00～19:30。8月21日～9月10日は昼休みなし 休 1/1、12/25

バニャイアのランテ荘

ある。ここからさらに2kmほど北東に行くと、バニャイアBagnaiaの町に、16世紀に造られたイタリア式庭園、ランテ荘Villa Lanteがある。水を効果的に生かした設計が美しいこのヴィラには、歴代の教皇が滞在したという。

ランテ荘の糸杉

街のしくみ＆ウォーキングの基礎知識

街の入口、フィオレンティーナ門Porta Fiorentinaでバスを下車したら、すぐ目の前のロッカ広場Piazza della Roccaに国立考古学博物館Museo Archeologicoがある。歴史ある町にふさわしく、ヴィテルボには市立博物館Museo Civicoなど美術館、博物館も多い。

城壁に沿うように重要な教会が多数点在し、町の南側には中世の石造りの家並みがそのまま残るサン・ペレグリーノSan Pellegrino通りがある。中世の建築が多いヴィテルボのなかでも、歴史を感じさせるこの通り周辺には骨董品店なども多いので、ぶらぶら散策すると楽しい。

見どころ

サン・ロレンツォ聖堂
S .Lorenzo
MAP p.130-A
■フィオレンティーナ門から徒歩15分

円柱の柱頭飾りが美しい

12世紀に建てられたルネサンス様式の聖堂で、ファサードは16世紀に造られた。内部は三廊式になっており、円柱の柱頭飾りが美しい。床面にはコズマーティ模様と呼ばれる独特の模様が描かれているのを見ることができる。トスカーナの影響を受けた鐘楼は、14世紀のもの。

聖堂には遺構などを展示するドゥオモ美術館Museo del Colle del Duomoが併設されている。

開10:00～13:00、15:00～19:00、10～3月は～18:00、8月は～20:00（入場は閉館30分前まで）
休月曜
料€7（教皇の宮殿と共通）

▼サン・ロレンツォ聖堂の内部　　▲ドゥオモ美術館

教皇の宮殿
Palazzo Papale
MAP p.130-A
■フィオレンティーナ門から徒歩15分

回廊からの眺望がすばらしい

サン・ロレンツォ聖堂の隣にあるこの宮殿は、1261年に教皇の住居として建てられたもの。ラツィオ州のゴシック建築を代表する重要な建築だ。かつては、何度も白熱した教皇選挙が行われたところでもある。右手にある回廊の円柱上部の紋章やレリーフが印象的だ。中央の噴水は15世紀に造られたもの。

開休料は、サン・ロレンツォ聖堂とおなじ

サンタ・ローザ教会
Macchina di Santa Rosa
MAP p.130-B
■フィオレンティーナ門から徒歩7分

聖女の遺骸がある

13世紀に生き、若くして亡くなった聖女サンタ・ローザを奉った教会で、祭壇内には棺に納められた聖女の遺骸をガラス越しに見ることができる。毎年9月3日には、この教会にちなんだ行事がある。

開6:30～12:30、15:00～19:00、土・日曜は～18:00
休無休　料無料

聖人の姿が描かれたサンタ・ローザ教会天井

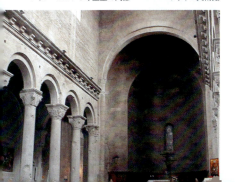

サン・ペレグリーノ通り
Via San Pellegrino
MAP p.130-A

■フィオレンティーナ門から徒歩15分

掘り出し物を探そう

中世の街並みを残すエリアの中心を通るこの通りの両側には、塔や外階段、二連窓のある独特の建物が数多く残っている。毎年10〜11月にはこの界隈を中心に骨董展示市も開催されるので、骨董好きなら見逃せない。アンティーク家具・雑貨の店も多いので、掘り出し物を探して歩いてみるのも楽しいだろう。

市立博物館
Museo Civico
MAP p.130-B

■フィオレンティーナ門から徒歩15分

13世紀ゴシック様式の中庭

サンタ・マリア・デッラ・ヴェリタ教会Santa. Maria della Veritaと並んで、東側の城壁の外側にある。もと修道院だった建物で、13世紀のゴシック様式の中庭のある回廊が、僧院らしさをしのばせる。館内には、周辺から出土したエトルリア時代の美術品や、ヘレニズム期の横臥人物像のある蓋付き石棺などが並べられている。

住Piazza F. Crispi,2 開9:00〜19:00（冬季は〜18:00）
休月曜、1/1、5/1、9/4、12/25 料€3.10

レストラン

予算：ディナー1人分　予約が必要　服装に注意

レストランが多いのは、観光案内所のあるサン・カルルッチオ広場Piazza San Carluccioからロマーナ門Porta Romanaにかけての一帯。

ラ・ザッフェラ
La Zaffera
高級　€20〜　MAP P.130-A

糸杉の植えられた中庭が楽しめる

サン・ペレグリーノ通りにあり、ベーコンとペコリーノ（山羊のチーズ）のスパゲティがおいしい。
季節ごとに内容が替わるセットメニューは、約€40でワイン込み。

住Piazza S.Carluccio,7
☎0761-342714
開12:00〜14:30、19:30〜22:30
休月曜

イル・モナステロ
Il Monastero
カジュアル　€10〜　MAP P.130-A

2枚のピッツァを合わせた楕円ピッツァが好評

「ローマにもこんなうまいピッツァはないよ」と町の人が胸を反らせる。2つの味が選べて1枚のピッツァなのだから嬉しくなる。しかも確かにおいしい。

住Via Fatungheri 10　☎0761-324346
開19:00〜24:00　休水曜
http://www.pizzerialmonastero.it/

ホテル

ホテルが多いのは、国立考古学博物館のあるロッカ広場前から南へ延びる、カーヴァ通りVia Cava周辺。カーヴァ通りには、ここで紹介した以外にも、3つ星のレオン・ドーロLeon d'Oroなどの快適なホテルがある。

テルメ・サル・ホテル
Terume Salus Hotel
高級　MAP P.130-A 外

温泉と泥温泉のある4つ星ホテル

ヴィテルボ近郊にある高級温泉ホテル。温泉水と泥を使ったエステが受けられるサロンがあり、女性客に人気が高い。

住Strada Tuscanese,26/28　☎0761-1970000
FAX0761-253282　料S €99〜 T €135〜
93室　WiFi無料
http://www.hotelsalusterme.it

トゥッシァ
Tuscia
中級　MAP P.130-A

モダンなセンスと、清潔さが快適

国立考古学博物館からプレビシート広場へ向かう途中にあり、観光の拠点にとても便利。

住Via Cairoli,41
☎0761-344400
FAX0761-345976
料S €40〜 T €62〜
39室　WiFi無料
http://www.tusciahotel.com/

MAP　P.123-A

華やかなドゥオモと神秘の洞窟
オルヴィエート
Orvieto

しっとりした情緒漂う街並み

　ローマの北約120kmのところにあるオルヴィエートは、正面のモザイク模様がひときわ華やかなドゥオモと、イタリアで定評のあるワインのひとつとして数えられる甘口の白ワインで知られている。

　オルヴィエートの歴史は古く、古代ローマ帝国以前のエトルリア時代にさかのぼる。ローマやフィレンツェから来ると、平野のなかに台地状に浮かび上がるオルヴィエートの街並みが目に入る。この火山岩の台地は、大昔の河川の浸食によってできたもの。この地形を生かし、13～14世紀には教皇の隠れ里として利用された。

　また、岩盤の地下には、古代に掘られた、広大な地下洞窟や通路の数々がはり巡らされ、ほとんど未調査のまま残されている。神秘の洞窟の解明は、近年になってようやく始まったばかりだ。

■交通
ローマから特急ICで約1時間。フィレンツェからは特急ICで約1時間40分。鉄道駅からオルヴィエートの町へは、バスかケーブルカーで台地の上の旧市街まで上る。ケーブルカー駅は鉄道駅のすぐ前。ケーブルカーに乗り、約5分で旧市街の入口、カーエン広場Piazza Cahenに到着。鉄道駅からバスに乗った場合も、この広場を経由して旧市街をまわる。ケーブルカーとバスを利用できるチケットを購入しておくと便利だ。
●観光案内所：Piazza del Duomo,24　☎0763-341772　開8:15～13:50、16:00～19:00、土・日曜10:00～13:00、15:00～18:00　休12/25

ケーブルカー駅

ローマ起点の旅

133

オルヴィエート

街のしくみ&ウォーキングの基礎知識

　ケーブルカーの上駅のあるカーエン広場が旧市街歩きの基点。ここからカヴール通りを進み、約1km行った共和国広場からドゥオモ広場までが旧市街の中心。旧市街は半日あればほとんど見てまわれる。時間があればぜひ、地下洞窟への探索ウォーキング・ツアーに参加してみよう。ツアーは、ドゥオモ広場の観光案内所前から毎日11:00、12:15、16:00、17:15の4回（2月は土・日曜のみ）。参加費は€6（英語）。ツアーは、観光案内所で予約。

見どころ

ドゥオモ
Duomo
MAP p.133-A

■カーエン広場から徒歩15分

ロマネスク期の傑作

　13世紀末に建築が始められ、16世紀にほぼ完成したロマネスク・ゴシック様式のドゥオモは、オルヴィエートの町を華やかに彩っている。正方形の薔薇窓を持つファサード、とりわけ破風部分に描かれた聖画などの装飾は精巧ですばらしく、イタリアのドゥオモのなかでも特筆すべき美しさだ。内部のサン・ブリツィオ礼拝堂Cappella di San Brizioの壁面には、トスカーナ出身の芸術家ルカ・シニョレッリによるフレスコ画『最後の審判』が、天井へつながる部分にはフラ・アンジェリコ作のキリスト像が描かれている。

開4〜9月は9:30〜13:00、14:30〜19:00、3・10月は〜18:00、11〜2月は〜17:00。日曜・祝日の場合6〜9月は13:00〜18:30、11〜2月は14:30〜17:30、3〜5・10月は13:00〜17:30 休無休 料€3.30（礼拝堂との共通券）

サン・パトリツィオの井戸

サン・パトリツィオの井戸
Pozzo di San Patrizio
MAP p.133-B

■カーエン広場裏

16世紀に掘られた深さ62mもの古井戸

　メディチ家出身の教皇クレメンス7世が、町が敵に包囲された場合に備えて造らせたもの。井戸の内部には二重のらせん階段が巡らされており、248段の階段を伝って、下る人と昇る人がぶつかることなく水を汲みに行けるよう設計されている。井戸の底まで降りて見学することができる。今でも澄んだ水をたたえているのが印象的だ。

開1・2・10・11・12月10:00〜16:45、3・4・9・10月9:00〜18:45、5〜8月9:00〜19:45 休無休 料€5

路地から見たドゥオモ

地下洞窟
Grotto
MAP p.133-A

■カーエン広場から徒歩15分

広大な地下空間に驚く

　この町の地下に人が洞窟や通路を掘り始めたのは、3000年前にさかのぼるという。町の地下には無数の洞窟と通路の数々が迷路のように入り組んでいるのだが、その広さは地上の旧市街の面積よりもはるかに広いというから驚く。これらの地下都市がいったい何のために掘られたのか、正確にはわかっていない。また、本格的な学術調査も始まったばかりというから、ミステリアスだ。近代になると、一部の洞窟やト

ドゥオモ周辺には歴史を感じさせる建物が

地下洞窟の入口付近。洞窟ツアーで訪れる

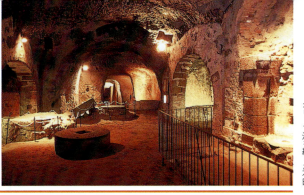

ンネルはワインの貯蔵庫として使われた。探険ツアーでは、中世の人々がオリーブ・オイルを石臼で圧搾していた部屋などを中心に見てまわる。

開 ツアー出発時刻11:00、12:15、16:00、17:15 休 12/25、2月（土・日曜は見学可） 料 €6
■ http://www.orvietounderground.it

オリーブ油を絞った石臼

🍴 レストラン

💰 予算：ディナー1人分　📞 予約が必要　👔 服装に注意

町の中心部に、ウンブリアの郷土料理を食べさせるレストランがいくつかある。名物料理は、ポルケッタと呼ばれる子牛の香草焼きや、イノシシ肉のサラミ、太いパスタに肉を絡めたもの。人気のレストランは、ドゥオモ広場と共和国広場周辺に集中している。

上質の白ワインの産地なので、おいしいワインを安価な料金で味わえるのも嬉しい。みやげもの店を兼ねたワインバーもあるので、ぜひ立ち寄ってみよう。

ツェッペリン
Zeppelin
高級　€ 25～　MAP P.133-A

味もセンスも抜群

教会風の高い天井のあるバーを抜けると、奥に広いテーブル席がある。飛行船「ツェッペリン号」のアンバー色の写真と、真っ白いレースの対象がおしゃれ。オルヴィエートで一番センスのよいレストランとして人気がある。昼ならほうれん草とリコッタチーズのラヴィオリなどで軽く済ませるのもいいし、夜は炭火焼きステーキなどのボリュームのある料理も楽しめる。

住 Via Loggia dei Mercanti, 34　📞 0763-341447
営 12:30～14:30（昼は予約のみ）、19:00～22:00
休 無休

炭火焼ステーキ

🛏 ホテル

小さな町なので数は多くないが、ドゥオモ周辺に手ごろな料金の小ホテルがある。町で一番高級なホテルは、ここで紹介したパラッツォ・ピッコロミニ。

パラッツォ・ピッコロミニ
Palazzo Piccolomini
プチホテル　MAP P.133-A

ワインバーも完備したおしゃれな宿

温かみのあるピンクの外壁がかわいい、プチホテル。贅沢に空間を使った3室のスイートと、22室のツイン・ダブルルーム、7室のシングルだけ。この小ささが、ゆとりあるサービスにつながっている。センスのよいシンプルモダンな客室はどれも少しずつインテリアが違うので、空いている時期なら部屋を見せてもらって決めるのも楽しみ。

場所は、ケーブルカー駅を背に、カブール通りの突き当たり。一番奥まったエリアなので、静かな朝を迎えることができる。

住 Piazza Ranieri,36
📞 0763-341743
FAX 0763-391049
料 S €97～ T €154～
32室　WiFi無料
http://www.palazzopiccolomini.it/

▲スイートの客室

◀ピンクの外観が目印。右はロビー

ローマ起点の旅

135

オルヴィエート

ペルージャ Perugia

古代ローマ時代から栄えた古都

MAP P.123-A

大噴水のある11月4日広場

古いものが残っていることが当たり前に思えるイタリアの中でも、ウンブリアの州都ペルージャは紀元前8世紀〜2世紀のエトルリア時代から栄えていた筋金入りの古都だ。州都とはいえ鉄道の主要幹線から外れて、各駅停車でしか訪れることができない町ではある。しかし、外国人のためのイタリア語講座を設けるペルージャ大学があるせいだろうか、石造りの堅牢な建物が建ち並ぶ町にはイタリア人はもちろん各国の若者が集まり、広場でおしゃべりに興じている。古さと活気と丘陵地帯ならではの美しい眺め。イタリアの地方都市の魅力があふれている。

■交通
ローマからアンコナAncona行き列車に乗り、フォリーニョFolignoで乗り換える。ローマからの所要時間は約2時間30分。ペルージャ駅から駅前のバスターミナルに出て、街の入口イタリア広場Piazza Italia行きのバスに乗ろう。切符はバスターミナルにある売り場で購入。帰りの分もここで買っておいた方がラクだ。
●観光案内所：Piazza Matteotti, 18 ☎075-5736458
圏9:30〜18:30 休1/1、12/25

街のしくみ＆ウォーキングの基礎知識

ペルージャ駅からバスで丘を駆け上がると、イタリア広場に到着する。ここからヴァンヌッチCorso Vannucci通りという石畳の大通りをまっすぐ歩いていこう。この通りはペルージャでいちばん賑やかな場所。カフェ、ブティック、レストラン、ホテルなどが並び、楽しげに道行く人たちで溢れている。しばらく行くと左側にプリオーリ宮殿の立派な入口と、その隣のコッレッジョ・デル・カンビオの小さな入口が見えるはず。目の前に広がるのはペルージャの中心、11月4日広場だ。美しい大噴水フォンターナ・マッジョーレが新しい旅人を歓迎してくれる。奥にそびえるカテドラルをはじめ、ここにはペルージャが都市国家として強大な力を持っていた中世の建造物が並ぶ。

広場の西側にある小さなヴォルテ通りに入ると、まるで中世の街角に迷い込んだような錯覚にとらわれる。狭い路地を下ると巨大な石造りの門が現れるが、これがエトルリア時代から残るエトルリア門。4000年以上もこのペルージャにそびえている歴史の遺産だ。

主な見どころは11月4日広場周辺にあるが、イタリア広場から南東に丘を下っていくと、ペルージャの城壁内とは少し違う庶民的な雰囲気になる。

国立ウンブリア考古学博物館とサン・ピエトロ教会への道のりは徒歩でしか行けず、やや遠く感じる。もはや「古い」という形容詞はいちいち使えないほどすべてが古い街ペルージャ。中部の他の都市で見慣れた赤レンガは建物にあまり使われておらず、石造りのゴツゴツとした灰色が街を覆う。中世の香り豊かな路地をさまよってみるのもペルージャを歩く楽しみのひとつだ。

夏には街を上げてジャズ祭が

国立ウンブリア美術館

見どころ

11月4日広場
Piazza IV Novembre
MAP p.136
■イタリア広場から徒歩7分

ペルージャの中心になって数千年

　エトルリア時代から現代まで、常にペルージャの政治、宗教、祭りの中心であった広場。中央にはフォンターナ・マッジョーレ、北側にカテドラル、南側にプリオーリ宮殿がある。観光案内所もあるので、まずはここで資料を集め、地元っ子にまぎれて階段でひと休み。

カテドラル
Cattedrale
MAP p.136
■11月4日広場に隣接

未完のゴシック建築

　14世紀中頃から15世紀にかけて建造された荘厳なゴシック様式のカテドラル。建築の工事は未完に終わり、11月4日広場側のファサードや外壁は未完成のまま。ダンティ広場側の入口のみがバロック様式になっている。ステンドグラスが繊細でとても美しい。ここには聖遺物『聖母マリアの結婚指輪』が保存されており、毎年7月30日に公開されている。
開7:30〜12:30、15:30〜19:00、日曜・祝日8:00〜12:45、16:00〜19:00 休無休 料無料

プリオーリ宮殿
Palazzo dei Priori
MAP p.136
■11月4日広場に隣接

政治の要を守る古代の怪物に注目

　プリオーリとは行政委員のこと。13世紀に建設が始まってからペルージャの政治の拠点となっており、現在は市庁舎として使われている。大扉の上に付いている2つの像はペルージャの守護神グリュプス（鷲の頭と翼に獅子の胴体を持つ怪物）と教皇派を表す獅子。
公証人の間（2階）／開9:00〜13:00、15:00〜19:00 休月曜 料無料

国立ウンブリア美術館
Galleria Nazionale dell'Umbria
MAP p.136
■11月4日広場に隣接

見事な修復に目を奪われる

　ウンブリア派の絵画と彫刻を中心としたコレクションを展示。8世紀から18世紀までのウンブリア絵画を幅広く集めている。ウンブリア絵画の特徴は豊かな色彩と、人物画。

　とくに有名なのは、フラ・アンジェリコの多翼祭壇画『天使と聖人たち』、ウンブリア派を代表する画家でラファエロの師であったペルジーノの『死せるキリスト』、ピエロ・デラ・フランチェスカの「聖アントニウスのポリプティック」など。熱心な修復が行われ、まるで最近描かれたばかりのような鮮やかな色彩が、中世絵画への印象を新たにさせるほどだ。

　解説はイタリア語のみだが、眺めているだけで時間を忘れるほど。プリオーリ宮殿の4階にあり、ヴァンヌッチ通り側に入口がある。

住Corso Vannucci 19
開8:30〜19:30(入館は〜18:30) 休月曜（4月1日〜10月31日の月曜は開館12:00〜19:30）、1/1、5/1、12/25 料€8

コッレッジョ・デル・カンビオ
Colleggio del Cambio
MAP p.136
■11月4日広場に隣接

ルネサンス時代のビジネスの場

　15世紀に強い力を持っていた両替商の館。プリオーリ宮殿の正面左端に小さい入口がある。見逃しやすいので注意しよう。注目したいのは、客との取り引きの際に使われた「謁見の間」。豪華な寄せ木細工装飾と、ペルジーノと彼の弟子たちによるギリシア神のフレスコ画が壁面に飾られている。ルネサンス時代の商人の活気が伝わる場所だ。住Corso Vannuchi,25
開9:00〜12:30、14:30〜17:30(日曜・祝日は〜13:00) 休1/1、12/25、11〜3月の月曜午後 料€4.50

ローマ起点の旅

137

ペルージャ

エトルリア門 / サン・ピエトロ教会 / サン・ピエトロ教会庭園

エトルリア門
Arco Etrusco
MAP p.136
■ 11月4日広場から徒歩5分

悠久の時に思いを馳せよう
　紀元前3〜2世紀のエトルリア人によって建設された城壁の門。数千年を経てもびくともしない威風堂々とした姿だ。古代ローマ時代に上部のアーチが補修されている。

サン・ピエトロ教会
Chiesa di San Pietro
MAP p.136
■ イタリア広場から徒歩20分

ウンブリアの丘陵地帯を一望するテラス
　国立ウンブリア考古学博物館からさらに先にある。15世紀に作られた流麗な八角形の鐘楼が眼に入るはず。神秘的な庭園と、庭園奥のテラスからの眺めが美しい。すぐ間近にアッシジの町が見える。
開 8:00〜12:00、15:30〜18:00　休 無休　料 無料

国立ウンブリア考古学博物館
Museo Archeologico Nazionale dell'Umbria
MAP p.136
■ イタリア広場から徒歩15分

ひっそりとしたたたずまいの遺物の宝庫
　ペルージャの歴史をもっと知りたいなら、イタリア広場からサン・ピエトロ門を出て、6月20日通りを下って考古学博物館をめざそう。サン・ドメニコ教会内にあり、先史時代、エトルリア時代、古代ローマの文化を伝える収蔵品を数多く収めている。
開 8:30〜19:30（月曜10:00〜19:30）　休 1/1、5/1、12/25　料 €5

サン・ドメニコ教会内にある考古学博物館

レストラン
予算：ディナー1人分　予約が必要　服装に注意

街の中心には、気軽な雰囲気の、地元の人が集まる店が多い。

ワイン・バルトロ・オステリア
Wine Bartolo Hosteria
高級　€30〜　MAP P.136

おしゃれをして出かけたい
　カテドラル脇にあり、シェフのシモーネ・ジコッティによる個性的な料理が人気の優雅なレストラン。できればジャケット着用を。
住 Via Bartoro,30　☎ 075-5716027　開 19:30〜22:30（日曜12:30〜14:30、19:30〜22:30）　休 水曜

イル・カンティノーネ
Il Cantinone
中級　€30〜　MAP P.136

気軽に郷土料理を楽しみたいときに
　11月4日広場からすぐ。気楽に入れて値段も手頃。開放的なテラスもいいが、素朴ながら渋い雰囲気の中の席も捨て難い。
住 Via Ritorta,6　☎ 075-5734430　開 12:30〜14:30、19:30〜22:30　休 火曜

ダ・チェザリーノ
Da Cesarino
中級　€30〜　MAP P.136

ペルージャ料理が味わえるお店
　黒トリュフ、白トリュフ入りタリアテッレ（パスタ）や鶏のレバーソースのパスタなどが人気。
住 Piazza IV Novembre, 5　☎ 075-5728974　開 12:30〜14:30、19:30〜23:00　休 水曜

ファルケット
Il Falchetto
中級　€30〜　地図エリア外

ウンブリア州の伝統料理を楽しむなら
　中世の雰囲気が漂う店内。郷土料理で人気の店。季節にはトリュフ料理も味わえる。
住 Strad Fontana La Trinita,2d　☎ 075-5731775　開 12:30〜15:00、19:00〜23:00　休 月曜

アルトロモンド
Altromondo
高級　40～　MAP P.136

修道院の建物を改装した1930年創業の老舗

　イタリア広場を背に、ヴァンヌッチ通りからボナッツィ通りへ抜ける階段を降りたところにある、地下の店。中世の修道院を改装したレストランはクラシックで、落ち着ける雰囲気。羊や魚のグリル、パスタ類も美味。

■住Via Cesare Caporali,11
■☎075-5726157
■開12:30～15:00、19:00～22:00
■休日曜、8月の1週間、クリスマス～年始

アルトロモンドのオーナー一族

 ホテル

　ホテルは主にイタリア広場から11月4日広場までの間の裏通りにある。大都市と比べると最高級ホテルでも宿泊料はかなり低めだが、質・サービスはまったく問題ない。一点豪華主義で、こういう街でこそ思い切って少しよいホテルに泊まってみるのも旅の思い出になりそうだ。

ロカンダ・デッラ・ポスタ
Locanda della Posta
高級　MAP P.136

エレガントな雰囲気に浸れる

　ピンクや赤のテキスタイルや華やかなボタニカルアートが優雅。ヴァンヌッチ通りに面していて、女性の一人旅にも安心感あり。

■住Corso Vannucci,97
■☎075-5728925、
■料S €168～　T €168～
■17室
■WiFi 無料
■http://www.locandadellaposta.it/

上品なインテリアのダブルルーム

プリオーリ
Hotel Priori
中級　MAP P.136

気軽に泊まれる価格がうれしい

　プリオーリ宮殿の裏通りにある手ごろなホテル。部屋は質素だが、テラスでの朝食が気持ちいい。部屋番号を陶器のタイルに記してあるのもペルージャらしい。

■住Via dei Priori　■☎075-5723378
■FAX075-5729155　■料S €87～　T €87～
■54室　■WiFi 無料(ロビーのみ)
■http://www.hotelpriori.it/

シーナ・ブルファニ
Sina Brufani
高級　MAP P.136

エリザベス女王も泊まった憧れのスイート

　イタリア広場に面するペルージャの最高級ホテル。客室の窓からの丘陵の景色が絶品だ。アンティークの家具をふんだんに使った内装もすばらしい。エリザベス女王がペルージャを訪問した際にはこのホテルのスイートに宿泊した。

■住Piazza Italia,12　■☎075-5732541
■料€160～ T €190～　■94室　■WiFi 無料
■https://www.sinahotels.com/brufari

最高級ホテルはここだけ。レストランやカフェだけの利用もいい

フォルトゥーナ
Hotel Fortuna
高級　MAP P.136

ロマンチックで小さなホテル

　車もあまり入ってこない旧市街の中央にある好立地。13世紀に建てられた建物を上手に改装している。フロントやダイニングから客室の家具や調度品まで統一感があり、中世の雰囲気を感じさせてくれる。

■住Via Bonazzi,19
■☎075-5722845
■FAX075-5735040
■料S €69～　T €99～
■52室　■WiFi 無料
■http://www.umbriahotels.com/

MAP P.123-A

中世の静寂さたたえる珠玉の町
Assisi アッシジ

階段の多いアッシジの町

緑濃いウンブリアの田園を抜けると、丘の上に眠るように落ち着いたたたずまいを見せる、中世そのままの街並み。キリスト教の聖者フランチェスコゆかりの地としても知られ、数々の貴重な宗教芸術の宝庫でもある。

■交通
ローマから鉄道で所要約2時間。一部の列車はフォリーニョFolignoで乗り換え。フィレンツェからは市外バスで約2時間10分。ペルージャからは鉄道で約20分。駅からウニタ・ディタリア広場、マッテオッティ広場まで「リネアC」バスがあり、約10分の距離。
●観光案内所: 🏛Palazzo del Comune 22,23 ☎075-8138680
開夏季8:00～14:00、15:00～18:30、土曜9:00～19:00、日曜9:00～18:00、冬季8:00～14:00、15:00～18:00、土・日曜9:30～17:00

街のしくみ & ウォーキングの基礎知識

1997年にウンブリアを襲った地震で、町は大きな被害を受けたが、見事に修復された。質素な暮らしのなかで精神性を高めた聖フランチェスコの息吹が感じられる町は、中世のまま時が止まったかのような静けさで迎えてくれる。

町の中心はコムーネ広場。バス停のあるウニタ・ディタリア広場からは歩いて12分、マッテオッティ広場からは7分ほどだ。ホテルやレストランもこの広場の周りにある。ここから、サン・フランチェスコ聖堂へは北西に約10分。小ぢんまりした町は端から端まで歩いても20分ほどしかかからない。3、4km離れた郊外にも聖フランチェスコゆかりの修道院、エレモ・デッレ・カルチェリEremo delle Carceriがあり、聖フランチェスコが使った部屋を見学できる。

かわいらしい風情のある街並み

町の中央にある教会

140

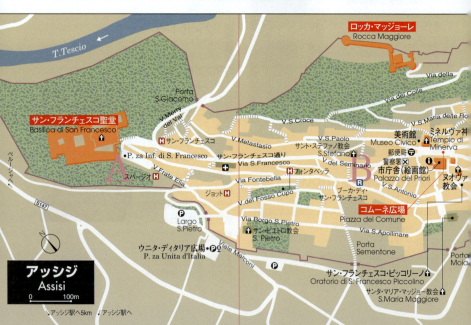

清楚なたたずまいの
サンタ・キアーラ教会▶

見どころ

コムーネ広場
Piazza del Comune
MAP p.140-B

■マッテオッティ広場バス停から徒歩5分

ローマ時代から続く町の中心
町の中心に位置する広場の歴史は古く、紀元前にはミネルヴァ神殿があった。礎石や円柱などの神殿の遺構は、隣に建つ市立美術館Museo Civicoの地下室から見ることができる。広場の南側には、現在市庁舎となっているプリオーリ宮殿があり、内部に市立絵画館も開設。

サン・フランチェスコ聖堂
Basilica di San Francesco
MAP p.140-A

■ウニタ・ディタリア広場バス停から徒歩5分

信仰深い画家達によるフレスコ画
生涯を清貧のうちに送り、晩年キリストと同じ聖痕を授かったフランチェスコは、後のフランチェスコ修道会の前身である「貧しき修道会」を起した。その生涯にまつわるエピソードを、ジョットとその弟子たちがフレスコ画で覆いつくした壁画で有名。教皇や多くのスポンサーにより、フランチェスコの死後、1288年に建設が始まった。聖堂上部はウンブリア地方独特のバラ窓の正面を持つゴシック建築、下部は伝統的ロマネスク様式。

ジョットらが28枚の連作を描き始めたのは1296年のこと。「小鳥への説教」など28場面を時計回りに描いている。

開冬季：上堂8:30～18:00、下堂6:00～18:30／夏季：上堂8:30～18:50、下堂6:00～18:50 休無休 料無料

サンタ・キアーラ教会
Chiesa di Santa Chiara
MAP p.140-C

■コムーネ広場から徒歩5分

聖女キアラを祭る清楚な教会
この町の貴族の娘で、聖フランチェスコを慕って修道生活に入った聖女キアラの遺骸を安置している。内部には聖女の生涯を描いたフレスコ画や、身にまとった聖衣などの遺品が残されている。聖堂右部のサン・ジョルジョ礼拝堂には、フランチェスコに語りかけたとされる十字架上のキリストが掛けられている。

開6:30～12:00、14:00～19:00、冬季は～18:00 休無休 料無料

サン・ダミアーノ修道院
Convento di San Damiano
MAP p.140-C外

■ヌオヴァ門から徒歩30分

フランチェスコとキアーラの魂が息づく
ヌオヴァ門を抜け、オリーブ畑を南へ下ったところにある。フランチェスコはここをキアラに与え、彼女は出家して女子修道会を創立した1212年から死去するまでの42年間を、この簡素な教会で過ごした。2人の「清貧」の思想を忠実に守る場所で、内部には聖女キアラの礼拝堂や、質素な食事を取った食堂が今も残る。

開10:00～12:00、14:00～18:00、冬季は～16:30 休無休 料無料

ロッカ・マッジョーレ
Rocca Maggiore
MAP p.140-B

■コムーネ広場から徒歩7分

展望抜群の中世の城郭
14世紀に造られた砦で、町の北東端の小高いところにある。元気がよければこの砦に登ってみよう。中世の城郭都市の様子がよくわかるし、ここからのアッシジの街並みとウンブリアの田園風景の眺めはすばらしい。

開11～2月10:00～16:30、3・10月は～17:30、4・5・9月は～19:30、6～8月9:00～20:00 休12/25 料€5.50

ラツィオ&ウンブリア その他の町
Lazio & Umbria

MAP P.123

スポレートのドゥオモ広場

ラツィオ

タルクィニア
Tarquinia
MAP p.123-A

紀元前のエトルリア文明の里

ローマの北西約100kmのところにあるタルクィニアは、古代エトルリア文明で栄えた、いにしえの町。歴史はたいへん古く、紀元前12、13世紀頃にまでさかのぼる。町内で紀元前9世紀の町の遺跡が見つかっているほか、南東約4kmのところには紀元前6世紀から紀元前1世紀までの墳墓がある。

エトルスカ大墳墓Necropoli Etruscaと呼ばれるこの墳墓は長さ5kmにも及び、墓の数は約600もある。紀元前5、6世紀頃造られた重要な墓の墓室の壁には彩色絵画が描かれている。この大墳墓から見つかった貴重な発掘品はタルクィニアの町にある国立タルクィニア博物館Museo Nazionale Tarquinieseで見ることができる。なかでも紀元前4世紀末～前3世紀のテラコッタ彫刻「翼を持つ馬」Cavalli alatiは芸術性の高さ、保存状態ともに最上級。

この町から出土したその他の価値ある美術品は、ローマのボルゲーゼ公園内にあるヴィラ・ジュリア・エトルリア博物館に収められている。ローマからタルクィニア駅までは鉄道で約1時間30分。

チェルヴェテリ
Carveteri
MAP p.123-A

古代エトルリアの町

ローマの北西約50kmに位置するチェルヴェテリも、紀元前7世紀頃最盛期を迎えたエトルリアの町。やはりこの町の近郊にも墳墓がある。この墳墓から出土した美術品もローマのボルゲーゼ公園内にあるヴィラ・ジュリア・エトルリア博物館に収められているが、エトルリア文明に関心のある人には、いにしえの里を巡る小旅行先として、チェルヴェテリを訪ねる旅もいい。

ウンブリア

スポレート
Spoleto
MAP p.123-B

中世の面影を残す芸術の町

美しいドゥオモ広場や教会があり、中世の面影をそのまま残す町。とくに、毎年夏に開催される音楽と芸術の祭典「2つの世界フェスティバル」Festival dei Due Mondiで有名だ。ウンブリアの丘の斜面に広がるスポレートの町にはいくつもの中世の建築と、それらを結ぶ曲がりくねった道が続き、古びた魅力をかもし出している。

町の近郊には、中世に造られた水道橋、トッリの橋Ponte delle Torriがある。高さ80mのこの橋は、隣の丘から水を引いて来るために造られたもの。古くはローマ時代に築かれた高架式水道の土台の上に、14世紀になって高度な土木技術を背景に作り上げられたもの。壮大で一見の価値がある。

グッビオ
Gubbio
MAP p.123-B外

中世を封じ込めたタイムカプセル

ペルージャからウンブリアの丘や谷をいくつも越えた山間に、城壁に囲まれた小さな町グッビオがある。

古代ローマ皇帝アウグストゥス帝の時代に建てられたローマ劇場や、グッビオが最も発展を遂げた11～12世紀に建てられた宮殿や広場、塔のある立派な家々などが、そのまま残されている。

グッビオはまた、伝統的な祭りが開かれる町としても知られている。毎年5月15日に行われる「ロウソク祭り」は、木製の長さ10mもあるロウソクを中世の衣装に身を包んだ町の人々が肩に担ぎ、その上に諸聖人の像を載せて、約5kmの道のりを競走するという豪壮なもので、観光客にも人気がある。

フィレンツェ

Firenze

フィレンツェ	144
フィエーゾレ&プラート	182
シエナ	185
サン・ジミニャーノ	189
ピサ	191
ルッカ	193
ラヴェンナ	196
ボローニャ	200
ウルビーノ	204
サン・マリノ共和国	207
パルマ	210
モデナ	213
フェッラーラ	216

フィレンツェの歩き方
フィレンツェのどこに何がある？

ルネサンス芸術文化が花開いた都フィレンツェ。優雅なたたずまいと世界的に著名な美術館の数々が集まる、世界に類のない美しい町。観光スポットやショッピングストリートはほとんど徒歩で30〜40分もあればたどり着ける。地図を片手に歩いて楽しもう。

メディチ家礼拝堂　p.155

メディチ家歴代当主の礼拝堂と廟墓がある。とりわけミケランジェロが建築家として最初に手がけた葬儀用の礼拝堂は必見。大理石をふんだんに使った荘厳な彫像で彩られている。

ピッティ宮殿　p.162

フィレンツェを支配したピッティ家の宮殿だった建物を、その後、メディチ家が所有して増築した。内部は7つの美術館・博物館があり、宮殿の裏手には噴水と彫刻で彩られたボーボリ庭園もある。

パラティーナ美術館　p.162

ピッティ宮殿の内部は、メディチ家が買い集めた美術コレクションを展示する美術館に。ラファエロ、ティツィアーノらの名作も必見。

ポンテ・ヴェッキオ　p.159

アルノ川に架かる美しい橋。橋の上には、貴金属を扱う店が並び、ぶらぶら散策するのも楽しい。

ウフィツィ美術館　p.160

イタリアが誇るルネサンス美術の最高峰が勢ぞろいする美術館。フィレンツェに来たからにはぜひ訪れたい。

サン・マルコ美術館　p.156

アカデミア美術館の北にある修道院付属美術館。中世の修道僧が描いた美しい天使の壁画で知られる。

アカデミア美術館　p.157

ミケランジェロの傑作彫刻『ダヴィデ』を鑑賞するために、世界から観光客が訪れる。必見美術館の一つ。

ドゥオモ　p.154

花の都フィレンツェを代表する華やかな建築。ドゥオモのある広場には鐘楼などルネサンス期の名建築が建ち並ぶ。

シニョリーア広場　p.158

共和国時代のフィレンツェ政庁のあったヴェッキオ宮殿と、ロッジャと呼ばれる開廊に囲まれた街の中心。広場の周りにはウフィツィ美術館をはじめ、見どころが集まっている。

サンタ・クローチェ教会　p.159

フィレンツェ有数の大きな教会で、宗教的な中心地。ミケランジェロ、ガリレオ・ガリレイ、ダンテ、マキャベリなど、そうそうたる文化人・芸術家の墓があることでも有名。教会に隣接して、ルネサンス建築の代表的な作品、パッツィ家礼拝堂がある。

ミケランジェロ広場　MAP p.149-L

アルノ川左岸の小高い丘の上にある広場。ミケランジェロの『ダヴィデ』のコピーが置かれたこの公園は、フィレンツェ中心部を一望できる絶好の写真スポット。

アルノ川左岸　p.162

アルノ川を越えると、ピッティ宮殿があるほかは、庶民的な雰囲気。エノテカ（ワインバー）や職人の工房なども点在する。

フィレンツェ　フィレンツェの歩き方

フィレンツェ
おすすめコース

見どころ件数は多いけれど、ほとんどの見どころは歩いて回れる。まずは定番コースを歩いてみよう。ウフィツィ美術館など有名美術館には、予約を入れておくのが時間を有効に使うコツだ。

スタンダードコース

| スタート | サンタ・マリア・ノヴェッラ駅 ➡ MAP p.148-B |

徒歩5分
サンタ・マリア・ノヴェッラ教会前の広場からマジェスティックホテル前の道へ

| メディチ家礼拝堂 ➡ p.155 | 所要 40分 |

徒歩3分
礼拝堂の北側の道を回りこみサン・ロレンツォ広場へ

| メディチ・リッカルディ宮殿 ➡ MAP p.151-C | 所要 40分 |

徒歩3分
宮殿前からマルテッリ通りを進めばドゥオモ広場

| ドゥオモ ➡ p.154 | 所要 1時間 |

徒歩5分
ジョットの鐘楼にも登ってみよう。ドゥオモからはカルツァイウォーリ通りを南へ

| ウフィツィ美術館 ➡ p.160 | 所要 3時間 |

徒歩5分
シニョーリア広場からカフェ・リヴォイーレ前の小道へ入り左折

| ゴール | ポンテ・ヴェッキオ ➡ p.159 |

メディチ家全盛期に建設されたメディチ・リッカルディ宮殿

駅前のサンタ・マリア・ノヴェッラ教会はゴシックの名建築

チェックポイント

フィレンツェを代表する見どころは、ドゥオモ周辺からアルノ川を越えたピッティ宮殿までに集まっている。まずは定番コースを歩いて、町全体が博物館といわれるフィレンツェの魅力を肌で感じよう。

●バス利用のコツ

歩いても回れる小さな町フィレンツェだが、小さな車体の電動ミニバスを使うと便利。路線バスと同じATAFの運行で、チケットや料金システムも共通。4路線（右ページ参照）が市内の主な観光スポットを網羅するように走っているので、上手に利用したい。停留所は変更になる場合があるので、タバッキで最新路線図ATAF&Lineaを入手するのがおすすめ。

ショッピングコース

| スタート | ドゥオモ ➡ p.154 |

徒歩5分
サン・ジョバンニ礼拝堂脇のペコリ通りを抜けてトルナブオーニ通りへ

| トルナブオーニ通り ➡ MAP p.150-F | 所要 40分 |

徒歩6分
ブランドショップが建ち並ぶストリートを散策してみよう

| サンタ・トリニタ橋 ➡ MAP p.150-J | 所要 3時間 |

徒歩5分
橋の近くまでブランドショップが続いている

| ヴィーニャ・ヌオヴァ通り ➡ MAP p.150-E | 所要 30分 |

徒歩10分
ストロッツィ宮殿前から通りへ入り、散策して戻ろう

| ゴール | 共和国広場 ➡ MAP p.151-G |

チェックポイント

フィレンツェを代表するショッピング街のトルナブオーニ通りとヴィーニャ・ヌオヴァ通りを散策するコース。歩き疲れたら、トルナブオーニ通りや共和国広場周辺のカフェで休憩しよう。

●アクセスのコツ

ヴィーニャ・ヌオヴァ通りが始まるGゴルドーニ広場前からLinea City C3線でウフィツィ美術館やサンタ・クローチェ教会まで出るか、あるいはC1線でシニョーリア広場へ出ても便利。

フィレンツェ

147

おすすめコース

電動ミニバス路線図

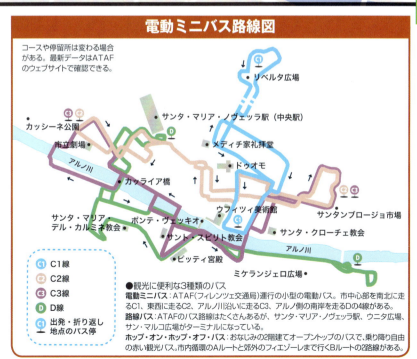

● 観光に便利な3種類のバス

電動ミニバス：ATAF（フィレンツェ交通局）運行の小型の電動バス。市中心部を南北に走るC1、東西に走るC2、アルノ川沿いに走るC3、アルノ側の南岸を走るDの4線がある。

路線バス：ATAFのバス路線はたくさんあるが、サンタ・マリア・ノヴェッラ駅、ウニタ広場、サン・マルコ広場がターミナルになっている。

ホップ・オン・ホップ・オフ・バス：おなじみの2階建てオープントップのバスで、乗り降り自由の赤い観光バス。市内循環のAルートと郊外のフィエゾーレまで行くBルートの2路線がある。

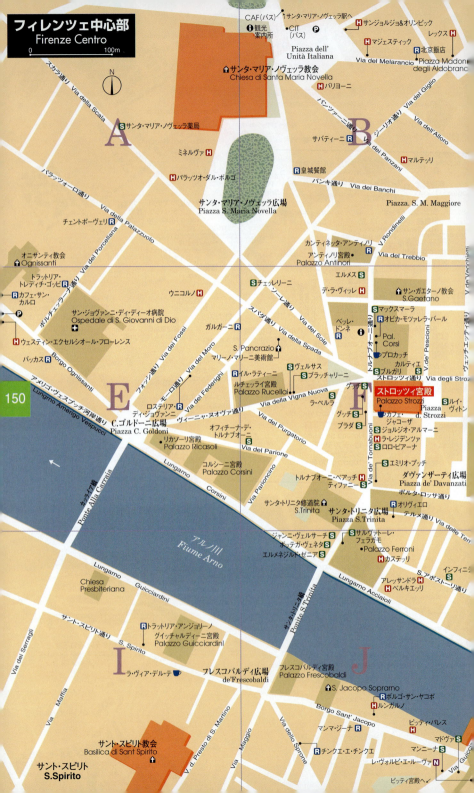

フィレンツェへの交通

空路で / by Air

EUの主要都市及びローマ、ミラノ、パレルモなどからの便はフィレンツェから約80km離れたピサのガリレオ・ガリレイGalileo Galilei空港に到着する。EU及びミラノ、ローマからの便の一部はフィレンツェの北西約4kmのペレトラPeretola（アメリゴ・ヴェスプッチA.Vespucci）空港にも着く。

フィレンツェは鉄道の幹線上にあるので、空港への移動時間を考えると、ローマ、ミラノ、ヴェネツィアなどの都市からは鉄道を利用する方が便利。

ピサ空港から

フィレンツェのサンタ・マリア・ノヴェッラ駅まで1時間に1〜2本バスが運行してる。所要約70分、料金は€4.99。ピサ空港発の列車は1日5本、料金は€5.70。詳細は空港HPで確認を。
http://www.pisa-airport.com/

ペレトラ空港バス

サンタ・マリア・ノヴェッラ駅までのシャトルバスが運行されている。5:30〜20:30は30分おき、以降は1時間おきで最終は24:30。所要時間は約30分、料金は€6で、チケットは車内で購入する。

観光案内所

住 Piazza della Stazione,4
☎ 055-212245
開 9:00〜19:00（日曜・祝日は〜14:00）休 1/1、5/1、12/25
MAP p.150-B

鉄道で / by Train

イタリア半島中央に位置し、北部のミラノと南部のローマの2大都市のほぼ中間にあるフィレンツェは、鉄道の便が非常によく、トレニタリアのフレッチャロッサや、イタロといった高速列車が多数運行されている。フィレンツェではサンタ・マリア・ノヴェッラ駅（略称Firenze SMN）が中央駅で、各列車の発着駅となる。周辺の地方都市との間には、レッジョナーレと呼ばれる普通列車が走っている。

ローマから
ローマ・テルミニ駅から高速列車のフレッチャロッサが1日約40本、イタロが約25本ある。所要時間は約1時間20分。

ミラノから
ミラノ中央駅から高速列車のフレッチャロッサが1日約20本、イタロが約15本ある。所要時間は1時間40分。

ボローニャから
ボローニャはイタリアの鉄道路線の要なので本数が多い。高速列車のフレッチャロッサが1日約45本、イタロが約25本ある。所要時間は約40分。

バスは風景を眺める楽しみも

バスで / by Bus

ローマやミラノなど遠方の大都市からのアクセスは鉄道が断然便利だが、シエナ、サン・ジミニャーノなどのトスカーナ地方の町や、アッシジなど中部の町からの交通はバスの方が便利。主なバスはサンタ・マリア・ノヴェッラ駅周辺に発着所がある。

アッシジから
アッシジ〜フィレンツェ間はFLiX BUS社などのバスが平日4本、休日は2本ある。所要時間は2時間40分〜3時間。

ボローニャから
ボローニャ〜フィレンツェ間にはFLiX BUS社などのバスが1日約20本運行。バス停は、サンタ・マリア・ノヴェッラ駅東側のPallale Montelungo。

シエナから
シエナ〜フィレンツェ間には、SITA社のバスが1日30本程度ある。所要時間は約1時間15分。

地方都市を結ぶ大型バス

市内の交通

バスの乗り方は他の都市と同じ

バス Bus／Autobus

バスはサンタ・マリア・ノヴェッラ駅前のターミナルから発着

　徒歩でも見てまわれるが、街の中心からやや離れたサン・マルコ広場や、アルノ川対岸のミケランジェロ広場などへ大きく移動するときにはバスが便利。

　観光客にとって利用価値が大きい路線バスは、サンタ・マリア・ノヴェッラ駅からサン・マルコ広場へ向かう7、25、31番と、駅からドゥオモへ向かう14、23番、そして駅からミ

市内の見どころを循環するバスも

ケランジェロ広場へ行く12、13番。電動ミニバス（路線図はp.147）も走っている。路線はC1からDまでの4路線。C1線は駅とサン・マルコ美術館、共和国広場、ドゥオモ脇、シニョーリア広場脇など。C2線は駅とトルナブオーニ通り入口、共和国広場前、バルジェッロ美術館など。C3線はカッシーネ公園、カッライア橋、ピッティ宮殿、サンタ・クローチェ教会など。D線はピッティ宮殿、ミケランジェロ広場などを結んでいる。路線図を駅構内の観光案内所でもらっておこう。バスの乗降はp.88参照。

　バスの料金システムは、時間と回数の組み合わせ。90分1回券€1.20、90分2回券€2.40、24時間券€5、4回券（90分が4回分）€12などのほか、長期滞在に便利なICチップの入った回数カード（90分10回分€10など）もある。乗車するときにチケットに時刻を刻印するか、カードを読み取り部にタッチする。これを忘れると、チケットを持っていても無賃乗車扱いになる場合があるので要注意。

タクシー Taxi

歩いてまわれる街だが急ぐときはタクシーが便利

　流しはないので、駅やドゥオモ前のタクシー乗り場から乗る。料金は初乗り€3.30で最低料金が€5、22:00〜翌6:00までの深夜・早朝は初乗り€5.30で最低料金が€7、日曜・祝日は初乗り€6.60で最低料金が€8.30、距離時間連動加算料金は61〜110m毎に€0.10で共通。

トラム Tram

バスと共通チケットで便利なトラム

　サンタ・マリア・ノヴェッラ駅からすぐのアラマンニ・スタツィオーネAlamanni Stazione駅からヴィッラ・コンスタンツァ Villa Constanza駅を結ぶ1路線（T1）が運行中。市民の足として利用されているトラムだが、カッシーネ公園へ行くときなどに旅行者も使える。

トラムとバスは共通チケット

刻印機。1回券と4回券は乗車時に差し込み口に入れて刻印、1日券は機械にタッチ

タクシー呼び出し方法

　通り名と番地、店名などを告げて呼び出す。☎055-4390または055-4242

レンタサイクル・ショップ

Florence By bike
🏠Via San Zanobi,54r
MAP p.149-C外
☎055-488992
http://www.florencebybike.it/

フィレンツェ

153

フィレンツェへの交通／市内の交通

Area 1 ドゥオモエリア
ドゥオモ周辺
Duomo

その大きさと美しさに圧倒されるドゥオモと鐘楼

歩き方のヒント

楽しみ
観光 ★★★★★
食べ歩き ★★★
ショッピング ★★★★

交通の便
バス ★★★
タクシー ★★★★★

エリアの広さ
駅から歩いても15分の範囲にあるが、ドゥオモまでバス10・23番で行き、そこから歩くとラク。

街のしくみ&ウォーキングの基礎知識

ルネサンス建築の傑作群が圧巻

「芸術の都」「花の都」フィレンツェの中心となるのが、華やかなドゥオモの周辺。街歩きもドゥオモ広場を基点にするとわかりやすい。ドゥオモ広場では大聖堂と洗礼堂、鐘楼の観光を忘れずに。大聖堂と鐘楼の上には登ることもできるので、健脚な人にはぜひお勧めしたい。フィレンツェの街並みを一望することができ、印象に残る旅になるだろう。

また、ドゥオモ前から南北に延びているカルツァイウォーリ通り周辺は、ブランドショップや専門店、百貨店も多いショッピング・エリア。カルツァイウォーリ通り近くの共和国広場から西へ行くと、フィレンツェ建築の傑作とされるストロッツィ宮殿があるが、宮殿前から北へ向かって始まるトルナブオーニ通りと、西へ向かって始まるヴィーニャ・ヌオヴァ通りは高級ブランドショップがひしめく、フィレンツェきってのショッピング街。ブランド好きなら、この界隈で1日は予定しておきたいエリアだ。ドゥオモ広場へは、フィレンツェの中央駅であるサンタ・マリア・ノヴェッラ駅から、歩いて15分くらい。

奥行き153mにもなるドゥオモ

見どころ

ドゥオモ(サンタ・マリア・デル・フィオーレ大聖堂)
Duomo (Basilica di Santa Maria del Fiore)
ゆとり28 P.151-C
サンタ・マリア・ノヴェッラ駅から徒歩10分

クーポラからの眺望も見事
「花の聖母教会」とも呼ばれる聖堂は、ルネサンスのシンボル。1296年から140年もの歳月をかけて完成。色大理石で装飾された壮麗な外観が目をひく。高さ106mの大クーポラはブルネレスキの傑作で、天井に描かれているフレスコ画は『最後の審判』。左の翼廊の祭壇横から階段を登ると屋上に出ることができる。

開 ドゥオモ10:00~17:00/クーポラ8:30~19:00(季節、行事により変動あり。公式サイトで日ごとの開館時間が確認できる) **休** ドゥオモ1/1、1/6、復活祭/クーポラ 日曜・祝日 **料** 共通券€18(72時間有効、ドゥオモ周辺施設の共通券)
■ https://www.museumflorence.com/

※公式サイト■https://www.museumflorence.com/

屈指の名作『天国の門』のレリーフの1枚

サン・ジョヴァンニ洗礼堂
Battistero di San Giovanni
ドゥオモから徒歩1分
●切りとり27 P.151-C

三方向の扉に施された精緻なレリーフが有名

フィレンツェの守護聖人の聖ジョヴァンニに捧げるため、11世紀に建てられた八角堂。青銅の3つの門扉のレリーフで知られ、ギベルティ作の東の扉はミケランジェロが「天国の門」と絶賛した。天井のモザイクも必見。

開8:15〜10:15、11:15〜18:15（季節、曜日により異なる。公式サイト参照）休1/1、復活祭、12/25 料共通券€18

八角形のサン・ジョヴァンニ洗礼堂

ジョットの鐘楼
Campanile di Giotto
ドゥオモから徒歩1分
●切りとり27 P.151-C

色大理石の外壁と繊細なレリーフが見もの

ジョットが弟子のピサーノと設計し、14世紀末に完成した。高さ84mの塔の最下段を飾る六角形のレリーフパネルはピサーノ作。人間の再生の過程が描かれ、オリジナルはドゥオモ美術館に収蔵されている。東側の入口から414段の階段を登ると、最上階のテラスに。ドゥオモの雄姿と街並みが一望できる。

開13:30〜19:30（季節、曜日により異なる。公式サイト参照）休1/1、復活祭、12/25 料共通券€18）

ドゥオモ美術館
Museo dell'Opera del Duomo
サンタ・マリア・ノヴェッラ駅から徒歩10分
●切りとり28 P.151-D

ドゥオモゆかりの美術品のオリジナルが並ぶ

大クーポラの東側にあり、ドゥオモ、鐘楼、洗礼堂を飾った美術品が展示されている。ミケランジェロの『ピエタ』、ドナテッロの『マグダラのマリア』などがとくに見応えあり。

開9:00〜19:00（季節、曜日により異なる。公式サイト参照）休1/1、1/6、復活祭、12/25 料共通券€18

ダンテの家
Casa di Dante
ドゥオモから徒歩5分
●切りとり31 P.151-G

古い街並みの一角に残された、ダンテの生家

『神曲』などで有名な詩人ダンテ（1265〜1321年）が生まれた家。サンタ・マルゲリータ通りに復元されていて、中は小さな博物館として公開されている。

開10:00〜18:00、10〜3月は〜17:00 休月曜 料€4

メディチ家礼拝堂
Cappelle Medicee
ドゥオモから徒歩3分
●切りとり27 P.151-C

一族の当主の石棺と礼拝堂が並ぶ

17世紀、政治的権力を失いつつあったメディチ家が造った一族代々の墓所。ジョヴァンニ・ディ・メディチの設計に基づいて建てられた。八角形の「君主の礼拝堂」の巨大な空間は、各国から集められた大理石や貴石で埋めつくされた豪華なもの。1階部分にブロンズ像で飾られた石棺が並び、壁面には16都市の紋章が並んでいる。入口はサン・ロレンツォ教会の裏手。開8:15〜14:00（特別展開催時は〜16:50）休第2・4日曜、第1・3・5月曜、1/1、5/1、12/25 料€6

メディチ家礼拝堂入口

細部まで繊細な造りのジョットの鐘楼

豪華な絵画や貴石のモザイクで埋め尽くされたメディチ家礼拝堂内部

Area 2 サン・マルコ美術館エリア

サン・マルコ広場周辺

Piazza di San Marco

サン・マルコ教会の美しい回廊

プロンティ設計のサン・マルコ教会のファサード

街のしくみ & ウォーキングの基礎知識

ルネサンス芸術の傑作が見られるエリア

　街の中心部から北、中央駅からは東に位置するサン・マルコ広場周辺のエリアには、歩いて10分ほどの範囲に、ルネサンス期の傑作を展示した美術館や博物館が集まっている。なかでも、ミケランジェロの最高傑作として名高い『ダヴィデ』像のあるアカデミア美術館は見逃せない。

　アカデミア美術館とは目と鼻の先にあるサン・マルコ美術館も、中世の修道僧、フラ・アンジェリコの最高傑作のフレスコ画が見られ、美術好きなら必見の観光ポイントだ。フィレンツェ大学があり、アカデミックな雰囲気のあるこのエリアには、考古学博物館などもあって、中心部に比べるとゆったりした雰囲気が漂っている。

　アカデミア美術館入口には、世界中から集まった観光客でいつも長蛇の列ができている。時間を大切に使いたいなら前日までに予約を入れておきたい（予約方法についてはp.160を参照）。

　サン・マルコ広場へは中央駅からバス、25番、33番でサン・マルコ広場で下車するか、ドゥオモ広場から歩いても15分くらい。

歩き方のヒント

楽しみ	
観光	★★★★★
食べ歩き	★
ショッピング	★
交通の便	
バス	★★
タクシー	★★★

エリアの広さ
圏内は徒歩で充分。サン・マルコ広場までは駅から7・25・33番バスかタクシーで移動を。

見どころ

サン・マルコ美術館
Museo di San Marco
ドゥオモから徒歩10分
MAP P.149-C

フラ・アンジェリコの名画に出合える修道院
　ドメニコ派の修道院だった建物で、内部には修道僧フラ・アンジェリコが描いた最高傑作の壁画が見事な状態で残っている。

フラ・アンジェリコの最高傑作『受胎告知』

　1387年、郊外のフィエーゾレで生まれたフラ・アンジェリコは、ドメニコ派の僧となり、1438年ごろからサン・マルコ修道院の僧房に絵を描き始めた。中庭に面した回廊を

進み階段を登ると、正面に『受胎告知』が現れる。上階の廊下の両側にずらりと並んだ僧房の壁にもフラ・アンジェリコとその弟子たちによる『キリスト伝』などのフレスコ画がある。アンジェリコ直筆とされるのは『キリストとマグダラのマリア』『受胎告知』『キリストの変容』『マリアの戴冠』など。一番奥には、狂信的な修道僧として歴史に名を残すサヴォナローラの僧房が残っている。

開8:15〜13:50、土・日曜は〜16:50（入館は閉館30分前まで） 休第2・4月曜、第1・3・5日曜、1/1、5/1、12/25 料€4

孤児養育院
Spedale degli Innocenti
MAP P.149-D
サン・マルコ広場からから徒歩3分

ブルネレスキ設計の欧州最古の孤児施設

1445年、ブルネレスキの設計によって建てられたヨーロッパ最古の孤児院。9つのアーチが連なる正面回廊には、布に包まれた幼児のメダイヨン（円形浮彫）がはめこまれていて、美しい。

内部にはギルランダイオの『東方三博士の礼拝』、フィリッポ・リッピ（父）の『聖母子と天使』などが見られる。2つの噴水がある建物前の広場は、小休止にぴったりの場所。

開8:30〜19:00、日曜・祭日は〜14:00（チケットは閉館30分前まで） 休1/1、復活祭、5/1、12/25 料€4

アーチの間にはめ込まれたメダイヨンはロッビア作

アカデミア美術館
Galleria dell'Accademia
MAP P.149-C
サン・マルコ広場から徒歩2分

ミケランジェロの大作『ダヴィデ』は必見

サン・マルコ美術館の斜め前にあり、ミケランジェロ作の彫刻と13〜16世紀のフィレンツェ派の絵画が展示されている。収蔵品のなかでも、ルネサンス彫刻の記念碑ともいえる最高傑作『ダヴィデ』は必見。

4mを超えるこの大きな彫像は、もとはシニョリーア広場に置かれていた。26歳のミケランジェロが、巨大な大理石の塊から2年の歳月をかけて掘り出したものだ。

『ダヴィデ』の前の細長い通路両側には、未完のままに終わった『髭の奴隷』『目覚めた奴隷』『若い奴隷』『アトラス』の4体の奴隷像がある。これらは教皇ユリウス2世の墓碑のために作られていたもの。その他『パレストリーナのピエタ』『聖マタイ』などミケランジェロの名作が並ぶ。絵画ではボッティチェッリと弟子たちによる『聖母子と聖人たち』、ギルランダイオの『聖母子と聖フランチェスカ、マグダラのマリア』がある。

開8:15〜18:50（入館は〜18:20） 休月曜、1/1、5/1、12/25 料€6.50（特別展開催時は変動あり）

ミケランジェロの最高傑作『ダヴィデ』

ミケランジェロ作未完の『奴隷像』が並ぶ展示室

考古学博物館
Museo Archeologico
MAP P.149-D
サン・マルコ広場から徒歩10分

エトルリア文明のコレクションを誇る

古代ギリシアからエジプト、エトルリア、ローマの文化遺産を展示するイタリア有数の考古学博物館。収蔵される文化遺産のほとんどはメディチ家が収集したもので、エトルリア文明に関する収集が充実。

開8:30〜19:00、月・土・日曜は〜14:00 休第2・4日曜 料€4

Area 3

シニョリーア広場周辺

ウフィツィ美術館周辺

Piazza della Signoria

広場に立つ、アンマンナーティ作『海神ネプチューンの噴水』

歩き方のヒント

楽しみ
観光 ★★★★★
食べ歩き ★★★★
ショッピング ★★★★★
交通の便
バス ★★★
タクシー ★★★
エリアの広さ
シニョリーア広場やトルナブオーニ通りまでは、歩いてまわれる。トルナブオーニ通りは、端から端まで約400mの距離。

街のしくみ & ウォーキングの基礎知識

中世からの政治・商業の中心地

　現在も市庁舎として使われているヴェッキオ宮殿と、重要な式典や集会の場であったシニョリーア広場。この一帯は、昔も今もフィレンツェの政治商業の中心地だ。その東のサンタ・クローチェ教会周辺は、皮革製品を扱う店が並ぶ庶民的な下町だ。シニョリーア広場周辺では、ルネサンス期の彫刻家の傑作を展示するバルジェッロ美術館も見ておきたい。広場周辺にはおいしいジェラートを売る店や、ワインとつまみが自慢のワインバー、由緒あるカフェなどの老舗も軒を連ねている。

　ウフィツィ美術館下の柱廊を抜け、アルノ川の川岸を歩くと宝石店がずらりと並ぶポンテ・ヴェッキオに出る。フィレンツェの金属工芸の水準はイタリアの中でも高いので、アクセサリを探すならここは必見。アルノ川沿いに北へ向かえば、サンタ・トリニタ橋からストロッツィ宮殿にかけて、高級ブランドショップが建ち並ぶエレガントなエリアになる。

　ヴェッキオ宮殿前の大広場には、『ネプチューンの噴水』、ミケランジェロの『ダヴィデ』（コピー）のほか、彫刻回廊にも彫刻作品が並べられている。かつて、ドメニコ会修道僧サヴォナローラの「虚飾の焼却」が行われたのも、火あぶりの刑に処せられたのもここだった。まさにフィレンツェの歴史が刻まれた記念碑的な場所だ。

美しいアーチの回廊『ロッジア・ディ・ランツィ』

見どころ

シニョリーア広場
Piazza della Signoria
ドゥオモから徒歩8分

きりとり35
P.151-K

自由都市の政治が舞台となってきた広場

　中世の頃には、フィレンツェの政治の中心として人が集い、議論を戦わせてきた場所。

バルジェッロ国立美術館
Museo Nazionale del Bargello

シニョリーア広場から徒歩3分

巨匠たちの貴重な傑作彫刻が見られる

19世紀半ばまで、警察署や牢獄だった建物。現在はドナテッロの最高傑作『聖ゲオルギウス』、ミケランジェロ『バッカス』など、ルネサンス期の優れた彫刻展示で名高い美術館。

開 8:15〜13:50　休 第1・3・5月曜、第2・4日曜、1/1、5/1、12/25　料 €4

サンタ・クローチェ教会
Chiesa di Santa Croce
MAP P.149-H
シニョリーア広場から徒歩10分

276基もの偉人の墓が収められた大教会

フランチェスコ派の壮大な教会内には、ダンテの記念碑をはじめ、この町ゆかりの偉人たちの墓や記念碑が276基も納められている。ドナテッロの『受胎告知』やジョットのフレスコ画など、14〜15世紀の絵画や彫刻も見られる。

開 9:30〜17:30　日曜・祝日14:00〜17:00
休 1/1、復活祭、6/13、10/4、12/25、12/26
料 €6

ゴシック教会の傑作

パッツィ家礼拝堂
Cappella dei Pazzi
MAP P.149-H
シニョリーア広場から徒歩10分

ルネサンス建築の最高峰

サンタ・クローチェ教会付属美術館の回廊奥にある。ブルネレスキによる初期ルネサンス建築の傑作。堂内を飾る彩色テラコッタのレリーフは、ロッビア作『12使徒』。

開 9:30〜17:30（日曜・祝日14:00〜17:00)
休 1/1、復活祭、10/4、12/25、12/26　料 €6

ブルネレスキの代表作、パッツィ家礼拝堂

ヴェッキオ宮殿（市庁舎）
Palazzo Vecchio
シニョリーア広場前

現在でも市庁舎の機能の一部が置かれている

簡素で力強い外観、高さ94mの鐘楼を持つゴシック建築。14世紀初頭に建てられ、コジモ1世が居城とした際、内部が大々的に改修された。壮麗な壁画が描かれた2階の大会議

シニョリーア広場に面したヴェッキオ宮殿

2、3階に伝統的な二連窓が並ぶストロッツィ宮殿

場『500人広間』をはじめ、絵画や彫刻、織物で装飾された宮殿内は圧倒的な迫力。現在も建物の一部は市庁舎として使われている。

開 10〜3月9:00〜19:00、4〜9月は〜23:00（通年木曜は〜14:00）　休 1/1、1/6、5/1、復活祭、8/15、12/25
料 €4〜18（見学範囲による）

ポンテ・ヴェッキオ
Ponte Vecchio

シニョリーア広場から徒歩5分

金銀細工の店が軒を並べる最古の橋

14世紀半ばにアルノ川に架けられた最古の橋。かつては肉屋などが並んでいたが、フェルディナンド1世が異臭を嫌って店を撤去させ、金銀細工師が集められた。現在も橋の両側には貴金属、宝石店がずらりと並び、活気があふれる。橋の中央からの眺めが美しい。

3つのアーチが美しいポンテ・ヴェッキオ

ストロッツィ宮殿
Palazzo Strozzi

ドゥオモから徒歩3分

繁華街に建つルネサンス期の豪壮な宮殿

15世紀末、マイアーノの設計で建設が始まったストロッツィ家の住まい。メディチ・リッカルディ宮殿とともに、ルネサンス期のフィレンツェ建築の最高傑作とされる。トルナブオーニ通りとストロッツィ通りの交差する角に面し、粗仕上げの石積みの重厚な建物だが南側ファサードは未完のまま。内部には2層の回廊を持つ中庭があり、地下にストロッツィ家の歴史をたどる小博物館があるが、常時公開されていない。ふだんはフィレンツェ最大の文化的催事場として利用されている。

ウフィツィ美術館
Galleria degli Uffizi

交 シニョリーア広場から徒歩1分　開 8:15～18:50（入館は～18:05）
休月曜、1/1、5/1、12/25　料 €20（11～2月 €12）　■ http://www.polomuseale.firenze.it/
MAP ●切りとり-35、P.151-K

メディチ家が代々にわたって収集したイタリア絵画の傑作を数多く展示している。ゆっくりと見てまわりたい

ルネサンス期の絵画芸術の最高傑作を集めた

　ヴェッキオ宮殿の隣に建つルネサンス様式の建物。メディチ家のコジモ1世の命により、ヴァザーリが設計し1560年から14年の歳月をかけて完成した。当初は、メディチ家の事務所（古語＝ウフィツィ）として使われていたが、後のフランチェスコ1世の代に建物の最上階がメディチ家所有の美術品展示室となり、現在は美術館として公開されている。古代ギリシアからレンブラントまで、収蔵作品は多岐にわたるが、なんといってもルネサンス絵画の至宝を揃えている点で、世界でも有数の美術館といえる。ボッティチェッリ、ラファエロ、レオナルド・ダ・ヴィンチ、ミケランジェロなど、巨匠たちの代表作を見るために、ぜひとも訪れたい。収蔵されている2500点の作品を見るには、少なくとも半日は必要。2階と3階が絵画とデッサンや版画の展示室になっている。チケットはピッティ宮殿の中のウフィツィ美術館のレセプションホールで予約・購入できる（火曜～日曜8:30～19:00）が、並ばなくてすむよう予約をおすすめする（下記参照）。

ジョット『玉座の聖母子』
レンブラント作品

シモーネ・マルティーニ『受胎告知と聖人たち』
第3室には14世紀シエナ派の巨星シモーネ・マルティーニの華麗な名作がある

とっておき情報

前売り予約を活用しよう

　イタリアの大都市の美術館では、チケットの前売り予約ができるところもある。フィレンツェでもウフィツィ、バルジェッロ、アカデミア、サン・マルコの各美術館とメディチ家礼拝堂などが対象。予約は前日までに共通予約オフィス☎055-294883へ電話して、氏名、国籍、希望日時を告げてレファレンス番号をもらう（英語可）。入場券は予約の10分前までに予約者専用窓口へ、火～金曜8:15～16:45（ウフィツィ美術館の場合）に出向いて予約時刻10分前までに受け取る。当日並んでも入場できるが、並ぶ時間はもったいない。ぜひ活用しよう。前売りチケットの予約はwww.b-ticket.com/b-ticket/uffizi/が便利。予約手数料は€4。

展示室の見どころ

第2室
13世紀のジョットの『玉座の聖母子』、チマブーエの『荘厳の聖母』。

第3室
14世紀シエナ派絵画の展示室。マルティーニの『受胎告知と聖人たち』の装飾的表現が必見。

第8室
フィリッポ・リッピの『聖母子と二天使』など。

第10～14室
ボッティチェッリの部屋。『春』『ヴィーナスの誕生』などの名画が並ぶ。

第15室
ダ・ヴィンチの初期代表作『受胎告知』『東方三博士の礼拝』など。

第35室
ミケランジェロの『聖家族』に注目。

第28～44室（以上は3階）
ティツィアーノ、パルミジャニーノなど、バロックの巨匠の作品を集めた部屋。なかでも、ティツィアーノの傑作『ウルビーノのヴィーナス』『フローラ』に注目。カラヴァッジョの『バッカス』も展示。

第46～84室（2階）
ブロンズィーノ、ラファエロなど。

ボッティチェッリ『ヴィーナスの誕生』
第10～14室を一つにまとめたホールには、大作『ヴィーナスの誕生』が光り輝いている

ボッティチェッリ『春』
若い生命の息吹が画面いっぱいにみなぎる大作は美術館の至宝

ミケランジェロ『聖家族』
第35室はミケランジェロの部屋。筋肉美にあふれた人体表現が魅力

- チマブーエ『荘厳の聖母』
- レオナルド・ダ・ヴィンチ『受胎告知』
- レオナルド・ダ・ヴィンチ『東方三博士の礼拝』
- ヴァザーリの回廊
- フィリッポ・リッピ『聖母の戴冠』
- ヴェロネーゼ作品
- パルミジャニーノ『長い首の聖母』
- カラヴァッジョ『バッカス』
- ティツィアーノ『フローラ』
- ティツィアーノ『ウルビーノのヴィーナス』

ラファエロ『ヒワの聖母』
2階の第66室はラファエロの部屋。すばらしい調和に満ちた名作が並ぶ

フィレンツェ 見どころ

Area 4 ピッティ宮殿エリア
アルノ川左岸
Riva Sinistra d'Arno

歩き方のヒント

楽しみ	
観光	★★★★
食べ歩き	★
ショッピング	★
交通の便	
バス	★
タクシー	★★
エリアの広さ	

シニョリーア広場からピッティ宮殿前までは歩いて10分ほど。パラティーナ美術館や近代美術館、ボーボリ庭園などをまわるなら、館内だけでも結構歩くので、歩きやすい靴で。

銀器博物館(左)は宮殿の中庭に入口が。近代美術館にも美しい彫刻作品がある(右)

街のしくみ＆ウォーキングの基礎知識

閑静な邸宅街を控えた庭園エリア

　宝飾品店がずらりと並ぶポンテ・ヴェッキオを渡ると、ウフィツィ美術館に次いですばらしい絵画作品のあるピッティ宮殿のあるエリアになる。ピッティ宮殿のなかにはパラティーナ美術館や近代美術館、銀器博物館などいくつもの美術館や、広大な敷地を持つボーボリ庭園があるので、時間があれば訪れたい。また、ピッティ宮殿前の界隈には、手工芸職人の店や古美術店などが並んでいる。ぶらぶら歩いて、思いがけない発見をすることも。

　ピッティ宮殿から西北へ行くと、サント・スピリト教会のある下町エリアに着く。この辺りには、職人の工房や古道具店なども並んでいる。そこからゆるやかな丘陵地帯に向かって南に向かえば、緑の中に立派な邸宅が点在する高級住宅街になる。

内部にいくつもの美術館を抱えるピッティ宮殿

見どころ

ピッティ宮殿
Palazzo Pitti　MAP P.148-J
Linea Crty C3線ピッティ宮殿下車、すぐ

重厚感に圧倒される壮大な宮殿
　15世紀半ば、豪商ルカ・ピッティがブルネレスキに依頼して建てさせたルネサンス様式の宮殿。後年メディチ家が買い取り、コジモ1世とその妻エレオノーラにより、何度かの改修工事が行われて、今のような姿の建物が完成した。ファサードの長さが200mを超えるフィレンツェ最大規模を誇る宮殿の内部には、パラティーナ美術館をはじめ7つの美術館と博物館、広大なイタリア式庭園のボーボリ庭園がある。

開8:15 ～ 18:50（入場は18:05まで）　休月曜、1/1、5/1、12/25　料€16 (11 ～ 2月 €10、朝8:15 ～ 8:59にチケットを購入し、9:25前に入場すると、€8〈11 ～ 2月は€5に割引〉に)

パラティーナ美術館
Galleria Palatina　MAP P.148-J
ピッティ宮殿内

メディチ家が集めた豪華な絵画コレクション
　ピッティ宮殿の2階にあり、メディチ家が収集したルネサンスからバロックの名画コレクションが展示されている。絢爛豪華な宮殿の12室が美術館として使われている。
　展示作品のなかでは、ラファエロとティツィアーノの作品が代表的。ラファエロの代表

贅を尽くした宮殿の壁に名画がびっしりと並ぶ

作の一つとされる傑作『大公の聖母』をはじめ、『椅子の聖母』『身重の女の肖像』『ヴェールの女』、ティツィアーノの『美しき女』『ある貴人の肖像』『灰色目の男』といった作品は、ぜひ見ておきたい。その他、アンドレア・デル・サルトの『洗礼者ヨハネ』、フィリッポ・リッピの『聖母子』、ボッティチェッリ、ルーベンスらの作品がある。中庭の右手にある階段を上がると入口がある。

■ピッティ宮殿と共通

近代美術館
Galleria d'Arte Moderna
ピッティ宮殿内
MAP P.148-J

トスカーナ地方の印象派絵画が必見

ピッティ宮殿の3階にあり、18世紀後半から20世紀前半にかけてのトスカーナ地方の絵画を展示。なかでも明るい画風を持つ19世紀フィレンツェ印象主義の一派、ファットーリ、レガ、シニョリーニ、ボルディーニらマッキアイオーリ派の作品が充実している。

■ピッティ宮殿と共通

ボーボリ庭園
Giardino di Boboli
シニョリーア広場から徒歩12分
MAP P.148-J

彫刻と噴水、池が点在するイタリア式庭園

ピッティ宮殿の裏側に広がる4万5,000㎡もの庭園は、イタリア式庭園の典型とされる。コジモ1世が妻エレオノーラの健康のためにトリボロらに依頼して作らせたもの。なだらかな丘を美しく区画した園内には、円形劇場、『ネプチューンの泉』など数々の泉水や洞窟（グロッタ）、数百の彫刻、噴水や池などが美しく配置されている。園内の丘の上にあるベルヴェデーレ要塞へは、公園の入口まで戻らないと入れない。

開6〜8月は8:15〜19:30、4・5・9・10月は〜18:30 3月は〜17:30、11〜2月は〜16:30 休第1・最終月曜、1/1、5/1、12/25 料€10（11〜2月は€6）

「円形劇場」と名づけられた場所からボーボリ庭園を望む

フィレンツェ　見どころ　163

とっておき情報

メディチ家とルネサンス文化

14世紀、フィレンツェはヨーロッパ文化の中心的な町として活気にあふれ、芸術家たちは新しい表現を模索し始めていた。一方、商才に恵まれたフィレンツェ商人たちは、小切手、信用手形など現代でも使われている経営上の基本方式を次々と編み出し、ヨーロッパ経済を動かす力を持つようになる。地方出身の銀行家だったメディチ家も、この時代の初めに社会的地位を手に入れ、財力の基礎ができあがる。

1428年、すでに40歳を過ぎていたコジモ・デ・メディチは父の莫大な遺産を受け継ぎ、トスカーナ最大の資本家に。コジモの登場によって、フィレンツェにおけるルネサンス文化・芸術が大きく花開くことになる。文化を奨励するコジモの伝統は、息子ピエロ、孫のロレンツォにも受け継がれ、その約60年の間にルネサンスは最盛期を迎える。メディチ家は、ドナテッロ、ギベルディらの彫刻家や、フラ・アンジェリコ、ボッティチェッリ、ラファエロらの画家、ブルネレスキをはじめとする建築家など、ルネサンス史に残る巨匠たちの芸術を支えた。しかし、1492年に卓越した政治力で一族をまとめていたロレンツォが死に、メディチ家の経済力に不安が見え始めると、文化人らの多くもフィレンツェを去り、急速に求心力を失っていった。メディチ家は1737年に断絶。一族が収集した美術品はすべてフィレンツェに寄贈された。

※ウフィツィ美術館、ピッティ宮殿、ボーボリ庭園の共通チケットは€38（11〜2月は€18）

日本から個人旅行をする場合でも、イタリアの大都市を起点に現地発着バスツアーを利用すると、個人では行きにくい場所や、チケットが入手しにくい場所へも、手軽にリーズナブルに旅ができておすすめ。バスツアーを賢く利用して、快適な旅をしよう。

多くの旅行者が集まるローマ、フィレンツェからは、バスツアーのメニューが豊富にそろっている。日本語ガイド付きのものもあるので、用途に合ったツアーが見つかるはず。現地でも予約できるが、日本から予約しておくとさらに安心だ。

フィレンツェから日帰りで行くバスツアー

ドゥオモ広場などを観光人気のピサの斜塔では美しい

交通の要衝フィレンツェからは、ピサ半日観光やシエナ1日観光、サンジミニャーノ1日観光など、トスカーナの美しい町を訪ねる多彩なツアーメニューが用意されている。ショッピング派には、プラダやグッチなど人気の高い高級ブランドの洋服や靴が格安で買えるアウトレット「ザ・モール」往復などもある。トスカーナのワイナリーを巡り、ワインの試飲もできるツアーも人気がある。また、芸術の都フィレンツェならではの、ウフィツィ半日観光などの美術館巡りのバスツアーも。美術館でチケットを求めて並ぶ時間やチケット予約のわずらわしさが省けて、こちらも人気がある。

ツアー名	内容	料金	催行会社
ピサの斜塔半日観光	フィレンツェ→ピサの斜塔、ドゥオモ、洗礼堂の観光→フィレンツェ	€100	M
キアンティ地方のブドウ畑で屋外ディナー	フィレンツェ（夕方）→キアンティーのワイナリー見学→ブドウ畑でキャンドルの灯りで伝統料理＆バーベキュー→フィレンツェ	€75	V
シエナ&サンジミニャーノ（小さな街めぐり）	フィレンツェ→サン・ジミニャーノ→シエナ旧市街観光（各自昼食）→ワイナリー見学と試飲→フィレンツェ	€120	M

ローマから日帰りで行くバスツアー

ローマからは、南イタリアへのさまざまなツアーメニューがある。人気のディスティネーションは、ナポリ・ポンペイを訪ねる日帰りツアー。ナポリでは車中から観光するものやナポリ市内観光を含むもの、ポンペイだけをじっくり見るタイプもある。ローマを早朝発ってカプリ島で青の洞窟を見るカプリ島1日観光や、ナポリ・カプリ島を1泊2日で巡るツアーも人気。このほか、伝統音楽のカンツォーネを聴きながら夕食をとれるカンツォーネ・ディナーコースなどもあり、夜の時間も有効に使える。

カプリ島の青の洞窟

ツアー名	内容	料金	催行会社
カプリ島1日観光（昼食付）	ローマ→ナポリ→カプリ島→青の洞窟→昼食→ナポリ→ローマ	€195	M
ナポリ・ポンペイ1日観光（昼食付）	ローマ→ナポリ到着→ポンペイ遺跡見学→昼食→カメオ工場→ナポリ車窓観光→ローマ	€135	M
ティボリ 半日観光（英語）	ローマ→ティヴォリ、ヴィラデステ庭園見学→ローマ	€62	G
アッシジ1日観光（12時間）	ローマ→アッシジ観光→伝統郷土料理の昼食→アッシジ観光→ローマ	€106	G

●現地オプショナルツアー予約先（ツアー催行会社は異なる場合がある）

M マイバスヨーロッパ
住 Via V.E.Orlando, 73, Rome ☎ 06-4825560
営 平日9:30 〜 17:30、土・日曜、祝日 〜 12:30 休 無休
http://www.mybus-europe.jp/

G グリーンライン・ツアーズ
住 Via Giovanni Amendola, 32, Rome ☎ 06-4827480
営 6:30 〜 20:30 休 無休
https://www.greenlinetours.com/ja/

V ベルトラ
住 Via Mattia Battitini, 34, Rome
https://www.veltra.com/jp/

ショッピング

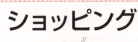

高級ブランドが集まるトルナブオーニ通り周辺にショップが集まっているので効率よく買い物ができる。専門店やデパートはドゥオモや共和国広場周辺、ピッティ広場周辺。

トルナブオーニ通り　MAP p.150-F

サンタ・マリア・ノヴェッラ駅の南東、ドゥオモの西側にある。南北約500mほどの通りの両側に、グッチ、フェラガモ、ブルガリなどのブランドショップがずらりと立ち並ぶショッピングストリート。ここだけでお目当てのブランドはほぼ見てまわれるはず。カルティエやティファニーなどのインターナショナルブランドも集中していて、おしゃれなカフェもある。

ヴィーニャ・ヌオヴァ通り　MAP p.150-E

トルナブオーニ通りから斜めに延びる通りで、ヴェルサス、フルラ、ドルチェ＆ガッバーナなどのブランドショップが細い路地に軒を連ねている。通りの起点はアルノ川にかかるカッライア橋東側のカルロ・ゴルディーニ広場。

カルツァイウォーリ通り　MAP p.151-G

ドゥオモとシニョリーア広場を結ぶフィレンツェの目抜き通り。革工芸や織物工芸など、上質の商品を扱う老舗が集まっている。皮手袋やバッグ、ファブリックなどの専門店を探すならこの辺りをチェックしよう。カルツァイウォーリ通りから共和国広場へ向かってコルソ通りを歩けばデパートのリナシェンテをはじめ、靴やテキスタイル用品の高級店などもある。

ポンテ・ヴェッキオ　MAP p.151-K

アルノ川にかかる美しい橋ポンテ・ベッキオ。橋の上には、ジュエリーショップがずらりと並んでいる。店の奥や2階に金銀細工工房を構え、ほとんどがハンドメイド。ここで作られるジュエリー製品の技術力の高さには定評がある。

共和国広場周辺　MAP p.151-G

デパートのリナシェンテやコイン、ブランドショップ、ハードロックカフェなどが集まる共和国広場も、おしゃれな店が多い。広場に面して屋根付き遊歩道「ポルティコ」(写真)があり、雨の日も傘をささずにそぞろ歩きを楽しめる。歩き疲れたら、ポルティコ内のカフェで一休み。

フィレンツェ　ショッピング

ブランドショップ

グッチ
Gucci
MAP ●切りとり-30　p.150-F

定番から最新作まで豊富な品ぞろえ

皮革製カバンの店として1922年にフィレンツェで創業した。おしゃれな配色と機能性でイタリアを代表するブランドの一つに。GG柄、クルーズ、プリンシーなどのラインの新作に注目。

- ■交共和国広場から徒歩4分
- ■住Via de' Tornabuoni, 73r
- ■☎055-264011
- ■開10:00～19:30（日曜は～19:00）
- ■休1/1、復活祭、12/25、12/26

ルイ・ヴィトン
Louis Vuitton
MAP ●切りとり-30　p.150-F

毎シーズンの新作は見逃せない

1854年に世界初の旅行カバン専門店を出店。機能性とデザイン性に富む品質で圧倒的な支持を受けている。フィレンツェ店はモノグラム、エピ、ダミエなどの人気ラインの新作も充実。

- ■交共和国広場から徒歩2分
- ■住Piazza degli Strozzi, 10r
- ■☎055-266981
- ■開10:00～19:30、日曜11:00～
- ■休無休

サルヴァトーレ・フェラガモ
Salvatore Ferragamo
MAP ●切りとり-34　p.150-J

サルヴァトーレ製作の靴コレクションは必見

1927年に靴職人サルヴァトーレが創業。フィレンツェ本店には創業者の業績を紹介する博物館が併設され、マリリン・モンローのために作られた靴など、貴重なサルヴァトーレ作品が見られる。

- ■交共和国広場から徒歩7分
- ■住Via de' Tornabuoni, 4 r /14
- ■☎055-292123
- ■開10:00～19:30、日曜11:00～19:00
- ■休1/1、8月、12/25　■料博物館€5

マックスマーラ
Max Mara
MAP ●切りとり-30　p.150-F

上品でトレンディな服ならここ

日本でも働く女性のおしゃれな仕事服として人気のあるマックスマーラ。さりげなくトレンドを取り入れた品のあるデザインは、着たときの体のラインを美しく見せてくれると好評。

- ■交共和国広場から徒歩5分
- ■住Via de' Tornabuoni, 66、68、70r
- ■☎055-214133
- ■開10:00～19:30、日曜・祝日11:00～19:00
- ■休1/1、8/15、12/25

プラダ
Prada
MAP ●切りとり-30　p.150-F

最新モードの先取りはこの店で

高級皮革の店として1913年にミラノで創業。大人気のバッグのほか、靴、財布、フレグランスなどのアイテムも。伝統と革新を見事に融合させた製品作りから、しばらく目が離せない。

- ■交共和国広場から徒歩5分
- ■住Via de' Tornabuoni, 53 r /67 r
- ■☎055-267471
- ■開10:00～19:00
- ■休無休

ティファニー
Tiffany & Co.
MAP ●切りとり-30　p.150-F

世界中の女性が憧れるジュエラー

1837年の創設以来、ジュエリー、ウォッチで世界の女性を魅了してきた。大きな色石を大胆に使った「アトラス」コレクション、パブロ・ピカソデザインの「デイジー」シリーズなども豊富。

- ■交共和国広場から徒歩5分
- ■住Via de' Tornabuoni, 37r
- ■☎055-215506
- ■開10:00～19:30（日曜は11:00～）
- ■休4/1、4/2

エルメス
Hermes
MAP ●切りとり-30 p.150-F

ゆったりと買い物ができる

160年を超える伝統を誇る、高級ブランド。フランスで馬具の店としてスタートした。伝統の技を支えるのは熟練の職人による巧みな技術。ここフィレンツェ店には、食器や雑貨コーナーもある。

- 交共和国広場から徒歩7分
- 住Piazza degli Antinori, 6r
- ☎055-2381004
- 開10:15～19:00
- 休日曜、7・8月の土曜の午後と月曜の午前

ミュウミュウ
Miu Miu
MAP ●切りとり-31 p.151-G

プラダの姉妹ブランド

プラダ創業者の孫娘でありデザイナーであるミウッチャ・プラダが「バッド・ガール」をコンセプトに立ち上げたレディース限定ブランド。若い女性の甘さやかわいらしさを表現している。

- 交共和国広場からすぐ
- 住Via Roma, 8r
- ☎055-2608931
- 開10:00～19:30（日曜は～19:00）
- 休1/1、12/25

エルメネジルド・ゼニア
Ermenegildo Zegna
MAP ●切りとり-34 p.150-J

紳士服のトップブランド

「最高級の生地を作るために最高の素材集めから」とのポリシーで服作りを行うイタリアのトップブランド。特にジャケットやシャツの仕立てのよさ、生地の品質で高い評価を受けている。

- 交共和国広場から徒歩7分
- 住Via de' Tornabuoni, 3r
- ☎055-264254
- 開10:00～19:00（日曜は10:30～）
- 休1/1、復活祭、12/25、12/26

ロロ・ピアーナ
Loro Piana
MAP ●切りとり-30 p.150-F

上質のニットとシャツならここ

1924年創業のアパレル・ブランド。もともとカシミアやビキューナといった高級毛織物メーカーとして出発しただけに、生地のよさ、仕立ての確かさで定評がある。ウエアだけでなくバッグや靴も。

- 交共和国広場から徒歩2分
- 住Via de' Tornabuoni, 34/36r
- ☎055-2398688
- 開10:00～19:00（日曜は11:00～）
- 休復活祭、12/25

ボッテガ・ヴェネタ
Bottega Veneta
MAP ●切りとり-31 p.151-G

長持ちするメッシュ革のバッグにファンが多い

1枚の革に切り込みを入れ、細長い革を通していく独自の技法「イントレチャート」で作られたバッグでファン層を拡大した。職人技で作られた製品は色・デザインとも上品で長持ちする。

- 交共和国広場からすぐ
- 住Via degli Strozzi, 6
- ☎055-284735
- 開10:00～19:00（日曜は14:00～）
- 休1/1、復活祭、8月の日曜、12/25、12/26

エミリオ・プッチ
Emilio Pucci
MAP ●切りとり-30 p.150-F

近未来的でポップな色彩が魅力

1947年にナポリ出身のエミリオ・プッチが最初の作品を発表して以来、サイケデリックな色彩とポップな柄の組み合わせで世界中にファンを増やしてきた。1階は小物など、2階はウエア。

- 交共和国広場から徒歩6分
- 住Via de' Tornabuoni, 20/22r
- ☎055-2658082
- 開10:00～19:00（第4日曜は11:00～）
- 休日曜（第4日曜を除く）

カルティエ
Cartier
MAP ●切りとり-30 p.150-F

アクセサリーだけでなくバッグの新作も

1847年にフランス人宝石細工師カルティエが創業。宝飾・高級時計のトップブランドに躍進。「リネア・パンテール」シリーズのバッグも入荷。名門ならではの気品が漂う店内でじっくり選びたい。

- 交 共和国広場から徒歩5分
- 住 Via degli Strozzi, 36r
- ☎ 055-292347
- 開 10:00～19:00、日曜11:00～
- 休 1/1、復活祭、12/25

ミス・シックスティ
Miss Sixty
MAP ●切りとり-31 p.151-G

Sixty社のカジュアルブランド

国内だけでなくヨーロッパで人気があるイタリアンブランド。デニム素材を使ったセクシーでスポーティなウエアを得意としている。フィレンツェ店はジーンズやTシャツ、バッグから小物まで扱う。

- 交 ドゥオモDuomoから徒歩7分
- 住 Via Roma, 18、20、20r
- ☎ 055-2399549
- 開 10:30～20:00
- 休 無休

チェッレリーニ
Cellerini
MAP ●切りとり-30 p.150-F

なめしの良い革を使ったバッグと小物

1956年創業のバッグ専門店。市内の自社工房で熟練の職人が丹念に作る手作りの品は縫製もしっかりしている。雑誌の切り抜きなどを持参し、オーダーメイドのバッグやポーチを頼むことも可能。

- 交 サンタ・マリア・ノヴェッラS.M.N.駅から徒歩7分
- 住 Via del Sole, 37r ☎ 055-282533
- 開 10:00～13:00、15:00～19:00、7月の土曜10:00～13:00、9～6月の月曜15:00～19:00
- 休 日曜・祝日、8月

フルラ
Furla
MAP ●切りとり-31 p.151-G

モードの先端をゆくバッグと財布

ボローニャ生まれの皮製品ブランドで、高級感のあるバッグや財布が人気。使いやすく優しい色使いの財布は、バッグの中で目立ち使いやすい。カラフルな色合いのレザートートの新作もすぐ入荷。

- 交 ドゥオモDuomoから徒歩3分
- 住 Via Calzaiuoli, 10r
- ☎ 055-2382883
- 開 10:00～19:30（日曜は11:00～）
- 休 1/1、復活祭、12/25、12/26

ジョイア・デッラ・カーザ
Gioia della Casa
MAP p.149-C

イタリアならではの料理道具をおみやげに

使いやすいチーズおろし器やラヴィオリの型抜き、パスタマシーンなどのイタリアらしい調理器具は自分用や、おみやげ用にも。料理好きな人なら数時間いても飽きないほど品ぞろえが豊富。

- 交 ドゥオモDuomoから徒歩12分
- 住 Via S.Antonino, 31r
- ☎ 055-216020
- 開 9:30～13:00、15:45～19:30、月曜15:45～19:30
- 休 日曜、月曜の午前

ペーニャ
Pegna
MAP ●切りとり-32 p.151-H

1860年創業の高級スーパー

ドゥオモに近い便利な場所にある高級食材のスーパー。品質のよさにこだわった生ハムやチーズ、惣菜は特に人気があり長年通う固定客も。パスタソースの瓶詰をおみやげに。

- 交 ドゥオモDuomoから徒歩5分
- 住 Via dello Studio, 8、24r
- ☎ 055-282701
- 開 9:30～19:30、日曜11:00～19:00
- 休 年末年始、一部の祭日

トルナブオーニ通り&ヴィーニャ・ヌオヴァ通り
Via Tornabuoni & Via della Vigna Nuova

オフィチーナ・デ・トルナブオーニ
Officina dè Tornabuoni
MAP ●切りとり-30　p.150-F

天然原料を使った伝統の基礎化粧品

1843年創業の老舗。ローズとパパイアの香りのバスソープやアロマテラピー効果のある「アンジェリーク・ボディオイル」など、アンチエイジングや保湿効果の高い製品が充実している。

- 交共和国広場から徒歩5分
- 住Via de'Tornabuoni, 19N
- ☎055-217481
- 開10:30〜19:30
- 休無休

タッデイ
Taddei
MAP ●切りとり-32　p.151-H

1937年開業の革製品の老舗

フィレンツェに伝わるなめし革技法を、親子3代にわたって忠実に守り続けている革工房。根気強く丹念に何十回もなめし、磨き上げられて作るコインケースはまるで宝石のような輝き。

- 交シニョリーア広場Piazza della Signoriaから徒歩5分
- 住Via S.Margherita, 11
- ☎055-2398960
- 開8:15〜19:30
- 休日曜、8月

サンタ・マリア・ノヴェッラ薬局
Officina Profumo-Farmaceutica di S.M.N.
MAP ●切りとり-25外　p.150-A

カトリーヌ・ド・メディチも愛した薬局

世界最古の歴史を誇る薬局。13世紀のドメニコ派修道士たちのレシピで作られたオーデコロンや石鹸、ヘアケア用品、ポプリなど製品は多岐に渡る。フレスコ画の描かれた7世紀の建物も圧巻。

- 交サンタ・マリア・ノヴェッラS.M.N.駅から徒歩7分
- 住Via della Scala, 16
- ☎055-216276
- 開9:00〜20:00
- 休復活祭、12/25、12/26

マドヴァ
Madova
MAP ●切りとり-34　p.150-J

上質の皮手袋を買うならここ

フィレンツェの革製品の品質は世界最高水準。柔らかくなめされた革の手触りを生かした手袋は、まず手に入れたい1品。この店では自社製造にこだわり、縫製も丹念。色や素材、デザインも豊富。

- 交シニョリーア広場Piazza della Signoriaから徒歩8分
- 住Via Guicciardini, 1r
- ☎055-2396526
- 開10:30〜19:00（土曜は9:30〜）
- 休日曜・祝日

ジュリオ・ジャンニーニ・エ・フィリオ
Giulio Giannini e Figlio
MAP p.148-F

自家製の美しいマーブル紙で作る高級文具

水面に浮かべた絵具を紙に写し取る「マーブル紙」はフィレンツェ伝統工芸の一つ。その技術を代々伝える紙製品作りを続けている店。美しい紙を使ったノート、手帳、カレンダーなどが人気。

- 交ピッティ広場Piazza Pitti前
- 住Piazza Pitti, 37r
- ☎055-212621
- 開10:00〜19:30、日曜11:00〜19:00
- 休1/1、12/25、12/26

ヴェストリ
Vestri
MAP p.149-H

自家製チョコレートがおいしい

上質のカカオ豆を使ったチョコレートで、味にうるさいフィレンツェっ子に人気の店。原材料はドミニカ共和国から輸入する最高級豆。ジェラートやチョコレートドリンクもおいしい。

- 交ドゥオーモDuomoから徒歩8分
- 住Borgo degli Albizi, 11/r
- ☎055-2340374
- 開10:30〜20:00
- 休日曜・祝日、8月の20日間

レストラン

Restaurant

炭火焼きTボーンステーキが名物。ボリュームがあるが、旅の連れがいるならぜひトライして。晩夏から初冬はポルチーニ茸というキノコを使った料理もおいしい。

€予算：ディナー1人分　🔒予約が必要　👔服装に注意

チブレオ
Cibreo
MAP p.149-H　€80～

伝統のトスカーナ料理を現代に蘇らせる名店

気鋭のオーナーシェフ、ファッビオ・ピッキ氏の店。料理はプリモとセコンドの中から好みの皿を選ぶプリフィクス形式。かぼちゃのスープやトマトファルシーなどシンプルな料理も深い味わい。

- 交 ドゥオモDuomoからタクシーで5分、サンタ・クローチェ教会から徒歩5分
- 住 Via A. del Verrocchio, 8r　☎055-2341100
- 開 12:50～14:30、18:50～23:15
- 休 月曜、8月

サバティーニ
Ristorante Sabatini
MAP ●切りとり-26　p.150-B　€60～

東京にも支店があるトスカーナ料理の名店

洗練されたトスカーナ料理を出す店。素材の個性が味わえるひな鳥のグリルや詰め物入りパスタ、子牛肉のメディチ家風ソテーなどがおいしい。秋から冬にかけてはポルチーニ茸のソテーもおすすめ。

- 交 サンタ・マリア・ノヴェッラS.M.N.駅から徒歩3分
- 住 Via de Panzani, 9a
- ☎055-211559
- 開 12:30～14:30、19:30～22:30
- 休 月曜

パンデモーニョ
Trattoria Pandemonio
MAP p.148-E　€40～

素材の新鮮さにこだわる家庭的な店

味にうるさい地元マダムに教えてもらったのがこの店。メニューは手書きで毎日のように替わる。カラスミのスパゲッティ Pasta con Bottargaや牛肉のステーキ、デザートのチーズケーキも絶品。

- 交 サンタ・マリア・ノヴェッラS.M.N.駅から徒歩15分
- 住 Via del Leone, 50r
- ☎055-224002
- 開 12:30～14:00、19:30～22:30
- 休 日曜、1/1、8/15前後の3日間、12/25

とっておき情報

トスカーナ料理の素材

新鮮な野菜や肉、豆を使い、素材のよさを引き出す素朴な料理がトスカーナの伝統。野菜とパンを煮込んだリボリータ、豚のソーセージ・サルシッチェ、ジビエ（野禽）のグリルなどは、どれもこの土地の豊富な食材があっての伝統料理だ。

薄切りにしたパンの上に、完熟トマトや生ハムなどを載せて食べる前菜のブルスケッタは、本来は秋にその年のオリーブオイルの生産を祝いながら、搾りたてを味わうための料理。そこで使われるのは、塩を使わずに作るあっさりした味のトスカーナパンだ。牛肉のTボーンステーキ・ビステッカは、トスカーナ最古の町の一つ、コルトーナ周辺に広がるキアナ渓谷一帯で育つ巨体の白い牛、キアナ牛を使う。牧草で育てられたキアナ牛は脂身が含まれていない、赤身オンリーなのにやわら

かくジューシー。炭火で表面はカリカリに焼くのだが、塩コショウとレモンだけの味付けとは信じられないくらいおいしい。

豆料理が多いのも特徴で、そら豆をペコリーノ・チーズとあえたり、白インゲン豆をソーセージやタイム、ローリエ、ニンニクと一緒に煮込んだものなどを日常的に食べる。晩夏から秋になると八百屋の一角をポルチーニ茸が美しく飾り始める。丘陵地帯では、頭数の少ない放牧豚チンタネーゼ種の生ハムも作られる。

トラットリア・ガブリエッロ
中級 Trattoria Gabriello
MAP ●切りとり-31 p.151-G €35〜 ☎

1858年から営業の老舗トラットリア

ナポリ出身のオーナー姉妹の温かいサービスと、サルデーニャ出身のシェフが作る見た目も満足の料理。お勧めはナスとトマトの重ね焼き、ステーキ牛肉のスライス「タリアータ」など。

- 交シニョリーア広場Piazza della Signoriaから徒歩5分
- 住Via Condotta, 54/r
- ☎055-212098
- 開12:00〜15:30、19:00〜22:30
- 休無休

ロステリア・ディ・ジョヴァンニ
中級 L'Osteria di Giovanni
MAP ●切りとり-29 p.150-E €35〜 ☎

創作伝統料理

料理は伝統的なトスカーナ料理をベースに、ヴェネトの魚介料理の要素も組み合わせた斬新なものが多い。自家製ラヴィオリもおいしい。秋のメニューには、ポルチーニ茸のパスタも登場する。

- 交サンタ・マリア・ノヴェッラS.M.N.駅から徒歩10分
- 住Via del Moro, 22r
- ☎055-284897
- 開19:00〜22:30、土曜・日曜は12:30〜14:30、19:00〜22:30 休8月の1〜2週間、月曜〜金曜の昼

マンマ・ジーナ
中級 Mamma Gina
MAP ●切りとり-34 p.150-J €4〜（カフェ）、€35〜（食事）

トスカーナのおふくろの味

トスカーナ地方に伝わる家庭料理を出す老舗。炭火焼ステーキBistecca alla Fiorentinaやカネロニ、ニョッキなどの手打ちパスタはどれも自慢。ワイン900種以上を抱える蔵も持っている。

- 交シニョリーア広場Piazza della Signoriaから徒歩7分
- 住Borgo Sant'Jacopo, 37r
- ☎055-2396009
- 開12:00〜14:30、19:00〜22:30
- 休日曜

トラットリア・チブレオ
中級 Trattoria Cibreo
MAP p.149-H €40〜

名店チブレオの味を手頃な料金で

フィレンツェを代表する名レストラン、チブレオの味を、本店よりもリーズナブルな料金で楽しめるとあって、世界中の観光客に人気。チブレオと同じ厨房、同じ素材で作られた料理を堪能できる。

- 交ドゥオモDuomoからタクシー5分
- 住Via de`Macci, 122r
- ☎055-2341100
- 開12:50〜14:30、18:50〜23:15
- 休月曜、8月

チェントポーヴェリ
中級 Ostaria dei Centpoveri
MAP ●切りとり-25 p.150-A €35〜 ☎

手ごろな値段がうれしい

南イタリア出身のオーナーシェフが作り出す魚介料理が人気。メニューは旬の食材に合わせて1〜2週間おきに替えるが、ムール貝の白ワイン蒸しやイカ墨のラヴィオリなどの定番メニューも美味。

- 交サンタ・マリア・ノヴェッラS.M.N.駅から徒歩10分
- 住Via Palazzuolo, 31r
- ☎055-218846
- 開12:00〜15:00、19:00〜23:00（ピッツァは土・日曜の19:00〜24:00） 休8/15〜8/17

トラットリア・トレディチ・ゴッビ
中級 Ttattoria 13 Gobbi
MAP ●切りとり-29 p.150-E €40〜

トスカーナの伝統料理を手軽に

アンティークの調度品が飾られた店内はくつろげる雰囲気。牛肉のペンネやTボーンステーキなどの肉料理がおいしい。秋ならば手打ちパスタのタリアテッレとキノコをあえた1皿がおすすめ。

- 交サンタ・マリア・ノヴェッラS.M.N.駅から徒歩7分
- 住Via del Porcellana, 9r
- ☎055-284015
- 開12:30〜15:00、19:30〜23:00
- 休無休

イル・ラティーニ
Il Latini 中級
MAP ●切りとり -29 p.150-E €45〜

行列のワケは気取らない雰囲気とボリューム

トスカーナを代表する肉料理、炭火で焼いた豪快なTボーンステーキ「ビステッカ」を気取らず食べられる。最低でも€50/kgからしか頼めないので、2人以上で分け、後はサラダぐらいで十分。

- 交サンタ・マリア・ノヴェッラS.M.N.駅から徒歩8分
- 住Via dei Palchetti, 6r
- ☎055-210916
- 開19:00〜22:30、土・日曜12:30〜14:00、19:00〜22:30
- 休月曜、12/25〜1/1、8月の2週間

ジッリ
Gilli カフェ
MAP ●切りとり -31 p.151-G €5〜（カフェ）、€60〜（食事）

気品あるゴージャスなカフェ

共和国広場に面して店を構える、フィレンツェを代表する老舗カフェ。大きなシャンデリアが下がった内装にもセンスのよさが感じられる。優雅にコーヒーやケーキも楽しみたいときに立ち寄りたい。

- 交ドゥオモDuomoから徒歩6分
- 住Via Roma, 1r
- ☎055-213896
- 開7:30〜翌1:00
- 休無休

トラットリア・アンジョリーノ
Trattoria Angiolino 中級
MAP ●切りとり -33 p.150-I €35〜

トスカーナを代表する老舗トラットリアの一つ

昔ながらのトラットリアの伝統的な雰囲気を残す老舗。肉料理が専門で、炭火焼きTボーンステーキをスライスして出す「タリアータ」のルッコラ添えや豚肉のオーブン焼きなどがとくに人気。

- 交ポンテ・ヴェッキオから徒歩5分
- 住Via San Spirito, 36/r
- ☎055-2398976
- 開12:15〜15:30、19:00〜23:30
- 休無休

カフェ・ジャコーザ
Caffè Giacosa a Palazzo Strozzi カフェ
MAP ●切りとり -30 p.150-F €1〜（カフェ）、€10〜（食事）

ストロッツィ宮殿内の隠れ家風カフェ

美術館のあるストロッツィ宮殿の中にあるアーティスティックなカフェ。カウンターに向かって右側のセルフコーナーならエスプレッソ€1〜と手頃。ランチも約€10で食べられる。

- 交ストロッツィ宮殿Palazzo Strozzi内
- 住Palazzo Strozzi
- ☎055-2302913
- 開8:30〜20:00、木曜は〜23:00
- 休無休

キアロスクーロ
Chiaroscuro カフェ
MAP ●切りとり -31 p.151-G €2.5〜（エスプレッソ）、€9〜（夕食）

木曜には和食・エスニックのブッフェも

カプチーノだけで10種類もあり、どれにするか悩んでしまう。オリジナルのスイーツと、お気に入りのコーヒーで休憩したいときに最適。ランチやディナー時にはブッフェ形式での食事も人気。

- 交ドゥオモ広場Piazza Duomoから徒歩3分
- 住Via del Cosro, 36R ☎055-214247
- 開9〜6月中旬8:00〜21:00、6月中旬〜8月8:00〜20:30、土曜は9:00〜、日曜は11:00〜
- 休7、8月の日曜、12/25

フオーリ・ポルタ
Fuori Porta バー
MAP p.149-L €3〜、€8〜（つまみ+グラスワイン）、€25〜（食事）

地元の人で込み合うワインバー

フィレンツェのあるトスカーナ州のほか、アブルッツォ州、ピエモンテ州からも集めた選りすぐりのワインが1杯€3から気軽に味わえる。クロスティーニというカナッペも自家製でおいしい。

- 交サンタ・クローチェ教会から徒歩10分
- 住Via del Monte alle Croci,10r
- ☎055-2342483
- 開夏季12:30〜24:00、冬季12:30〜15:30、19:00〜23:30、土・日曜12:00〜23:00 休12/24の昼

レ・ヴォルピ・エ・ルーヴァ
バー
Le Volpi e L'uva
MAP ●切りとり-34 p.150-J €4〜、€10〜(つまみ+ワイン)

オーナーが足で見つけた上質のワイン

異業種から参入したオーナーが趣味で始めた店。全国の小さな酒蔵で良心的に作られているワインがグラス€4から。気に入れば購入することもできる。生ハムとチーズも厳選されたもの。

- 交シニョリーア広場Piazza della Signoriaから徒歩7分
- 住Piazza de'Rossi, 1
- ☎055-2398132
- 開11:00〜21:00
- 休日曜

アル13ロッソ
ワインバー
Al 13 Rosso
MAP p.151-C

軽食もとれるワインバー

早朝から開いているバールと一続きのワインバー。夕食前の一杯を楽しみたい。ラザニアやガチョウ肉のミートソースパスタ「ピチ・アッラ・アナトラ」、マグロのカルパッチョなどの料理も充実。

- 交サンタ・マリア・ノヴェッラS.M.N.駅から徒歩約10分
- 住Via dei Ginori, 11/13r
- ☎055-211187
- 開7:00(バール)〜23:00
- 休1/1、12/25、12/26

カンティネッタ・デイ・ヴェラッツァーノ
バー
Cantinetta dei Verrazzano
MAP ●切りとり-31 p.151-G €20〜

おいしいつまみで軽く飲みたいときに

キアンティワインの名醸造元、ヴェラッツァーノが直営するワインバー。トスカーナ産の肉やハーブを使った生ハムやサラミ、フォカッチャと呼ばれるパンをつまみに一杯傾けたいときに。

- 交ドゥオモDuomoから徒歩8分
- 住Via dei Tavolini, 18
- ☎055-268590
- 開8:00〜16:30、日曜10:00〜17:00
- 休7・8月の日曜、12/25

カフェ・サン・カルロ
カフェ
Caffe San Carlo
MAP ●切りとり-29 p.150-E €5〜

€8でブッフェ形式の惣菜+ワインが楽しめる

ランチタイムは地元っ子で込み合う人気カフェ。夜は生ハム、野菜のグリル、一口ピッツァなどブッフェ形式のおつまみとアルコール1杯のセットが€8。軽く1杯飲んで、小腹を満たしたいときに。

- 交サンタ・マリア・ノヴェッラS.M.N.駅から徒歩8分
- 住Via Borgo Ognissanti, 32/34r
- ☎055-216879
- 開7:30〜24:00
- 休日曜、祝日

カフェ・ピッティ
カフェ
Caffe Pitti
MAP p.148-J €20〜(食事)

ピッティ宮殿前のレストラン

トリュフ採取会社が直営するカフェだけに、年間を通じてトリュフ料理が食べられる。前菜の盛り合わせ、トリュフ入りリゾットなどが自慢。45席ある明るいテラス席もおすすめ。

- 交シニョリーア広場Piazza della Signoriaから徒歩10分
- 住Piazza Pitti,9r
- ☎055-2399863
- 開12:00〜23:00(食事は12:00〜16:30、18:00〜23:00)
- 休無休

チンクエ・エ・チンクエ
カフェ
5 e Cinque
MAP ●切りとり34 p.150-J €20〜

オーガニック素材にこだわるカフェ

ワインもオーガニックにこだわる健康志向のベジタリアンレストラン。卵とカルチョーフィ(アーティチョーク)のパイ、フレッシュチーズ入りフォカッチャ、ヨーグルトプリンも美味。

- 交ポンテ・ヴェッキオから徒歩7分
- 住Piazza della Passera, 1r
- ☎055-2741583
- 開12:00〜15:00、19:30〜22:00
- 休月曜

Hotel

約3km四方に収まる小さな街だけに、立地よりも部屋の造りや設備がポイント。由緒ある貴族の館を利用した豪華ホテルやプチホテルなど、予算と目的に合わせて選びたい。

*日本でのホテル予約は、p.391参照

ホテル・ヴィラ・コーラ
高級 Hotel Villa Cora
MAP p.148-I 外

街外れの丘にある、シックな貴族の館

ホテルの中を飾るアンティークの家具調度品や、15～19世紀のさまざまな建築様式を取り入れた内装は、貴族の優雅な暮らしぶりをうかがわせる。広い庭の一角にはプールも完備している。

- 交 サンタ・マリア・ノヴェッラS.M.N.駅からタクシーで10分、徒歩15分　住 Viale Machiavelli, 18
- ☎055-228790　FAX 055-22879199
- 料 S €430～　T €450～　46室　WiFi 無料
- http://www.villacora.it/ （日本語版あり）

サヴォイ
高級 Savoy Hotel
MAP ●切りとり-31　p.151-G

買い物拠点に最高

共和国広場に面し、ブランド・ストリートのトルナブオーニ通りやヴィーニャ・ヌオヴァ通りにも近く、観光・買い物に最高の立地。客室は16世紀の貴族の館の趣が残り、全室異なった造り。

- 交 共和国広場前、サンタ・マリア・ノヴェッラS.M.N.駅から徒歩10分　住 Piazza delle Repubblica,7
- ☎055-27151
- 料 S €630～　T €630～　102室　WiFi 無料
- https://www.roccofortehotels.com

ベルニーニ・パレス
高級 Hotel Bernini Palace
MAP ●切りとり-36　p.151-L

かつての国会議事堂の建物

ヴェッキオ宮殿の裏手に建ち、かつて国会議事堂だった由緒ある建物をホテルに改装。天井が高く、浴室も快適。バスタブ付きの部屋や中世風の部屋、ドゥオモが見える部屋もあり。WiFi無料。

- 交 シニョリーア広場Piazza della Signoriaから徒歩3分
- 住 Piazza San Firenze, 29
- ☎055-288621　FAX 055-268272
- 料 S €344～　T €396～　74室　WiFi 無料
- http://hotelbernini.duetorrihotels.com/

バリヨーニ
高級 Grand Hotel Baglioni
MAP ●切りとり-26　p.150-B

18世紀の建物が優雅

サンタ・マリア・ノヴェッラ駅前広場に面した4つ星ホテル。駅からは地下道を通って行ける。18世紀の由緒ある建物を改装した。室内は、伝統的なヨーロピアン様式で統一されている。

- 交 サンタ・マリア・ノヴェッラS.M.N.駅から徒歩4分
- 住 Piazza Unita Italiana, 6　☎055-23580
- FAX 055-23588895　料 S €175～　T €290～
- 193室　WiFi 無料
- http://www.hotelbaglioni.it/

ウェスティン・エクセルシオール・フローレンス
高級 The Westin Excelsior Florence
MAP ●切りとり-29　p.150-E

アルノ川沿いの客室が人気

オニサンティ広場にザ・サント・レジスと向かい合って建つ、国賓も利用するホテル。館内はルネサンス様式で、客室も広め。リバービューは料金が高め。ドゥオモが見えるシティビューもおすすめ。

- 交 共和国広場から徒歩10分　住 Piazza Ognissanti, 3
- ☎055-27151　FAX 055-210278
- 料 S €529～　T €662～
- 171室　WiFi 無料
- http://www.westinflorence.com/ （日本語版あり）

モランディ・アッラ・クロチェッタ
高級　Morandi alla Crocetta
MAP p.149-D

修道院の雰囲気を残す静かなホテル

考古学博物館向いの旧修道院の一角にあり、アカデミア美術館へも徒歩数分。木の梁のある天井や壁画のある部屋など歴史を感じさせる内装で落ち着ける。ミニ書斎付きシングルなどがある。

- 交 サン・マルコ広場から徒歩5分
- 住 Via Laura,50
- ☎ 055-2344747　FAX 055-24809540
- 料 S €164〜　T €324〜
- 10室　WiFi 無料
- http://www.hotelmorandi.it/

ミネルヴァ
中級　Grand Hotel Minerva
MAP ●切りとり-25　p.150-A

客室はモダンで快適

建築家スカルパの手で改装され、室内はモダンで洗練された雰囲気。各種設備も充実。屋上にはプールも。サンタ・マリア・ノヴェッラ広場に面しており、駅から約250mの距離。

- 交 サンタ・マリア・ノヴェッラS.M.N.駅から徒歩4分
- 住 Piazza Santa Maria Novella, 16
- ☎ 055-27230　FAX 055-268281
- 料 S €428〜　T €428〜　102室　WiFi 無料
- http://www.grandhotelminerva.com/

コンティネンタル
高級　Hotel Continentale
MAP ●切りとり-35　p.151-K

ポンテ・ヴェッキオのすぐ近く

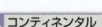

ポンテ・ヴェッキオの近くに立地し観光拠点に最適。15世紀の建物を改装した館内は明るく清潔。客室はモダンで、マットレスやリネン、タオル等の材質も満足行くもの。ブッフェ形式の朝食も好評。

- 交 ドゥオモから徒歩7分
- 住 Vicolo dell'Oro 6r
- ☎ 055-27262
- 料 S €405〜　T €405〜　43室　WiFi 無料
- http://www.lungarnocollection.com/

マルテッリ
中級　Hotel Martelli
MAP ●切りとり-26　p.150-B

駅に近く、観光にも便利なホテル

中央駅からドゥオモへと続く大通り、パンザーニ通り沿いに位置。ドゥオモやトルナブオーニ通りへも歩いてすぐ。16世紀の貴族が所有した歴史的建造物の中にあり、ホールにはフレスコ画も残る。

- 交 サンタ・マリア・ノヴェッラS.M.N.駅から5分
- 住 Via Panzani,8
- ☎ 055-217151　FAX 055-268504
- 料 S €87〜　T €115〜　53室　WiFi 無料(ロビー)
- http://hotelmartelli.com/

クラブ・フィレンツェ
中級　c-Hotels Club Firenze
MAP p.148-B

中央駅に隣接しているので観光に便利

サンタ・マリア・ノヴェッラ駅と長距離バスのターミナルや空港へのシャトルバス乗り場に隣接していて、大きなスーツケースを持っているときに便利。客室のインテリアは簡素だが機能的。

- 交 サンタ・マリア・ノヴェッラS.M.N.駅から徒歩5分
- 住 Via S. Caterina da Siena, 11
- ☎ 055-217707　FAX 055-284872
- 料 S €199〜　T €214〜　62室　WiFi 無料
- http://www.hotelclubflorence.com/

アリエール
中級　Hotel Ariele
MAP p.148-A

貴族の邸宅を改装した落ち着いたホテル

16世紀の邸宅を改装した小規模ホテル。客室は広めで落ち着いた雰囲気。閑静な住宅地にあり、静かで過ごしやすい。すぐ近くに、オペラやコンサート公演で有名なテアトロ・コムナーレがある。

- 交 ポルタ・アル・プラートS.M.N.駅から約8分
- 住 Via Magenta, 11
- ☎ 055-211509　FAX 055-268521
- 料 S €90〜　T €90〜　42室　WiFi 無料(ロビー)
- http://www.hotelariele.it/

サンジョルジョ＆オリンピック
San Giorgio e Olimpic
MAP ●切りとり-26 p.150-B

部屋ごとに異なる内装

建物の古さは否めないが、家族経営のよさが伝わるホテル。客室は狭めだが、清潔感があり、交通至便でこの料金なら利用価値あり。朝食はコールドミール。中央駅から地下通路を歩いて行ける。

- ■交サンタ・マリア・ノヴェッラS.M.N.駅から3分
- ■住Via S. Antonino, 3
- ■☎055-284344　■FAX055-283580
- ■料S €107〜　T €116〜　■61室　■WiFi 無料
- ■http://www.hotelsangiorgioflorence.com

レックス
Hotel Rex
MAP ●切りとり-26 p.150-B

中央駅に近く、閑静なたたずまいのホテル

手ごろな宿泊料にもかかわらず客室の設備、スタッフともクオリティの高いホテル。中央駅から直線で200mほど。近くに「99セントショップ」もあり、水やお菓子などちょっとした買い物も便利。

- ■交サンタ・マリア・ノヴェッラS.M.N.駅から4分
- ■住Via Faenza, 6
- ■☎055-210453　■FAX055-2382390
- ■料S €87〜　T €134〜　■27室　■WiFi 無料
- ■http://hotelrexflorence.com（日本語版あり）

デッラ・シニョリーア
Hotle Della Signoria
MAP ●切りとり-35 p.151-K

ポンテ・ヴェッキオのすぐそば

街の中心シニョリーア広場に近く、ウフィツィ美術館やドゥオモ、ショッピングストリートなど、どこへ行くにも便利。建物はやや古さが目立つ。朝食はコールドミールの簡単なもの。WiFi無料。

- ■交シニョリーア広場Piazza della Signoriaから徒歩3分
- ■住Via della Terme, 1
- ■☎055-214530　■FAX055-290492
- ■料S €157〜　T €157〜　■25室　■WiFi 無料
- ■http://www.hoteldellasignoria.com/

アルバーニ
Hotel Albani
MAP p.148-B

駅に近く便利な立地

サンタ・マリア・ノヴェッラ駅のすぐそばだが、通りを1本隔てているため、静かな環境でくつろげる。ドゥオモまで歩いて15分ほどの距離。1800年代の建物だが、近年改装され、客室は清潔。

- ■交サンタ・マリア・ノヴェッラS.M.N.駅から徒歩5分
- ■住Via Fiume, 12
- ■☎055-26030　■FAX055-211045　■料S €255〜　T €320〜
- ■97室　■WiFi 無料
- ■http://www.albanihotels.com/

ピッティ・パレス
Hotel Pitti Palace
MAP ●切りとり-34 p.150-J

アルノ川沿いのテラス付きホテル

ポンテ・ヴェッキオに近く、ウフィツィ美術館やドゥオモへも歩いて5分ほど。全室にルーフテラスがありフィレンツェ市街を一望できる。上階レストランではドゥオモを間近に見ながら食事できる。

- ■交ポンテ・ヴェッキオから徒歩2分
- ■住Borgo S.Jacopo, 3　■☎055-2398711　■FAX055-2398867　■料S €191〜　T €207〜　■86室　■WiFi 無料
- ■http://www.florencehotelpittipalacealpontevecchio.com/index.php/en/

トルナブオーニ・ベアッチ
Hotel Tornabuoni Beacci
MAP ●切りとり-30 p.150-F

ショッピングに便利な立地

ブランドショップが立ち並ぶトルナブオーニ通りに面しており、ショッピングに便利。建物は古さがやや目立つが、見晴らしのよい屋上のテラスでブッフェ形式の朝食が楽しめるとあって好評。

- ■交シニョリーア広場Piazza della Signoriaから徒歩7分
- ■住Via de' Tornabuoni, 3
- ■☎055-212645　■FAX055-283594
- ■料S €215〜　T €244〜　■56室　■WiFi 無料
- ■http://www.tornabuonihotels.com/

エルミタージュ
中級　Hotel Hermitage
MAP ●切りとり-35　p.151-K

ドゥオモを眺めながらの朝食が自慢

アルノ川を一望できる眺望抜群のプチホテル。場所はウフィツィ美術館からポンテ・ヴェッキオに向かう途中。テラスから眺めるポンテ・ヴェッキオは感動的。朝食はコールドミールの簡単なもの。

- 交ドゥオモDuomoから徒歩5分
- 住Piazza del Pesce-Vicolo Marzio, 1
- ☎055-287216　FAX055-212208
- 料S €145〜　T €165〜　28室　WiFi 無料
- http://www.hermitagehotel.com

ロンドラ
中級　Londra
MAP p.148-B

地下に大きな駐車場あり

駅から歩いて5分という便利な立地にあり、ロビーは近代的な雰囲気。トルナブオーニ通りなどのショッピング街へも5分の距離。客室は近年改装され、バスルームは清潔でアメニティも充実している。

- 交サンタ・マリア・ノヴェッラS.M.N.駅から徒歩5分
- 住Via Jacopo Da Diacceto, 16/20
- ☎055-27390　FAX055-210682　料S €170〜　T €215〜
- 166室　WiFi 無料
- http://www.hotellondra.com/

パラッツォ・ダル・ボルゴ
プチホテル　Palazzo dal Borgo
MAP ●切りとり-25　p.150-A

中世のフレスコ画が残るメディチ家の邸宅

中世のフレスコ画が描かれた部屋もあり、朝はすぐそばのサンタ・マリア・ノヴェッラ教会の鐘の音で目が覚める。客室は清潔で、朝食も良質と好評。スーパーマーケットへも歩いて行ける。

- 交サンタ・マリア・ノヴェッラS.M.N.駅から徒歩7分
- 住Via della Scala, 6
- ☎055-216237　FAX055-280947
- 料S €188〜　T €206〜　34室　WiFi 無料
- http://www.hotelpalazzodalborgo.it/

モナ・リザ
プチホテル　Hotel Monna Lisa
MAP p.149-D

貴族の館に招かれたような心地よさ

ルネサンス期の貴族の邸宅を改装した小規模ホテル。館内には美しい絵画や彫刻の置かれたサロンがあり、小さな美術館のよう。客室数が少ないので早めの予約を。予約すれば駐車場も利用可。

- 交ドゥオモDuomoから徒歩7分、サンタ・マリア・ノヴェッラS.M.N.駅から15分　住Borgo Pinti, 27
- ☎055-2479751　FAX055-2479755　料S €154〜　T €195〜　45室　WiFi 無料
- http://www.monnalisa.it/ja（日本語）

デ・ラ・ヴィッレ
プチホテル　Hotel de la Ville
MAP ●切りとり-30　p.150-F

トルナブオーニ通りに面したホテル

家庭的な雰囲気が自慢。ブランドショップの並ぶ目抜き通りに面し、買い物や観光に便利な立地。客室は広めで水周りの設備が改装され、快適に過ごせる。日本語衛星放送も視聴できる。

- 交ドゥオモDuomoから徒歩5分
- 住Piazza Antinori
- ☎055-2381805　FAX055-2650924
- 料S €207〜　T €220〜　68室　WiFi 無料
- http://www.hoteldellaville.it/

ウニコルノ
プチホテル　Hotel Unicorno
MAP ●切りとり-29　p.150-E

快適な設備と家庭的なサービス

しっくいのアーチ天井が中世を思わせる家庭的なプチホテル。ベージュと赤を基調にした内装は女性好み。全室バスタブ付きというのは3つ星では珍しく、日本人をはじめ旅行者にとくに人気がある。

- 交サンタ・マリア・ノヴェッラS.M.N.駅から徒歩6分
- 住Via dei Fossi, 27
- ☎055-287313
- 料S €155〜　T €184〜　27室　WiFi 無料
- http://www.hotelunicorno.it/

イタリア・テルメ

イタリア各地には古代ローマ以来の伝統を誇る美容と治療目的の温泉、テルメがある。国際的に有名なのはヴェネツィア郊外のアヴァーノAvano、トスカーナのモンテカティーニMontecatini、サン・ジュリアーノSan Giuliano、イスキア島など。豪華なスパ＆エステ設備を誇る温泉ホテルで、ゆっくり美肌磨きにいそしみたい。

19世紀の別荘の建物を使ったグロッタ・ジュスティ・ホテル

ホテルの客室

グロッタ・ジュスティ
Grotta Giusti
MAP P.181-A

■フィレンツェから鉄道で約1時間のモンテカティーニMontecatini駅からタクシー10分

熱めの泥パックと洞窟サウナでつるつるお肌になれる

フィレンツェから西へ約40km離れたモンスマーノ・テルメにあるグロッタ・ジュスティでは、4つ星の高級ホテル宿泊とエステを組み合わせたプランが人気。

イタリアの温泉エステは美容と治療を兼ねた本格的なもの。常駐の医者のカウンセリングを受けながら、天然の洞窟を利用したサウナや熱めの泥パック、ハイドロマッサージ、オゾンバスなどのエステメニューから自分に合ったものを選ぶ。用意されているコースは、1週間のものもあれば1日のものもある。午前中は、近くの森へ散策に行くハイキング・ダイエットなどで過ごし、午後はみっちり施術を受けるのがおすすめ。

シーツの上から、熱い泥をかける。内臓まで温まり、新陳代謝がよくなる効果も。終わった後、肌がつるつるしてびっくり

住 Via Grotta Giusti, 1411 Monsummano Terme
☎0572-90771 FAX 0572-9077200 営3月中旬〜12月9:00〜19:00、日曜は10:00〜（施設により異なる）
料サーマルグロッタ50分コース€40ほか多数あり（宿泊費はT€244〜）
■http://www.grottagiustispa.com/（オンライン予約可）

テルメ・ディ・サトゥルニア
Terme di Saturnia
MAP P.123-A 外

■ローマ─ジェノヴァ間のグロッセートGlosseto駅から3つ目のアルビニアAlbinia駅で下車、そこからバスで約1時間

大きな温泉水プールと、泥美容トリートメント

古代エトルリア時代から、人を癒やす「聖なる湧き水」として病気の治療に使われた温泉。この高級ホテルでは、温泉水を使った打たせ湯などのあるさまざまな大プールと、海草成分と温泉水を使ったファンゴ（泥）トリートメントを利用するビューティセンターが充実している。最新の"ストーン・テラピー"や老化防止の"アンチ・セルライト・ファンゴ・パック"などの各種エステ＆テラピーもある。

テルメの午後はティータイムで優雅に過ぎてゆく

住 Terme di Saturnia SPA e Golf Resort 58014, Saturnia ☎0564-600111 FAX 0564-600814 (Spa受付) 休無休 料エステは「全身マッサージ」(50分) €95〜など(宿泊費は別途 T€360〜)
■http://www.termedisaturnia.it/

グランド・ホテル・テルメ
Grand Hotel Terme
MAP P.181-A 外

■ローマ─フィレンツェ間のローマ寄りにあるキウージChiusi駅下車、そこからバスで約20分

泥パックと塩マッサージが気持ちいい

トスカーナの温泉町、キャンチャーノ・テルメChianciano Termeにある高級プチホテル。ミネラル成分を多く含むここの源泉で作られたファンゴによるパック、飲む温泉、ソルト・マッサージなどが受けられる。

住 Piazza Italia,8-53042 Chianciano Terme
☎0578-63254 FAX 0578-63524 休1月 料ボデー・マッサージ(55分) €75など(宿泊費は別途T€150〜) ■http://www.grand-hotel-terme-chianciano.com/

◀泥パックは美顔に即効性あり
▼グロッタ・ジュスティの洞窟サウナ

フィレンツェ起点の旅

トスカーナ州 Toscana

ルネサンスの発祥の地フィレンツェを州都にもつトスカーナ州は、芸術と文化のふるさと。フィレンツェからの日帰り圏内にはオペラ『蝶々夫人』の作曲家プッチーニの出身地ルッカLucca、斜塔で有名なピサPisa、イタリア最大の骨董市が開かれるアレッツォ Arezzoなどがある。南部では、中世芸術の街シエナSienaや塔の街サン・ジミニャーノSan Gimignanoがある。シエナとフィレンツェの中間には、ワインの里キアンティ Chianti地方があり、ワイナリーを訪ねての試飲が楽しみ。

シエナの祭り "パリオ"

トスカーナの小さな町シエナでは、毎年7月2日と8月16日に"パリオ"と呼ばれる競馬レースが行われる。この時期になると、普段は静かな町が熱狂の渦に湧く。勝利を得た騎手は、次の年まで英雄とされる。

トスカーナ州の名物

シエナの南東約46kmに位置するモンタルチーノMontalcinoと、その南東にあるモンテプルチャーノMontepulcianoは、トスカーナの銘酒「ブルネッロ」という最高級赤ワインの産地。キアンティ地方もコクのある赤ワインで有名だ。代表的な料理は、炭火焼きTボーンステーキや、野ウサギ、鹿肉などの野趣あふれる肉料理、インゲン豆のスープなど。

マルケ州 Marche

トスカーナとウンブリアの東、アペニン山脈とアドリア海に挟まれたマルケ州の州都は、商業港として栄えるアンコーナAncona。美しい海岸線と山岳部という対照的な自然を抱え、海・山の幸に恵まれている。また、作曲家ロッシーニや画家ラファエロ、建築家ブラマンテなどの芸術家を輩出した州でもあり、文化的にも水準が高い。州の北端には世界最小の共和国の一つ、サン・マリノSan Marino共和国や、美しいルネサンス建築が残るウルビーノUrbinoがある。オリーブの肉詰めフライ、トリュフなどが名物。

ペーザロのフェスティバル

ロッシーニの生地、ペーザロPesaroでは毎年8月から9月にかけて、「ロッシーニ・オペラ・フェスティバル」、9月には国際映画祭と演劇フェスティバルが開催される。

マチェラータの夏のオペラ

中世の町マチェラータMacerataでは、毎年7月中旬から8月中旬、野外オペラが開催され、国内外のオペラファンを楽しませている。

マルケ州には古城のある古い町も

ルネサンス建築の残るマルケ州　　　ブドウ畑が多いトスカーナ州

エリア内 ウォーキングの基礎知識

鉄道、バスなどの交通手段があるが、交通の要衝であるフィレンツェかボローニャを起点にすると、まわりやすい。

シエナやサン・ジミニャーノなどトスカーナの街へは、フィレンツェからプルマンと呼ばれる長距離バスが運行している。ラヴェンナ、フェッラーラ、モデナ、リミニなどへはボローニャから鉄道で1時間～1時間30分。サン・マリノへは、リミニからバスで約1時間の距離。

エミリア・ロマーニャ州
Emilia Romagna

州都ボローニャBolognaは、ヨーロッパ最古の大学がある学問の街。ボローニャの西40kmのモデナModenaはエステ公国のかつての首都であり、歴史の重みが感じられる。モザイク芸術の街ラヴェンナRavennaや、華やかなビーチリゾートのリミニRimini、ルネサンス文化の街フェッラーラFerraraも見ておきたい。

エミリア・ロマーニャ州の名物

エミリア・ロマーニャ州は、美食の州でもある。モデナはバルサミコ酢という上質の食酢の産地。ボローニャは、ボローニャ・ソーセージや挽肉のトマトソース味で有名。パルマでは有名な生ハムと本場のパルメザンチーズをぜひ味わいたい。

フィレンツェ起点の旅

181

フィエーゾレ

ルネサンスの都を遥かに見下ろす

MAP P.181-A

フィレンツェを一望できる展望台

フィレンツェの雄大なパノラマが望める街フィエーゾレ。ルネサンスの都として花開いたフィレンツェの起源ともいえるのがここ。その歴史はフィレンツェよりも遥かに古く、紀元前のエトルリア時代までさかのぼる。フィレンツェから足を延ばしてぜひ訪れてみたい。地元フィオレンティーノ（フィレンツェっ子）もお気に入りのスポット。夏にはローマ劇場でコンサートやオペラも催される。

■交通
フィレンツェのサンタ・マリア・ノヴェッラS.M.N.駅から市内バス7番で約30分。フィレンツェのサン・マルコ広場から乗ることもでき、この場合は約20分。
●観光案内所
Via Portigiani, 3
☎055-5961323 10:00〜19:00、11〜2月は〜14:00、3・10月は〜18:00 休12/25

街のしくみ＆ウォーキングの基礎知識

丘の上のフィエーゾレへ登るバスの中からも、芸術作品のような建造物が連なるフィレンツェの街並みが望める。バスは街の中心ミーノ・ダ・フィエーゾレ広場にPiazza Mino Da Fiesole到着。サン・フランチェスコ修道院への小道を登ると、オリーブ畑と糸杉に彩られたトスカーナの風景を一望できる。その後はエトルリアの神殿やローマ劇場を散策してみよう。フィレンツェから日帰りで楽しめる。

サン・フランチェスコ教会下の小道

見どころ

展望台
Punto Panoramico
MAP p.182-A

■ミーノ・ダ・フィエーゾレ広場から徒歩3分

ルネサンスの星を見下ろす最高のスポット

とにかくフィエーゾレに来たらこのパノラマを見たい。あの巨大なフィレンツェのドゥオモも眼下に霞む。天気のよい日にぜひおすすめのスポット。その坂の上に建つサン・フランチェスコ修道院は14世紀の建築。かわいらしい小さな修道院の内部も覗いてみよう。

ローマ劇場跡
Area Archeologica
MAP p.182-B

■ミーノ・ダ・フィエーゾレ広場から徒歩1分

当時の繁栄を目の当たりに

雄大な古代ローマ劇場の姿をとどめる遺跡。敷地内にはエトルリア時代の発掘物を中心に展示した市立博物館Museo Civicoやバールもある。陽射しの柔らかい日には昼寝をする人も。

敷地内に博物館もあるローマ劇場跡

🕐 9:00〜19:00、11〜2月は〜15:00、3・10月は〜18:00
（入場は閉館の30分前まで）
休 11〜2月の火曜、1/1、12/25
料 €12、土・日曜は€12（バンディーニ美術館と共通）

バンディーニ美術館
Museo Bandini
MAP p.182-B

■ミーノ・ダ・フィエーゾレ広場から徒歩1分

14世紀の美術品を展示

　ローマ劇場入口横に並んでいる美術館。ルネサンス期のトスカーナ地方の彫刻・絵画作品を展示。近年修復されたブルネレスキ作の聖母子像はとくに必見。

🕐 9:00〜19:00、11〜2月は〜15:00、3・10月は〜18:00
休 月〜木曜、12/25
料 €12（ローマ劇場跡との共通券）

🍴 レストラン

予算：ディナー1人分　予約が必要　服装に注意

ペルセウス
Ristrante Perseus

€ 30〜　　MAP P.182-B

伝統的なトスカーナの郷土料理を

　フィレンツェからのバスが発着する広場に面していてとても便利。ワインの品ぞろえも豊富だから嬉しい。雰囲気のいい2階席や、木もれ陽がさすガーデンもおすすめ。

住 Piazza Mino,9 r
☎ 055-59143
🕐 12:30〜14:30、19:30〜22:30

ラ・レッジア
La Reggia

€ 45〜　　MAP P.182-A

抜群のパノラマに浸り食事を楽しむ

　展望台のすぐそば。フィエーゾレで最高の眺めを楽しみながらの食事ができる。アンティークな店内とテラス席も自慢。

住 Via S.Francesco 18
☎ 055-59385
🕐 11:30〜15:00、19:00〜23:00
休 11〜2月の火曜

フィリッポ・リッピゆかりの
フィレンツェの衛星都市

プラート Prato

MAP P.181-A

コムーネ広場

　中世の城塞都市の面影を今も残すプラート。ルネサンス期からフィレンツェと運命を共にしてきた。古くから毛織物産業が栄え、現代でも息づいている繊維産業の街でもある。

街のしくみ＆ウォーキングの基礎知識

　鉄道プラート中央駅を出たら緑豊かな広場をぬけ街の中心へ。サン・マルコ広場を通過したらもう城壁の中だ。見どころは、小さな城壁に囲まれたこの旧市街の内側にあり、徒歩で十分まわれる。とりわけ、ドゥオモ広場、コムーネ広場に集中しているので、ドゥオモ広場を基点に歩き始めよう。

■交通
フィレンツェのサンタ・マリア・ノヴェッラS.M.N.駅から列車で約25分。長距離バスで約25分。
●観光案内所
住 Piazza Duomo 8
☎ 0574-24112　🕐 9:00〜13:30、15:00〜18:00、金曜は〜13:00、土曜10:00〜、日曜10:00〜13:00（季節により変動あり）
休 1/1、復活祭、12/25

プラトリオ宮殿　　神聖ローマ帝国時代の皇帝の城

内部に美術館もあるドゥオモ

皇帝の城
Castello dell' Imperatore
MAP p.184-A

■ドゥオモから徒歩5分
白い城壁が映える要塞
　神聖ローマ皇帝フリードリヒ2世によって建てられた城。皇帝は当時、神聖ローマ帝国からシチリア王国に至る街道の要塞として、8つの塔を持つ雄々しい構えのこの城を造ったという。
開4〜10月16:00〜19:00、土・日曜は10:00〜13:00も開館、11〜3月10:00〜13:00、土・日曜は14:00〜16:00も開館　休火曜　料無料

見どころ

ドゥオモ
Duomo
MAP p.184-A

■プラート中央駅から徒歩5分
プラートの街のシンボル
　ピサ、ルッカの影響を受けて建てられたロマネスク教会。緑と白の大理石の造りが印象的だ。内部にはルネサンス期の画家フィリッポ・リッピの作品をはじめ、すばらしい美術品が多い。
開7:30〜19:00、日曜は〜12:00、13:00〜19:00　休無休　料無料　フィリッポ・リッピのフレスコ画：開10:00〜17:00、日曜13:00〜17:00　料€3（フレスコ画）

市立博物館
Museo Civico
MAP p.184-A

■ドゥオモから徒歩2分
お目当ては、ルネサンス期の作品
　プレトリオ宮殿の中にある博物館。15世紀の名画家フィリッポ・リッピ父子の作品が見られる。
開10:30〜18:30　休火曜
料€8

レストラン

予算：ディナー1人分　予約が必要　服装に注意

バギーノ
Baghino
中級　€40〜　MAP P.184-A

ちょっぴり気どった時間を過ごす
　高級感漂う店構えだが、料金は意外にリーズナブル。トスカーナ地方やプラートの伝統料理を堪能できる。

住Via dell'Accademia 9
☎0574-27920
開12:00〜14:30、19:30〜22:30
休日曜、月曜の昼、8月

184

MAP P.181-A

トスカーナの芸術文化のふるさと
シエナ
Siena

シエナの町並み

フィレンツェからバスで近づくと、オリーブの木とブドウ畑が延々と続くトスカーナの田園風景のなかに、ぽっかりと浮かび上がるように現れるシエナ。ローマ時代から主要街道沿いの町として金融・商業・手工業で栄え、14世紀にはシエナ派と呼ばれる画家、建築家を多数輩出した。中世のたたずまいを残す街は世界遺産に指定されている。

■交通
フィレンツェからSITA社の市外バスで所要約1時間25分。鉄道ではフィレンツェから1時間30分。駅からマッテオッティ広場まではバスで10分。
●観光案内所
住 Piazza Duomo,2
☎0577-280551
開9:30〜18:30、冬季は〜17:00、日曜・祝日は〜13:00、12/26 9:30〜17:30　休1/1、12/25

街のしくみ&ウォーキングの基礎知識

　市外バスの発着所はサン・ドメニコ教会前。ここから石畳のサピエンツァ通りに入ってテルメ通りを右折すると、街の中心カンポ広場。広場までは徒歩約8分だ。近郊のホテルを予約してある人ならカンポ広場ではなく、バス発着所前のサン・ドメニコ広場Piazza San Domenicoに出ると、タクシー乗場がある。
　見どころはカンポ広場と、そこから徒歩3分のドゥオモ広場の周りに集まっている。また、ドゥオモ広場から南東に約3分歩いたところにある国立絵画館も見逃せないスポットだ。

フィレンツェ起点の旅

185

シエナ

見どころ

カンポ広場
Piazza del Campo
MAP　p.187-D
■サン・ドメニコ広場から徒歩8分

イタリアの広場のなかでも最上級の美しさ

　緩やかな勾配が付けられた扇状のこの広場は、どこか古代の円形劇場を思わせる。
　広場の前に建つプブリコ宮殿は、14世紀の初めに完成した市庁舎で、内部は市立美術館になっている。宮殿の向かい側にはガイアの噴水があり、有名なヤコポ・デラ・クエルチャ作の彫刻で飾られていた。現在、泉に置かれているのは複製で、本物は市立美術館に展示されている。

プブリコ宮殿/開10:00〜19:00（冬季〜18:00）　休12/25　料€9

世界一美しい広場といわれるカンポ広場

マンジャの塔
Torre del Mangia
MAP　p.187-D
■カンポ広場に同じ

プブリコ宮殿の鐘楼

　街のどこからでも見えるこの塔の建設は、12世紀なかばから自治権を獲得していたシエナの権力を象徴するもので、1334年に完成した。頂上まで約400段の階段を登ることができるので、健脚な人はぜひ。階段は初めの25段と最後が狭くなっていて、一度に30人ずつしか塔のなかに入れない。夏場は行列ができ待たされるが、頂上からの眺めは最高。

開10:00〜19:00（入塔は18:15まで）、10月中旬〜2月は〜16:00（入塔は15:15まで）、1/1 12:00〜16:00
休12/25　料€10（市立美術館、サンタ・マリア・デッラ・スカラ救済院との共通券€20）

塔最上部は高さ120m

洗礼堂
Battistero
MAP p.187-C

■カンポ広場から徒歩3分

シエナ派の巨匠作品が見られる

　カンポ広場から西へ少し歩くと、もう一つの街の中心、ドゥオモ広場に出る。広場の端に建つのが洗礼堂。大聖堂の後陣につながるように建つが、入口は反対側にある。

　1316年に始まった洗礼堂の建築は、ファサード上部が未完のままだが、内部には15世紀のフレスコ画が描かれた内陣天井や、ロレンツォ・ギベルティやドナテッロといった15世紀の巨匠の彫刻作品が見られる。シエナ派のクエルチャが設計した洗礼盤も見事な出来ばえ。

開10:30〜19:00、11/3〜2/28は〜17:30、12/26〜1/6は〜18:00　休1/1、12/25　料€4

大聖堂
Cattedrale
MAP p.187-C

■カンポ広場から徒歩3分

中世の芸術家の技とセンスが結集

　外観は正面下部がロマネスク様式で、上部がそれより後のゴシック様式と、ちょっとアンバランスな感じ。だが、中に入ると、あっと息をのんでしまうほどの美しさ。

　床には一面に大理石の幾何学模様の象眼が施され、柱は黒と白の大理石を交互に積み重ねた豪華な造り。金彩が施されたクーポラの壮麗さは見事だ。しかも貴重な美術品の宝庫で、ニコラ・ピサーノの傑作といわれる説教壇や、シエナ出身の教皇ピウス2世の事績を描いたフレスコ画が残るピッコロミニ図書館などもある。

開10:30〜19:00、日曜・祝日13:30〜18:00（3月の日曜は13:30〜17:30）、11/3〜2/28は10:30〜17:30、日曜・祝日13:30〜17:30、12/26〜1/6は〜18:00、日曜・祝日13:30〜17:30　休無休　料無料（11/1〜12/24、1/7〜2/28）、€7（8/18〜10/27）

大聖堂付属美術館
Museo dell'Opera
MAP p.187-D

■大聖堂に同じ

大聖堂を飾っていた美術品を展示

　貴重な作品の宝庫だが、なかでもドゥッチョの最高傑作『荘厳の聖母』は見逃せない。綿密な画面構成と人間味を感じさせる聖母の表情が印象的だ。また、ルネサンスの巨匠ドナテッロが大聖堂入口の「贖罪の門」の上に大理石で刻んだ『聖母子像』のレリーフも貴重な作品。

　実はこの美術館の建物は、14世紀に第2の大聖堂を建設する目的で着工したものの、挫折した未完のもの。新しく建てられたはずだった大聖堂のアーチ状ファサードは、美術館と洗礼堂の間で見ることができる。

開10:30〜19:00、11/3〜2/28は〜17:30、12/26〜1/6は〜18:00　休1/1、12/25　料€7

▲ピッコロミニ図書館の天井

美術館入口▶

金彩が美しいクーポラ

ロマネスク・ゴシック様式の大聖堂。内部がとくにすばらしい

見学順序は3階から1階へ

🟩 国立絵画館
Pinacoteca Nazionale
MAP p.187-F

■ドゥオモ広場から徒歩3分

シエナ派絵画を展観する絶好の美術館

　シエナ派と呼ばれる芸術活動は、フィレンツェで生まれたルネサンスよりも少し時代が早い。そのため、人間的な美しさを初めて追求したルネサンス期よりも古い、ビザンチン的な宗教色の漂う作風が特徴で、中世美術を知る上で見逃せない。

　シエナ派の有名画家には、『海辺の町』『受胎告知』を描いたアンブロージョ・ロレンツェッティ、『円柱のキリスト』でリアルな画風を見せるソドマ、音楽的感性を持つ『聖母子』の作者シモーネ・マルティーニなどがいる。ここでは年代順に展示されていて、ひとまわりするとシエナ派の足跡がわかるよう工夫されている。

🕘8:15～19:15、月・日曜・祝日は9:00～13:00（入館は閉館45分前まで）　🚫1/1、12/25　💶€4

🍴 レストラン

🔵予算：ディナー1人分　🟢予約が必要　🟡服装に注意

カンポ広場の周りや、繁華街のバンキ・ディ・ソプラ通りにレストランが多い。

🟩 アル・マンジャ
Al Mangia
高級 €40～ MAP P.187-D

トスカーナ料理とキアンティ・ワイン

カンポ広場に面したトスカーナ料理の店。昼ならテラス席で眺めのよさを満喫したい。

🏠Piazza del Campo, 42
☎0577-281121
🕘10:30～23:30
🚫11～3月の木曜

🟩 アンティカ・オステリア・ダ・ディーヴォ
Antica Osteria da Divo
高級 €30～ MAP P.187-C

石灰岩の洞窟でトスカーナ料理を

旬の食材を使い3カ月ごとにメニューを更新。トスカーナ料理を基本に、創作的なメニューも。

🚶大聖堂から徒歩3分　🏠Via Franciosa 25-29
☎0577-284381　🕘12:00～14:30、19:00～22:30
🚫火曜

● とっておき情報 ●

シエナの繁栄とシエナ派

　シエナは帝政ローマ期に、すでにローマとフランス方面とを結ぶ主要街道の重要な中間都市であり、12世紀の中頃、自由都市になってからは、商業、金融業、手工業で栄えた。世界最古の銀行Monte dei Paschi di Siena銀行（1472年）が誕生したのも、この町。長くフィレンツェとは敵対関係にあったが、1260年、「モンタペルティの戦い」でフィレンツェに奇跡的に勝利すると、黄金期を迎える。

　この戦勝50周年を記念する1311年に、約4年の歳月を費やして完成したのが、画家ドゥッチョの『マエスタ』（荘厳の聖母）。そして、ドゥッチョを祖とするシエナ派と呼ばれる美術の一派が起こる。フィレンツェの芸術がロマネスク風の均整と写実を旨とするのに対し、シエナ派はギリシア、ビザンチンの影響を色濃く伝え、繊細で装飾的、神秘的な画風にそれが見て取れる。シエナ派の画家には、グイド・ダ・シエナ、シモーネ・マルティーニ、ロレンツェッティ兄弟、ジャコポ・デ・ラ・クエルチャ、ソドマなどがおり、彼らの芸術はルネサンスという芸術文化運動の前衛を形作った。シエナは1260年の戦勝から約200年、繁栄を謳歌する。だが、1348年にはペストの大流行で町の人口の大半が失われ、1555年にフィレンツェ・トスカーナ大公国に併合されて、その繁栄は終わりを迎えたのである。

MAP P.181-A

中世にタイムスリップしそう
サン・ジミニャーノ
San Gimignano

賑やかなサン・ジョバンニ通り

紀元前にはエトルリアの村があったが、中世にはヴォルテッラに支配され、1199年に独立を果たすまで司教館が置かれた。またフランスからの巡礼路（商業路）に近く、宿場町として徐々に栄え、最盛期には富と権力を象徴する塔が72本も建てられた。現在も14本の塔が中世のままの姿で残る。

■交通
フィレンツェからSITA社のシエナ行きバスに乗りポッジボンシPoggibonsiでサン・ジミニャーノ行きに乗り換え。ポッジボンシまでは所要約50分、ポッジボンシから約20分。
●観光案内所
住Piazza Duomo,1
開10:00～13:00、15:00～19:00、11～2月10:00～13:00、14:00～18:00
休1/1、12/15
☎0577-940008

街のしくみ＆ウォーキングの基礎知識

ポッジボンシからのバスはサン・ジョバンニ門の前で停まる。門前から始まるサン・ジョヴァンニ通りは、名産のソーセージ、ワインを売る店やレストランが並んでいる。この通りを北へ歩くと、5分でチステルナ広場に着く。広場に隣合うのがドゥオモ広場で、ここが観光の中心だ。

見どころの大半はドゥオモ広場に面している。ひととおり見たら、広場前の通りをさらに北へ5分歩いて、もうひとつの見どころサンタゴスティーノ教会へ。ここが町の北の端となる。中世そのままの蜂蜜色の建物が残るこの町へは、フィレンツェからの日帰りでもいいのでぜひ訪れたい。

カラフルな陶磁器も特産品

フィレンツェ起点の旅

189 サン・ジミニャーノ

見どころ

参事会教会
Duomo Collegiata Basilica di Santa Maria Assunta
MAP p.189
■チステルナ広場から徒歩1分

15世紀の芸術作品が詰まった宝箱
　12世紀ロマネスク様式の教会で、質素な外観とは対照的に、広い堂内はまるで美術館のよう。左右廊の壁面は新約聖書の場面を描いたフレスコ画で飾られている。そのうち、ファサード裏側に描かれた『聖セバスティアンの殉教』の絵は15世紀の画家ゴッツォーリによるもの。また右手奥にはサンタ・フィーナ礼拝堂Cappella di Santa Finaがあり、15世紀のフィレンツェを代表する画家の一人ギルランダイオの『受胎告知』が見られる(有料)。

サンタ・フィーナ礼拝堂／
開10:00～19:00、土曜は～17:00、日曜・祝日12:30～19:00、11～3月10:00～16:40、日曜・祝日12:30～16:40
休1/1、1/16～1/31、3/12、8月の第1日曜、11/16～11/30、12/25、復活祭　料€4

外観は質素な参事会教会

ポポロ宮殿（市立美術館）
Palazzo del Popolo
MAP p.189
■チステルナ広場から徒歩1分

塔の上から見る景色は中世のよう

13〜14世紀に建てられた町庁舎。2階には、1300年にダンテがこの地を訪ねた折りに演説した部屋がある。3階は13〜15世紀のフィレンツェ派とシエナ派の絵画を展示する市立美術館になっている。

ひときわ目を引くグロッサの塔は高さ54mあり、狭い階段を踏みしめて頂上まで登ることができる。塔の上からは、絵本のように美しいレンガ色の街並みと、その向こうに広がる緑の畑。中世の人も同じ風景を見たのだろうかと思うと感慨深い。

開9:30〜19:30、10〜3月11:00〜17:30、1/1は12:30〜17:30（入館は閉館30分前まで）休12/25 料€9

グロッサの塔から見たクニャネージの塔

ポポロ宮殿

サンタゴスティーノ教会

ドゥオモ広場
Piazza del Duomo
MAP p.189
■チステルナ広場から徒歩1分

「塔の町」の象徴

11〜13世紀の最盛期、町の貴族・有力者は「皇帝派」と「教皇派」の二大勢力に分かれて塔の建設を競い合い、敵対する勢力の侵入を防ぐため、塔の上から油や石を落として防御をしたという。14世紀になると塔の建設は富の象徴とみなされた。そんな歴史の中心舞台となったのがこの広場。重要な建築物と、7本の塔が建っている。

西側正面にはコッレジャータと呼ばれる参事会教会があり、南側をポポロ宮殿、東側をポデスタ宮殿が取り囲んでいる。

サンタゴスティーノ教会
Chiesa di Sant'Agostino
MAP p.189
■ドゥオモ広場から徒歩7分

15世紀のフレスコ画連作を所蔵

13世紀に建てられた質素な外観の教会だが、堂内の4面の壁面に17枚のフレスコ画が描かれている。15世紀の画家ゴッツォーリによって制作されたもので、キリスト教の聖者アゴスティーノの生涯を描いた大作。また、ピエーロ・デル・ポッライオーロの『聖母戴冠』も、はっとする美しさ。

開10:00〜13:00、15:00〜19:00（11〜2月14:00〜18:00）休1/1、12/25 料無料

ホテル

3つ星クラスを中心に、快適で手頃な料金のホテルが数軒ある。部屋数は少ないので、旅行が決まったらできるだけ早めの予約を。

ランティコ・ポッツォ
L'Antico Pozzo
中級 MAP p.189

中世の香りが色濃く漂う、隠れ家のような宿

地味な看板が出ているだけの目立たない、小さな入口。アンティーク家具が置かれた控え目なロビーの奥には、ホテル名の由来となった古井戸がある。古い館だが客室は清潔で使い勝手がよく、バスタブも広くて快適。

住Via S,Matteo,87 ☎0577-942014
FAX0577-942117 料S €80〜 T €95〜
18室 WiFi無料 http://www.anticopozzo.com/

明るい中庭
清潔な客室

MAP P.181-A

華麗な建築にため息がもれる
ピサ Pisa

古代ローマ時代にすでに交易で栄え、12、13世紀にはコルシカやサルデーニャまでもピサ共和国の領土とするほど、輝かしい地中海の覇者になった歴史を持つ。海運王国の華々しさが今では嘘のように、ひっそりと静かな小さな町に過ぎないが、ドゥオモ広場をひと目見れば過去の繁栄ぶりが実感として伝わってくる。繊細な建築群と、明るく開放的な広場のハーモニーが美しい。

繊細なドゥオモ

■交通
フィレンツェから鉄道で所要約1時間10分、運行本数も多い。駅から街の中心まで徒歩で20分、バスもある。空路ではローマから所要約1時間、1日3便、ピサのガリレオ・ガリレイ空港から市内へは駅前広場行きバスで約10分。
●観光案内所
住Piazza Arcivescovado, 8
☎050-42291
開10:00～19:00
休無休

観光案内所

ピサ Pisa
0 100m

街のしくみ＆ウォーキングの基礎知識

駅前からクリスピ通りVia F. Crispiを北へ向かってしばらく歩くと、突然目の前がぱっと開ける。ここがドゥオモ広場。「奇跡の広場」とも呼ばれる観光の中心だ。広場の周りにはイタリアを代表する一群の建築が並ぶ。ここで紹介した見どころの他にも、古代のフレスコ画と中世の彫刻作品を展示する付属美術館を持つ墓所カンポサントCamposanto、ドゥオモを飾る美術品があるドゥオモ美術館Museo dell'Opera del Duomo、ドゥオモの納骨堂から発見されたフレスコ画の下絵（シノピエ）を展示するシノピエ美術館Museo delle Sinopieなどがこの広場の周りに集中している。

見どころ

ドゥオモ
Duomo
MAP p.191-A
■ピサ駅から徒歩20分

ロマネスク・ピサ様式の代表作

正面を4段の列柱で飾られた繊細な印象の大聖堂。内部にはゴシック期の建築家ピサーノの傑作といわれる説教壇がある。ドゥオモ広場は、その均衡美から「奇跡の広場」といわれている。

開4～9月10:00～20:00、10月10:00～19:00、10/1～10/4は～20:00、10/27～10/30は～18:00、11～2月10:00～12:45、14:00～17:00、11/1は10:00～18:00、12/22～1/6は10:00～18:00、3月10:00～18:00、3/23～3/29は9:00～19:00、3/30は～20:00　休無休　料無料

斜塔
Campanile o Torre Pendente
MAP p.191-A
■ドゥオモと同じ

ガリレオが「落下の法則」の実験をした

ドゥオモに付属する鐘楼として12世紀後半に着工されたが、塔の3層目まで工事が終わったときに傾き始めたため中断。14世紀なかばにようやく完成した。塔の高さは北側55.2m、南側54.5mで、南に5度30分傾いている。

開4・5・9月8:30～20:00、6・7・8月～22:30、10月9:00～19:00、11・2月9:40～17:40、12・1月10:00～17:00、3月9:00～18:00（入塔は閉館30分前まで）　休無休　料€18（http://www.opapisa.it/で20日前から前日までに予約）

ドゥオモの側面と内部（下）

洗礼堂
Battistero
MAP p.191-A
■ドゥオモに同じ

八面の屋根を持つ十二角形のドーム

外壁を優美な列柱で飾られている。建物の下側はロマネスク様式、上はゴシック様式。4つの扉があるが、ピサーノ派の彫刻で飾られているドゥオモ側の入口に注目。直径18mのドームをぐるりとまわれる周歩廊がつけられている。

開8:00～20:00、3月9:00～18:00、10月9:00～19:00、11～2月10:00～17:00　休無休　料€5

レストラン

予算：ディナー1人分　予約が必要　服装に注意

オステリア・デイ・ミッレ
Osteria dei Mille
エコノミー　€35～　MAP P.191-A

トスカーナの郷土料理の有名店

牛肉の郷土料理のメイン、パスタではラビオリがおすすめ。デザートもおいしい。

住Via dei Mille,32
☎050-556263
開12:30～15:00、19:30～22:45
休金曜

ホテル

アマルフィターナ
Hotel Amalfitana
プチホテル　MAP P.191-A

駅とドゥオモ広場の中間に位置

ドゥオモ広場と駅の中間の、ドゥオモ寄りにある。小ぢんまりとした家庭的なホテル。

住Via Roma,44
☎050-29000
料S €63～　T €73～
21室　WiFi無料
http://www.hotelamalfitana.it/

MAP P.181-A

中世の姿をそのまま残す街
ルッカ Lucca

旧市街の広場ではアンティーク市も

現在、市民の憩いの散歩コースとなっている城壁は、中世の姿そのままの形で町を囲んでいる。全長約4km。その囲いの中で、ルッカは独自に自治都市としての栄華を誇ってきた。狭い城壁の中で発展した文化財は、今も旅する人の目を楽しませてくれる。

●交通
フィレンツェのサンタ・マリア・ノヴェッラS.M.N駅から列車で所要約1時間20分。Lazzi社の直通バスで、ヴェルデ広場着、約1時間30分。

●観光案内所
🏠Piazza Verdi
☎0583-583150
🈺4～10月 9:00～19:00、11～3月 9:00～17:00
🈳1/1、12/25、12/26

街のしくみ &
ウォーキングの基礎知識

駅を出ると正面に、芝に囲まれた城壁が見える。城壁を越えると、町の中心へと続くヴィットリオ・ヴェネトVia Vittorio Veneto通りになる。駅からドゥオモ広場までは歩いて約12分ほどだ。
長距離バスは、観光案内所のあるヴェルディ G.Verdi 広場から発着する。
見どころは、城壁の内側に点在している。観光地巡りに疲れたら、ぐるりと町を囲んだ城壁の上をルッカ市民に混じって気ままに散歩するのもいいだろう。

グイニージの塔 (p.195) から見た街並み

フィレンツェ起点の旅

193 ルッカ

見どころ

ドゥオモ
Duomo (Cattedrale di San Martino)
MAP　p.193-B

■ルッカ駅から徒歩約12分

教会を飾る多くの彫刻は圧巻

　ルッカのドゥオモは、ピサ・ロマネスク様式の建築の影響を受け、アーチが少し扁平しているのが特徴。部分的に14〜15世紀に改築され、ゴシック様式が取り入れられた。柱廊には多くの浮き彫りが施されている。隣接する広場では毎月第3土曜・日曜に骨董市も開かれる。

開夏季9:30〜18:00 、土曜は〜18:45、日曜・祝日9:00〜10:00、11:45〜18:00、冬季9:30〜16:45、土曜は〜17:45、日曜・祝日は〜10:15、11:00〜17:00　休無休
料ドゥオモ€3、鐘楼・博物館等共通券€9
■詳細はhttp://www.museocathedralelucca.itで

ドゥオモは細部の彫刻まで精緻

サン・ミケーレ・イン・フォロ教会
San Michele in Foro
MAP　p.193-B

■ドゥオモ広場から徒歩5分

見事なファサードが有名

　ローマ時代の公共広場に面したこの教会は、何層にも連なるアーチが特徴的なピサ・ルッカ式と呼ばれる様式。小円柱による回廊が4段重なる正面と大天使ミケーレの像を持ち、内部にはフィリッピーノ・リッピの板絵がある。

開夏季7:40〜12:00、15:00〜18:00、冬季8:30〜10:30、15:00〜17:00　休無休　料無料

精緻なファサードのサン・ミケーレ・イン・フォロ教会

サン・フレディアーノ教会
San Frediano
MAP　p.193-B

■サン・ミケーレ教会から徒歩5分

モザイクのある教会

　ピサ・ルッカ様式では円柱を使ったファサードが多いなか、異色を放っている教会。この教会では、ビザンチン様式の壮大なモザイクがファサードの上部を飾っている。

開8:30〜12:00、15:00〜17:00、日曜・祝日10:30〜17:00
休無休　料無料

ドゥオモ（サン・マルティーノ大聖堂）と鐘楼

ファサードにモザイクがあるサン・フレディアーノ教会

気のある人は登ってみよう。屋上からのすばらしい眺めは、登りの疲れなど吹き飛ばしてくれるだろう。天気がよければ、糸杉の並ぶ城壁の外まで見渡せる。
開9:30〜19:30、11〜2月は〜16:30、3・10月は〜17:30、4・5月は〜18:30　休12/25　料€4（時計塔Torre dell Oreとの共通券€9）

グイニージの塔
Torre Guinigi
MAP p.193-B

■サン・ミケーレ教会から徒歩約10分

中世の面影を一望できる
塔の上まで階段で登ることができるので、元

グイニージの塔

レストラン

予算：ディナー1人分　予約が必要　服装に注意

ラ・ブーカ・ディ・サンタントニオ
La Buca di Sant' Antonio
高級　€40〜　MAP p.193-A

料理もサービスも申し分なし
創業は1782年。伝統のルッカ郷土料理でもてなしてくれる。アンティークな店内は雰囲気も抜群で、いつも賑わっている。地下にはワイン蔵もあり、トスカーナの美酒も豊富。

住Via della Cervia, 3　☎0583-55881
開12:00〜14:30、19:30〜22:00　休日曜の夜、月曜

住Via Battisti, 28　☎0583-490649
開12:30〜14:30、19:30〜22:30　休日曜

トラットリア・ダ・レオ
Trattoria Da Leo
中級　€30〜　MAP p.193-A

気軽にトスカーナ料理を楽しめる
脂肪が少ないのに肉質の柔らかいトスカーナ産の牛肉をカルパッチョであっさりと。秋ならポルチーニ茸のパスタも自慢。フレンドリーな雰囲気でくつろげる。

住Via Tegrimi, 1　☎0583-492236
開12:00〜14:30、19:30〜22:30
休日曜の夜

オステリア・デル・マンツォ
Osteria del Manzo
高級　€35〜　MAP p.193-B

トスカーナ伝統の味を受け継ぐ
ルッカの中心にありアクセスがよい。味付けは伝統的なあっさり塩味。夏ならズッキーニの花のサラダ、秋ならポルチーニ茸のパスタなどがおすすめ。ムール貝のスープも自慢の一品。

ホテル

ピッコロホテル・プッチーニ
Piccolo Hotel Puccini
中級　MAP p.193-A

落ち着いた雰囲気が魅力
サン・ミケーレ教会の正面の道を入ったところにある。立地条件は最高。その名の通り、かわいらしい小規模なホテル。

住Via di Poggio, 9　☎0583-55421
FAX0583-53487　料S €55〜　T €75〜　14室
WiFi 無料　http://www.hotelpuccini.com/

ルッカ

過去の栄華と現在が心地よく調和した町

MAP P.181-B

Ravenna ラヴェンナ

小ぢんまりとした中心部

モザイクの町として有名なラヴェンナ。中世のイタリアの豪華絢爛なモザイク芸術を、落ちついた雰囲気のなかで鑑賞できる。同時にまた、センスがよくて歩きやすいサイズの、ボローニャ郊外のベッドタウンでもある。こんな町に住めたら──訪れる人をきっとそんな気持ちにしてくれるはず。

今は静かなこの町も、5世紀から11世紀の間にはイタリアの政治・信仰の重要拠点として栄えた。一方で数々の異民族からの支配と奪還を繰り返し、モザイク芸術にも異文化の影響がうかがえる。

Location

ボローニャから列車で所要1時間20分。フィレンツェから2時間20分。駅から中心部までタクシーで約5分。●観光案内所
住Piazza San Francesco
☎0544-35404 開8:30～19:00、日曜・祝日10:00～18:00(季節により変動あり) 休無休

Information

ラヴェンナ駅の正面出口を出てまず気づくのが、駅前が美しく整然としていること。駅前から町の中心地までをゆったりとした並木道が結んでいる。ラヴェンナの中心になるのは、駅から歩いて20分かかるポポロ広場。主な見どころはこのポポロ広場からだいたい徒歩15～20分程度の範囲にある。モザイクの鑑賞をするなら、まずポポロ広場から北西に向かって歩き、ガッラ・プラチディアの霊廟とサン・ヴィターレ聖堂を訪ねよう。ポポロ広場から南に向かうと、ダンテの墓、ネオニアーノ洗礼堂などに行き着く。そしてモザイク鑑賞に絶対見逃せないのは、ローマ通りのサンタポリナーレ・ヌオヴォ聖堂。

以上のスポットは徒歩でまわれるのだが、モザイク芸術の代表作の一つとして有名なサンタポリナーレ・イン・クラッセ聖堂は中心から10kmほど離れた場所にある。市バスを利用して行けるので、ラヴェンナまで来たからにはぜひ足を延ばしてみよう。

196

MOZAIC

珠玉のモザイクが見られる必見ポイントベスト5

モザイクを見ていると、不思議と心安らぐ。そう実感する人は多いのではないだろうか。ラヴェンナを訪れたらぜひ、自分だけのベスト・モザイクを探そう。ここでは、取材スタッフが選んだベスト5をご紹介。

Best 1 ここが素敵!
内部は凝りに凝ったモザイクの楽園。その華やかさに圧倒される

サン・ヴィターレ聖堂
Basilica di San Vitale
MAP p.196-A
■ポポロ広場から徒歩8分

ビザンチン様式の傑作に圧倒される

6世紀に建てられた八角形の聖堂は、ドームを支える8本の柱とその間を構成する7つの半円形空間、後陣、上下階の回廊で構成されている。陶製の管を用いたドームやレンガ構造からは、ローマの建築技法をビザンチンが吸収したことが見て取れる。後陣のモザイクはビザンチン・モザイク成熟期の傑作。6世紀のビザンチン美術がほとんど手付かずで残っている、世界に例のない文化遺産の一つだ。

光の具合も計算されたモザイクを鑑賞してみよう。街の守護聖人である聖ヴィターレを従えるキリスト。聖人の顔を描いた円形のメダリオンの周囲にいる緑色のイルカは「救済」の象徴。宮廷人を従えるユスティニアヌス帝、皇妃テオドラと侍女たち、わが子を生贄にしようとするアブラハム、燃える柴に囲まれて神の声を聞くモーセなどが色彩豊かに描かれている。

開4〜9月9:00〜19:00、11〜2月9:30〜17:00、3・9月9:00〜17:30（入場は閉館15分前まで） 休1/1、12/25 料€9.50（霊廟他6カ所との共通券、3/1〜6/15は別途€2）

左右の均衡が美しいサン・ヴィターレ聖堂

Best 2 ここが素敵!
深い濃紺と金のモザイクは宇宙的なデザイン。その奥深さに心打たれる

ガッラ・プラチーディアの霊廟
Mausoleo di Galla Placidia
MAP p.196-A
■ポポロ広場から徒歩8分

聖人と星と十字架に守られた珠玉の空間

注意しないと見逃してしまいそうなこの十字型の建物は、ラヴェンナで一番古いモザイクを鑑賞できる場所。5世紀に数奇な運命を辿りつつラヴェンナを支配した女性、ガッラ・プラチーディアの墓だ。ガッラは皇帝テオドシウス大帝の娘。侵略してきた西ゴート族の王と結婚させられたが、彼の死後はコンスタンティヌス将軍と結婚。将軍の死後この地に戻った。その子が西ローマ帝国皇帝となり、その後見人としてラヴェンナにつかの間の平和をもたらした。

薄暗い廟内に入ると、立体的な天井面すべてがモザイクに覆われている。若い羊飼いの姿をしたキリストと羊たち、そして聖人の姿など、さまざまなモチーフが用いられている。中央のクーポラには、金の星々が散りばめられた中に十字架が描かれている。全体に美しい濃紺が基調となり、華やかな中にも静けさ、安らぎを感じる。正面にある石棺がガッラのもの。

開 休 サン・ヴィターレ聖堂と同じ 料€9.50（サン・ヴィターレ聖堂他6カ所の共通券、3/1〜6/15は別途€2）

ブルーがきれいなガッラ・プラチーディアの霊廟

フィレンツェ起点の旅

197

ラヴェンナ

サンタポリナーレ・イン・クラッセ教会内部（左）と外観

トの姿が見事なハーモニーを奏でている。なるべく落ち着いて鑑賞するために、確保したいのが交通の便。バスの本数が1時間に1〜2本と少ないので、帰りの便を確認しておこう。

開 8:30〜19:30、日曜・祝日13:00〜19:30（入場は〜19:00）
休 1/1、5/1、12/25　料 €5

Best 4　ここが素敵！
キリストの生涯や、預言者たちを描いたシリーズもののモザイクは大迫力

サンタポリナーレ・ヌオヴォ聖堂
Basilica di Sant'Apollinare Nuovo
MAP p.196-B
▶ポポロ広場から徒歩5分

美し過ぎるモザイクに教皇が不機嫌に!?
　東ゴート王国の王テオドリックが、王宮に隣接する形で493年頃建てた。身廊とそれを取り囲む側廊からなる3廊式バシリカ教会堂だ。金で装飾された豪華なモザイクが、窓から差し込む淡い自然光に輝くさまは言葉にならないほど。このあまりの美しさに信者がミサ中に気をとられてしまうのではと心配し、モザイクを煙で煤けさせようと本気で考えた教皇がいたとか。
　何と言っても目をひくのは、正面左の下段に描かれた『東方三博士と聖女の行列』と右の『26人の殉教者の行列』。その上段には予言者と聖人の姿、そしてさらに上にはキリストの生涯を描いた計26枚のモザイクがある。

開休 サン・ヴィターレ聖堂と同じ　料 €9.50（サン・ヴィターレ聖堂他6カ所の共通券、3/1〜6/15は別途€2）

Best 3　ここが素敵！
装飾の豊かさ、色合いの鮮やかさ。
教会内はまさに、宝の山

サンタポリナーレ・イン・クラッセ聖堂
Basilica di Sant'Apollinare in Classe
MAP p.196-B 外
▶サンタポリナーレ・ヌオヴォ聖堂前から市バスで15分

モザイクが描く草原の息吹
　ラヴェンナから5km離れたクラッセは今でこそ何ら特徴のない不便な場所だが、かつてはローマ帝国の繁栄に貢献するほどの重要な港町だった。相次ぐモントーネ川やロンコ川の氾濫、洪水によってやがて海はクラッセから離れてしまい、港町としての機能を失ってしまった。6世紀に建てられたこの教会は、ラヴェンナのモザイクを語る上で決して見逃せない場所だ。モザイクでまず印象に残るのはその鮮やかなエメラルドグリーン。見事なギリシアの大理石でできた24本の柱が空間に躍動感を与え、視線を教会奥の聖アポリナーレのモザイクに集める。若々しい草原と松林の中、羊たちを従えて語りかけるその姿、頭上のターコイズブルーで飾られた十字架、そして上から祝福を与えるキリス

サンタポリナーレ・ヌオヴォ聖堂

大司教区博物館にも数点、美しいモザイクが

Best 5 ここが素敵！

青と金のハーモニーは目が覚めるよう。
ローマ時代の浴場を改造した建物もユニーク

ネオニアーノ洗礼堂
Battistero Neoniano
MAP p.196-A

■ポポロ広場から徒歩5分

ラヴェンナで最古級の建築物

　正教徒洗礼堂と呼ばれるこの教会は、430年頃に建てられたラヴェンナで2番目に古い建築で、5世紀末に司教ネオーネによってモザイク装飾が付け加えられた。モザイクの青、金が見事に堂内の装飾と調和している。

開休 サン・ヴィターレ聖堂と同じ　料 €9.50（サン・ヴィターレ聖堂他6カ所の共通券、3/1〜6/15は別途€2）

大司教区博物館
Museo Arcivescovado
MAP p.196-A

■ポポロ広場から徒歩6分

象牙彫刻の傑作とモザイクが見事

　ドゥオモに隣接する小さな博物館で、象牙彫刻の傑作といわれる大司教座と数点の美しいモザイクがある。

開休 サン・ヴィターレ聖堂と同じ　料 €9.50（サン・ヴィターレ聖堂他6カ所の共通券、3/1〜6/15は別途€2）

ショッピング

実は意外に掘り出しモノ天国

　意外にもラヴェンナでおすすめなのが、ショッピング。他の大都市と違って空いている店でゆったり買い物ができる。趣味のいいセレクトショップや有名ブランド店もたくさんある。ショッピング・ストリートは、ポポロ広場に近いマッテオッティ通りと、それと交差するカヴール通り。歩き疲れたら、カヴール通りのなかほどにあるおしゃれなカフェで一休みしよう。

特産はバルサミコ酢（左）とラベンダー

レストラン

予算：ディナー1人分　予約が必要　服装に注意

カビリア
Cabiria
バー €5〜　40〜（食事）　MAP p.196-A

落ち着いた雰囲気の中で、ワインを楽しめる

　多彩なイタリアンワインを気軽に楽しめるワインバー。グラスワイン€5〜、ハウスワイン€2.5〜と値段も手頃。ワインに合う軽食メニューも充実している。お薦めは、ハム・チーズの盛り合わせ、ピアディーナ（薄い丸パンにハムや野菜をサンドしたもの）、ブルスケッタ、フライドポテトなど。ポポロ広場から歩いてすぐのところにある。レストランも併設。

住 Via Filippo Mordani,8　☎0544-35060　開18:00〜翌2:00　レストラン／12:30〜14:30、19:30〜22:30　休日曜

ホテル

チェントラーレ・バイロン
Hotel Centrale Byron
高級　MAP p.196-A

客室はまだ新しく清潔感があって快適

　ポポロ広場から徒歩1分。観光、食べ歩き、買い物すべてに便利な立地。バスタブ付の部屋も多いのでゆっくりできる。

住 Via IV Novembre,14
☎0544-212225
料 S €59〜　T €76〜
52室
WiFi 無料
http://www.hotelsravenna.it/

ビザンツィオ
Hotel Bisanzio
高級　MAP P.196-A

観光の拠点に最高の立地、設備も申し分ない

　ポポロ広場から徒歩3分ほど、観光案内所、サン・ヴィターレ聖堂にも近い。近代的で設備の整ったホテル。

住 Via Salara,30　☎0544-217111
料 S €92〜　T €124〜　38室　WiFi 無料
http://www.hotelsravenna.it/

MAP P.181-A

イタリアを代表するグルメの都

Bologna ボローニャ

ボローニャの街並み

ボローニャへ行ったことがなくてもミートソースの「スパゲティ・ボロネーゼ」（ボローニャ風スパゲティ）ならおなじみでは？　グルメの街として有名なボローニャは、イタリア有数の大都市。派手な観光地ではないが、観光客の人込みに押されずに街歩きが楽しめる。洋服や靴などの市場も地元の人や観光客にも人気だ。

■交通
フィレンツェから高速列車で所要約40分、ミラノからは約1時間10分。駅から街の中心まではタクシーで5分程度。駅前ターミナルから出る市バス11、27番でも行ける。切符売場は正面出口を出てバス乗場のあるロータリーを右側に沿って歩くとすぐ。
●観光案内所 ⊠Piazza Maggiore,1/e ☎1051-6583111
圏9:00〜19:00、日曜・祝日10:00〜17:00、12/24〜31は10:00〜17:00
休1/1、復活祭、12/25、12/26

街 のしくみ&ウォーキングの基礎知識

街の中心はマッジョーレ広場Piazza Maggiore。主な見どころをはじめ、ホテルやレストランもこの広場周辺に集まっており、観光案内所もある。街歩きのスタートはここから始めるといい。ボローニャ駅の正面出口を出たら左に曲がり、ボローニャの目抜き通りであるインディペンデンツァ通りに出よう。商店やレストラン、ホテルなどが並び、歩道には中世の都市計画によって建造された「ポルティコ」と呼ばれる、独特の柱廊アーケードが街中に張り巡らされている。アーケードの高さは2.66m。これは馬に乗ったまま通行ができるように、という設計だとか。雨の日も歩きやすくてとても快適だ。

センスのいいお店を覗きながら、のんびり歩道を歩いて約15分ほどで、メトロポリターナ教会が現れ、そして目の前に広がるのがマッジョーレ広場。ネプチューンの噴水、市庁舎、サン・ペトローニオ大聖堂などが広場を囲んでいる。市民や観光客で賑わい、さまざまなイベントも開催される活気ある広場だ。

もう一つの観光ルートはマッジョーレ広場の東側に位置する市立考古学博物館から始まる。そこから斜塔を目指して、トラットリアやカフェが並ぶ裏通りを歩いていこう。斜塔を見学したら、さらに放射線上に延びるザンボーニ通りVia Zamboniを東へ進めば、ヨーロッパ最古の大学、ボローニャ大学のキャンパス。元気でカジュアルな服装の若者たちの姿が現れる。そして行き着くのが国立絵画館だ。マッジョーレ広場からは約20分の距離。

見どころ

マッジョーレ広場
Piazza Maggiore
MAP p.200-A

■ボローニャ駅から徒歩15分

ボローニャ市民が集う街の心臓

活気あふれるボローニャの中心、マッジョーレ広場は、中世から現代まで数々の重要な行事、事件の舞台となってきた。古くはポデスタ宮殿のバルコニーでの絞首刑執行見物や騎馬レース、格闘技も行われていたという。広場をとり囲む13世紀から16世紀の建築物と多数のモニュメントが華やかに彩りを添えている。

ネプチューンの噴水
Fontana di Nettuno
MAP p.200-A

■マッジョーレ広場内

世界中の観光客の記念撮影スポット

ボローニャのシンボル的存在のこの美しい噴水は、16世紀にトマソ・ロレッティによって設計され、彫刻家ジャンボローニャの手によるブロンズ像で飾られた。威風堂々とした海神ネプチューンと、大らかな海の精霊セイレーン、かわいい子供たちが、まるで海で戯れるかのように生き生きとした姿を見せている。近づいて見ると、ユニークな場所から噴水が出ていることに気づくはず。この噴水周辺をネットゥーノ広場とも呼ぶ。

サン・ペトローニオ大聖堂
Basilica di San Petronio
MAP p.200-B

■マッジョーレ広場内

あと一歩でイタリア最大の聖堂に!?

14世紀に建設が始まった壮大な建築。その後2世紀にわたって建設が続けられ、ローマのサン・ピエトロ大聖堂を超える規模を予定していたものの、ヴァチカンからの干渉にあい頓挫してしまった。今も正面ファサードの上半分は大理石板が貼られず、未完成のまま。聖堂内部はボローニャ、シエナ、フェッラーラの芸術家による22の礼拝堂、15世紀のヤコポ・クエルチャ作のレリーフ『イヴの誘惑』、など、貴重な芸術、工芸作品で満たされている。聖ペトロニオを奉る聖堂では、フィレンツェのシニョリーア広場で火あぶりにされたサヴォナローラをはじめ、著名な宗教学者が説教壇に立ったという。また、主祭壇には15世紀に作られたイタリア最古のパイプオルガンの一つがある。

開7:45～18:30 休無休 料無料

ネプチューンの噴水（左と中央）

サン・ペトローニオ大聖堂

フィレンツェ起点の旅

201 ボローニャ

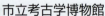
ボローニャ市庁舎

市庁舎
Palazzo Comunale
MAP p.200-A

■マッジョーレ広場内

ゆったり見られる美術館がおすすめ
　現在はボローニャ市庁舎となっているこの建築は、宮殿、穀物倉庫・取引所、そして市の政治機構が置かれた元老院として姿を変えてきた。3階はボローニャ派の芸術コレクションColleziони Comunaliと、中世芸術に食傷気味になったときに新鮮な、現代アートの美術館Museo Morandiとなっている。ともに人込みに邪魔されることなく、ゆったりと美術鑑賞が楽しめる。館内にはレストランもある。

開Collezione Comunali d'Arte／9:00～18:30、土・日曜、祝日は10:00～、12/31は～14:24
休祝日でない月曜、1/1、5/1、12/25　料無料

ポデスタ宮殿（執政官宮殿）
Palazzo del Podesta
MAP p.200-B

■マッジョーレ広場内

カフェでボロネーゼを眺めよう
　かつては300年に渡り執政官官邸として利用された建築物。屋上の建物はアレーニョの塔と呼ばれ、非常事態発生時に軍招集を告げるための4700kgの大鐘がすえられていたという。現在では店舗やオフィスが入居し、1階のカフェはマッジョーレ広場を眺めるのに絶好の位置にあって人気が高い。

市立考古学博物館
Museo Civico Archeologico
MAP p.200-B

■マッジョーレ広場から1分

古代の見事な芸術作品に見とれる
　ボローニャ周辺で発掘された、古くは先史時代からエトルリア時代、ローマ時代の貴重な遺物を集めた博物館。最も有名なのは近郊で発掘されたエトルリア時代の初期である紀元前9世紀の副葬品コレクションだ。また、古代エジプト、ギリシアの遺跡も展示されている。

開9:00～18:00、土、日曜・祝日10:00～18:30
休祝日でない月曜、1/1、5/1、12/25　料€6

斜塔
Torri degli Asinelli e Garisenda
MAP p.200-B

■マッジョーレ広場から徒歩5分

屋上からの眺めを見ずにこの街は語れない
　12世紀から13世紀にかけて、ボローニャでは教皇派と皇帝派が血で血を洗う権力闘争をしていた。当時は塔を建てることもその闘争の一部であり、ボローニャの町には200本近い塔が立っていた。当時の街の様子の模型が市庁舎3階の美術館で見られる。現在は60あまりの塔が残っているが、とくに有名なのがマッジョーレ広場の東に位置するアシネッリとガリセンダの二つの塔。
　高さ97mのアシネッリの塔は屋上からボローニャの町のすばらしい眺めが楽しめる。ただし、木造の古い階段を498段登っていくのでスリル満点。低い方のガリセンダは現在3m傾いているという（ガリセンダは入場不可）。　開9:30～19:30、冬季9:00～17:45（入場は閉館20分前まで）　休無休
料€5（マッジョーレ広場インフォメーションまたはhttps://www.duetorribologna.comで要予約）

塔が目印のポデスタ宮殿

街中のどこからでも見える斜塔

国立絵画館
Pinacoteca Nazionale
MAP p.200-B

■マッジョーレ広場から徒歩20分
ボローニャ派の世界に浸ってみたい

　14～17世紀に台頭したボローニャ派の絵画を中心とした美術館。アイボリーの柔らかな色合いの内装と薄く差し込む自然光が、中世の絵画の重厚さを和らげてくれる。
　初期ボローニャ派では、ヴィターレ・ダ・ボローニャ作のフレスコ画の鮮やかさ、ルネサンス絵画ではラファエロ作『聖チェチリアの法悦』の優美さ、そして17世紀バロック芸術に重要な位置を占めるカッラッチの作品のダイナミックさが印象的。

開 火・水曜9:00～13:30、木～日曜・祝日14:00～19:00
休 祝日でない月曜、5/1、8/15　料 €4

レストラン

予算：ディナー1人分　予約が必要　服装に注意

　レストランが多いのは、マッジョーレ広場周辺とインディペンデンツァ通りだ。さすがは食の都。軒数がとても多いので、ホテルのフロントなどでおすすめの店を聞いてみるのもいい。
　ボローニャ名物は豚肉を詰めた半円形パスタのトルテリーニ、きし麺のような平たいタリアテッレ、豚肉のサラミ「モルタデッラ」。ぜひ試してみよう。

トラットリア・ジャンニ
Trattoria Gianni
中級　€35～　MAP P.200-B

手作りパスタがおいしい
　手ごろな値段で郷土料理が味わえるお店。ラグーソースのタリアテッレがおすすめ。

交 マッジョーレ広場から徒歩3分
住 Via Clavature, 18
☎ 051-229434
開 12:30～14:15、19:30～22:15　休 月曜、日曜の夜

ヴィーコロ・コロンビーナ
Vicolo Colombina
中級　€40～　MAP P.200-B

素材の持ち味を大切にする郷土料理
　郷土料理を現代風にアレンジ。

交 マッジョーレ広場から徒歩3分
住 Vicolo Colombina,5/B　☎ 051-233919
開 12:30～14:30、19:30～22:30　休 無休

ホテル

　ボローニャのホテルは主にインディペンデンツァ通り沿いとマッジョーレ広場周辺、ボローニャ大学近辺、中央駅周辺にある。表通りや広場に面したホテルは5つ星～4つ星で値段も高いが、夜も人通りが多いので安心。安いホテルを狙う人はこれらから1本入った通りにある3つ星～2つ星ホテル。一気に値段が下がるが、なかなか居心地のいいホテルが多い。また、ボローニャ大学周辺には3つ星～1つ星ホテルが集まっている。

オロロージョ
Art Hotel Orologio
高級　MAP P.200-A

広場側の部屋をぜひ押さえたい
　マッジョーレ広場の市庁舎に面する絶好の立地が魅力。部屋は狭めだが小ぎれいで設備もよい。周囲は夜も人通りが絶えない。レセプションでの応待も感じがいい。

住 Via IV Novembre,10　☎ 051-7457411
FAX 051-7457422
料 S €258～ T €258～　34室　WiFi 無料
https://jp.art-hotel-orologio.com/

ローマ
Hotel Roma
中級　MAP P.200-A

人通りが多いから、ディナー帰りも安心
　マッジョーレ広場からほんの少し通りに入った位置にありトラットリアやブティックなどが並ぶ一等地。客室は花柄を基調としたクラシックな雰囲気。テラス付の部屋が人気だ。

住 Via d'Azeglio,9　☎ 051-226322
FAX 051-239909　料 S €95～ T €150～　83室
WiFi 無料　http://www.hotelroma.biz/

カブール
Hotel Cavour
中級　MAP P.200-B

安くておいしい店探しに便利
　インディペンデンツァ通りを曲った通りにあり、周囲には評判のいいトラットリアが多い。入口は小さいが、いったん中に入ると天井が高くゆったりとしている。客室も広めで落ちつける。廊下から見える中庭が美しい。

住 Via Goito,4　☎ 051-228111　FAX 051-222978
料 S €110～ T €130～
38室　WiFi 無料
http://www.cavour-hotel.com/

MAP P.181-B

荘厳な大公宮殿が時を見守る
ウルビーノ
Urbino

レジステンザ公園から見たウルビーノの街

1213年から400年余も、歴代の統治者モンテフェルトロ公爵家が支配し、芸術や文化を奨励してきた。

ウルビーノが最盛期を迎えた15世紀から16世紀にかけて、ドゥカーレ宮殿や国立マルケ美術館をはじめとするルネサンス様式の建物が築かれ、豊かな自然と文化が見事に調和する町となった。

画家ラファエロや建築家ブラマンテが生まれた町でもある。小さな町だが、学芸を尊ぶ伝統は現在まで大切に受け継がれ、現在のウルビーノは大学の町として若者の活気で満ちている。

■交通
ボローニャからの列車でペーザロPesaro駅下車。ソジェットSoget社のバスで約55分（平日は1日約13本、休日約5本）。チケットは車内で買える。城壁のすぐ外側のメルカターレ広場着。復路はサンタ・ルチア駅が始発。
●観光案内所　住Piazza Rinascimento, 1　☎0722-2613　開9:00～13:00、14:30～17:30。月・水・木曜は午前中のみ。日曜10:00～13:00　休無休

街のしくみ＆ウォーキングの基礎知識

ウルビーノの町は、1507年に築かれた多角形の城塞に囲まれ、2つの丘の上にまたがっている。

南側の丘には、ドゥオモとドゥカーレ宮殿、北側の丘にはローマ広場がある。城壁に囲まれたウルビーノの町は小さく、数時間で見てまわれるが、起伏が多いので、坂道を歩くことを覚悟しよう。この町の建物は15～16世紀に建てられたものがほとんどで、アメ色の家並み、石とレンガの調和がうまくとれて、独特の雰囲気を醸し出している。

小さな町なのに、オラトリオ・ディ・サン・ジュセッペOratorio di San Giuseppeをはじめ、「オラトリオ」と呼ばれる特色ある小さな礼拝堂が9つもある。そんな建築や絵画を見て歩くことも、この町を散策する楽しみの一つ。

ドゥカーレ宮殿の回廊

歴史を感じさせるモニュメント

ウルビーノ
Urbino

夕暮れのサン・フランチェスコ教会

街の中心、共和国広場

国立マルケ美術館

見どころ

ドゥカーレ宮（国立マルケ美術館）
Palazzo Ducale (Galleria Nazionale delle Marche)
MAP p.204-A
■メルカターレ広場から徒歩3分

内部は国立マルケ美術館に

フェデリコ・ダ・モンテフェルトロ公（治世は1444～82年）の時代に町は全盛期を迎え、華やかな宮廷文化が花開いた。なかでもこのドゥカーレ宮殿は、ダルマティア出身の建築家ルチアーノ・ラウラーナが、招聘されて作りあげたルネサンス建築の傑作。美しい柱頭のある柱廊が囲む中庭の両脇には、細長い塔をもつテラスが配され、豪華な印象を受ける。

宮殿の内部は国立マルケ美術館となっており、謁見の間にはピエロ・デッラ・フランチェスカの『キリストの笞刑』や『セニガリアの聖母』が、またフェデリコ公の小書斎には、ボッティチェッリの下絵による寄せ木細工が施されている。公妃の小サロンにはラファエロによる有名な作品『黙っている女』、ブラマンテ作とされる『祝福を与えるキリスト』などがある。

宮殿内にはウルビーノ考古学博物館も併設されているので、興味のある人はこちらも併せて見学しよう。

開月曜8:30～14:00（チケットは～12:30）、火～土・日曜、祝日8:30～19:15（チケットは～18:00）　休1/1、12/25　料€8

ラファエロの生家
Casa Natale di Raffaello
MAP p.204-B
■ドゥカーレ宮殿から徒歩5分

日本語の館内案内パンフあり

ラファエロ通り57番地にある。ラファエロは1483年にここで生まれ、14歳になるまでここで過ごした。家の内部には、ラファエロの版画や家具類、初期の作品とされるフレスコ画『聖母子』が展示されている。小さな中庭には、やはり有名画家であった父ジョバンニ・サンティとラファエロが絵の具を調合した石がある。

開3～10月9:00～13:00、15:00～19:00、日曜・祝日10:00～13:00、11～2月9:00～14:00、日曜・祝日10:00～13:00　休1/1、12/25　料€3.50

ラファエロの生家入口

フィレンツェ起点の旅

205

ウルビーノ

サンツィオ劇場。ここから始まるガリバルディ通りも目抜き通り

ローマ広場
Piazzale Roma
MAP p.204-B 外
■ドゥカーレ宮殿から徒歩8分

ウルビーノの展望台
　アメ色の建物が並ぶラファエロ通りの急な坂道を登りつめたところにある。北側の丘の頂上にあたるこの広場からは、周囲の山並みがよく見渡せる。ここからブオッツィ Buozzi 通りに沿って城壁が延びている。さらに進むと道はパノラマ通りとなり、町の全景を眺められる丘に出る。この丘から眺めるウルビーノの街はゴシック芸術を見るようだ。

レストラン

🅔 予算：ディナー1人分　📞 予約が必要　👔 服装に注意

　学生町なので、安くておいしいものを食べさせる店がたくさんある。学生たちに混じって、気取らない普段着のイタリア料理を楽しもう。

フランコ
Franco
中級　🅔 15〜　📞　MAP P.204-A

セルフサービスで昼食を
　大学のすぐ前にあるため、昼夜を問わず学生で込んでいる。昼間はセルフサービスレストラン。気さくな店とはいえ、食材は新鮮。

■Via del Poggio,1　📞0722-2492
■セルフサービスの昼食12:00〜14:30、夕食19:45〜23:45（夜は10人以上の予約のみ）　■休日曜

ラ・フォルナリーナ
La Fornarina
中級　🅔 25〜　　MAP P.204-B

地元の人たちが推薦する店
　共和国広場に近く、気どらない雰囲気で郷土料理が楽しめる。ハウスワインもおいしい。

■Via Mazzini,14　📞0722-320007
■12:00〜14:30、19:00〜22:30　■休無休

ショッピング

　みやげもの店が多いのは、ヴィットリオ・ヴェネト通り Vittorio Veneto 周辺。

ショップが建ち並ぶヴィットリオ・ヴェネト通り

ホテル

　外国人観光客の少ないウルビーノにはホテル数も少ないが、交通の便がよくないので、ここで1泊した方がいい場合もあるだろう。

ボンコンテ
Hotel Bonconte
高級　MAP P.204-B

城壁の内側にある唯一の4つ星
　静かで眺めのよいロケーションにある。客室は重厚な家具とファブリックで、落ち着ける。

■Via delle Mura,28　📞0722-2463　FAX 0722-4782
■料S €60〜　T €100〜　■23室　WiFi 無料
■http://www.viphotels.it/

ラファエロ
Hotel Raffaello
中級　MAP P.204-B

ラファエロの生家の近くにある3つ星
　神学校の旧校舎を改装したホテルで、ドゥカーレ宮殿を望める部屋も。レプブリカ広場に近く、ロケーションは抜群。全室バスタブあり。

■Via S.Margherita,40　📞0722-4896
■料S €49〜　T €80〜　■14室
WiFi 無料　■http://www.albergoraffaello.com/

MAP P.181-B

世界最小の国家の一つ、サン・マリノへ
サン・マリノ共和国
Repubblica di San Marino

3つ目の要塞、モンターレ

イタリアのなかでも古い共和国の一つ、サン・マリノは標高750mのティターノTitano山上にある。アドリア海沿岸から10kmほどの距離とあって、海からの爽やかな風と、温暖な気候で晴天が多い。人口3万人弱の小さな町だが、独自のコインや切手を発行している。イタリア内にありながら消費税が一切かからない国としても有名。ブランド品なども安く手に入る。

Location
ボローニャから列車で1時間10～30分のリミニへ。リミニ駅前バス・ターミナルから市外バスで約50分。サン・フランチェスコ門下の広場に到着。チケットは乗車時に購入する。●観光案内所 ■Contorada Omagnano, 20 ☎0549-882914 園8:30～18:00、土・日曜9:00～13:30、14:00～18:00、夏季は～19:00 囚無休

Information
サン・マリノの町の紀元は301年に始まるといわれている。町の東側はほぼ垂直に切り立つティターノ山の尾根で、その上に築かれた尖塔を持つ3つの要塞が町を囲んでいる。町の北側にあるリベルタ広場Piazza della Libertà前には、政庁舎として使われている共和国宮殿Palazzo Pubblicoがある。ここでは年2回元首の叙任式が行われ、この日には中世の人々に扮した市民行進も見られる。リベルタ広場からのパノラマも壮大。

サン・マリノの近くには、やはり見晴らしのよい丘の上の町サン・レオSan Leoがあり、マキャベリが絶賛した美しい要塞がある。時間があれば併せて訪れたい。

フィレンツェ起点の旅

207 サン・マリノ共和国

共和国発行の切手と、国の紋章の入ったポスト

隣町のボルゴ・マッジョーレからはロープウェイで

サン・マリノをもっと知りたい！
おすすめスポット

要塞ロッカ

ロッカ
Rocca
MAP p.207-B
■サン・フランチェスコ門から徒歩10分

共和国を守る要塞

　丘の上の独立国、サン・マリノ共和国の中心部は、それ自体が歴史的モニュメント。それらのなかでも、天然の岩頭の上に塔を造った要塞は、サン・マリノを象徴する建造物だ。

　ティターノ山の断崖に沿って、要塞は3つあり、それぞれが石畳の巡回路でつながっている。途中にある石造りの教会や建物と巡回路、要塞とが見事に調和して、中世そのままの街並みが保存されている。中心部に最も近い第1の要塞ロッカ・グアイタGuaitaは11世紀のもの。晴れた日には、マルケ州の他の町やアドリア海まで見渡せる。

　標高749mのところにある第2の要塞ロッカ・チェスタCestaの内部は古武器博物館になっており、各地から集められた刀剣類と火器が展示されている。3つ目の要塞はモンターレMontale。この塔からはアペニン山脈や海までを見渡せる。

開1/2〜6/7 9:00〜17:00、6/8〜9/13は8:00〜20:00、9/14〜12/31は9:00〜17:00（入場は閉館30分前まで） 休1/1、11/2の午後、12/25の午後 料€4.50（グアイタ、チェスタ共通。一つの塔のみは€3）

共和国宮殿
Palazzo Pubblico
MAP p.207-A
■サン・フランチェスコ門から徒歩5分

独自の軍隊の衛兵交代式が見られる

　リベルタ広場に面しているゴシック様式のこの宮殿が、サン・マリノ共和国の政庁舎。宮殿の玄関前では、1時間おきに衛兵交代式がある。

開1/2〜6/7、9/14〜12/31 9:00〜17:00、6/8〜9/13 8:00〜20:00（入場は閉館30分前まで） 休1/1、11/2午後、12/25（他に不定期休あり） 料€3

サン・フランチェスコ教会
San Francesco
MAP p.207-B
■サン・フランチェスコ門横

付属の美術館・博物館で街の歴史を勉強

　町の入口であるサン・フランチェスコ門の横にある。1361年に建てられた建物で、内部は絵画館と博物館になっている。

グアイタからの第2の要塞チェスタの眺め

共和国宮殿

1時間おきに見られる衛兵交代

サン・フランチェスコ教会

第2の要塞チェスタ

第2の要塞チェスタから見た第1の要塞グアイタ

開 美術館/10月中旬〜3月中旬9:00〜17:00、3月中旬〜6月、9月中旬〜10月中旬9:00〜17:00、土・日曜は〜18:00、7〜9月中旬8:00〜20:00
休 1/1、12/2の午後、12/25　料 €4

コレッジオ通り
Contrada del Collegio
MAP p.207-B

■ リベルタ広場前

陶器、切手、コイン、リキュールを買うなら
　リベルタ広場からガリバルディ広場までの下り坂は、サン・マリノ共和国発行の切手やコインを売る店、レモンのお酒リモンチェッロを売る店、そして、ホテルやレストランが建ち並ぶ。みやげもの店も多く、手作りの美しいローソク専門店なども見つかるので、散策が楽しみ。

レストラン

€ 予算：ディナー1人分　⏰ 予約が必要　👔 服装に注意

名物はモスカート（マスカット）ワイン

ベッラヴィスタ
Bellavista
中級　€ 18〜　MAP p.207-A

夏はテラス席で快適なひととき
　ロープウェイ乗り場のすぐ近くの便利な立地。地方色のある日替わりのセットメニューがありお手ごろで、伝統的なピザも楽しめる。

■ Contrada del Pianello,42/44　☎ & FAX 0549-991212
■ 開 バール／7:00〜21:30、レストラン／11:00〜21:30、冬季は〜20:00
■ 休 2月

リギ・ラ・タベルナ
Righi la Taverna
中級　€ 18〜（カフェ）　€ 38〜（レストラン）　MAP p.207-A

ウサギ肉や子牛のローストなどの郷土料理を
　町の人たちの間でおいしいと定評のある1軒。リベルタ広場にある。6〜8月は予約のみ。

■ Piazza della Libertà,10　☎ 0549-991196
■ 開 カフェ／11:45〜22:00（日曜12:00〜14:30）、レストラン／12:45〜14:30、19:30〜22:00（日曜12:00〜14:30）　休 月曜

ホテル

せっかく泊まるなら、絶好のロケーションのこの宿で！

グランド
Grand Hotel
中級　MAP p.207-B

避暑地感覚のリッチなホテル
　ホテル前のアントニオ通りViale Antonioの向こう側は、展望台になっていて、眺望は抜群。

レストランやビジネスセンターも完備

■ 住 Viale Antonio Onofri,31　☎ 0549-992400
■ FAX 0549-992951　料 S €99〜　T €124〜　■ 62室
■ WiFi 無料　■ http://www.grandhotel.sm/

ティターノ
Hotel Titano
中級　MAP p.207-A

レストランからの眺望がすばらしい
　ホテル併設のレストラン「テラッツァ」Terazzaからアペニン山脈の景色を楽しめる。

落ち着いた雰囲気の客室

■ 住 Contrada del Collegio,31　☎ 0549-991007
■ FAX 0549-991375　料 S €51〜　T €80〜
■ 42室　■ WiFi 無料　休 11月中旬〜3月中旬
■ http://www.hoteltitano.com/

パルマ Parma

生ハムとパルミジャーノで有名な食の都

MAP P.181-A

パルマの中心部

12世紀にできたロンバルディア都市同盟の一員として自由都市の歴史を歩み始めたパルマ。教皇領を経て、1545～1731年にはファルネーゼ家が統治する公国となった。

その後、フランスのブルボン家とファルネーゼ家の姻戚関係により、1748年から1801年はブルボン朝と深い関係にあったこともあり、フランス文化の影響も受けている。

また、イタリア料理をおいしく彩るパルミジャーノ・チーズと生ハムの産地でもあり、グルメの町でもある。洗練されたレストランやおしゃれなカフェが並び、食べることも大きな楽しみ。パルマ料理にぜひトライしてみよう。

すべてにゆとりと優雅さを感じるパルマでは、インテリアや雑貨・下着の店までも、そこはかとなく上品で贅沢なテイストがあふれていて、品のよさは北イタリアでもトップクラス。郊外には、アンティーク市で有名なフォンタネッラートがあるので足を延ばすのもいい。

■交通
ミラノから列車で約1時間10分。ボローニャからは特急ICで約50分。
■観光案内所
住P.za Garibaldi, 1
☎0521-218889
開9:00～19:00（行事日などには変更あり）休1/1、12/25

中心部南のガリバルディ広場。見どころはこの北側に集中

観光案内所はオレンジ色のひさしが目印には国立美術館やファルネーゼ劇場などの見どころがたくさんある。

街のしくみ＆ウォーキングの基礎知識

パルマ駅から、中心部のパーチェ広場Piazza della Paceまでは、市内バス1・8番もあるが、歩いても10分ほど。駅から歩くなら、店が多いガリバルディ通りが楽しい。広々としたパーチェ広場に着いたら、まずはピロッタ宮殿へ。宮殿内

絵のように美しいエヴァンジェリスタ教会前

正面の建物が国立美術館。1階にはミュージアム・ショップも　　　　　　　　　　　　　ピロッタ広場

見どころ

国立美術館
Galleria Nazionale
MAP p.210
■パーチェ広場前

パルマ最大の美術館

ファルネーゼ家の宮殿として建てられたピロッタ宮殿の3階に国立美術館がある。ここには14〜16世紀のトスカーナ派とエミリア派初期の作品が展示されていて、コレッジオ、パルミジャニーノ、ベアート・アンジェリコら巨匠の絵画作品を見ることができる。

なかでも必見なのは、コレッジオの傑作『聖母と聖ヒエロニムス』、パルミジャニーノの『トルコの女奴隷』など。

開8:30〜19:00、日曜13:00〜19:00（入館は閉館30分前まで）　休月曜
料€10（ファルネーゼ劇場と共通）、第1日曜は無料

ファルネーゼ劇場
Teatro Farnese
MAP p.210
■パーチェ広場前

17世紀のかわいい木造劇場

ヴィチェンツァのオリンピコ劇場を模して造られたもの。国立美術館と同じく、ピロッタ宮殿の3階にあり、木彫りの威風堂々たるアーチが目印。アーチをくぐって中に入ると、木造のまるで工芸品のような劇場が現れ、細部のギリシア風の柱まで、すべてが凝った造りなのに感動する。舞台の上と両袖に昇って、じっくり見学することができる。

開8:30〜19:00、日曜13:00〜19:00　休月曜　料€5（国立美術館との共通券€10、第1日曜は無料）

ドゥオモ
Duomo
MAP p.210
■パーチェ広場から徒歩6分

丸天井にコレッジオのフレスコ画

現在の建物は、1117年に震災に遭い1178年に再建されたもの。併設の鐘楼は、1284年から94年にかけて、ゴシック様式で建てられた。ドゥオモのクーポラには、コレッジオの名作『聖母被昇天』のフレスコ画が描かれている。

開10:00〜19:00
休無休　料無料

洗礼堂
Battistero
MAP p.210
■パーチェ広場から徒歩6分

ベネデット・アンテラミの彫刻に注目

八角形の洗礼堂は1196〜1270年に完成した。フレスコ画で満たされたクーポラは16分割され、15本の補強骨でアーチの筋が付けられている。これはロマネスクにはないスタイルで、ゴシックへの過渡期であることがわかる。アンテラミの彫刻の中でも特に、四季を表すものや波を表現した柱頭などは質の高さで超一級。

開10:00〜19:00
休無休
料€8

八角形の洗礼堂

木造のファルネーゼ劇場

フィレンツェ起点の旅 / パルマ

サン・ジョヴァンニ・エヴァンジェリスタ教会

サン・ジョヴァンニ・エヴァンジェリスタ教会
Chiesa di San Giovanni Evangelista
MAP p.210

■ピロッタ広場から徒歩6分

バロック様式の優雅な教会

　バロック様式のファサードを持つルネサンス建築で、1498年から1510年に建てられた。クーポラに、聖ヨハネの幻視を描いたコレッジオのすばらしいフレスコ画がある。

開8:30〜11:45、15:00〜18:30(修道院は開館時間が異なる)
休無休　料無料

トスカニーニの生家
Casa Natale e Museo di Arturo Toscanini
MAP p.210

■ピロッタ広場から徒歩7分

20世紀最高の指揮者生誕の家

　イタリアでは指揮者の地位は非常に高い。その指揮者のなかでもイタリアを代表するトスカニーニ（1867〜1957年）が生まれたのがこの街。生誕の家はそのまま残され、内部は博物館となっている。

　この家はトスカニーニ家が他の家族と共同で使用していた、小ぢんまりとしたもの。2階の肖像画が飾られた部屋が彼が生まれた部屋だ。室内には、彼が愛用したメガネや手鏡、机などの日用品が飾られ、ミラノのスカラ座や海外のオペラ座での演目プログラムなどの資料が展示されている。

開9:00〜13:00、14:00〜18:00、日曜10:00〜18:00、7・8月は変動あり　休月曜、火曜の午後、日曜の午前
料無料

トスカニーニの生家

レストラン

　美食の街だけに、高級レストランから気軽なカフェまで、数多くの店があり、日曜も営業している店が多い。おいしい店情報は、メッローニ通りの観光案内所で聞けば、リストをもらえるので、それを参考に歩いてみよう。

ホテル

　街なかで便利がよいのが、下記の3軒。他にパルマ駅前にアストリア・エグゼクティブもあるが、車の通行量が多め。静かに過ごしたい人は中心部がおすすめ。

ステンダール
Hotel Stendhal
高級　MAP p.210

立地のよい4つ星ホテル

　ピロッタ広場からパルマ駅に向かってすぐという便利な場所にある4つ星。ホテル前のヴェルディ通りにはレストランやショップも多く、散策が楽しい。

住Via Bodoni,3　☎0521-208057
料S€85〜　T€98〜　63室　WiFi無料
http://www.hotelstandhal.it/

トリノ
Hotel Torino
中級　MAP p.210

ピロッタ広場や洗礼堂に近い

　ピロッタ広場前の小さな道を入ってすぐの場所にあり、観光の拠点にとても便利。室内も清潔で落ち着ける。

住Borgo Angelo Mazza,7
☎0521-281046　FAX0521-230725
料S€74〜　T€83〜　39室
WiFi無料　http://www.hotel-torino.it/

サヴォイ
Hotel Savoy
中級　MAP p.210

賑やかなガリバルディ通りにある

　みやげもの店や惣菜屋が建ち並ぶガリバルディ通りに面していて、駅にもピロッタ広場にも出やすい格好の位置にある。手ごろな3つ星。

住Strada XX Settembre,3　☎0521-281101
FAX0521-281103　料S€74〜　T€84〜　28室
WiFi無料　https://www.hotelsavoyparma.com/

エステ家の遺産に触れる
Modena モデナ

MAP P.181-A

モデナの中心部

高級車フェラーリとマセラティの生産地、そしてテノール歌手パヴァロッティの出身地として名高いモデナ。12、13世紀に自由都市としての歴史を歩み始め、その後フェッラーラのエステ家の支配下に入り、15世紀に公国に。

1598年、エステ家がフェッラーラから逃れてモデナを公国の首都としてから、華やかな宮廷文化が花開いた。

その名残は、エステンセ美術館 Galleria Estense やエステンセ図書館 Biblioteca Estense などの歴史的な遺産に見ることができる。

フェラーリに興味のある人は、モデナの南約20kmのディオチェザーノ Diocesano にあるフェラーリ博物館 Galleria Ferrari（住Via Dino Ferrari, 43 ☎0536-943204 開9:30～18:00 料€12）もおすすめ。

■交通
ボローニャからミラノ方面行きの列車で約20分。
ミラノ中央駅から高速列車で1時間38分、特急ICで2時間。
●観光案内所
住Piazza Grande,14（グランデ広場近く）
☎059-2032660
開9:00～13:30、14:30～18:00、月曜14:30～18:00、日曜・祝日9:30～13:30、14:30～18:00
休1/1、復活祭、12/25

街のしくみ&ウォーキングの基礎知識

モデナ駅から街の中心までは徒歩約20分。町の中央にカテドラルと鐘楼 Torre Ghirlandina、グランデ広場 Piazza Grande がある。カテドラルから東西に延びるエミリア通り Via Emilia の回廊には、しゃれたブティックが軒を連ね、西にはエステ家のコレクションを元にした博物館宮殿 Palazzo dei Musei がある。博物館宮殿までは駅から徒歩約30分。市内は平地なので、徒歩でも楽にまわれる。

グランデ広場から鐘楼を見る

フィレンツェ起点の旅　213　モデナ

見どころ

カテドラル
Cattedrale
MAP p.213-B

■モデナ駅から徒歩約20分

初期ゴシックの傑作の一つ

カテドラル（司教座大聖堂）は建築家ランフランコの設計により、1099年5月に着工した。リズム感に満ちた小円柱で分割された三連窓のあるアーチが特徴的。レンガのヴォールト（かまぼこ型の曲面天井）やゴシック様式のバラ窓は13世紀に付け加えられた。外壁から内陣にいたるまで飾られている浮き彫りは彫刻家ヴィリジェルモによるもの。後陣部分に経年の地盤沈下が見られる。初期ゴシックの名建築で、故ルチアーノ・パバロッティの葬儀もここで行われた。夕方のミサの時間帯はなるべく遠慮しよう。

開月曜7:00～12:30、15:30～19:00、火～土曜7:00～19:00、日曜7:30～19:00 休無休 料無料

鐘楼
Torre Ghirlandina
MAP p.213-B

■カテドラルに同じ

休日には上に登れる

カテドラルに寄り添って天高く切り立つ鐘楼。最上階からは、モデナの落ち着いた街並みを見渡せる。鐘楼に登れるのは日曜・祭日のみ。

開4/1～9/30火～金曜9:30～13:00、15:00～17:00、土・日曜、祝日9:30～19:00／10/1～3/31火～金曜9:30～13:00、14:30～17:30、土・日曜、祝日9:30～17:30 休1/1、復活祭、12/25 料€3

エステ家の宝が眠るエステンセ美術館

エステンセ美術館
Galleria Estense
MAP p.213-A

■グランデ広場から徒歩約7分

ルネサンス期の名作の宝庫

博物館宮殿Palazzo dei Musei 内にある、エステ家のコレクションを展示する美術館。14世紀のエミリア派、15世紀ヴェネツィア派、15世紀のフェッラーラ派の作品を中心に所蔵している。なかでも、フェッラーラ派の画家コスメ・トゥーラの『聖アントニオ』は必見。また、16世紀のティントレット、パルミジャニーノ、コレッジオらの作品も見ごたえがある。

開8:30～19:30、日曜・祝日14:00～19:30 休最終日曜 料€6（第1日曜は無料、8:30～19:30）

エステンセ図書館
Biblioteca Estense
MAP p.213-A

■エステンセ美術館に同じ

稀覯本を集めた館

同じく博物館宮殿Palazzo dei Musei 内にある。エステ家のプライベート書庫だったもので、エステ家のボルソの聖書や多くの彩色写本が見られる。これだけの稀覯本を収蔵する書庫はイタリアでも有数。

開8:30～19:30、日曜・祝日14:00～19:30 休最終日曜 料€4（第1日曜は無料、8:30～19:30）

カテドラル裏

17世紀に着工されたドゥカーレ宮殿

レストラン

🅔 予算：ディナー1人分　📞 予約が必要　👕 服装に注意

ウーヴァ・ドーロ
Uva d' Oro
中級 🅔 18〜（ブッフェ🅔 11〜）　MAP P.213-B

世界のさまざまな料理を研究

　定番の伝統的なエミリア料理も人気だが、4カ月おきにメニューを替えるオリジナル料理が地元の人に喜ばれている。

創作料理にも出合える

■住Piazza Mazzini,38　☎059-239171
■開12:00〜15:00、19:00〜24:00　■休無休

ダ・ダニーロ
da Danilo
中級 🅔 35〜　MAP P.213-B

エミリア・ロマーニャの味

　モデナの郷土料理に力を入れている意欲的な店。素朴で家庭的な味が楽しめる。ユダヤ教会の脇にある。

テラス席もある

■住Via Coltellini,31　☎059-225498
■開12:00〜15:00、19:00〜23:00　■休日曜

ルッジェーラ
Osteria Ruggera
中級 🅔 35〜　MAP P.213-B

気どらず楽しめる

　モデナ特産のバルサミコ酢を使ったヒレ肉と子羊の料理がとくにおすすめ。バルサミコ酢の使い方はさすが上手。

肉料理がおいしい

■住Via Ruggera,18　☎059-211129
■開12:30〜14:30、19:30〜23:00　■休火曜

ショッピング

　街なかのバールでも高級バルサミコ酢を扱う店もある。モデナみやげにおすすめ。10年ものや40年ものなどの高級品から、求めやすいものまで、値段にもかなり幅あり。長く寝かせたもののほうが味に深みがあり、まろやか。

ホテル

カナルグランデ
Canalgrande Hotel
高級　MAP P.213-B

かつての貴族の邸宅がホテルに

　もともとは修道院だったという貴族の邸宅は、フレスコ画が装飾された部屋もあり、凝った造り。朝食ブッフェも好評の4つ星。

■住Corso Canalgrande, 6
■☎059-217160
■FAX059-221674
■料S €74〜 T €84〜
■67室　■WiFi 無料
■http://www.canalgrandehotel.it/

カナル・グランデの中庭

中心部まで徒歩5分

リベルタ
Best Western Hotel Liberta
中級　MAP P.213-B

歴史地区の観光拠点に便利

　旧市街の中心に位置し、カテドラルへも徒歩数分の距離。周囲はショップやレストランが多く、食事にも困らない。

観光の拠点にいいリベルタ

■住Via Blasia,10
■☎059-222365
■FAX059-222502
■料S €89〜 T €129〜
■51室　■WiFi 無料　■http://www.hotelliberta.it/

マレッティ
Cartoleria Maletti
MAP p.213-B

フェラーリ好きにはたまらない

　文房具店だが、フェラーリのミニチュアを多く扱っている。造りのよいミニカーで約€7.50から。フェラーリファンにおすすめしたい。

■住Corso Canalchiaro,61　☎059-210163
■開9:00〜12:30、16:00〜19:30　■休木曜の午後、日曜

MAP P.181-B

名君を輩出した中世都市国家

Ferrara フェッラーラ

繊細な彫刻が施された建物が並ぶ

1208年から1598年にエステ家の都として栄えた歴史を持つフェッラーラ。

マントヴァ皇妃イザベッラ・デステや、ルクレチア・ボルジアの3番目の夫となったアルフォンソ・デステなどを輩出し、血なまぐさい骨肉の争いを繰り広げたエステ家ではあるが、芸術文化の擁護者であり、ルネサンス期にはミラノやヴェネツィアと競い合うほどの豪奢な宮廷や広場が次々と造られた。

一族間の権力争いの舞台となったエステンセ城をはじめ、赤レンガでできた当時の建物は、今も変わらない姿を見せている。

■交通
列車でボローニャから約30分。
ヴェネツィアから約1時間30分。
●観光案内所
住エステンセ城 Castello Estense内 ☎0532-209370 開9:00～18:00、日曜・祝日9:30～17:30、1/1は13:30～17:30 休12/25

時が止まったようなフェッラーラの街

街のしくみ & ウォーキングの基礎知識

駅前から延びる、緑豊かなコスティテュツィオーネ通りViale Costituzioneを抜けて大通りのカヴール通りViale Cavourを進めば、約20分で町の中心エステンセ城に着く。市内バスを利用するなら1・9番がエステンセ城を通る。エステンセ城には観光案内所があるので、まずはここで必要な情報をもらってから街歩きを始めよう。エステンセ城からカテドラルまでは徒歩約2分しかかからない。

エステンセ城そのものが城壁とやぐらを兼ねている

見どころ

エステンセ城
Castello Estense
MAP p.216-A
■フェッラーラ駅から徒歩約20分

豪華なエステ家の居城

　エステ家の居城だったこの城は、四隅のやぐらに跳ね橋が付いた要塞でもあった。着工は1385年、完成したのは16世紀になってから。
　城内には美術館もあり、当時の壮麗な城の装飾と美術品を展示している。東端の塔には登ることができる。街の中心からフェッラーラの街を見渡す絶好のスポットだ。

開9:30〜17:30（入場は〜16:45)、1/1は13:30〜18:30、1/6は〜22:30、3/31・4/1・2・25・28〜5/1、6/1〜3、12/26は〜18:30　休1/2〜31及び10/1〜12/31の日曜　料€8（展示館と共通は€12）、塔は別に€2

秋には城内で、当時の姿に扮したお祭りも

カテドラル
Cattedrale
MAP p.216-B
■エステンセ城から徒歩2分

ロマネスクとゴシック様式が混在

　右、中央、左と、3つの面を持つファサードに特徴がある。それぞれの入口扉まわりの凝ったデザインと彫刻が美しく、ため息が出る。トレント・トリエステ広場 Piazza Trento Triesteに面したカテドラルの側面には教会の軒に商店が入り込むという珍しい構造になっている。

開7:30〜12:00、15:30〜18:30（日曜・祝日は7:30〜12:30、15:30〜19:30）　休無料　料無料

壮麗なカテドラルの外観

カテドラル美術館
Museo della Cattedrale
MAP p.216-B
■カテドラル内

歴史を感じる展示品の数々

　カテドラルの正面入口左手の階段を登ると、カテドラルの美術品を展示する美術館がある。大壁画や壁を覆う巨大タペストリーに目を奪われる。なかでも、15世紀後半の初期ルネサンスの宮廷画家コズメ・トゥーラ作『受胎告知』『龍と闘う聖ゲオルギウス』が必見。

開9:30〜13:00、15:00〜18:00　休月曜、1/1、1/6、復活祭、11/1、12/25、12/26　料€6

手の込んだカテドラルのファサード

スキファノイア宮殿
Palazzo Schifanoia

MAP p.216-B

■カテドラルから徒歩約20分

エステ家の夏の別荘
　エステ家が夏の間好んで訪れた宮殿で、内部は市立美術館になっている。ここでの最大の見ものは、ルネサンス期に活躍した画家コズメ・トゥーラのフレスコ画がある「12カ月の間」。傷みはかなり激しいが、当時の人たちの1年間の生活ぶり、神々の生き生きとした描写が伝わってくる。
　「スタッコ」Stuccoと呼ばれる天井装飾も手が込んでいる。中庭にはバールもあるので、ひと休みできる。

開9:30〜18:00　休月曜、1/1、1/6、復活祭、11/1、12/25、12/26　料€3

ディアマンティ宮殿(国立絵画館)
Palazzo dei Diamanti

MAP p.216-B

■エステンセ城から徒歩約5分

ルネサンス美術の殿堂
　約8500個の白大理石の切石で覆われた外壁の館で、2階の国立絵画館では、15世紀後半の画家コズメ・トゥーラやカルパッチョなどのフェッラーラ派美術を展示している。

開9:00〜19:00　休無休
料国立絵画館€4

レストラン

予算:ディナー1人分　予約が必要　服装に注意

グイド
Guido

高級　€25〜　MAP p.216-B

創作郷土料理を味わう
　少し奥まった静かな通りに位置する、隠れ家のような知る人ぞ知るレストラン。郷土料理のメニュー以外にも、あちこちの料理をヒントに考え出されたオリジナル料理もあり、メニューは週替わりとなる。創作的なフェッラーラ料理にファンも多い。

住Via Vignatagliata,49　☎0532-761052
開12:30〜15:00、19:00〜23:00
休木曜

ホテル

アンヌンツィアータ
Hotel Annunziata

高級　MAP p.216-A

エステンセ城の向かい
　広場を挟んでエステンセ城の真向かいという、便利な場所にある。上品で洗練された内装に心も落ち着く。宿泊客はインターネットと自転車を無料で使える。6室の貸しアパートあり。

住Piazza Repubblica,5　☎0532-201111
FAX0532-203233　料S€107〜　T€107〜
27室　WiFi無料　http://www.annunziata.it/

フェッラーラ
Hotel Ferrara

高級　MAP p.216-A

旧市街の中心に近い
　エステンセ城に面した観光に便利な場所にある4つ星。ディアマンティ宮殿などの見どころや、駅とカテドラルを結ぶカヴール通りに近く、買い物や食事に困らない。駅からは約15分の距離。10室の貸しアパートあり。

住Largo Castello,36　☎0532-205048
FAX0532-242372　料S€109〜　T€119〜
58室　WiFi無料　https://www.hotelferrara.com/

街の人もお勧めのグイド

フェッラーラのロビー

Venezia

ヴェネツィア

ヴェネツィア 220

パドヴァ 246
ヴィチェンツァ 249
ヴェローナ 252
トリエステ 255

ヴェネツィアの歩き方
ヴェネツィアのどこに何がある？

118の小さな島、150の運河、400以上の橋からなり、世界の大都市で唯一クルマが走っていない都市ヴェネツィア。S字型の大運河のリアルト橋とサン・マルコ広場周辺に見どころが集まっている。時間があればぜひ、ラグーナと呼ばれる潟へも足を延ばそう。

サンタ・ルチア駅　MAP p.224-E
鉄道の終着駅。ヴェネツィアの旅はここから始まる。駅前の水上バス乗り場から大運河巡りを始めよう。

サンタ・マリア・グロリオーザ・デイ・フラーリ教会　p.235
歴代の総督が眠る「ヴェネツィアのパンテオン」と称される霊廟。ティツィアーノ、ドナテッロらの祭壇画も見事。

サン・ロッコ大信徒会堂　p.235
ヴェネツィア派の巨匠ティントレットの名画約70点を所蔵する教会。

カ・レッツォーニコ　p.235
バロック様式の華やかな建築。内部は、18世紀の生活様式を伝える博物館になっている。ティエポロの天井画など貴重な芸術作品も見られる。

アカデミア美術館　p.236
14〜18世紀のヴェネツィア派絵画の傑作を収蔵する必見美術館。

ムラーノ島 p.237

ヴェネツィアン・グラスの生産地として知られる。現在も工房やショップがあるほか、ガラス博物館もあり、古くはローマ時代からのガラス作品が見られる。本島から約15分。

ブラーノ島 p.237

16世紀から続くヴェネツィアン・レースの産地。希少品となった繊細なレースを編む工房がわずかに残る。レースの技法や歴史を紹介するレース博物館もある。本島から約50分。

カ・ドーロ p.234

ゴシック建築の最高峰とされる貴族の邸宅。内部はルネサンス絵画を収蔵する美術館として公開している。

リアルト橋 p.233

大運河に架かる16世紀の橋。当時、街一番と評判を取った建築家の作品。橋上からの運河の眺めが美しい。絶好の撮影スポット。

サンタ・マリア・デッラ・サルーテ教会 p.236

大運河の出口に建つ白亜の教会。丸い屋根が目印。内部にはティツィアーノの大作が飾られている。

サン・マルコ広場 p.232

かつてのヴェネツィア共和国の総督の館ドゥカーレ宮殿や、ビザンチン様式の華麗な教会、サン・マルコ大聖堂、鐘楼などが集まるヴェネツィアの中心。

リド島 p.237

映画『ベニスに死す』の舞台として有名になった。ヴェネツィア国際映画祭の開催地としても知られる。高級ホテルが点在するリゾート。本島から約15分。

ヴェネツィア　ヴェネツィアの歩き方

ヴェネツィア おすすめコース

初めてのヴェネツィアなら、まずはサンタ・ルチア駅前から水上バス(ヴァポレット)に乗り、大運河沿いをサン・マルコ広場まで乗ってみよう。ゴンドラに乗るなら、サン・マルコからフェニーチェ劇場脇を抜けてリアルト橋まで行き、溜息の橋の下をくぐって一周するコースがおすすめ。

スタンダードコース

スタート	サンタ・ルチア駅 ➡ MAP p.226-A

水上バス8分 │ 駅前広場に水上バス(ヴァポレット)チケット売り場がある

リアルト橋 ➡ p.233　　所要 10分

水上バス8分 │ 橋の上からの眺めも最高

アカデミア美術館 ➡ p.236　　所要 90分

水上バス8分 │ 古い木造のアカデミア橋を目印に。サン・マルコ広場と大聖堂へはサン・ヴァッラレッソで下車

ゴール	サン・マルコ広場 ➡ p.232

ウォーキングコース①

スタート	リアルト橋 ➡ p.233

徒歩15分 │ マッツィーニ通り Larga Mazzini からメルチェリーエ通りへと進む

サン・マルコ広場 ➡ p.232　　所要 1時間

徒歩10分 │ ブランドショップがあるサン・モイゼ通りを抜ける

ゴール	ラ・フェニーチェ劇場 ➡ p.233

ウォーキングコース②

スタート	サンタ・ルチア駅 ➡ MAP p.226-A

徒歩3分 │ 駅を背に右手に歩くと、ガラス張りの橋が見えてくる

コスティツツィオーネ橋(カラトラヴァ橋) ➡ MAP p.224-E　　所要 10分

徒歩8分 │ 新しくできた第4の橋を渡ってみよう

サンタ・マリア・グロリオーザ・デイ・フラーリ教会 ➡ p.235　　所要 40分

徒歩10分 │ ティツィアーノの絵画作品が見られる

ゴール	リアルト橋 ➡ p.233

チェックポイント
まずは水上バス1番・2番に乗って、サン・マルコ広場までの大運河の顔を眺めてみよう。リアルト橋周辺にはレストランやカフェも多い。

●アクセスのコツ

大きな荷物は駅に預け、身軽に行動するのがヴェネツィアではおすすめ。万一、水上バスに大きな荷物を載せる場合、所定の荷物置き場があるので、そこへ載せること。

チェックポイント
リアルト橋からサン・マルコ広場までは徒歩15分ほど。楽しい散策路をぜひ歩こう。

●アクセスのコツ

街歩きでは標識が頼り。通りには方面を示す黄色い標識が付いている。矢印の示す方向へ進むとその方面へ出られるという目印だ。本土と違って、水の都独特の通りの名称もある。小道「カッレ Calle」、運河沿いの道「フォンダメンタ Fondamenta」、建物の下を通り抜ける道「ソットポルテゴ Sotoportego」を覚えておこう。

チェックポイント
新設のコスティツツィオーネ橋(MAP p.224-E)を渡ってリアルト橋まで歩いてみよう。

●アクセスのコツ

教会のあるフラーリ広場 Campo dei Frari を目印に。教会からは、教会南のサン・ポーロ広場からサン・シルヴェストロ広場 Campo di S. Silvestro かリアルト橋 Rialto の標識を目指して歩こう。

見どころが集まっているサン・マルコ広場周辺

第4の橋 コスティツツィオーネ橋(カラトラヴァ橋)

凡例:
- スタンダードコース
- ウォーキングコース①
- ウォーキングコース②
- ゴンドラコース

ゴンドラコース

スタート	サン・マルコ広場前 → p.232	
	ホテル「モナコ&グランド・カナル」(p.242)前などにもゴンドラ乗り場がある	
リアルト橋 → p.233		所要 3時間
	グリマーニ宮殿脇から大運河に出る。ドイツ商館の脇を入り再び小運河へ	
ため息の橋 → MAP p.227-L		所要 3時間
	映画『リトル・ロマンス』でも有名な橋の下を通って	
ゴール	サン・マルコ広場前 → p.232	

チェックポイント

ゴンドラ乗り場はサン・マルコ広場近くの大きなホテル前、小運河の入口などにある。乗り場は「Servizio Gondole」(ゴンドラ・サービス)と書かれたグリーンの看板が目印。乗り場によって値段は違い、料金を事前に確認する必要があるが、目安は1艘(6人まで乗船できる)30分約€80、60分€160。

● アクセスのコツ

サン・マルコ広場北側や、ホテル・バウアー・グリュンワルト(MAP p.227-K)脇の小運河なども人気のゴンドラ乗り場。

ため息の橋をくぐるコースは人気が高い

ゴンドラは乗船場所によってルートがほぼ決まっている

ヴェネツィアの窓口サンタ・ルチア駅

ヴェネツィアへの交通

空路で / by Air

ミラノ、ローマなどからヴェネツィア・テッセラ（マルコ・ポーロ）空港へ、アリタリア航空などの国内線が就航している。ローマからは1日6便、所要約1時間。ナポリからは1日2便、所要1時間15分。パレルモからは1日1便、所要1時間35分。ミラノからは空港へのアクセスを考えると、鉄道での移動が便利。

鉄道で / by Train

ヴェネツィアは幹線からははずれているが、イタリア有数の観光地だけあって本数は多い。ヴェネツィアに入る列車はまずヴェネツィア・メストレVenezia Mestre駅に停車してから、海を渡って終点のヴェネツィア・サンタ・ルチアVenezia Santa Lucia駅に到着する。間違ってメストレ駅で降りてしまうと次の列車が来るまで待つことになるので注意しよう。

ミラノから　一番速いのは高速列車「フレッチェ」シリーズLe Frecceの"フレッチャビアンカFrecciabianca"やイタロ（p.14）などで、所要時間は約2時間15分。フレッチェは1日約15本運行している。

ボローニャから　一番速いのは「フレッチェ」シリーズの"フレッチャルジェントFrecciargento"で、所要時間は約1時間15分。フレッチェは1日約20本運行している。

ヴェローナから　ミラノからの列車が停車するヴェローナからはフレッチャビアンカが最も速く、所要時間は約1時間11～10分。フレッチェは1日約24本運行している。

ローマから　「フィレッチェ」「イタロ」ともに所要時間は約3時間35分。フレッチェは1日20本、イタロは7本運行している。

ヴェネツィア・テッセラ空港から市内へ

空港は市内から約13kmのところにある。空港からヴェネツィア市内までは、サンタ・ルチア駅の向かい側にあるローマ広場Piazzale Romaまで30分間隔でバスが出ている。所要約20～25分、料金€8。空港とサン・マルコ広場を結ぶAlilaguna社の水上バスもあり、所要約1時間15分、30分～1時間間隔、料金€15。

空港からヴェネツィア・メストレまでのATVO社のバスは所要約20分、約30分おきに運行。料金€8。

観光案内所

住San Marco, Giardini Ex Reali
☎041-5298711
開9:00～15:30
休1/1、12/25
http://www.turismovenezia.it
MAP●切りとり-48、p.227-L

短い滞在なら駅の手荷物預かりを活用しよう

道路が狭く、車が1台も走らないヴェネツィアでの移動は水上バスが頼り。重いスーツケースを下げての移動は満員の船内では予想以上に困難だ。しかも、サン・マルコ広場周辺は冠水することも多く、こうなるとスーツケースは足手まといになる。

そこで、短い滞在ならショルダーバッグなどに必要最低限の荷物を移し、残りはスーツケースごと駅の手荷物預かりに預けてしまうのがおすすめの方法。

大運河を行き交う水上バス

市内の交通

水上バスの停留所

「トラゲット」と呼ばれる渡し船乗り場

車が1台も走らないヴェネツィアでは、水上バスと水上タクシーとゴンドラが足。車や長距離バス、空港からのバスでヴェネツィア入りした場合は、車止めとなるローマ広場で降りて、そこからは水上バスなどを利用することになる。水上タクシーやゴンドラはかなり高くつくため、ヴェネツィアでの移動は水上バスか徒歩というのが基本になる。

水上バス（ヴァポレット） Vaporetto

ヴェネツィアでの頼れる足はコレ

唯一の公共交通機関。滞在中は毎日のようにお世話になる乗り物だけに、路線やスマートな利用法を知り、大いに活用したい（切符の種類や買い方、乗降の仕方については次ページ参照）。水上バスは大運河はもちろん、リド島やムラーノ島（p.237）などへも頻繁に運行しているので便利。

運行時間は早朝から深夜まで約10分間隔、1番線は24時間運行。大運河沿いにはたくさんの停留所があり、目印も多い。周りの景色を見ながら気に入ったところで降りて、そこから歩き始めて次の停留所で乗り込む、といった気軽な利用ができる。

1番線と2番線は真っ先に覚えよう

水上バス路線のなかで最も利用するのは大運河を行き来する1番線と2番線。

1番線は大運河の各駅停車。ローマ広場からサン・マルコ広場まで各駅に停まりながらリド島まで往復する。運行本数も一番多い。2番線は1番とほぼ同じ路線。ローマ広場、サンタ・ルチア駅、リアルト橋、アカデミア、サン・マルコ広場近くなどに停まる。

水上タクシー Taxi

初乗り€15、その後1分ごとに€2。空港からサン・マルコまで約€100（夜間€110）が目安。乗場は、主な見どころ前にある。

水上バス運行図
（主な路線のみ）

電光掲示板で行き先と路線番号を確認しよう

主要な乗り場には切符の窓口がある。この脇に検札機があるのでタッチ

これが乗り場となる桟橋。進行方向によって乗り場が違うので注意しよう

乗り場には路線番号と停留所が書かれているのでもう一度チェック

ゆらゆら揺れる桟橋で水上バスが来るのを待つ

水上バスに乗り込む。荷物が多いときは船中央の指定場所に置くこと

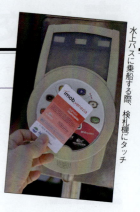
水上バスに乗船する際、検札機にタッチ

STEP 1 切符を買う

　水上バスの切符1回券（75分有効）、24時間券、72時間券などの乗り放題券があり、購入は英語で通じる。観光客の多いヴェネツィアでは切符窓口も込んでいて、順番待ちの長い列ができる。いちいち並ぶ時間はもったいないし、料金的に割安でもあるので、何度も乗るなら乗り放題券を買っておく方がいい。
　料金は1回券€7.50、24時間券€20、48時間券€30、72時間券€40、7日間券€60。切符は主要な水上バス停留所にあるActvと書かれた窓口で買い求める。切符を購入したら、使い始める前に、乗り場にある検札機に切符をかざすこと。これを忘れると罰金を払わなければならないので注意しよう。

STEP 2 乗船する

　検札機に切符をかざしたら、乗船OK。同じ路線でも進行方向を間違えると全然別の方角へ行ってしまうので、乗るときは路線番号だけでなく行き先もしっかり確認しよう。どの停留所に停まるかは、乗り場の案内板で確認する。船が停まったら船員が大声で行き先を叫ぶのでもう一度確認を。

STEP 3 船を降りる

　水上バスの停留所が近づいたら、船員が大声で停留所名を告げるので、乗降口の方へ移動して下船準備を。船は桟橋に接岸するときに減速するので、その間に案内板を見て停留所名をしっかりチェックしよう。

ゴンドラの料金と乗り方

　ヴェネツィア名物ゴンドラは、一度は乗ってみたいもの。だが風情はあるが料金は高い。コースによっても違うが、昼は40分€80、夜は€100が相場。定員は6人で、何人乗っても同じ値段だから、人数が多いときほど1人あたりの料金は割安になる。
　乗るときは、主な見どころの前にあるゴンドラ乗り場「Gondola Servizio」に行き、ゴンドリエ（ゴンドラ漕ぎ）に行く先やコースを告げて、料金の交渉をすることになる。

ヴェネツィアの風物詩、ゴンドラ

とっておき情報

水上都市ヴェネツィア
その栄華の歴史と悩み

100を超える島々に400もの橋がかかる、たぐいまれな水上都市ヴェネツィアは、どのように作られたのだろうか？ヴェネツィアの歴史は、6世紀頃にさかのぼる。当時のヴェネト地方が侵入者に襲われたため、住人はラグーナ（潟）のなかの小さな島々へ移り住むことを余儀なくされたのだ。

ラグーナとは、陸と海の間に広がる、海水と淡水の交じり合う水域のこと。ヴェネツィアの街作りは、このラグーナに杭を打って補強し、その上に作られたものだ。

次第に人口を増したヴェネツィアは、最初ビザンチン帝国の支配下に置かれたが、698年に初代総督が選出され、コンスタンティノープルから独立を果たす。8世紀には人民会議で総督が選ばれるようになった。828年にアレキサンドリアから聖マルコの遺骸が運ばれ、それを祀るためのサン・マルコ寺院が建設された。

最盛期は15、16世紀
世界の人が驚嘆する水上都市に

次第に勢力を増していったヴェネツィアは、10世紀頃にはダルマチアや、エーゲ海のクレタ島も征服。その頃から海運都市のジェノヴァやピサと地中海交易の覇権をめぐり、衝突を続けることに。

14世紀になるとヴェネツィアの人口は13万を超える大都市となり、1400年代初めには内陸部にも勢力を広げ始め、ヴェローナ、パドヴァ、ヴィチェンツァ、フェラーラ、クレモナ等まで占領。1489年にはギリシアのキプロス島まで征服するなど、勢力地図を拡大した。

東ローマ帝国の商人たちは、ナポリやシチリアの小麦、ギリシアのレーズンや南イタリアのオリーブ油、アドリア海の海塩、アフリカの金、東方の胡椒や香辛料、綿などをヴェネツィアで取引した。また、文化的にも、フィレンツェに次いでルネサンス文化が花開いた都市で、ティツィアーノ、ティントレット、ヴェロネーゼらの画家が活躍した。

だが、15世紀がヴェネツィアの黄金期で、16世紀にはイタリア諸国とヨーロッパ諸国の同盟でヴェネツィアの勢力は弱められ、海上でもエーゲ海やギリシアの領土を失い、次第に力を失っていった。1797年、フランスのナポレオンによって占領されると、共和国は終焉を迎え、その後オーストリアの支配下を経て、1866年にイタリアに統合された。

治水への取り組みが
いつの世も最大の難問

美しいヴェネツィアにとって最大の悩みは、沈下と高潮の問題。そもそもラグーナは、河川の流入によって堆積物がたまりやすく、放置すれば浅瀬は消えて陸地になってしまう。かつてはピサも浅瀬にできた水上都市だったが、中世には陸地となった街だ。ヴェネツィアも16世紀にはラグーナの堆積物をどうするかに頭を悩ませ、大規模でお金のかかる治水工事を完遂させた。さらには、海水が入り込み過ぎて浅瀬が「海」になってしまう海洋化の問題にも取り組み、ラグーナの外側に潮流をコントロールする防波堤を造る大工事も施された。絶えず治水に莫大な費用と労力をかけながら、世にも稀な水上都市は維持されてきた。

サン・マルコ広場の冠水

だが、近年は新たな問題が持ち上がって、市当局を悩ませている。それは、ボートや水上バスのモーターによってラグーナを支えている土台の泥土がかく乱され、泥土の足腰が弱くなった状態になってしまい、20世紀以降は70cmも地盤沈下していること。現在も秋冬の正午頃から1〜2時間、高潮になると、海抜の低いサン・マルコ広場周辺は冠水してしまう。年々観光客が増加して観光収入が増えるのは、治水財源の確保となってよい面もあるのだが、地盤沈下に拍車をかける結果にもなり、この問題を解決するため、現在、サン・マルコ周辺で大規模工事が行われている。

サン・マルコ広場〜リアルト橋周辺
Piazza San Marco〜Ponte di Rialto

歩き方のヒント

楽しみ
観光 ★★★★★
食べ歩き ★★★
ショッピング ★★★★
交通の便
水上バス ★★★★★
エリアの広さ
リアルト橋〜サン・マルコ広場までは約500〜600m。ゆっくり歩いても15分ほどの距離の通りに、ブランドショップやみやげもの店が軒を並べている。

壮大な建物に囲まれたサン・マルコ広場

サン・マルコ大聖堂

創業1720年の老舗、サン・マルコ広場の名物カフェ・フローリアン

街のしくみ＆ウォーキングの基礎知識

ヴェネツィアで一番賑やかな中心部

華やかなヴェネツィアのなかでも、サン・マルコ広場周辺は街一番の賑わいを見せている。世界中から訪れた観光客がサン・マルコ広場でお茶をしたり、記念撮影にいそしんだり。街歩きはここを起点に始めよう。ここから、もう一つの観光拠点、リアルト橋にかけての一帯はブランドショップやレストランも多いので、散策も楽しみ。サン・マルコ広場からリアルト橋までは、水上バスに乗ると何駅もあるが、実は歩いても15分ほど。ヴェネツィアの楽しさを実感するためにも、一度は歩いてみよう。

見どころ

サン・マルコ広場
Piazza San Marco
●切りとり48 P.227-L

水上バス1番線サン・マルコ・ヴァッラレッソS.Marco Vallaressoから徒歩3分

鐘楼に登ればラグーナも一望できる

ヴェネツィアの政治、宗教、文化の中心として、サン・マルコ大聖堂やドゥカーレ宮殿など主要な建物が集まる広場。12世紀頃から広場の形が整い始め、16世紀半ばの新行政長官府の建造により、三方向を大理石の柱廊に囲まれた華麗な大広間のような空間が完成した。エレベーターで上に登れる高さ約96mの鐘楼、500年間時を告げている時計塔がある。

サン・マルコ大聖堂
Basilica di San Marco
●切りとり44 P.227-L

水上バス1番線S.Marco Vallaressoから徒歩3分

ビザンチン工芸の粋

町の守護聖人、聖マルコの遺骨を祀るため11世紀に建造。東洋的な丸屋根を持ち、壁面は金箔モザイクで埋めつくされている。主祭壇裏のパラ・ドーロ（黄金壁画）、宝物館のビザンチン工芸が見事。入口右手の階段を登るとバルコニーに出られる。

金色のモザイクで彩られた大聖堂入口

大聖堂 ⏰9:45〜17:00、日曜・祝日は14:00〜 💰無料、博物館／⏰9:45〜16:45 💰€5

ドゥカーレ宮殿
Palazzo Ducale
●切りとり48 P.227-L

水上バス1番線S.Marco Vallaressoから徒歩3分

歴代総督の華麗なる住まい

ヴェネツィア共和国の歴代ドージェ（総督）の住居、政治、司法の中枢だった建物。9世紀に建てられ、その後改築を経て15世紀に現在の形に。豪華な内部はヴェネツィア派絵画で飾られている。なかでも2階大評議室の間を飾るティントレットの大作『天国』は必見。隣接する牢獄との間に、ため息の

均衡の取れたリアルト橋 夜はライトアップされる

橋が架かっている。 開8:30〜19:00、冬季は〜17:30 休1/1、12/25 料€20（コッレール美術館との共通券）

コッレール美術館
Museo Correr
水上バス1番線S.Marco Vallaressoから徒歩3分
●切りとり48 P.227-L

ヴェネツィアの生活資料と美術品を展示
サン・マルコ大聖堂の向かい側にある新行政館の2、3階にある。14世紀から18世紀までの美術、歴史や風俗を知る貴重な資料が展示されている。歴史館（2階）と絵画館（3階）に分かれ、ヴェネツィア派の画家ジョヴァンニ・ベッリーニの『ピエタ』、カルパッチョの『二人の娼婦』などの重要作品が見られる。

風俗的描写で知られる画家カルパッチョの『二人の娼婦』

開10:00〜19:00、冬季は〜17:00（入館は閉館1時間前まで） 休1/1、12/25 料€20（ドゥカーレ宮殿との共通券）

ラ・フェニーチェ劇場
Teatro la Fenice
水上バス1番線S.Marco Vallaressoから徒歩5分
●切りとり47 P.227-K

イタリアが誇る貴重なオペラ座
ヴェルディの『ラ・トラヴィアータ』を初演した、イタリアを代表する国立歌劇場。小規模ながらヨーロッパ有数の美しさと音響の素晴らしさで知られる。18世紀終わりに建てられた劇場は、1996年の火災で内部を焼失したが2003年末、7年の工事期間を経て再建された。公演予定や料金などは公式サイトで。
http://www.teatrolafenice.it/（オンライン予約・決済も可能）

カ・グランデ（コルネル宮殿）
Ca Grande (Palazzo Colner)
水上バス1番線サンタ・マリア・デル・ジリオSanta Maria del Giglioから徒歩3分
●切りとり47 P.227-K

16世紀の貴族商人の館
大運河のS字の終盤、アカデミア橋を過ぎると左手にある威圧感のある3層の建物で、コルネル宮殿ともいう。1536年、建築家サンソヴィーノにより建てられた、ヴェネツィアの貴族商人コルネル家の住居だったもの。

リアルト橋
Ponte di Rialto
水上バス1/2番線リアルトRialtoから徒歩1分
●切りとり43 P.227-G

大運河のほぼ中央にある美しい太鼓橋
大運河の中程、幅が最も狭くなるところにかかるアーチ形の橋。13世紀の建造時には木造だったが、16世紀末、公募で選ばれた建築家アントニオ・ダ・ポンテにより大理石で再建された。アーチが回廊風に並ぶ長さ48mの橋の上は、貴金属店と皮革製品の店が並ぶショッピングアーケードに。橋のたもとの中央郵便局は、13世紀のドイツ商館の建物。

サンタ・マリア・デイ・ミラーコリ教会
Chiesa di Santa Maria dei Miracoli
水上バス1/2番線Rialtoから徒歩6分
●切りとり40 P.227-D

色大理石を組み合わせた美しい外観
15世紀後半、ピエトロ・ロンバルドによって建てられた教会。外壁は色大理石を繊細に組み合わせた美しいもので、"ヴェネツィア・ルネサンスの宝石"として親しまれている。
開10:30〜16:30 休日曜 料€3

サン・マルコ信徒会堂
Scuola di San Marco
水上バス1/2番線Rialtoから徒歩8分
●切りとり40 P.227-D

外壁に不思議なだまし絵が
ヴェネツィア独特の慈善機能を持つ互助組織「スクオーラ」の建物だったところ。現在は市民病院となっていて中には入れないが、外壁に描かれた、サン・マルコの不思議なだまし絵がある。建物沿いのメンディカンティ運河は、かつて染色職人が布をすすぐために利用した運河だった。

サン・ジョルジョ・マッジョーレ教会
Chiesa di San Giorgio Maggiore
水上バス2番線サン・ジョルジョS.Giorgioから徒歩1分
MAP P.225-L

ティントレットの傑作が見られる
ドゥカーレ宮殿と海を隔てて向かい合って建つ、16世紀の教会。ヴィチェンツァの街並みを設計したパッラーディオが建築した。内陣の壁の両側に飾られた、ティントレットの傑作『最後の晩餐』『マナの収集』が有名。鐘楼のテラスに登ると、街を一望できる。

開9:00〜18:30、冬季は〜17:00 休無休 料鐘楼€5

大運河沿い
Staz.Nord〜Naviglio

大運河沿いのサンタ・マリア・デッラ・サルーテ教会

華やかな建築が並ぶ大運河沿い

歩き方のヒント

楽しみ
観光 ★★★★★
食べ歩き ★
ショッピング ★
交通の便
水上バス ★★★★
エリアの広さ
サンタ・ルチア駅〜サン・マルコ広場までの大運河は約4km。大きな移動には水上バス1番線、2番線を利用しよう。

街 のしくみ&ウォーキングの基礎知識

ヴェネツィアの名建築が並ぶ目抜き通り

サンタ・ルチア駅前から大きく逆S字型を描いて街の中心を流れる約4kmの大運河は、水の都ヴェネツィアの表通り。大運河沿いには貴族や商人の豪華な館が建ち並び、まるで建築様式の展示場のような華やかさだ。また、大運河からは網の目のように小運河が巡っている。ちょっと気取ったサン・マルコ広場周辺に対し、運河の左岸は庶民の暮らしの中心部。水上バスで水辺のパノラマを堪能したら、陸に降りて素顔のヴェネツィア探訪に出掛けよう。

見 どころ

カ・ドーロ
Ca D'Oro（Galleria Giorgio Franchetti）
水上バス1番線カ・ドーロCa d''Oroから徒歩1分

ゆとり39 P.227-C

「黄金の館」の名を持つ華麗なゴシック建築

15世紀に建てられたヴェネツィアン・ゴシックの最高傑作。連続アーチを描く華麗なバルコニーが目を引く建物で、かつて運河沿いのファサードは黄金で装飾されていたという。現在、内部はフランケッティ美術館になっており、絵画、工芸品などが展示。
開8:15〜19:15、月曜は〜14:00（入場は閉館30分前まで）休1/1、5/1、12/25 料€11

繊細な連続アーチが美しい

・大作の絵画があるサン・ロッコ大信徒会堂

カ・ペーザロ
Ca'Pesaro (Biblioteca di Storia dell'Arto)
切りとり39 P.227-C
水上バス1番線サン・スタエS.Staeから徒歩2分

近代絵画が展示される、かつての貴族の館
　建築家ロンゲーナの名作として知られるバロック様式の建物で、上層階をめぐる円柱が美しい。18世紀に富豪ペーザロの館として建てられたもので、現在は近代美術館・東洋博物館として利用されている。

開10:00～18:00、11～3月は～17:00（入場は閉館1時間前まで）　休月曜、1/1、5/1、12/25　料€10

魚市場
Pescheria
切りとり39 P.227-C
水上バス1/2番線リアルトRialtoから徒歩5分

庶民の暮らしが息づく、運河沿いの商空間
　カ・ドーロの対岸にある市民の台所。アドリア海や近海でとれた新鮮な魚介類が並ぶ。青物市場も隣接し午前中は買い物客で賑わう。

サンタ・マリア・グロリオーザ・デイ・フラーリ教会
Basilica di Santa Maria Gloriosa dei Frari
切りとり42 P.226-F
水上バス1/2番線サントマS.Tomaから徒歩5分

ティツィアーノの記念碑的傑作が空間を埋める
　フランチェスコ派の教会として14～15世紀に建立されたゴシック様式の建物。内部にはヴェネツィア派絵画の巨匠ティツィアーノの傑作『聖母被昇天』ほか、ドナテッロの『洗礼者ヨハネ』などが飾られている。画家自身の墓もこの教会にある。
開9:00～18:00(日曜・祝日13:00～)　休無休　料€3

サン・ロッコ大信徒会堂
Scuola Grande di San Rocco
切りとり42 P.226-F
水上バス1/2番線サントマS.Tomaから徒歩5分

巨大なティントレットの絵画が広間を埋める
　16世紀に建てられた互助組織の建物で、貧しい人や病人などを収容し、介護や食事を与えていた。会員は裕福な市民で構成されていたが、その1人でヴェネツィア派の画家ティントレットが25年がかりで描いた天井画や絵画が飾られている。とりわけ、1階にあ

隣に建つ、サン・ロッコ教会にも名画が

る『受胎告知』、『エジプトへの逃避』、『マグダラのマリア』などの大作と、2階の『キリストの磔刑』は見逃せない。隣には、聖ロッコを祭るサン・ロッコ教会があり、堂内にもティントレットの作品がある。
開9:30～17:30、(入館は～17:00)　休1/1、12/25　料€10(オーディオガイド含む)

カ・フォスカリ
Ca'Foscari
切りとり42 P.226-F
水上バス1/2番線カ・レッツォーニコCa'Rezzonicoから徒歩5分

ヴェネツィアン・ゴシック様式の傑作の一つ
　大運河が大きく曲がる角に建つ4階建ての館。14世紀のヴェネツィアン・ゴシックの代

8連アーチの回廊が特徴

表的建物で、8連のアーチと2層の回廊、ファサードを飾る透かし模様が美しい。総督フォスカリの館だった建物は、現在ヴェネツィア大学の政経学部と文学部として使われている。

カ・レッツォーニコ
Ca'Rezzonico
切りとり46 P.226-J
水上バス1/2番線カ・レッツォーニコCa' Rezzonicoから徒歩1分

18世紀の貴族の暮らしを展示する博物館
　カ・フォスカリ近くに建つバロック様式の建物。17～18世紀にかけて建造され、石組を積み上げた1層の上にヴェネツィア風のアーチ窓を持つ2、3層を重ねた、当時最新の様式。内部は18世紀の生活様式を再現した18世紀博物館。天井にはルネサンス期の画家ティエポロのフレスコ画も残る。カフェやミュージアム・ショップもある。
開10:00～18:00、冬季は～17:00（入館は閉館1時間前まで）　休火曜、1/1、5/1、12/25　料€10

ヴェネツィア風アーチ窓が美しい

ヴェネツィア　見どころ

アカデミア美術館
Gallerie dell'Accademia
●切りとり46
P.226-J

水上バス1/2番線アカデミアAccademiaから徒歩1分

ヴェネツィア派絵画の歴史を系統的に展示

華やかな色彩と油彩の手法によって、独自の絵画世界を持つヴェネツィア派。その系譜は、ベリーニ親子によって基礎が築かれ、カルパッチョ、ジョルジョーネを経て、ティツィアーノ、ティントレット、ヴェロネーゼによって完成した。教会の建物を利用した館内には、これら14〜18世紀のヴェネツィア派の巨匠の作品が年代を追って系統的に展示されている。

主な作品は、カルパッチョの9枚の連作『聖ウルスラの伝説』、ティツィアーノの傑作『聖母の神殿への奉献』や遺作『ピエタ』、ティントレット『聖マルコの奇蹟』など。イタリア美術の至宝の数々をじっくり鑑賞したい。

白い建物が美術館入口

開8:15〜19:15、月曜は〜14:00 休1/1、12/25
料€15(特別展は変動あり)

ペギー・グッゲンハイム・コレクション
Collezione Peggy Guggenheim
●切りとり47
P.227-K

水上バス1番線サルーテSaluteから徒歩5分

モダンアートの巨匠作品を展示する白い館

シュールレアリズム作品の美術収集家として有名な米国人女性ペギー・グッゲンハイムが、1979年に亡くなるまでの30年間暮らした邸宅。現在はニューヨークのソロモン・グッゲンハイム財団の手によって運営されている。内部にはピカソ、ブラック、クレー、モンドリアン、カンディンスキー、デ・キリコ、ポロックら、現代美術の傑作が展示されている。

前衛芸術家の擁護者であったペギーのコレクションを展示

20世紀芸術の巨匠作品が並ぶ

開10:00〜18:00 休火曜、12/25 料€15

サンタ・マリア・デッラ・サルーテ教会
Basilica di Santa Maria della Salute
●切りとり47
P.227-K

水上バス1番線サルーテSaluteから徒歩1分

大運河の終盤を彩る、美しいドーム

大運河が終わるサルーテ岬に建つ。巨大な円蓋に覆われたヴェネツィア・バロック建築の傑作は、17世紀にペストの終焉を感謝して聖母マリアに捧げられたもの。内部の聖具室や天井には、ティントレット、ティツィアーノらの絵画が飾られている。

開9:30〜12:00、15:00〜17:30
休無休 料€4

夕暮れのサンタ・マリア・デッラ・サルーテ教会

MAP P.236

ラグーナの島々
La Laguna

ラグーナにすっぽり包まれたヴェネツィアのもう一つの楽しみは、周囲に点在する島巡りだ。穏やかな海には、漁業で生計をたてる人々が、今も昔のようにゆったりと流れる時間のなかで暮らしている。ヴェネツィアン・グラスやレース編みの伝統工芸を受け継ぐ島、憧れの高級リゾートなど、さまざまな歴史を持つ島がある。人口密集地のヴェネツィアでは味わえない、潮風と光が心地よい。日程に余裕があったら、1日は島巡りにあててみよう。

ガラス工場の見学もできる

リド島
Lido
水上バス1番線でサン・マルコ・ザッカリアS. Marco Zaccariaから約15分
MAP P.237

ヴェネツィアの東方に横たわる細長い島。19世紀の終わりからイタリア有数のリゾート地として、また映画祭の会場として世界的に知られるようになった。アドリア海側は白砂のビーチが続き、高級ホテルやカジノが建っている。その優雅な海岸の雰囲気は、グランドホテル・デ・バンを舞台にした映画『ヴェニスに死す』に詳しい。3〜10月のシーズン中はたいへんな賑わいの島も、冬場は静かだ。

プライベート・ビーチでくつろぐ（グランドホテル・デ・バン）

ムラーノ島
Murano
水上バスフォンダメンタ・ヌオヴェFondamenta Nuoveから4.1/4.2番線で約10分
MAP P.236

ヴェネツィアの北1.5kmの海上に浮かぶ、本島からは比較的近い島。13世紀にガラスの製法が伝わり、以来ヴェネツィアン・グラスの伝統と技を守り続けてきた。船付場近くの運河の両側には、吹きガラスの工房やガラス製品の専門店、みやげ物店が並ぶ。ガラス工芸博物館を見学すると、歴史がわかる。

ブラーノ島
Burano
水上バスフォンダメンタ・ヌオヴェFondamenta Nuoveから12番線で約50分
MAP P.236

ヴェネツィアン・レースと漁業の島。カラフルな家の外壁は、漁に出た村人が霧に包まれる冬でも家を見分けるためといわれる。残念ながら、みやげ物店に並ぶレース編みはアジア製のものが多くなってしまった。16世紀からのレース工芸の歴史と技術のすばらしさはレース博物館で見たい。

ブラーノ島産の高級レース

トルチェッロ島
Torcello
水上バスフォンダメンタ・ヌオヴェFondamenta Nuoveから12番線で約1時間
MAP P.236

ブラーノ島から5分ほどにある、ラグーナ最北の静かな島。ラグーナで最初に人が住み着き、5世紀から10世紀まではヴェネツィアの中心地だった。古い歴史を持つ2つの教会と博物館が残されている。

ヴェネツィア 237 見どころ

リド島 Lido

ショッピング

ヴェネツィアはブランド・ショッピングの穴場。日曜も開店している店が多い。ショッピングエリアはサン・マルコ広場の西と、サン・マルコ広場からリアルト橋にかけての一帯。

サン・マルコ広場　MAP p.227-L

サン・マルコ広場をぐるりと囲む形で、ヴェネツィアン・グラスやレース専門の老舗、カフェが並んでいる。ヴェネツィアン・グラスの老舗としては、パウリPauly、サルヴィアーティSalviati、ヴェニーニVeniniなどが有名。

ヴァッラレッソ通り　MAP p.227-L

サン・マルコの船着き場前の路地ヴァッラレッソ通りには、ドルチェ＆ガッバーナ、グッチ、ボッテガ・ヴェネタ、ミッソーニなどのブランド・ショップが並んでいる。この通りと交差する22マルツォ Via 22 Marzo通りにもブランド・ショップが多い。

22マルツォ通り　MAP p.227-K

サン・マルコ広場の西側のサン・モイゼ通りSalizzada San Moiseと、その先の22マルツォ通りには、ルイ・ヴィトンやプラダ、ブルガリなどのブランド・ショップが並んでいる。きれいな色のスカーフの店など専門店も。サン・マルコ広場から歩いても4、5分の距離なので、ぶらぶら散策してみよう。

メルチェリーエ通り　MAP p.227-H

サン・マルコ広場から北へリアルト橋に向かう細い路地の両側には、マックスマーラ、グッチ、カルティエ、フルラ、マックスアンドコー、ポリーニなどのブランド・ショップが並び、人通りも多い。ヴェネツィアン・レースの老舗などの専門店も多い。

ムラーノ島　MAP p.236

ヴェネツィア本島から水上バスに乗り、約75分で行けるムラーノ島は、ヴェネツィアン・グラスの本場。老舗ガラス工房が数軒あり、ショールームを併設している。芸術作品から日用品まで、さまざまなガラス製品を展示販売しているので、気軽にのぞいてみよう。製作工程を見学させてくれる工房やガラス工芸博物館もある。

グッチ
Gucci
MAP　切りとり-44　p.227-H

小さな店だけど、品ぞろえのよい穴場

フィレンツェ生まれのグッチオ・グッチが創業。機能的で美しいバッグやレザーウエア、ほどよくトレンドを取り入れたシューズなどが人気を集めている。近くの22マルツォ通りにも店がある。

■交 サン・マルコ広場Piazza San Marco内
■住 Piazza San Marco ,258
■☎ 041-5229119
■開 10:00～19:30、日曜・祝日は～19:00
■休 1/1、12/25

ボッテガ・ヴェネタ
Bottega Veneta
MAP　切りとり-47　p.227-L

編み込みレザーのバッグが人気

ボッテガ・ヴェネタの代名詞といえる柔らかなラム革で編み上げる「編み込みレザー（イントレチャート）」のバッグが人気。上質レザーの手触りはまさに職人技。財布やベルトなどの小物も高品質。

■交 サン・マルコ広場から徒歩3分
■住 San Marco, 1473 Salizada San Moise'
■☎ 041-5228489
■開 10:00～19:00、日曜は10:30～
■休 1/1、12/25

カリスマ
KARISMA
MAP ●切りとり-42 p.226-F

彩りも美しい伝統文具

500年以上続くヴェネツィアの製本技術を生かしたハンドメイドの手帳や日記帳は€28から。明るく発色のよいマーブル紙の鉛筆セットは€25〜。ヴェネツィアン・グラスのペンも美しく丁寧な造り。

- 交リアルト橋Ponte di Rialtoから徒歩10分
- 住S.Polo,2752
- ☎041-8223094
- 開9:30〜19:30
- 休無休

リゾラ
L'Isola
MAP ●切りとり-46 p.226-J

ヴェネツィアン・グラスの老舗

サン・マルコ広場にある老舗ガラス工芸店。世界的なガラス工芸作家の作品から、日常使いたい美しい器まで。現代作家カルロ・モレッティなどのモダンなデザインの作品も取り扱っている。

- 交水上バス1番線サンタンジェロS.Angeloから徒歩5分
- 住San Marco, 2970 Calle de le Botteghe
- ☎041-5231973　開10:30〜19:30
- 休1〜3月の日曜、1/1、12/25、12/26

ケレル
Kerer
MAP ●切りとり-44 p.227-H

本物の刺繍、レースにうっとり

フゼッロFuselloといわれる木製器具に糸をつけ、掛け合わせながら編む伝統のレース。手ごろな品は中国製品に置き換わった現在も、ここはヴェネツィア製を扱っている。ハンカチ、ナプキンからテーブルセンター、テーブルクロスまであるが、後継者不足が悩みで作り手も70代以上だという。

- 交サンマルコ広場Piazza San Marcoから徒歩2分
- 住Palazzo Trevisan Canonica 4328A-4317
- ☎041-5235485
- 開10:00〜18:00（冬季は〜17:00）
- 休日曜・祝日、1/1、12/25、12/26

カ・マカナ
Ca'Macana
MAP ●切りとり-46 p.226-J

手作り仮面が300種以上

皮革、紙、陶器などの素材で手作りした仮面がところ狭しと並ぶ。小さな仮面で€3.80から高級なものになると€1万5000。カーニバル用の衣装やブローチなどの小物は見ているだけで楽しい。

- 交水上バス1番線カ・レッツォーニコCa'Rezzonicoから徒歩2分　住Dorsoduro,3172
- ☎041-2776142
- 開10:00〜20:00、冬季は〜18:30
- 休1/1、12/25、12/26、1月の2週間

イル・パピロ
Il Papiro
MAP ●切りとり-44 p.227-H

マーブル紙を使った高級文具

17世紀にフランスから伝わったマーブル技法は草木の汁から作る溶液の表面に刷毛で模様を描き紙に写し取るもの。その技法で作られたレターセットや筆記具、手帳などはどれも美しいものばかり。

- 交サン・マルコ広場から徒歩5分
- 住Castello, 5275
- ☎041-5223648
- 開9:30〜20:00、11〜4月10:30〜19:00
- 休1/1、12/25、12/26

レ・ペルレ
Le Perle
MAP ●切りとり-43 p.227-H

元宝飾デザイナーが作るアクセサリー

ヴェネツィアングラスを使ったアクセサリーと器の店。経営者でデザイナーのドナテッラのセンスと技術を生かした作品は繊細でモダン。ネックレス約€55〜。グラス約€20、イヤリング約€15〜。

- 交リアルト橋Ponte di Rialto内
- 住Ponte di Rialto, 5329
- ☎041-2413472
- 開10:00〜19:30
- 休無休

ヴェネツィア　ショッピング

レストラン

Restaurant

新鮮な魚介を使ったヴェネト料理をぜひ。料理のバリエーションの多さや、珍しくておいしい魚介類の種類の多さにも驚かされる。パスタとの相性のよさも楽しんで。

€予算：ディナー1人分　℞予約が必要　Ⓣ服装に注意

ダ・フィオーレ
Osteria Da Fiore
MAP 切りとり-38　p.226-B　€100～　℞Ⓣ

ヴェネツィアを代表する名店の一つ

ヴェネツィアでも指折りの1軒。素材の新鮮さ、味付けの繊細さ、盛り付けのセンス、どれもすばらしい。魚やエビのすり身を詰めたラヴィオリなど、パスタと魚介の相性のよさに感動するはず。

■交水上バス1/2番線サン・シルベストロS.Silvestroから徒歩5分　■住San Polo, Calle del Scaleter, 2202a
■☎041-721308
■開12:30～14:30、19:00～22:30
■休日・月曜、8月の2週間、年末年始

ヴィニ・ダ・ジージョ
Vini Da Gigio
MAP 切りとり-39　p.227-C　€60～　℞

魚介のフライやグリルがおいしい

近海で獲れる魚介を、最もおいしい調理法で食べさせてくれる。茹でた魚介の盛り合わせ「アンティパスト・ミスト・マーレ」や、「セッピエ」という小型のイカのグリルは忘れられない味。

■交水上バス1番線カ・ドーロCa d'Oroから徒歩5分
■住Cannaregio,3628/A　■☎041-5285140
■開12:00～14:00、19:00～22:00
■休月曜、火曜、1月の2週間、8月の2週間、1/1、12/25、12/26、12/31

コルテ・スコンタ
Corte Sconta
MAP p.225-H　€85～　℞Ⓣ

魚市場を見てその日のメニューを決める

その日の市場を見てからメニューを決めるという意欲的な1軒。この店ではおまかせコースを頼むのもおすすめ。数種類の前菜と少な目のパスタ、メインと、コース全体でほどよい分量に抑えてある。

■交水上バス1番線アルセナーレArsenaleから徒歩4分
■住Castello, Calle del Pestrin,3886
■☎041-5227024
■開12:30～14:00、19:00～21:30
■休日曜、月曜、7月下旬～8月中旬、1/8～2/8

アッレ・テスティエーレ
Alle Testiere
MAP 切りとり-44　p.227-H　€65～　℞

新鋭シェフが毎日市場へ仕入れに

20席の小さな店だが若手シェフ、ブルーノの創り出す魚介料理が評判。「モエケ」(小さなカニ)の揚げ物は殻まで柔らかく香ばしい。手長エビのパスタも濃厚な味。デザートもすべて手作り。

■交リアルト橋から徒歩5分
■住Castello, Calle del Mondo Novo,5801
■☎041-5227220
■開12:00～15:00、19:00～23:00
■休日曜、月曜、8月、12/25～1月中旬

アル・マスカロン
Al Mascaron
MAP 切りとり-44　p.227-H　€25～　℞

その日の仕入れでメニューが替わる

ランチタイムも人気の気軽な店。手長エビ、アサリ、イカなどを使ったパスタがおいしい。新鮮なタコやムール貝の蒸し物、豆の煮物などの前菜は店の入口に並べてあり、目で見て選ぶこともできる。

■交リアルト橋から徒歩7分
■住Castello, Celle Lunga S.Maria Formosa, 5225
■☎041-5225995
■開12:00～15:00、19:00～23:00
■休日曜、12/20～1/20

バーカロ・ダ・フィオーレ
Bacaro da Fiore
MAP ●切りとり -47 p.227-K €30〜(食事)

おいしいつまみで軽く一杯

地元で評価の高い同名トラットリアに併設のバーカロ(居酒屋)。グラスワインとともに、イカフライ、ホタテのグリルなど郷土料理のおつまみ「チケッティ」を気軽に味わえる。

- 交 水上バス1番線サンタンジェロS.Angeloから徒歩5分
- 住 Calle de le Boteghe,3461 San Marco
- ☎ 041-5235310
- 開 9:00〜22:00
- 休 火曜

ウン・モンド・ディ・ヴィーノ
Un Mondo di Vino
MAP ●切りとり -40 p.227-D €10〜

ヴェネツィア名物のつまみで一杯

目の前に並ぶ「チケッティ」(つまみ)を指差して注文できるのが、ヴェネツィアのバーカロ(バー)のありがたいところ。ワインの種類も豊富で、明るい時間帯からワイン好きが集まる。

- 交 リアルト橋から徒歩10分
- 住 Salizada San Canciano 5984
- ☎ 041-5211093
- 開 10:00〜0:00a.m. 冬期10:00〜23:00
- 休 無休

カフェ・フローリアン
Caffé Florian
MAP ●切りとり -48 p.227-L €5.70〜(飲み物)

1720年創業の老舗カフェ

サン・マルコ広場はカフェ発祥の地。その中でも最古の1軒。18世紀前半には人々が集うオアシス的な存在だった。手の込んだ内装が歴史を物語る。広場に面したオープンテラス席も人気。

- 交 サン・マルコ広場 Piazza San Marco内
- 住 Piazza San Marco, 7
- ☎ 041-5205641 開 10:00〜21:00 (金・土曜9:00〜23:00、日曜は9:00〜)
- 休 無休

カヴァタッピ
Cavatappi
MAP ●切りとり -44 p.227-H €5〜(ワイン)、€35〜(食事)

60種類以上のワインをそろえたバー

その日に獲れた新鮮な魚介類をワインと共に味わえるワイン・バー。ヴェネツィアのあるヴェネト州を中心に取りそろえた約60種類のワインの中から、好みのものをグラスで味わうことができる。

- 交 サン・マルコ広場から徒歩3分
- 住 Campo della Guerra, 525/526
- ☎ 041-2960252
- 開 10:00〜24:00
- 休 月曜、火・水・日曜の夜

カンティナ・ド・モーリ
Cantina Do Mori
MAP ●切りとり -39 p.227-C €2.5〜(ワイン)

100種類のワインが飲めて、つまみも美味

天井からぶら下がった銅鍋の数々と、カウンターに並んだ惣菜の種類の多さにびっくり。ヴェネツィアで一番古い居酒屋だけに、なんともいえない雰囲気がある。ヴェネトの白ワインを堪能したい。

- 交 リアルト橋から徒歩4分
- 住 San Polo,429
- ☎ 041-5225401
- 開 8:00〜19:30
- 休 日曜・祝日

トッレファツィオーネ・カンナレージョ
Torrefazione Cannaregio
MAP p.224-B

焙煎したてのコーヒーでほっとひと息

こだわりの豆を自家焙煎している店。独自ブレンドのコーヒーに泡立てたミルクを加えた「カフェ・ヴェネシアン」やヘーゼルナッツのシロップを加えた「カフェ・ノッチョーラ」が一番人気。

- 交 サンタ・ルチアSanta lucia駅から徒歩15分
- 住 Sestiere Canareggio 1337
- ☎ 041-716571
- 開 7:00-19:30、日曜9:30〜18:30
- 休 無休

ヴェネツィア レストラン

241

Hotel

サンタ・ルチア駅周辺と中心部のサン・マルコ広場周辺に集まっている。どちらも観光客が集中する場所なだけに宿泊料金は高めだ。季節や曜日によっても料金が変わる。

※日本でのホテル予約は、p.391参照

モナコ&グランド・カナル
Monaco & Grand Canal
MAP ●切りとり -48　p.227-L

1870年開業の伝統と眺めのよさを満喫

サン・マルコ広場に近く大運河に面した絶好のロケーション。眺めのよいテラス・レストランもある。落ち着いた内装の客室はアメニティも充実。周辺にはブランドショップが多く、食事にも便利。

交水上バス1番線サン・マルコ・ヴァッラレッソS.marco Vallarrsoから徒歩1分　住San Marco,1332
☎041-5200211　FAX041-5200501
料S €265〜　T €265〜　■92室　■WiFi 無料
http://www.hotelmonaco.it/

サン・カッシアーノ
San Cassiano
MAP ●切りとり -39　p.227-C

ゴシック様式で建てられた貴族の館

大運河を挟んで対岸にゴシック期の名建築カ・ドーロが見える。客室は19世紀の家具でまとめられていて落ち着ける。朝食をとるラウンジからは大運河の眺めが抜群。アカデミア美術館へも近い。

交水上バス1番線サンスタエS.Staeから徒歩5分
住Santa Croce, 2232
☎041-5241768　FAX041-721033
料S €115〜　T €175〜　■35室　■WiFi 無料
http://www.sancassiano.it/

アカデミア
Pensione Accademia
MAP ●切りとり -46　p.226-J

17世紀の別荘を改装した静かな宿

アカデミア美術館の近くにある上品な雰囲気のプチホテル。緑に囲まれた中庭があり、リラックスできる。衛星放送完備。バスタブ付きの部屋も7室ある。水上バス乗り場から歩いてすぐ。

交水上バス1番線アカデミアAccademiaから徒歩3分
住Dorsoduro,Fondamenta Bollani, 1058
☎041-5210188　FAX041-5239152
料S €145〜　T €270〜　■25室　■WiFi 無料
http://www.pensioneaccademia.it/

ド・ポッツィ
Do Pozzi
MAP ●切りとり -47　p.227-K

高級ブランド店街の路地裏にある

サン・マルコ広場まで150mという便利な場所にある隠れ家ホテル。路地奥にあり、静かな環境で、客室は清潔。全室シャワー、ミニバー付き。ブランドショップが並ぶ22マルツォ通りへもすぐ。

交水上バス1番線サン・マルコ・ヴァッラレッソS.marco Vallaressoから徒歩4分　住Via XXII Marzo, 2373
☎041-5207855　FAX041-5229413
料S €120〜　T €195〜　■28室　■WiFi 無料
http://www.hoteldopozzi.it/

フローラ
Flora
MAP ●切りとり -47　p.227-K

サン・マルコ広場に近い隠れ家

フローラとは「花の女神」の名。その名にふさわしい美しい中庭がある。全室違った間取りの客室は、ヴェネツィア様式のアンティーク家具が置かれ、落ち着ける。サン・マルコ広場へも徒歩約6分。

交水上バス1番線サン・マルコ・ヴァッラレッソS.marco Vallaressoから徒歩4分　住San Marco, 2283/a
☎041-5205844　FAX041-5228217
料S €115〜　T €170〜　■40室　■WiFi 無料
http://www.hotelflora.it/

ケッテ
Kette
MAP ●切りとり -47 p.227-K

観光・ショッピングに便利な立地

サン・マルコ広場西側のフェニーチェ劇場の近くにある。壁紙、ベッドリネン、カーテン、調度品はクラシカルで上品な雰囲気でまとめてあり落ち着ける。浴室には乾燥機能付きタオル掛けも装備。

■交水上バス1番線サン・マルコ・ヴァッラレッソS.marco Vallaressoから徒歩5分 ■住San Marco, 2053
■☎041-5207766 ■FAX041-5228964
■料S €180〜 T €200〜 ■63室 ■WiFi 無料
■http://www.hotelkette.com/

アンティコ・パナダ
Antico Panada
MAP ●切りとり -44 p.227-H

17世紀の館を改装したホテル

サン・マルコ広場とリアルト橋の中間に位置し、観光にも買い物にも便利。17世紀の貴族の館を改装したヴェネツィアン・スタイルの館内は、重厚で優雅な雰囲気。場所はサン・マルコ広場の北側。

■交サン・マルコ広場から徒歩2分
■住Calle Specchieri San Marco, 646
■☎041-5209088 ■FAX041-5209619
■料S €140〜 T €175〜 ■50室 ■WiFi 無料（ロビー） ■http://www.hotelpanada.it/

プラザ・ヴェニス・メストレ
Hotel Plaza Venice Mestre
MAP p.236 左

メストレ駅前にある便利なホテル

ヴェネツィア本島ではなく、鉄道で一つ手前のメストレ駅前にある。目の前にヴェネツィア本島ローマ広場行きバス停があり、交通至便で、バスルームも広く快適。本島より安く泊まれるのが魅力。

■交ヴェネツィア・メストレVenezia Mestore駅から徒歩1分 ■住Viale Stazione, 36, 30171 Mestre
■☎041-929388 ■FAX041-929385
■料S €90〜 T €95〜 ■209室 ■WiFi 無料
■http://www.hotelplazavenice.com/

リスボーナ
Lisbona
MAP ●切りとり -47 p.227-K

サン・マルコ広場のすぐ近く

サン・マルコ広場から100mほど。ゴンドラが通るサン・モイゼ運河に面している。中世の建物を利用しているが浴室は改装され快適に。乾燥機能付きタオル掛けも装備。朝食はハム、チーズも出る。

■交水上バス1番線サン・マルコ・ヴァッラレッソS.marco Vallaressoから徒歩3分 ■住San Marco, 2153
■☎041-5286774 ■FAX041-5207061
■料S €130〜 T €130〜 ■15室 ■WiFi 無料
■http://www.hotellisbona.com/

アルシオーネ
Alcyone
MAP ●切りとり -44 p.227-H

静かな環境に囲まれたプチホテル

サン・マルコ広場とリアルト橋の中間に位置し、どこへ行くにも便利。室内はヴェネツィアン家具でシンプルにまとめられている。朝食はコールドミールの簡単なもの。エレベータがないので注意を。

■交リアルト橋から徒歩5分
■住Calle dei Fabbri San Marco, 4712
■☎041-5212508 ■FAX041-5212942
■料S €110〜 T €110〜 ■21室 ■WiFi 無料（ロビー）
■http://www.hotelalcyonevenice.com/

アテネオ
Hotel Ateneo
MAP ●切りとり -43 p.227-K

ラ・フェニーチェ劇場の裏

外観も室内も簡素だが、ヴェネツィアでは比較的低価格で泊まれるリーズナブルなホテル。オペラやバレエ公演で有名なラ・フェニーチェ劇場に近く、サン・マルコ広場へも徒歩5分ほどで行ける。

■交サン・マルコ広場から徒歩5分
■住San Marco,1876
■☎041-5200777 ■FAX041-5228550
■料S €255〜 T €260〜 ■20室 ■WiFi 無料
■http://www.ateneo.it/

ヴェネツィア起点の旅

ヴェネト州 Veneto

地中海の女王ヴェネツィアVeneziaと、ロマンの香り漂うヴェローナVeronaがヴェネト地方の代表的都市。肥沃な平野地帯が広がっている。また、ヨーロッパ有数の山岳リゾートとして人気のあるコルティナ・ダンペッツオCortina d'Ampezzoがあり、ダイナミックな自然のなかで冬にはスキーが楽しめる他、春夏にはロープウェイで山頂まで登れ、3000m級の雄大な大自然を気軽に満喫できてお勧め。町の中心には高級ブティック、瀟洒なカフェが並び、エレガントなリゾート気分を楽しめる(p.22〜参照)。

ヴェネツィアから鉄道で約1時間のヴィチェンツァ Vicenzaには、ルネサンスの大建築家アンドレア・パッラーディオが理想郷を作ろうと才能と情熱を注いだ建築が並ぶ。

ヴェネツィアから鉄道で30分のパドヴァ Padovaは、ガリレオが教えダンテが学んだパドヴァ大学のある学芸都市。ジョットのフレスコ画で一面埋め尽くされた礼拝堂も見事だ。

ヴェネト州の名物

アドリア海に面したヴェネト州では、新鮮な魚介類を使ったシーフード料理に、さまざまなバリエーションがある。魚介のフライ盛り合わせフリット・ミストなどが美味。付け合せには、ポレンタと呼ばれるトウモロコシの粉で作ったパンケーキが名物。ワインでは、ヴェローナ産の白ワイン、ソアーヴェSoaveが有名。

ヴィチェンツァの中心部はパッラーディオの建築の見本市のよう

トレンティーノ・アルト・アディジェ州 Trentino-Alto Adige

アルプスとドロミティ山脈にはさまれた自然豊かな州で、州都はトレントTrento。ドロミティ山脈の東の麓ボルツァーノBolzanoを拠点に、夏は登山やハイキング、冬はスキーを楽しめる。山岳リゾートとして、ミラノやボローニャなどの大都市や、ヨーロッパ各国から多くの観光客を集めている。

ボルツァーノは、地理的には南チロルに属し、1918年までオーストリア領であったところ。文化的にドイツ、オーストリアの影響が色濃く残っている。

エリア内 ウォーキングの基礎知識

ヴェネツィアへは、フィレンツェから高速列車で約2時間。ヴェネツィアからスロヴェニア国境に近いトリエステへは電車で約1時間40分。ボローニャからは高速列車で約1時間20分、IC特急で約2時間。ヴェネツィアからヴィチェンツァまでは高速列車で約45分。ヴェローナへはミラノまたはヴェネツィアから日帰りも可能だ。

山岳リゾートのコルティナ・ダンペッツォへは、ヴェネツィアからカラルツォ Calalzo まで電車で約3時間、カラルツォでバスに乗り換えて約1時間。冬にはミラノやボローニャからスキー客向けの長距離バスも出る。同じくアルプス山麓の町ボルツァーノへは、ミラノから高速列車で約3時間10分。ヴェローナからは高速列車で約1時間05分。

ヴェネツィアの東、スロヴェニアやオーストリアと隣接している地方。州都は、アドリア海のブルーが美しい港町トリエステ Trieste。18世紀、ハプスブルク家の支配下にあったため、オーストリア的な文化が香る。バロック〜ネオ・ルネサンス様式のイタリア建築が残っていて、独特のムードをかもし出している。

フリウリ・ヴェネツィア・ジュリア州の名物

オーストリアや、ハンガリーなど中・東欧系の文化の影響を受けているのが特徴。そのため、新鮮な野菜を使った料理が多く、料理にスパイスと香料をたくさん使う。ハーブと干しブドウ入りニョッキなどが有名。

トリエステのサンタントニオ・ヌオヴォ教会。トリエステには美しい建築が多い

整然とした街並みが続くトリエステ

ヴェネツィア周辺 Dintorni Venezia

MAP P.245-A

学問・宗教そして芸術の町
パドヴァ
Padova

1600年代の建物も街の中心部に

　学問・芸術の町、宗教の町と、いろいろな顔を持つパドヴァ。世界的な観光都市ヴェネツィアの影に隠れ、つい見落とされがちだが、一度は訪ねてみたい活気のある町だ。

　この町の起源は紀元前にまで遡る。11世紀から13世紀には自由都市として栄え、ヴェネト地方としては珍しく、ポルティコと呼ばれる柱廊のある建築が多く造られた。また、スクロヴェーニ礼拝堂のフレスコ画を描くためジョットが招聘され、迫力ある作品群を残している。この最盛期

■交通
ミラノ中央駅から高速列車で所要約2時間10分、ヴェネツィアからは約25分。
●観光案内所
🏢パドヴァ駅構内　☎049-20100
80　開9:00～19:00、日曜・祝日10:00
～16:00　休1/1、12/25

に、現在まで残る多くの歴史的建造物が建てられた。

街のしくみ＆
　　　ウォーキングの基礎知識

　見どころは、すべてポルティコと呼ばれる柱廊の続く城壁内に点在している。町の規模は、ヴェネト地方の産業・商業の中心だけあってかなり大きいが、城壁内の旧市街は、徒歩で充分まわれる。

　駅からポポロ通りを南に向うとガリバルディ通りに入るが、このあたりから城壁が始まる。左手にスクロヴェーニ礼拝堂のあるアレーナ庭園、さらに進みアルティナーテ門を越えると、カフェ・ペドロッキCaffe Pedrocchiに行きつく。ここは、かつてイタリア統一にむけて学生、知識人たちの議論が毎晩のように交わされた場として有名だ。

カフェ・ペデロッキ

見どころ

スクロヴェーニ礼拝堂
Cappella degli Scrovegni
MAP p.247-B
■パドヴァ駅から徒歩8分

イタリア絵画の最高傑作の一つ

　礼拝堂内部には、1305年頃から7年の歳月を費やして、ジョットが弟子とともに聖母マリアとキリストの生涯などを描いたことで知られる。入口の上方壁面には、『最後の審判』が、最下段の壁には「7つの美徳」、「7つの悪徳」の寓意像がある。

開9:00～19:00（季節により夜間拝観あり）要予約
☎049-2010020（予約）　休1/1、12/25、12/26
料€13（併設のエレミターニ市立博物館と共通券）

エレミターニ市立博物館
Musei Civici degli Eremitani
MAP p.247-B
■パドヴァ駅から徒歩8分

絵画館、考古学博物館がある

　かつての修道院を博物館に改装したもの。15～18世紀のフランドル派とヴェネツィア派の絵画、彫刻等を収蔵している。なかでもジョット、ジョヴァンニ・ベリーニ、ティントレットなどの巨匠絵画は必見。

　考古学博物館は、古代エジプト、エトルリアから古代ローマ時代までの、さまざまな収蔵品を展示している。

開9:00～19:00
要予約☎049-8204551（予約）
休祝日でない月曜、1/1、12/25、12/26
料€10（併設のスクロヴェーニ礼拝堂と共通券€13）

エレミターニ教会
Chiesa degli Eremitani
MAP p.247-B
■エレミターニ市立博物館向かい

外見は地味だが、内部は豪壮なパドヴァ大学

霊廟の突き当たりにマンテーニャの作品が
13世紀末から14期初頭にかけて建てられたロマネスク様式の教会。第二次世界大戦の爆撃で被害を受けたが、その後復元された。この町が生んだ画家マンテーニャによるフレスコ画が、わずかながらも残っている。

開夏 季9:00〜12:30、15:30〜19:30、日曜・祝日10:00〜13:00、16:30〜20:00、冬 季7:30〜12:30、15:30〜19:00、日曜・祝日9:00〜12:30、16:00〜19:00　休無休　料無料

洗礼堂
Battistero del Duomo
MAP p.247-A
■スクロヴェーニ礼拝堂から徒歩12分

小さな洗礼堂は、まるでお菓子箱のよう
ドゥオモの右側にあるロマネスク様式の洗礼堂は、13世紀のもの。1375〜78年に、画家メナブオイの手で洗礼堂の壁一面に描かれたフレスコ画の美しさに、魅了される。

開 10:00〜18:00
休 復活祭、12/25
料 €3

ドゥオモに隣接する洗礼堂

パドヴァ大学
Universita (Palazzo del Bo)
MAP p.247-B
■スクロヴェーニ礼拝堂から徒歩8分

ガリレオも教鞭をとった歴史ある大学
創立は1222年。コペルニクスをはじめ、ヨーロッパ諸国の多くの知識人がここで学んだ、由緒ある大学だ。

建物は16世紀のパラッツォ・ボーと呼ばれるもの。回廊のある中庭がとくにすばらしく、大学が開講している間は一部を除いて自由に見学することが可能。また、ガイド付で「大教室 Aula Magna」「解剖学教室 Teatro Anatomico」「ガリレオの教壇 Cattedra di Galileo Galilei」などを見てまわれる。

開ガイド付きツアー（所要約1時間）は曜日・時間帯が月によって変わるので事前に確認を。夏季の月・水・金曜14:30、15:30、16:30、火・土曜9:30、10:30、11:30、木 曜9:30、10:30、11:30、14:30、15:30、16:30、冬 季の月・水・金曜10:30、11:30、火・木・土曜14:30、15:30（要予約）☎049-8273047、049-8273044
休日曜　料€7　■http://www.unipd.it

ヴェネツィア起点の旅

247

旧裁判所（ラジョーネ館）前には市場も立つ

旧裁判所
Palazzo della Ragione
MAP　p.247-B

■スクロヴェーニ礼拝堂から徒歩8分

パドヴァの繁栄の跡が偲ばれる
　ラジョーネ館と呼ばれるこの大きな長方形の建物は、1218年に裁判所として建設された。独特の船底型の屋根、ポルティコなどで彩られた、建築学的にもすばらしい建物だ。2階にある大サロンには、星座などを題材にした15世紀のフレスコ画がある。

開9:00～19:00、冬季は～18:00
休祝日でない月曜、1/1、5/1、12/25、12/26
料€6

サンタントニオ大聖堂
Basilica di S.Antonio
MAP　p.247-B

■パドヴァ大学から徒歩10分

イタリアの重要な聖地の一つ
　13世紀に建てられたロマネスク、ビザンチンの影響を受けたゴシック様式の大聖堂は、巡礼地にふさわしい趣がある。ここには、1195年にポルトガルに生まれ、その生涯を36歳で閉じた聖人アントニオが祀られている。内部はドナテッロによる7つの彫刻で飾られたブロンズの主祭壇をはじめ、豪華な装飾が施され、数々の芸術作品で埋め尽くされている。
　隣接するサント信者会 Scoletta del Santoには、聖人アントニオの生涯を描いた18枚のフレ

聖アントニオを祀るサンタントニオ大聖堂

レストラン

予算：ディナー1人分　予約が必要　服装に注意

アンティコ・ブローロ
Antico Brolo
高級　€30～　MAP P.247-A

クラシックな趣
おすすめは、カジキマグロのカルパッチョ、からすみのスパゲッティなど。

住Corso Milano, 22　☎049-664555
開12:00～14:30、19:30～23:00　休月曜の昼、8月

ホテル

産業の中心地なので見本市などがあるときはかなり込む。早めの予約が必要。

ドナテッロ
Donatello
中級　MAP P.247-B

サンタントニオ大聖堂の手前にある。

住Via del Santo, 102
☎049-8750634
FAX049-8750829
料S €80～T €100～
44室　WiFi 無料
12月中旬から1月中旬まで休業
http://www.hotel-donatello.net/

レストランも完備

エウローパ
Europa
中級　MAP P.247-B

ガリバルディ通り近くにあり、観光にも便利。

住Largo Europa, 9　☎049-661200　FAX049-661508
料S €90～T €105～　80室　WiFi 無料
http://www.hoteleuropapd.it

スコ画があり、内部を見学できる。

開6:20～19:45、冬季は～18:45　休無休　料無料

サンタントニオ大聖堂の中庭

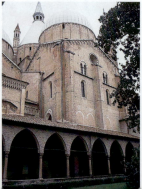

16世紀の建築家が設計した理想の建築都市
ヴィチェンツァ
Vicenza

MAP P.245-A

アンドレア・パッラーディオ通り

12世紀に自由都市として栄え、15世紀以降はヴェネツィア共和国の保護下に置かれたヴェネト地方の小さな街だが、ヴェネツィア統治下で芸術が栄えた。

だが、この街を最も有名にしているのは、パドヴァで生まれ、この街に長年住んだ古典主義の建築家、アンドレア・パッラーディオ（1508～1580年）だ。建築学上の理想の都市を作り上げようと考えた彼は、それをヴィチェンツァの街で実現させた。市内の中心部には、パッラーディオが設計した数々の貴重な建築群が点在し、街を美しく彩っている。建築に関心のある人にはとくにおすすめしたい街だ。

●交通
ヴェネツィアから高速列車で約50分、ヴェローナから高速列車で約30分、パドヴァから高速列車で約20分。ミラノ中央駅から高速列車で1時間50分。
●観光案内所
⊞Piazza Matteotti,12
☎0444-320854
圖9:00～17:30
囲12/25

街のしくみ＆ウォーキングの基礎知識

ヴィチェンツァ駅からまっすぐ延びるローマ通りViale Romaを北へ約500m歩いてカステッロ広場Piazza del Castelloへ。ここが街の入口にあたる。

ここからマッテオッティ広場Piazza Matteottiまで延びる長さ約700mのアンドレア・パッラーディオ通りCorso Andrea Palladioが目抜き通り。パッラーディオの設計した建築物や、15～18世紀の貴重な建築が点在するこの通りの周辺に、見どころのすべてが集中していて、徒歩だけで充分にまわれる。

観光案内所では、市内のほとんどの美術館＆オリンピコ劇場の入館料を含む共通入場券Biglietto unico Museum Cardを€15で販売しているので、事前に買っておくとお得で、いちいち買う手間も省ける。

オリンピコ劇場前に観光案内所がある

249 ヴィチェンツァ
ヴェネツィア起点の旅

シニョーリ広場。左手はパッラーディオ未完の建物
ロッジア・デル・カピタニオ

ドゥオモはやや地味

見どころ

アンドレア・パッラーディオ通り
Corso Andrea Palladio
MAP p.249-A・B

■ヴィチェンツァ駅から徒歩8分

まるで建築博物館のような趣

街の西の端カステッロ広場と、東の端マッテオッティ広場を結ぶこの通りには、14～18世紀に造られた重要な文化財建築が数多く並ぶ。まず、パッラーディオ通りから小道のフォガッツァーロ通りCorso Fogazzaroへ入った16番地には、パッラーディオが設計した荘厳なヴァルマナーラ館Valmanaraが、またパッラーディオ通り147番地には、14～15世紀のゴシック建築の傑作ダ・スキオ館Palazzo Da Schioがある。マッテオッティ広場には、パッラーディオが設計した威厳のある大建築、キエリカーティ館Palazzo Chiericatiがあり、内部は市立美術館として公開されている。

バルバラン館
Palazzo Barbaran
MAP p.249-A

■カステッロ広場から徒歩6分

優美なパッラーディオ建築

パッラーディオ通りの真ん中からポルティ通りContra Portiに入った左手にある。パッラーディオが1570年に建てた貴族の館。

開10:00～18:00 休月曜 料€8

シニョーリ広場にはパッラーディオ像も

バシリカ・パラディアーナ
Basilica Palladiana
MAP p.249-B

■カステッロ広場から徒歩8分

パッラーディオの傑作

青緑色の屋根と白大理石のアーチの対比が印象的な建物は、ヴィチェンツァ最大の建築物で、建築当時は公会堂のような役割を持っていた。ドーリア式とイオニア式の2つの様式の柱が積み上げられて回廊を作っている。パッラーディオ建築の特徴ともいえる柱廊と開廊（ロッジア）を組み合わせた擬古典的な建築だ。半円アーチの支点に2本の小円柱を配し、円形の窓を採用して繊細さを表現した点が独創的。内部はギャラリーとして利用されている。

開9:00～19:00、金～日曜は～20:00
休月曜 料無料（入場料は特別展により変動）

バルバラン館

バシリカ・パラディアーナ

オリンピコ劇場　　　　　　　　　　　　　　　　　　　　市立美術館

オリンピコ劇場
Theatro Olimpico
MAP p.249-B
■カステッロ広場から徒歩12分

パッラーディオ設計の木造劇場の傑作
　1580年に、パッラーディオが古代劇場を模して設計し、息子のシッラが完成させた。円柱や彫像を多用した舞台は、パッラーディオの弟子スカモッツィが遠近法を駆使して設計したもの。また、13段の階段状の客席上部には彫像のある列柱が並び、趣がある。天井のだまし絵も劇場空間を見事に演出。

開9:00～17:00、7・8月は10:00～18:00
(入場は閉館30分前まで)
休月曜
料€11(共通入場券€15)

市立美術館
Museo Civico
MAP p.249-B
■カステッロ広場から徒歩12分

15～18世紀の絵画館は必見
　キエリカーティ館の2階は市立美術館になっていて、とくに15～18世紀のヴェネツィア派絵画の傑作を集めた絵画館は見ごたえがある。ティエポロ作『無原罪の宿り』『時が真実を暴く』、ティントレット作『足を癒す聖アウグスティヌス』などのヴェネツィア派作品と、ヴァン・ダイクらのフランドル派の作品は見逃せない。

開9:00～17:00、7・8月は10:00～18:00
(入館は閉館30分前まで)
休月曜、12/25、1/1
料€12(共通入場券€15)

ホテル

　中心部は歩いてまわれるほど狭いので、ホテルの数は少ない。中心部のパッラーディオ通り周辺やマッテオッティ広場に、ここで紹介した2軒を含め、3軒ほどあるくらい。駅からサルヴィ庭園へ向かう途中のローマ通りにある高級ホテル、カンポ・マルツィオも徒歩圏内。

アルベルゴ・ドゥエ・モーリ
Alberogo Due Mori
中級　MAP P.249-A

観光にも便利な近代的なホテル
　駅からも徒歩10分の便利な立地。

住Contrà do Rode,24　☎0444-321886　FAX0444-326127　料S€60～T€100～　30室
http://www.alberogoduemori.it/

レストラン

　郷土料理を食べさせる店がいくつかある。伝統的な料理で有名なのは、カステッロ広場に面したリ・ショッピGli Schioppiなど。一方、洗練されたモダンな郷土料理なら、サン・ステファノ広場に面したアル・ペステッロAl Pestelloなどがおすすめ。

カンポ・マルツィオ
Hotel Campo Marzio
中級　MAP P.249-A外

パッラーディオ通りに近い
　シニョーリ広場まで徒歩7分の4つ星。

住Viale Roma,21　☎0444-545700　FAX0444-320495　料S€70～T€120～　41室　WiFi無料
http://www.hotelcampomarzio.com/

MAP P.245-A

夏の野外オペラは壮麗
Verona ヴェローナ

中世の趣のあるスカーラ橋

毎年夏に催される古代ローマ時代の円形競技場アレーナでの野外オペラ、そして『ロミオとジュリエット』の舞台となった街……。ロマンティックなイメージがふくらむが、ヴェローナはその期待を裏切らないはず。

ヴェネト地方の豊かな緑とゆったりとした川に囲まれた市内には、中世の姿をそのまま残す遺跡、城、街並みがある。観光客で賑わう活気さえも魅力の一つにしてしまうヴェローナの街には、ぜひゆっくり滞在してみたい。

■交通
ミラノ中央駅から高速列車で所要約1時間20分、ヴェネツィアから高速列車で所要時間約1時間10分。駅から街の中心までタクシーで10分。市バスは駅から11、12番がブラ広場に停車。
●観光案内所
住Via degli Alpini, 9
☎045-8068680
開9:00～19:00

街のしくみ & ウォーキングの基礎知識

ヴェローナ・ポルタ・ヌオヴァ駅から街の入口であるブラ広場までは、ポルタ・ヌオヴァ通りを徒歩で約15分。広場に近づくと、圧倒的な迫力で目に飛び込んでくるのが円形競技場アレーナだ。

ここから街の中心へと歩いて行くと、細い小道にところ狭しとブティックやレストラン、ホテルが建ち並ぶ。そんな中でひときわ観光客を集めているのが「ジュリエットの家」。ここから、午前中には青空市場で賑わうエルベ広場へと歩いてみよう。古い家屋の並ぶ住宅街の小道をそのまま進んで、アーディジェ川ももう少しというところで見えてくるのが、サンタナスターシア教会のひときわ古い外観だ。ブラ広場に戻ってローマ通りを西に向かうと、ヴェローナの城、カステルヴェッキオに着く。

見どころ

アレーナ
Arena
MAP p.253-B
■ブラ広場から徒歩1分

野外オペラは、オペラファン必見

ヴェローナのシンボルであるこの円形競技場は1世紀に建てられたもの。驚くほど当時の姿をとどめているので、眺めれば眺めるほどタイムスリップしたような気持ちになってくるだろう。6月下旬～8月にはここで開催される『アイーダ』をはじめとする野外オペラを目当てに世界中から聴衆が集まる。公演のない日には場内の見学ができるので、ぜひ客席に登ってみよう。

開8:30～19:30、月曜13:30～19:30（入場は18:30まで、オペラにより閉館時間変更あり）オペラ予約☎045-8005151
休無休 料€10

アレーナでの野外オペラ

エルベ広場
Piazza delle Erbe
MAP p.253-B
■ブラ広場から徒歩8分

朝市にも行ってみたい、賑やかな場所

古代ローマ時代のフォーラム（公共広場）跡に作られたエルベ広場は、14世紀の商人の館やマッツィーニ家の家屋などに囲まれた街の中心。ソーセージやチーズなどの食料品や衣料品などの市が並ぶ。
広場中央には「ヴェローナのマドンナ」と人々に親しまれる彫刻が

シニョーリ広場
Piazza dei Signori

MAP p.253-B

■ブラ広場から徒歩8分

歴史を感じさせる落ち着いた広場

通称ダンテ広場とも呼ばれ、ヴェローナに滞在していた詩人ダンテの像が立っている。南側正面にはかつてダンテやジョットが招かれたというヴェローナの領主スカーラ家の王宮があり、現在は県庁舎Palazzo della Prefetturaとして使われている。また北側にはルネサンスの幕開けに建設された「議会の回廊」、南側には現市庁舎であるラジョーネ宮Palazzo della Ragioneとヴェローナで一番の高さを誇る建物、ランヴェルティの塔がある。

ランヴェルティの塔
Torre dei Lamberti
開月〜金曜10:00〜18:00、土・日曜11:00〜19:00
休無休
料エレベータ€8

シニョーリ広場は塔が目印

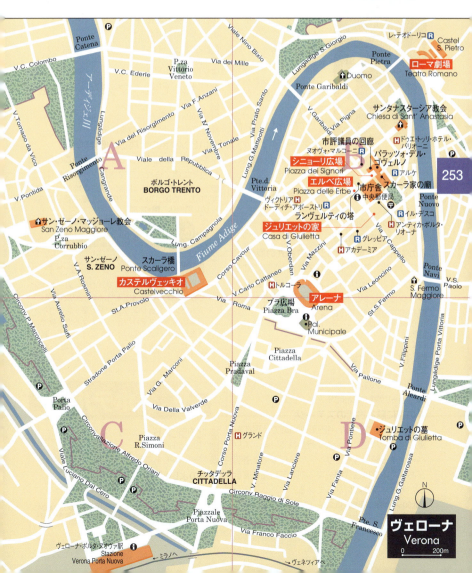

ヴェローナ
Verona

ジュリエットの家
Casa di Giulietta
MAP p.253-B
■ブラ広場から徒歩8分

挙式もできる恋人たちの聖地

　シェイクスピアの『ロミオとジュリエット』のモデルとなったといわれる女性の家。13世紀の貴族の暮らしを垣間見ながら、若い恋人たちの情熱と悲しい物語に思いを馳せるのにふさわしい場所だ。今では世界中の観光客が訪れ、悲劇そっちのけの賑やかさ。庭にあるジュリエット像の前ではさまざまな年齢層のカップルが仲良く記念写真を撮っている。中庭に面したバルコニーも人々の想像を掻き立て、ジュリエットへのメッセージを書くノートなども用意されている。最近はここで結婚式も受け付けている。

ジュリエット像は大人気

開8:30〜19:30（月曜13:30〜19:30）入場は18:45まで
休無休
料€6（毎月第1日曜€1）

サンタナスターシア教会
Chiesa di Sant'Anastasia
MAP p.253-B
■シニョーリ広場から徒歩3分

静かなたたずまいのゴシック様式の傑作

　広々とした教会内はフレスコ画や彫刻で飾られているが、ピサネッロ作のフレスコ画『サン・ジョルジョと王女』（第2礼拝堂）が有名。

開3〜10月9:00〜18:30、日曜・祝日は13:00〜、1〜2月10:00〜13:00、13:30〜17:00、日曜・祝日13:00〜18:00
休無休
料€3

ローマ劇場
Teatro Romano
MAP p.253-B
■シニョーリ広場から徒歩8分

夏の夜に蘇る古代のステージ

　1世紀に建てられた半円形劇場跡で、現在も夏に演劇やバレエの公演が行われている。エレベータで上階に昇るとサン・ジェロラモ修道院があり、内部は古代ローマ彫刻や工芸品を展示した考古学博物館になっている。

開8:30〜19:30、月曜は13:30〜（入場は18:30まで）
休無休
料€4.50

カステルヴェッキオ
Castelvecchio
MAP p.253-A
■ブラ広場から徒歩4分

内部は市所蔵の中世美術を展示する博物館

　ヴェローナの君主だったデッラ・スカーラ家の住居として14世紀に建てられた美しいレンガ城。完成して10年ほどでスカーラ家は没落し、長い間軍事施設として利用された後、戦禍で爆破されたのが、建築家カルロ・スカルパの修復で蘇った。

川沿いの堅牢な古城

開8:30〜19:30、月曜13:30〜（入場は18:45まで）
休無休
料€6（毎月第1日曜€1）

サン・ゼーノ・マッジョーレ教会
San Zeno Maggiore
MAP p.253-A
■カステルヴェッキオから徒歩12分

淡いピンク色の大理石が優美な印象

　やや離れた場所にひっそりと建つこの教会は12世紀に建てられたロマネスク建築の傑作。

開3〜10月8:30〜18:00（日曜・祝日は12:30〜）、11〜2月10:00〜13:00、13:30〜17:00（日曜・祝日12:30〜17:00）休無休　料€2.50

とっておき情報

お得なヴェローナ・カード

　ヴェローナ観光は共通券がお得。カードは24時間券€18と48時間券€22の2種類。アレーナ、ジュリエットの家・墓、ランベルティの塔、カステルヴェッキオなどに入館できるほか、バスの割り引きを受けられる。購入は観光案内所やバスのチケット売り場で。

ホテル

グランド
Grand Hotel
中級　MAP P.253-D

設備のよいビジネス・ホテル

駅にも旧市街中心部にも近い。

住Corso Porta Nuova, 105　☎045-595600　FAX045-596385　■S €180〜 T €200〜　62室　WiFi 無料
http://www.grandhotel.vr.it/

エキゾチックな坂の町
トリエステ

MAP P.245-B

海と丘の間に街並みが広がる

国境の町トリエステは、イタリアの町とは違う、どこか異国情緒漂う街だ。人々の雰囲気も、オーストリア的な印象を受ける。

この街は、ヴェネツィアの支配が終わった14世紀からイタリア統一までの間、オーストリアの支配下に置かれ、オーストリア・ハンガリー帝国の重要な軍港だった。現在のトリエステは商工業の中心地で、貿易で賑わうアドリア海沿岸最大の港町でもある。

■交通
ミラノ中央駅から高速列車で約4時間20分、ヴェネツィアからは約2時間10分。
🛈観光案内所 ⬛Via dell'Orologio,1 ☎040-3478312 ℻040-3478320 ⏰9:00～18:00(日曜は～13:00)
休1/1, 12/25

街のしくみ＆ウォーキングの基礎知識

トリエステ中央駅が街の入口

トリエステ中央駅前から延びるカヴール通りをまっすぐ行くと、海岸通りに出る。運河を越えると徒歩5分ぐらいで、イタリア統一広場に着く。ここには市庁舎Palazzo Comunale、政庁舎Palazzo del Governoなどオーストリア時代の建物が集まっている。この裏手のボルサ広場にも、ボルサ邸Palazzo della Borsa、ドレヘル邸Palazzo Dreherなど、ハプスブルク家統治時代の名残を示す建物が見られる。

また、カテドラーレ広場とイタリア統一広場の中間には旧市街があり、この辺りも風情ある街並みが続く。

ヴェネツィア起点の旅

255

ボルサ広場に建つボルサ邸　城の下にあるローマ劇場

見どころ

サン・ジュスト聖堂
Basilica di San Giusto
MAP　P.255-B
■トリエステ中央駅から徒歩18分

ビザンチン様式の見事なモザイク

　基礎となった建物はローマ時代のもの。その後5〜11世紀にロマネスク様式の二つの教会が建てられ、それらが14世紀にゴシック様式で合体されて、現在の姿になった。内部のアーチには13世紀のフレスコ画も残っているが、絶対に見逃せないのが、12世紀から13世紀初頭にかけて制作されたビザンチン様式のモザイク『聖母マリアと大天使ミカエルとガブリエル』『キリストと聖ジュストと聖セルヴォロ』。床と柱に残るモザイクは5世紀のもの。

開夏季7:30〜19:30、冬季8:00〜12:00、15:30〜19:30
休無休
料無料

サン・ジュスト城
Castello di San Giusto
MAP　P.255-B
■サン・ジュスト聖堂向かい

城の屋上からの眺めは絶景

　1470年、ハプスブルク家のフリードリッヒ3世によって築城された。併設の市立博物館では、ローマ時代の町の再現模型や当時の武器などを見ることができる。城の前に、ローマ時代の遺跡が少し残っている。テラスからの町並みとアドリア海の景色も素晴らしい。

開城／10:00〜17:00、博物館／10:00〜17:00（入館は〜16:30）　休月曜　料€3（城と博物館の共通券）

レヴォルテッラ博物館
Museo Revoltella
MAP　P.255-A
■サン・ジュスト教会から徒歩15分

19世紀のサクセス・ストーリー

　19世紀のこの町の名士、商才に長けパトロンでもあったパスクワーレ・レヴォルテッラの邸宅を、博物館として公開しているもの。展示の家具は、すべてこの館で使用されていたもの。

開10:00〜19:00（入館は〜18:15）　休火曜　料€7

急勾配の坂を登ると丘の上にあるサン・ジュスト聖堂

レストラン

予算：ディナー1人分　予約が必要　服装に注意

　料理にもオーストリアやハンガリーの影響が見られる。香辛料やレーズン、ハーブを使い、甘酸っぱく仕上げた料理が特徴。

アイ・フィオーリ
Ai Fiori
高級　€50〜　MAP　p.255-A

温かいサービスに旅の疲れも癒やされる

クモガニのサラダ・トリエステ風、シャコのヨーグルトソースなどが得意料理。

住Piazza A. Hortis, 7
☎040-300633
開12:30〜14:30、19:30〜23:00
休日曜と月曜の昼

ホテル

サヴォイア・エクセルシオール
Starhotel Savoia Excelsior
高級　MAP　p.255-A

駅から徒歩15分の4つ星

トリエステ湾を見下ろす絶好の立地。

住Riva del Mandracchio,4　☎040-77941
料€150〜　T €165〜　144室
WiFi無料　http://www.starhotels.it/

NH トリエステ
NH Trieste
中級　MAP　p.255-B

観光にも便利な近代的なホテル

駅やバスターミナルへも徒歩5分で行ける。

住Corso Cavour,7　☎040-7600055
料040-362699　S €135〜　T €140〜
173室　WiFi無料　http://www.nh-hotels.com/

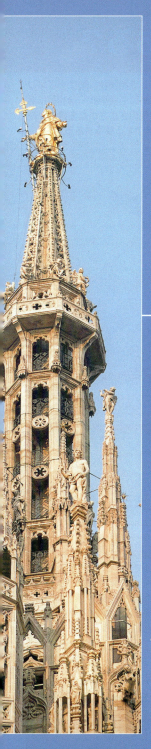

Milano

ミラノ

ミラノ 258

コモ湖 290
マッジョーレ湖 292
ベルガモ 294
パヴィア 296
クレモナ 299
ガルダ湖 301
マントヴァ 303
ジェノヴァ 306
ポルトフィーノ 310
サンタ・マルゲリータ・リグレ 312
チンクエ・テッレ 313
サン・レモ 315
トリノ 316

ミラノの歩き方
ミラノのどこに何がある？

Milano

観光で訪れるミラノの中心部は、ドゥオモを中心に、北はブレラ絵画館、南はナヴィリオ地区と、そう広くない。商業都市のイメージが強いが、意外にも美術館・博物館は数多く、建築もロマネスクからルネサンス、ゴシックまで各時代のさまざまな名建築が残っている。オペラやファッションの都でもあり、幅広い人を魅了する要素がある。

スフォルツェスコ城美術館 p.267

ミラノ公ヴィスコンティ家の居城で、ミラノ最大の建築物。城の設計には、レオナルド・ダ・ヴィンチも加わった。内部は市立美術館になっていて、ミケランジェロの未完の作品も収蔵している。

サンタ・マリア・デッレ・グラツィエ教会 p.268

レオナルド・ダ・ヴィンチの壁画『最後の晩餐』があることで有名。15世紀に建立された教会で、ドームはブラマンテが設計した。第二次大戦で激しい爆撃を受けたが、奇跡的に『最後の晩餐』が残った。

ナヴィリオ地区 p.270

ミラノ中心部の南端に位置するナヴィリオ地区は、昔ながらのミラノの面影が残る運河地区。若手アーティストが移り住んだことをきっかけに、ギャラリーや雑貨店、クラブなどもオープン。日曜には骨董市も開かれる。

スカラ座 p.267

ミラノ公の命で建てられたオペラの殿堂。ロッシーニやヴェルディらイタリアを代表するオペラ作家の初演が公開された由緒あるオペラ劇場だ。内部にはスカラ座博物館もあり、オペラの衣装や楽譜、音楽家ゆかりの品々も鑑賞できる。

ブレラ絵画館　p.267

　15～19世紀のロンバルディア派とヴェネツィア派絵画を中心に、北イタリア・ルネサンス美術を集めた屈指の美術館。美術大学の付属美術館であり、周辺は美大生御用達のセンスのよい個性的な雑貨店、カフェなどが点在している。

ミラノ中央駅　MAP p.261-D

　国際列車と国内からの列車が発着するミラノの玄関口。駅周辺には、手ごろなエコノミーホテルやビジネスホテルが多く、イタリアでは珍しいスーパーマーケットもある。空港へのリムジンバスも駅前広場から発着する。

モンテ・ナポレオーネ通り p.272

　ミラノファッションの流行発信地。この通りと並行するスピガ通りにかけての一帯には、高級ブランド品店がずらりと連なる。最先端のミラノファッションに関心があるなら、外せないエリア。

ミラノ

259

ミラノの歩き方

ヴィットリオ・エマヌエーレ2世ガレリア　p.267

　ドゥオモ広場とスカラ座を結ぶアーケード。19世紀末に建設された巨大なガラス天井を持つ華やかなアーケードで、ブランドショップやおしゃれなカフェが軒を連ねている。ぶらぶら散策するのに最適。

ドゥオモ　p.266

　14世紀にミラノを支配したヴィスコンティ家の命により、500年の歳月をかけて造られたイタリア最大級のゴシック建築。大聖堂としては、ヴァチカンのサン・ピエトロ大聖堂に次ぐ規模。135本の尖塔で飾られた壮麗な建築は見事で、ドゥオモ周辺はミラノ市街地の中心部。ショッピング・ストリートもこの界隈に集中している。

ミラノへの交通

マルペンサ空港から市内へ
●電車で
　空港とミラノ中央駅、ミラノ・カドルナ駅を結ぶ「マルペンサ・エクスプレスMalpensa Express」が便利。所要時間は平均52分でほぼ30分おきに運行。料金は片道€15、30日間有効の往復€20。
　ミラノ中央駅では地下鉄2、3号線と連絡している。
●バスで
　ミラノ中央駅までは「マルペンサ・シャトル」など複数のバスがある。所要時間は約1時間。料金は片道€10。

リナーテ空港から市内へ
　ミラノ中央駅までシャトルバスで所要時間約30分、料金€5。30分間隔で運行。地下鉄1号線サン・バビラ駅までの路線バスは所要時間約30分、料金€1.50。

観光案内所
ミラノ中央駅構内
住Stazione Milano Centrale
(21番線ホーム近く)
開9:00〜17:00、土・日曜、祝日は〜12:30　電02-7740 4318　休1/1、5/1、12/25
MAP p.261-D
カステッロ広場
住Piazza Castello,1
MAP p.262-E

空路で / by Air

日本からの直行便が着くマルペンサ空港
　日本からの直行便とEU以外からの国際便は、市内から約60km離れたマルペンサ空港Aeroporto di Malpensaに到着する。EUからの国際線や国内線が主に到着するのは、市内から約10kmのリナーテ空港Aeroporto di Linate。両空港間には1日5便だが、シャトルバスが運行されている。所要時間1時間〜1時間30分、片道€13。

鉄道で / by Train

ローマから
　高速列車"フレッチャロッサFrecciarossa"やイタロ(p.14)が最も速く、所要時間は約3時間。

フィレンツェから
　フレッチャロッサやイタロで所要時間約1時間40分、"フレッチャルジェントFrecciargento"で約2時間10分。フレッチャロッサは1日約20本ある。

ヴェネツィアから
　"フレッチャビアンカFrecciabianca"(1日約20本)やイタロ(p.14)が最も速く、所要時間は約2時間15分。

ミラノ駅では
　鉄道ミラノ中央駅の地では2・3号線の地下鉄と連絡している。

◀ミラノ・カドルナ(ノルド)駅

▼マルペンサ・エクスプレス

市内の交通

24時間有効の1日券

地下鉄 Metropolitana

ほとんどの見どころへはこれだけでOK

路線は1〜3号線と5号線の4路線。シンボルカラーで標識などが統一され、わかりやすい。地下鉄の駅は赤字にMの文字が書かれた標識が目印。乗り方はローマと同じ（p.86参照）。

STEP 1 切符の種類と買い方

トラムとバス共通で1回券（€1.50）、24時間券Abbonamento Un Giorno（€4.50）、48時間有効の2日券Abbonamento Due Giorni（€8.25）がある。10回分の回数券Carnet（€13.80）もある（複数人での利用は不可）。何度も乗るなら乗り放題の1日券、2日券がお得だ。1回券は有効時間90分以内ならトラム、バスにも何度でも乗り継ぎできる（地下鉄は1回のみ）。

STEP 2 よく利用する路線

観光や買い物に便利なのが、中央駅とドゥオモやモンテナポレオーネを通る3号線。ブレラ絵画館へも3号線で。ドゥオモ駅とサン・バビラ駅を通る1号線も買い物や『最後の晩餐』のある教会に行くときなどに。2号線も中央駅や『最後の晩餐』のある教会の観光、ナヴィリオ地区へ行くときに使える。

タクシー Taxi

流しのタクシーはないので、タクシー乗り場やホテルから乗る。初乗り料金は€3.30、日曜・祝日は€5.40、21:00〜6:00a.m.は€6.50。1kmごとに€1.09が加算される。スーツケースがあるときは1個€1.03の追加料金が必要。

トラム Tram

市内を網の目のように走っている便利な存在。書店やキオスクでトラム＆バス路線入り地図「Pianta dei Transporti Pubblici」を買えば旅行者でも乗りこなすことが可能。切符は地下鉄の乗り放題券や回数券と共通。初回のみ車内で刻印する。便利な路線は、中央駅とナヴィリオ地区を結ぶ2号線、レプブリカ広場とナヴィリオ地区を結ぶ29・30号線など。

ミラノ地下鉄路線図
http://giromilano.atm.it/

Area 1 ドゥオモ周辺エリア

ドゥオモ～ブレラ地区
Duomo～Brera

繊細で巨大なドゥオモはミラノの顔

ヴィットリオ・エマヌエーレ2世ガレリア

街のしくみ&ウォーキングの基礎知識

壮麗なドゥオモと、憧れのモード発信地

ミラノの中心にあるドゥオモ広場周辺は、ショッピングにもビジネスにも拠点となる場所。高級ブティックが軒を連ねるモンテ・ナポレオーネ通りやスピガ通りも、このエリアにある。まずは、地下鉄でドゥオモへ。どこからでも見えるドゥオモを目安に、周辺にある見どころやショップ巡りをゆっくり楽しんで。歩き疲れたら、モンテ・ナポレオーネ通りやドゥオモ周辺の瀟洒なカフェで一息入れたい。

歩き方のヒント

楽しみ	
観光	★★★
食べ歩き	★★★★★
ショッピング	★★
交通の便	
地下鉄	★★★★★
バス	★★★
タクシー	★

エリアの広さ
中央駅から地下鉄3号線でドゥオモ駅へ約15分。周辺の観光・ショッピングは徒歩圏内。

見どころ

ドゥオモ
Duomo
地下鉄1/3 号線ドゥオモDuomo 駅から徒歩1分
MAP P.263-G

イタリア最大のゴシック建築

1386年、当時のミラノ公ジャン・ガレアッツォ・ヴィスコンティの命によって工事が始まり、500年もの歳月をかけて完成した大聖堂。天上に向かって伸びる135本の尖塔と2245体の彫像で飾られた白大理石の外観の壮麗さは圧倒的で、イタリアにおけるゴシック建築の代表作。最も高い尖塔 (108.5m) には、街を守る黄金のマリア像が立っている。

巨大な内部は、美しいステンドグラスに彩られ、荘厳な雰囲気。地下には宝物庫がある。階段かエレベータで屋上へ出れば、美しい尖塔や彫像が間近に眺められる。

開8:00～19:00、宝物庫／11:00～17:30、土曜は～17:00、日曜13:30～15:30 料€3、屋上€9、エレベータ€13 休5/1、12/25

王宮
Palazzo Reale
地下鉄1/3 号線ドゥオモDuomo 駅から徒歩1分
MAP P.263-K

ドゥオモ美術館と20世紀美術館がある

ヴィスコンティ家、スフォルツァ家、スペインやオーストリア総督など、ミラノを統治した時の支配者たちの住まいとなってきた宮殿。もとは、13世紀の貴族の館を18世紀に建築家ピエルマリーニが改修したもの。第二次世界大戦では爆撃を受けたが、修復された。現在内部はドゥオモが所有する14世紀から20世紀にかけての工芸品を展示するドゥオモ美術館と、イタリア未来派絵画や近代美術作品の企画展を行う20世紀美術館となっている。

ドゥオモ美術館／開9:30～19:30、月曜は14:30～、木・土曜は～22:30 休無休 料€12
20世紀美術館／開 休ドゥオモ美術館と同じ 料€5

15～18世紀のイタリア絵画が見られるブレラ絵画館

ヴィットリオ・エマヌエーレ2世ガレリア
Galleria Vittorio Emanuele Ⅱ
MAP P.262-F
地下鉄1/3号線ドゥオモDuomo駅から徒歩2分

壮麗なガラス張りのアーケード

ドゥオモ広場とスカラ広場を結ぶ全長200mのガラス張りのアーケード。建築家ジュゼッペ・メンゴーニの設計によって、1865年から77年にかけて造られた。中央十字路の天井には、四大陸を象徴的に描いた美しいフレスコ画が描かれ、気品を与えている。アーケード内には有名レストランやカフェ、高級ブランドショップ、大型書店が軒を連ねている。

スカラ座
Teatro alla Scala
MAP P.262-F
地下鉄1/3号線ドゥオモDuomo駅から徒歩5分

ミラネーゼが誇る世界的なオペラの殿堂

サンタ・マリア・デッラ・スカラ教会跡に建てられたことに由来する名のオペラ劇場。ミラノ公フェルディナンドの命で着工、15カ月後の1778年に完成した。第二次世界大戦中に焼失してしまったが、設計図をもとに復元された。

外観は地味だが、内部はまばゆいスカラ座

併設のスカラ座博物館では公演した著名な音楽家ゆかりの楽譜や衣装、舞台模型などを展示している。

スカラ座博物館／開9:00～17:30（入館は～17:00）休1/1、復活祭、5/1、8/15、12/7、12/24～12/26、12/31　料€9
■http://www.teatroallascala.org

ポルディ・ペッツォーリ美術館
Museo Poldi Pezzoli
MAP P.263-G
地下鉄3号線モンテ・ナポレオーネMonte Napoleone駅から徒歩3分

個人コレクションの名品を展示する貴族の館

美術収集家ジャン・ジャコモ・ポルディ・ペッツォーリの収集品を展示する美術館。ポッライオーロ『若い貴婦人の肖像』、ボッティチェッリ『聖母』などの名画のほか宝飾品の展示もある。

開10:00～18:00　休火曜、1/1、復活祭、4/25、5/1、8/15、11/1、12/25　料€10

ポルディ・ペッツォーリ美術館入口

ブレラ絵画館
Pinacoteca di Brera
MAP P.262-B
地下鉄3号線モンテ・ナポレオーネMonte Napoleone駅から徒歩8分

イタリア絵画のコレクションで有名

ロンバルディア派とヴェネツィア派を中心にしたルネサンス絵画の傑作を収蔵。かつてのイエズス会の教育施設を利用した美術学校の一部が美術館になっている。この学校が収集した美術品を一般公開したのが美術館のはじまり。2階にある約40室の展示スペースでは、500点以上の絵画を展示している。マンテーニャ『死せるキリスト』『聖母子』、ジョヴァンニ・ベッリーニ『ピエタ』『聖母子』、クリヴェッリ『ろうそくの聖母』、ティントレット『聖マルコの遺体発見』など、北イタリアのルネサンス絵画の他、モディリアニなどの近代美術作品を見ることができる。

開8:30～19:15（入館は～18:40）
休月曜、1/1、5/1、12/25　料€10

スフォルツェスコ城美術館
I Musei del Castello Sforzesco
MAP P.262-A
地下鉄1号線カイローリCailoli駅から徒歩1分

優れた北イタリア美術の収集で知られる

ミラノ領主スフォルツァ家の城。中央にある塔の下が美術館の入口。1階ではミケランジェロが死の3日前まで制作していたといわれる未完の『ロンダニーニのピエタ』や、レオナルド・ダ・ヴィンチ作とされる「アッセの間」の天井画が見どころ。2階は絵画の展示室で、マンテーニャの『聖母と聖人たち』、ティントレット『ソランツォの肖像』、ベッリーニ『聖母子』などの名画が並ぶ。

開9:00～17:30（入場は～17:00）
休月曜、1/1、5/1、12/25　料€5

近代美術館
Civica Galleria d'Arte Moderna
MAP P.263-C
地下鉄1号線パレストロPalestro駅から徒歩3分

19世紀美術の有数のコレクション

19世紀のロンバルディア派絵画を展示する重要な美術館。2階にあるセガンティーニ『泉の洗濯』などを見ておきたい。

開9:00～17:30　休月曜、1/1、5/1、12/25　料€5

Area 2 西北&西南エリア

ミラノ・ノルド駅～ナヴィリオ地区

StazFerrovie Milano Nord～Naviglio

ミラノの高級住宅街に建つサンタ・マリア・デッレ・グラツィエ教会

歩き方のヒント

楽しみ	
観光	★★★★
食べ歩き	★★★
ショッピング	★
交通の便	
地下鉄	★★★★★
バス	★★★
タクシー	★
エリアの広さ	

ドゥオモから地下鉄で各地区へは約15分。エリア内は徒歩でまわれる。

街のしくみ&ウォーキングの基礎知識

ルネサンス期のミラノと現代の洗練に出合う

ドゥオモから少し離れると、北には石畳の路地にクリエイティブなショップや画材店が並ぶブレラ地区があり、雑貨店探しが楽しめる。西にはスフォルツェスコ城や国際見本市会場。南には下町の情緒を残すナヴィリオ地区があり、この辺りは近年若いアーティストの居住区として人気が高くなっている。どの見どころも地下鉄駅からそう遠くないので、時間的にゆとりがあれば散歩気分で歩いてみよう。何気なく曲がった路地や古い教会の裏手にしゃれたギャラリーやショップを発見するのも、ミラノならではの楽しみだ。

見どころ

サンタ・マリア・デッレ・グラツィエ教会
Chiesa di Santa Maria delle Grazie

地下鉄1/2号線カドルナCadorna駅から徒歩8分

MAP p.260-F

ダ・ヴィンチの最高傑作『最後の晩餐』が

15世紀後半に建てられたドミニコ派の修道院で、完成から2年後の1492年に、スフォルツァ家のルドヴィコ・イル・モーロが建築家ブラマンテに命じて、現在のような形に改築させた。

すっきりと洗練されたゴシック様式の身廊部分と、ルネサンス様式の華やかなクーポラが好対照を見せている。

この教会が有名なのは、教会内の食堂の壁に、レオナルド・ダ・ヴィンチの最高傑作『最後の晩餐』が描かれているため。1495年、43歳のレオナルドは壁画制作に着手し3年をかけて完成させた。

この作品では、晩餐の際に12人の弟子にイエスが語った予言に満ちた言葉の衝撃が、使徒たちの間をさざ波のように伝わっていく瞬間が表現されている。長い年月をかけて洗浄修復が行われ、ようやく当時の姿があらわになった。見学は25人ずつ、持ち時間15分で入れ替制。見学は予約制、予約方法は右ページ右上参照。予約時間の15分前には入場待機者の列に並んで待とう。

教　会：開7:00～12:55、13:00～19:30、日曜7:30～12:30、15:30～21:00 休1/1、5/1、12/25 料無料
最後の晩餐：開8:15～18:45 休月曜 料€12

『最後の晩餐』のある旧食堂内は撮影厳禁

サンタンブロージョ教会
Basilica di Sant'Ambrogio
地下鉄2号線サンタンブロージョ
Sant'Ambrogio 駅から徒歩1分
MAP p.262-I

ロンバルド・ロマネスク様式の原型

　後にミラノの守護聖人とされるミラノ大司教アンブロージョは、殉教者の霊を弔うため、379年頃、殉教者聖堂を建てた。その後、聖アンブロージョの遺骸を納めてサンタンブロージョと改称したのがこの教会。フランク族のカロリング朝（〜875年）時代に改築された後陣や内陣をそのままに、1080年から12世紀まで一連の改築が行われた。ロンバルディア地方でロマネスク期に発達した石造の交差ヴォールト（アーチ構造による曲面天井）の多用を見られる。

開10:00〜12:00、14:30〜18:00、日曜15:00〜17:00
休無休　料無料、宝物館€2

レオナルド・ダ・ヴィンチ科学技術博物館
Museo Nazionale della Scienza e della Tecnica, Leonardo da Vinci
地下鉄2号線サンタンブロージョ
Sant'Ambrogio 駅から徒歩5分
MAP p.260-F

天才の功績と科学技術史を展観

　レオナルド・ダ・ヴィンチの生誕500年を記念し、僧院だった建物を改装して作られた博物館。科学者としてのダ・ヴィンチの才能と偉業をたどる2階の陳列室を中心に、15世紀以降の科学技術に関する展示物を収蔵。ダ・ヴィンチの設計図をもとに作った模型飛行機をはじめ、スケッチや発明品の創造性豊かなことに驚かされる。

ダ・ヴィンチの設計図や模型が並ぶ博物館内

開9:30〜17:00（土・日曜、祝日は〜18:30）
休月曜、1/1、12/24、12/25　料€10

とっておき情報

『最後の晩餐』は予約制

　『最後の晩餐』の見学は電話かインターネットによる予約制。予約は月〜土曜の8:00〜18:30にコールセンター☎02-92800360（イタリア国内、海外共通）へ電話し、氏名、人数、希望日時を告げて申し込む。コールセンターは1/1、4/25、5/1、12/25休み。
　チケットの受け取りは予約時間の20分前までに教会のチケットオフィスで。予約料＋入場料€12が必要。下記サイトからも予約できる（英語表示あり）。
http://www.vivaticket.it

最後の晩餐

- テーブル　パンとワインによる聖体の秘蹟が行われている
- 使徒たち
- 裏切り者ユダ
- キリストが「あなたがたの1人が私を裏切ろうとしている」と告げている
- 使徒たち

ナヴィリオ（運河）の両側はカフェ、画廊が軒を並べる

サン・ロレンツォ・マッジョーレ教会
Basilica di San Lorenzo Maggiore
地下鉄3号線ミッソーリMissori駅から徒歩10分

MAP P.262-J

古代ローマ建築とモザイクが見られる
教会前の広場にはコンスタンティヌス帝のブロンズ像が立ち、4世紀末に回廊を作るために移築されたローマ時代の16本の円柱が残っている。教会の建物は、建築家マルティーノ・バッシにより16世紀に再建。内部にあるサンタクイリーノの礼拝堂の玄関の間は、4世紀に制作された人間味あふれる表情の使徒たちのモザイク画で壁面が飾られている。

開8:00～20:30、日曜9:00～19:00
休無休　料無料

ナヴィリオ地区
Naviglio
地下鉄2号線ポルタ・ジェノヴァ Polta Genova FS駅から徒歩4分

MAP P.260-J

のんびりした風情の運河と、骨董市の賑わい
ミラノにはかつて街のいたるところに運河が巡らされていたが、その多くは埋め立てられ、今ではこの一帯にしか残っていない。

この運河は、ドゥオモを建築する際に大量に使う大理石を運ぶために造られたもので、その造営にはレオナルド・ダ・ヴィンチも企画に携わったとか。そんな古い歴史のある運河だが、思いのほかその水は澄んでいて、カモが羽を休めるほど。河岸沿いのナヴィリオ・グランデから

少し路地に入ると、共同洗濯場が顔を出す。下町情緒のある、どこか忘れ去られたようなエリアだが、最近は都心の喧騒を逃れて若い芸術家がロフトを構える、人気の居住区でもある。

平日はひっそりとした運河一帯も、毎月最終日曜のアンティーク市「ナヴィリオ・グランデの市」には大変な賑わいになる。運河両岸のポルタ・ティチネーゼ河岸通りにずらりとテントが並び、終日人が絶えることがない。20世紀初めのヴェネツィアン・グラスや、18～19世紀の家具や時計など、値段は少々高めながら上質の品が並ぶので、アンティーク好きにはおすすめ。

また、サンタゴスティーノS.Agostino駅の方へ少し歩いたところには、毎週土曜にだけ「セニガーリアの市」も立つ。こちらは1930～70年代の生活用品を売っていたりと、ぐっと庶民的。

ナヴィリオ・グランデの市。19世紀の銀器など、素敵なものがずらりと並ぶ

土曜に開かれるセニガーリアの市。おもちゃ箱をひっくり返したような楽しさ

とっておき情報

建築を楽しむキーワード

教会の構造はどうなっている？

建築物の正面ファサード❹（Façade／Facciata）は、最も時代様式が現れやすい部分の一つ。年月をかけた大建築では、着工と竣工の時期で様式が変わり、複数の様式が混在することも珍しくない。そうした差異も見どころの一つ。丸屋根クーポラ❺（Cupola）、鐘楼❻（Campanile）にも時代様式や地域性が現れる。

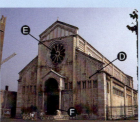

ロマネスク。写真はヴェローナのサン・ゼーノ・マッジョーレ教会

教会建築の構造。上はピサのドゥオモ

ゴシック建築。写真はフィレンツェのサンタ・クローチェ教会

時代によってこんな特徴が

イタリアの美しさは、調和と比例を計算し尽くした先人たちの努力によって、ひとつの町を芸術作品にまで高めた点にある。建築は、空間と時間を使って美を表現する芸術作品だ。生きた建築博物館ともいえるイタリアを旅するとき、建築の見方を少し知っていると、楽しみは倍増する。建築・彫刻の知識がない人でもスピーディに学べるいくつかのキーワードを紹介したい。

まずは時代様式。時代によって建築様式は変遷していく。主な時代様式と特徴をざっくりとつかんでおこう。

●ロマネスク…10世紀後半〜12世紀前半
　外観は、連続するアーチからなる小アーケードで飾られ、正面ファサードには彫刻が施される。連続二連窓❹、正面ファサードの大きなバラ窓❺、ライオン像を土台に立つ小円柱を配した柱廊玄関❻がロマネスク（イタリア語でロマニコ）特有のスタイル。

●ゴシック…12〜14世紀前半
　ゴシック（ゴーティコ）期になると、多数の尖塔❻がそびえ立つスタイルが、地震のないフランスからもたらされた。荘厳さを求め、教会建築は高さを競うコンペの様相を呈し始める。この時期、フランス的ゴシック建築の最たるものはミラノの大聖堂で、巨大な柱があたかも森のように天を突き上げている。垂直性を求めるため尖塔型アーチ❻の採用もこの時代の特徴。

●ルネサンス（リナシメント）…14世紀後半〜17世紀初頭
　イタリアで誕生したルネサンス期の様式は、古代ローマの古典建築を手本とし、高い技術と律動的な比例・調和を求めた。四角形平面プラン❶の採用、美しいクーポラ❶などが特徴。

●バロック…17〜18世紀
　理性的な調和を重視したルネサンス時代の後、動的な変化に富んだ重厚で華麗な表現の時代が訪れる。それがバロック。古典的な垂直性❻をより求め奥行き感が強調された。写真はシチリアのヴァル・ディ・ノート地方の聖堂。正面ファサードの対の大きな円柱❻が見る者を圧倒する。

ルネサンス。写真はフィレンツェ郊外コルトーナのサンタマリア・ヌオヴァ教会

バロック様式のシチリア、シラクーザの聖堂▲

ショッピング

モードの発信地ミラノでは旬のファッションを紹介する店巡りが外せない。ショップを効率よく見て回るにはモンテ・ナポレオーネ通りからドゥオモ周辺をチェックしたい。

モンテ・ナポレオーネ通り　MAP p.263-G

ブランドショップが並ぶ、ミラノ・ファッションの発信地。基点となるのは地下鉄3号線のモンテ・ナポレオーネ駅と地下鉄1号線のサン・バビラ駅。この両駅を結ぶ500mのモンテ・ナポレオーネ通りの両側に、グッチ、プラダ、フェラガモ、エトロなどのイタリアンブランドがひしめき合っている。街行くマダムや若い女性から、おしゃれのセンスをぬすみたい。歩き疲れたら老舗カフェで一息入れよう。

スピガ通り　MAP p.263-C

モンテ・ナポレオーネ通りと並行しているスピガ通りには、ドルチェ＆ガッバーナやブルマリン、ロベルト・カヴァッリ、靴メーカーのトッズなどの個性派ブランドや、スポーツ・マックスなどのカジュアル系ブランド、宝飾品のブルガリなどが店を構えている。最新モードのチェックに外せないストリート。

サンタンドレア通り　MAP p.263-G

サンタンドレア通りには、ジョルジオ・アルマーニやミッソーニ、シャネル、トラサルディ、エルメスなどの高級ブランドと、ヘルムート・ラングなどの前衛的なブランド、そしてセンスのよさで注目のパンネルなどのセレクトショップがある。

ブレラ地区　MAP p.262-B

美大のあるブレラ地区には、アクセサリーやインテリアの店が点在。センスのいい、斬新な感覚のアイテムを探すなら、ぜひ訪れたい。スカラ座とブレラ絵画館を結ぶブレラ通りVia Breraと毎月第3土曜にアンティーク市が立つフィオーリ・キアーリ通りVia Fiori Chiari周辺から街歩きを。中世の雰囲気を残す小さな路地に、個性的なショップやナイトスポットがあり、深夜まで賑わっている。

ガリバルディ地区　MAP p.261-C

ミラノ中央駅の西方にあるポルタ・ガリバルディ駅から、南へ延びるコルソ・コモ、コルソ・ガリバルディ周辺はファッション情報の発信地。ミラノを代表するセレクトショップやセンスのよい雑貨店などが集まっている。

ナヴィリオ地区　MAP p.260-J

ドゥオモの南西、ポルタ・ジェノヴァの外に広がる下町エリア。15世紀、ドゥオモ建築の際に必要な石材を船で運んだという運河沿いに、個性的なレストランやカフェ、画廊があり、何気ない風景も絵になる。毎週日曜にはアンティーク市も立つのでのぞいてみたい。

ドゥオモ周辺　MAP p.262-F / p.263-G

ミラノの中心、ドゥオモ周辺には話題を提供するショップが集まる。ガレリア・ヴィットリオ・エマヌエーレ2世の中にはプラダやグッチ、ルイ・ヴィトンなどのほか、帽子で有名なボルサリーノなどの専門店も。また、ドゥオモ脇にはデパートのリナシェンテもある。

グッチ
Gucci
MAP p.275

モノグラムのバッグや財布が充実

皮革製カバンの店として1922年にフィレンツェで創業。ミラノ店は売り場面積が広くゆったり買い物ができる。1階がバッグ、地下が洋服と小物。本店2軒隣にはメンズ・ショップがある。

- ■交地下鉄1号線サン・バビラSan Babila駅から徒歩3分
- 住Via Monte Napoleone,5/7
- ☎02-771271
- 開10:00～19:30、日曜は～19:00
- 休1/1、復活祭、12/25、12/26

プラダ
Prada
MAP p.262-F

本店ならではの品ぞろえ

高級皮革の店として1913年に創業。軽くて丈夫なナイロンバッグで躍進した。ヴィットリオ・エマヌエーレ2世ガレリアの中にあるミラノ本店では、バッグ、靴、財布などの小物から洋服まで扱う。

- ■交地下鉄1/3号線ドゥオモDuomo駅から徒歩2分
- 住Galleria Vittorio Emanuele II,63/65
- ☎02-876979
- 開10:00～19:30、日曜は～19:00
- 休1/1、復活祭、12/25、12/26

サルヴァトーレ・フェラガモ
Slvatore Ferragamo
MAP p.275

定番の靴のほか、洋服にも注目

1927年にフィレンツェで創業。今も国内の自社工場で製造される靴は高品質。ミラノ店はフィレンツェ本店に次ぐ規模。地下鉄モンテ・ナポレオーネ駅に近い同じ通りの20番地にメンズ店もある。

- ■交地下鉄1号線サン・バビラSan Babila駅から徒歩2分
- 住Via Monte Napoleone,3
- ☎02-76000054
- 開10:00～19:30、日曜日11:00～19:00
- 休1/1、5/1、12/25、12/26

ドルチェ&ガッバーナ
Dolce&Gabbana
MAP p.274

700㎡の広さを持つレディスの店

ミラノに本拠地を置くセクシーで華やかなイタリアンブランド。ミラノ本店は洋服からバッグや靴、ウエディング・ドレスまで幅広くそろう。スピガ通りにアクセサリーを扱う支店もある。

- ■交地下鉄1号線サン・バビラSan Babila駅から徒歩7分
- 住Via della Spiga, 26
- ☎02-76001155
- 開10:30～19:30
- 休1/1、12/25、12/26

エトロ
Etro
MAP p.275

1枚あると便利なスカーフ&ショール

ペイズリー柄のカーテンやクッションカバーなどホームテキスタイル品から出発し、スカーフ、ドレス、バッグも展開している。高品質の生地で作られるエトロ製品は染色、縫製も最高級。

- ■交地下鉄1号線サン・バビラSan Babila駅から徒歩3分
- 住Via Monte Napoleone,5
- ☎02-76005049
- 開10:00～19:30
- 休1/1、8/15、12/25、12/26

ジャンニ・ヴェルサーチ
Gianni Versace
MAP p.275

洋服からインテリア雑貨までそろう

巧みなカッティングによる華やかな印象のウエアを得意とするブランド。創業者ジャンニ・ヴェルサーチの妹ドナテッラがチーフデザイナーを務めている。ミラノ本店は1階から5階まである大型店。

- ■交地下鉄1号線サン・バビラSan Babila駅から徒歩4分
- 住Via Monte Napoleone,11
- ☎02-76008528
- 開10:30～19:30、日曜日11:00～19:00
- 休1/1、復活祭、12/25、12/26

モンテ・ナポレオーネ通り〜スピガ通り
Via Monte Napoleone 〜 Via della Spiga

ショッピングマップ

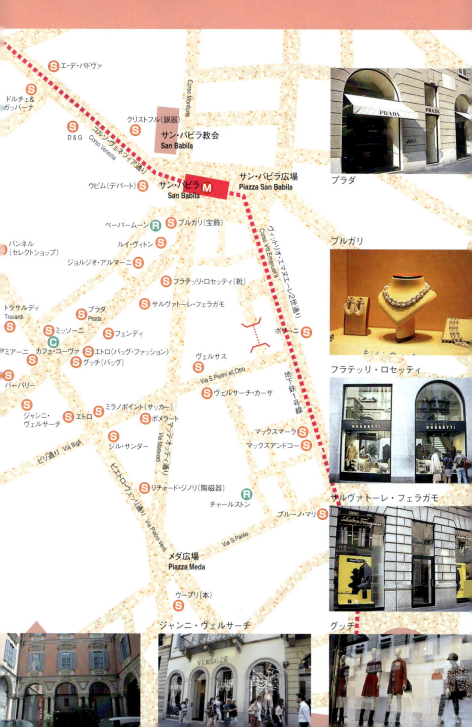

ブルマリン
Blumarine
MAP p.274

フェミニンでゴージャスなウエア

1980年にアンナ・モリナーリが創業。ミラノ店は2フロアで約220㎡のゆとりの広さ。ホワイトを基調にした洗練空間で、ウエアやスカーフ、アクセサリーなどをじっくりとチェックしたい。

- 交地下鉄3号線モンテ・ナポレオーネMonte Napoleone駅から徒歩7分
- 住Via della Spiga, 30　☎02-795081
- 開10:00～19:00
- 休日曜（展示会開催中を除く）

アルベルタ・フェレッティ
Alberta Ferretti
MAP p.274

レース使いのワンピースがキュート

1968年にアルベルタ・フェレッティが18歳で創業し、81年からミラノ・コレクションに参加している。ミラノ店は18世紀ネオクラシックの建物を使った、本店にふさわしい風格がある。

- 交地下鉄3号線モンテ・ナポレオーネMonte Napoleone駅から徒歩2分
- 住Via Monte Napoleone,18　☎02-76003095
- 開10:00～19:00
- 休1/1、復活祭、5/1、12/25、12/26

ミッソーニ
Missoni S.P.A –Ingresso Via S.Andrea
MAP p.275

「色の魔術師」のカラフルな洋服

独特の色の重なりがハーモニーを作り、着る人を楽しくさせるミッソーニは1953年、ミッソーニ夫妻が創業。幾何学模様のニットで爆発的人気を得た。ミラノにはコルソ・ヴェネツィアにも支店あり。

- 交地下鉄3号線モンテ・ナポレオーネMonte Napoleone駅から徒歩6分
- 住Via Sant' Andrea, 8　☎02-76003555
- 開10:00～19:30、日曜は11:00～
- 休日曜（12月を除く）、1/1、復活祭、12/25、8月の2週間

エルメネジルド・ゼニア
Ermenegildo Zegna
MAP p.274

メンズの最高級ブランド

生地作りと丁寧な縫製にこだわるメンズラグジュアリーブランド。特にジャケットやシャツの仕立てのよさ、生地の品質で高い評価を受けている。ミラノグローバルストアはイタリア最大の売り場面積。

- 交地下鉄3号線モンテ・ナポレオーネMonte Napoleone駅から徒歩1分　住Via Monte Napoleone, 27/E　☎02-76006437
- 開10:30～19:30、日曜11:00～19:00
- 休1/1、復活祭、12/25、12/26

ジョルジオ・アルマーニ
Giorgio Armani
MAP p.275

イタリアでは永遠に不滅の人気

ミラノ本店はアルマーニの自宅と同じイメージで設計された豪華な店舗。近くのサンタンドレア通り9番地には1600㎡の広さを誇るライフスタイルショップ「アルマーニ/カーザストア」もある。

- 交地下鉄1号線サン・バビラSan Babila駅から徒歩2分
- 住Via Monte Napoleone, 2
- ☎02-76003234
- 開10:00～19:00、日曜10:30～17:00
- 休1/1、復活祭、12/25、12/26

ボッテガ・ヴェネタ
Bottega Veneta
MAP p.274

上質さとトレンド感がほどよいバッグ

1枚の革に切り込みを入れ、そこに細長い革を通していく「編み込み技法」で作られた丈夫なバッグが人気。値段は約€550～。ミラノ店は財布、アクセサリーなどの小物の品ぞろえも豊富。

- 交地下鉄3号線モンテ・ナポレオーネMonte Napoleone駅から徒歩1分　住Via Monte Napoleone,27
- ☎02-76024495
- 開10:00～19:00、日曜は11:00～
- 休1/1、復活祭、12/25、12/26

ルイ・ヴィトン
Louis Vuitton
MAP p.275

新作がいち早く並ぶ

1854年に世界初の旅行カバン専門店としてスタート。実質性と高いデザイン性でトップブランドに。ミラノ店はモノグラム、エピ、ダミエ、タイガなどフルラインの新作を取りそろえている。

- 交地下鉄1号線サン・バビラSanBabila駅から徒歩1分
- 住Via Monte Napoleone,2
- ☎02-7771711
- 開10:00〜19:30、日曜は10:30〜
- 休祝日

マックスマーラ
MaxMara
MAP p.275

働く女性の応援服

北イタリアで1951年に創業。洗練されたデザインのウエアが人気。ミラノ本店は系列ブランドのスポーツ・マックスやピアノフォルテのほか、マックスマーラの全ラインを扱っている。

- 交地下鉄1号線サン・バビラSan Babila駅から徒歩3分
- 住Corso Vittorio Emanuele II, Piazza Liberty 4
- ☎02-76008849
- 開10:00〜20:00
- 休1/1、12/25、12/26

スパツィオ・ロッサーナ・オルランディ
Spazio Rossana Orlandi
MAP p.260-F

ミラノのセンスあふれる雑貨

アルマーニのニット部門の元コンサルタント、ロッサーナさんのセレクトショップ。独自の審美眼で選んだ商品構成はセンス抜群。カップで約€65〜75。入口インターホンを押すと扉を開けてくれる。

- 交地下鉄2号線S. Ambrogio駅から徒歩8分
- 住Via Matteo Bandello, 14/16
- ☎02-4674471
- 開10:00〜19:00
- 休日曜

ラ・ペルラ
La Perla
MAP p.274

「見せる下着」ブームの火付け役

ボローニャ生まれのイタリアを代表する高級下着ブランド。華麗なランジェリーは世界の女性の憧れ。ミラノ店はランジェリーのほかにナイトウエア、水着、リゾートドレスも取り扱っている。

- 交地下鉄1号線サン・バビラSan Babila駅から徒歩4分
- 住Via Monte Napoleone,14
- ☎02-76000460
- 開10:00〜19:00、日曜11:00〜
- 休1/1、復活祭、12/25、12/26

セルジオ・ロッシ
Sergio Rossi
MAP p.274

モードの先端をゆく靴ならここへ

ミラノ・コレクションを訪れる世界のバイヤーに人気のある靴ブランド。最新のトレンドをゆくデザインと履き心地のよさで新定番に。創業は1966年。本社のあるミラノの店は品ぞろえが充実。

- 交地下鉄3号線モンテ・ナポレオーネMonte Napoleone駅から徒歩2分
- 住Via Monte Napoleone, 27　☎02-76006140
- 開10:00〜19:00、日曜は11:00〜
- 休1/1、復活祭、12/25、12/26

ブルガリ
Bvlgari
MAP p.275

ゴージャスなアクセサリー＆時計

1884年の創業以来、高級感あるジュエリーでファンを獲得してきた。ミラノ店はジュエリー、ウォッチ、アクセサリー、フレグランスと幅広い品ぞろえ。Via Monte Napoleone, 2にも支店がある。

- 交地下鉄1号線サン・バビラSan Babila駅から徒歩1分
- 住Via Monte Napoleone, 2
- ☎02-777001
- 開10:00〜19:00、日・月曜は11:00〜
- 休祝日

セレクトショップ

プピ・ソラーリ
Pupi Solari
MAP p.260-F

センスのよいセレクトショップ

1969年に子供服メーカーを立ち上げたオーナーが、ミラノの閑静な住宅街で開いたセレクトショップ。勢いのある実力派ブランドからオーナーの審美眼でセレクトされたアイテムばかり。

- 交 地下鉄1号線コンチリアジョーネConciliazione駅から徒歩5分
- 住 Piazza Tommaseo 2　☎02-463325
- 開 10:00〜19:00、月曜15:00〜
- 休 日曜・祝日（不定期）、月曜の午前、8月

DAAD
DAAD
MAP p.263-G

ミラネーゼもお手本にするセンスのよさ

モード関係者が常に注目する人気セレクトショップ。ロベルト・カヴァッリ、マーティン・マルジェラなどもいち早く紹介してきた。これから成功を収めそうな新進デザイナーのウエアを探す楽しみも。

- 交 地下鉄3号線モンテ・ナポレオーネMonte Napoleone駅から徒歩6分
- 住 Via Santo Spirito, 24/A　☎02-76002120
- 開 10:00〜19:30、月曜14:00〜
- 休 日曜・祝日、月曜の午前

ディエチ・コルソ・コモ
10 Corso Como
MAP p.261-C

元ヴォーグの編集長がセレクト

元『イタリアン・ヴォーグ』編集長が経営する高感度セレクトショップ。自動車工場だった建物を改装した広い店内に、彼女のセンスで選んだ洋服や食器、雑貨が並ぶ。オリジナルのポプリなども人気。

- 交 地下鉄2号線ガリバルディGaribaldi駅から徒歩4分
- 住 Corso Como, 10
- ☎02-29002674
- 開 10:30〜19:30、水・木曜は〜21:00
- 休 1/1、復活祭、12/25、12/26

エンポリオ・イゾラ
L' Emporio Isola
MAP p.260-B

気鋭のブランドを扱うアウトレット

広い店内は2フロアあり、ドルチェ&ガッバーナ、D&G、マックスマーラ、アンナ・モリナーリなど種類も豊富。地下鉄1号線カイローリ駅近くのForo buonaparte,70に2号店もオープン。

- 交 地下鉄モスコヴァMoscova駅からタクシー5分
- 住 Via Prina, 11
- ☎02-3491040
- 開 10:00〜19:30、月曜15:00〜、日曜11:00〜19:00
- 休 祝日

カヴァッリ・エ・ナストリ
Cavalli e Nastri
MAP p.262-F

ヴィンテージ衣料好きなら、ここへ

旅好きの元建築家クラウディアが集めた1920年〜60年代のヴィンテージファッションの店。ヨーロッパ各地で集めたエレガントなドレスやアクセサリーが並ぶ店内を見て回るのは宝探しの気分。

- 交 地下鉄1号線カイローリCairoli駅から徒歩8分
- 住 Via Brera, 2
- ☎02-72000449
- 開 10:30〜19:30、日曜は12:00〜
- 休 7月の日曜、8月の2週間

ソサエティ
Society
MAP p.262-B

1963年創業のリネン・メーカー直営店

麻、木綿、シルク、ウールなど100%自然素材を使用した上質のベッドリネンやテーブルクロス、ナプキンの専門店。上品な色合いで愛されているリモンタ社の直営で、インテリア関係者も訪れる。

- 交 地下鉄2号線モスコヴァMoscovaから徒歩7分
- 住 Via Palermo, 1
- ☎02-72080453
- 開 10:00〜19:30、月曜15:30〜19:30
- 休 日曜・祝日、月曜の午前

食料品&雑貨

イータリー・ミラノ・スメラルド
Eataly Milano Smeraldo
MAP p.261-C

ハイクオリティな食のデパート

1階はジェラートや菓子、2〜3階は酒類、ハム、チーズ、シーフード、肉など。圧巻は売り場ごとに本格的な食事を楽しめるイートインがあること。みやげ選びのついでに食前酒や食事も楽しみたい。

- 交地下鉄2/5号線ガリバルディGaribaldi駅から徒歩6分
- 住Piazza XXV Aprile,10
- ☎02-4949-7301
- 開8:30〜24:00
- 休1/1、8/15、12/25、12/26

ハイテック
High-Tech
MAP p.261-C

自然派バス用品からキッチン小物まで

インテリア雑貨からキッチン用品まで、ハウスグッズを扱う店。ハーブや蜂蜜など肌に優しい天然成分配合のバス用品は容器もかわいく、選ぶのに悩んでしまう。センスのよい食器や文具も見つかる。

- 交地下鉄2/5号線ガリバルディGaribaldi駅から徒歩5分
- 住Piazza XXV Aprile,12
- ☎02-6241101
- 開10:30〜19:30
- 休月曜、8/14〜16

ペック
Peck
MAP p.262-J

1883年創業の高級食料品店

イタリア屈指の高級食料品店。日本でも高島屋に進出している。1階は食料品と惣菜、2階はバール、地下は約2500種のワインを揃えたワインセラー。お土産の品を探すときにものぞいてみたい。

- 交地下鉄1/3号線ドゥオモDuomo駅から徒歩4分
- 住Via Spadari, 9
- ☎02-8023161
- 開9:30〜19:30、月曜15:30〜、土曜9:00〜
- 休日曜、祝日、月曜の午前

ミラノ・リブリ
Milano Libri
MAP p.262-F

アート関連の書籍ならここ

デザイン、ファッション、写真、絵画など、あらゆるアートジャンルに関する洋書がずらりと並ぶ。場所柄、ファッション関係者の利用も多い。場所はスカラ座に向かって右の道を入ってすぐ右側。

- 交地下鉄3号線モンテ・ナポレオーネMonte Napoleone駅またはドゥオモから徒歩10分
- 住Via Verdi, 2 ☎02-875871
- 開10:00〜19:30、月曜は11:00〜
- 休12月を除く日曜、8月の3週間

リナシェンテ
La Rinascente
MAP p.263-G

キッチングッズが充実のデパート

おみやげ探しに便利な百貨店。イタリアならではのモダンなデザインのエスプレッソ・マシンやミルク泡だて器などが見つかる。最上階のカフェではドゥオモを間近に見ながらお茶や食事を楽しめる。

- 交地下鉄1/3号線ドゥオモDuomo駅から徒歩2分
- 住Piazza del Duomo
- ☎02-88521
- 開9:30〜21:00、金・土曜は〜22:00、日曜10:00〜21:00（季節により変動あり） 休無休

イル・サルマイオ
Il Salumaio
MAP p.274

400種以上のワインがそろう

ペックと並ぶ高品質の食材店。チーズやハムをカットしてもらい、隣接のカフェレストラン（写真）で食べることもできる。モンテ・ナポレオーネ通りから1本入った邸宅の中庭に面している。

- 交地下鉄3号線モンテ・ナポレオーネMonte Napoleone駅から徒歩3分
- 住Via Santo Spirito, 10 ☎02-784650
- 開ショップ/8:30〜22:00
- 休日曜、8月の2〜3週間

ミラノ 279 ショッピング

ナヴァ
Nava
MAP p.263-G

オリジナルブランドのオフィス小物

1922年に設立された印刷会社Navaの子会社が、1960年にカレンダーや手帳を作り始めたのが店の前身。店内は、オフィス小物やステイショナリーだけでなく、革小物やバッグまで並ぶ。

- 交 地下鉄1号線サン・バビラS.Babila駅から徒歩3分
- 住 Via Durini, 2
- ☎ 02-27087242
- 開 10:00～14:30、15:30～19:00、月曜は15:00～
- 休 日曜、月曜の午前

レブス
Rebus
MAP p.262-I

品ぞろえのよさがモットー

デザイン王国イタリアらしいオフィス雑貨の品ぞろえが自慢。商品は、デザイン好きのオーナーが選び集めたもの。傘やバッグ、帽子、掃除道具などの日用品もデザイン秀逸なものばかり。

- 交 地下鉄2号線サンタンブロージョS.Ambrogio駅から徒歩4分
- 住 Via Edmondo de Amicis, 35 ☎ 02-58106157
- 開 9:30～19:30、土曜は10:30～
- 休 日曜

キッチン
Kitchin
MAP p.262-I

本格的なキッチン用品を探すなら

世界中からキッチン用品を集めたお店。機能的なプロ用調理器具から、「あると便利」なアイディアグッズまで。料理本を探す楽しみも。チーズおろしなど小さくてかさばらない小物はおみやげにしたい。

- 交 地下鉄2号線サンタンブロージョS.Ambrogio駅から徒歩3分
- 住 Via Edmondo de Amicis, 45 ☎ 02-58102849
- 開 10:00～19:30、月曜は15:30～
- 休 日曜・祝日、月曜の午前

レルボラリオ
L'Erbolario
MAP p.262-F

自然派化粧品からハーブティまで

「レルボラリオ」とは薬草専門店のこと。商品はすべて自然素材ベースの高品質なもの。化粧クリームやシャンプー、ハーブオイル・ティー、サプリメントなどから好みのものが見つかるはず。

- 交 地下鉄1号線カイローリCairoli駅から徒歩5分
- 住 Via dell'Orso 18
- ☎ 02-804577
- 開 9:30～19:30、月曜は12:30～
- 休 日曜

パリーニ・ドロゲリア
Parini Drogheria
MAP p.274

バール&レストラン併設の食材店

各地のチーズやパルマ産生ハムなど産地厳選の食材がそろう名店。オリジナルの紅茶やパスタソースも人気。レストランとバールを併設しており、軽食から、肉・魚料理などのランチも食べられる。

- 交 地下鉄1号線モンテ・ナポレオーネMonte Napoleone駅から徒歩2分
- 住 Via Borgospesso,1 ☎ 02-36683500
- 開 12:00～23:00、月曜は～16:00
- 休 日曜、8月の2週間

トリエンナーレ・ストア
Triennale Store
MAP p.262-A

デザイン雑貨が見つかるミュージアムショップ

トリエンナーレ・デザイン・ミュージアムのショップ。写真集やアート本のほか、人気上昇中のアーティストが手がけた文具や雑貨、デザイン小物も。ミラノらしいハイセンスな品が見つかる。

- 交 地下鉄2号線カドルナCadrna駅から徒歩7分
- 住 Viale Emilio Alemagna, 6
- ☎ 02-89012117
- 開 10:30～20:30
- 休 月曜

レストラン

おしゃれでグルメなミラネーゼを満足させるこだわりの店が集まっている。ミラノ名物は、薄く伸ばした子牛のカツレツとサフラン風味のリゾット。ぜひトライしてみよう。

●予算：ディナー1人分　●予約が必要　●服装に注意

高級 コンヴィヴィウム
Convivium
MAP p.262-F　●15～（軽食）、●35～（食事）

ピッツァとグリルが自慢

羊の香草焼きやハンバーガーなどのグリル料理が得意。また、16種類から選べるピッツァも人気で、コクのあるスカモルツァチーズ入りのピッツァイオーロなど珍しいピッツァもある。

■交地下鉄1号線カイローリCairoli駅から徒歩5分
■住Via Ponte Vetero, 21
■☎02-86463708
■開12:00～14:45、19:00～24:45
■休無休

高級 ビーチェ
Bice
MAP p.263-C　●50～

味にうるさいミラノっ子も納得のリゾット

1926年に創業し、今やミラノも含めて世界に約40店舗を展開するレストラン。6種類もあるリゾットや、骨付き子牛ロースのカツレツなど、食通をうならせるミラノ料理に出合える。

■交地下鉄3号線モンテ・ナポレオーネMonte Napoleone駅から徒歩3分　■住Via Borgospesso, 12
■☎02-795528　■開12:30～14:30、19:30～22:30
■休日曜の夜、復活祭の5日間、7,8月の土・日曜、8月の3週間、12月第4週～1月第1週

中級 イル・コンソラーレ
Il Consolare
MAP p.262-F　●45～

豪快な魚介料理が楽しめる

茹でた大振りのアカザエビやシャコ、ホタテをオーブンで焼いた「カペサンテ」やイワシのフライ、海の幸のパスタなど、シンプルで豪快な魚介料理が得意。日本語メニューも用意している。

■交地下鉄1号線カイローリCairoli駅から徒歩6分
■住Via Ciovasso, 4
■☎02-8053581
■開12:30～14:30、19:30～22:30
■休月曜、8月の3週間、クリスマス、復活祭の3日間

高級 ダ・サルヴァトーレ
da Salvatore
MAP p.261-D　●45～

シチリア出身のシェフが作る魚介料理

オーナーシェフのサルヴァトーレ・インテリサーノ氏が95年に開いた本格シチリア料理店。豪快なオマールエビのパスタ、タコのカルパッチョなど、素材の新鮮さがわかるシーフードがおいしい。

■交ミラノ中央駅Centrale FSから徒歩5分
■住Viale Brianza, 35
■☎02-6692784
■開12:00～15:00、19:00～24:00
■休日曜

高級 ラ・ブリザ
La Brisa
MAP p.262-E　●50～

女性シェフらしい細やかな気配りが料理にも

伝統的なイタリア料理を研究し、それを現代の感覚に合うような洗練された味覚と美しい盛り付けで目と舌を楽しませてくれる意欲的な店。野菜を使ったヘルシーな料理を心がけている。

■交地下鉄1号線カイローリCairoli駅から徒歩5分
■住Via Brisa, 15
■☎02-86450521
■開12:45～14:30、19:45～22:30
■休土曜、日曜の昼

中級 イル・マリナイオ
Il Marinaio
MAP p.261-C 外　€30〜

新鮮な魚介を手頃価格で

店頭に活きのいい魚介が並び、活気がある。前菜のホタテ貝は1個€3、魚介のリゾット€6、オマール（Astice）のパスタ€10〜12、エビとイカのフリット€10など。ミラノでは破格の安さで地元客に人気。

- 交 地下鉄3/5号線ザラZara駅から徒歩8分
- 住 Via Civerchio, 9
- ☎ 02-6884985
- 開 火〜日曜12:30〜14:30、19:30〜22:30
- 休 月曜

中級 バレット
Baretto
MAP p.263-G　€70〜

本格的ミラノ料理が楽しめる

ミラノの郷土料理リゾットや子牛肉のミラノ風カツレツが評判の店。スズキとアーティチョークのサラダなど新鮮な魚介類を使った料理も得意。カールトン・ホテル・バリオーニ内にある。

- 交 地下鉄1号線サン・バビラSan Babila駅から徒歩5分
- 住 Via Senato, 7
- ☎ 02-781255
- 開 12:30〜15:00、19:30〜23:00
- 休 8月

中級 カラフリア・ウニオーネ
Calafuria Unione
MAP p.262-J　€18〜、€25〜（夕食）

1903年創業の老舗レストラン

店名の「カラフリア」とは、トスカーナ州リボルノ近くの町名。メニューはトスカーナ料理とミラノ料理。ピッツァもある。テーブル席からピッツァ窯やグリル窯が見えるオープンキッチン形式の店。

- 交 地下鉄3号線ミッソーリMissori駅から徒歩3分
- 住 Via dell'Unione, 8
- ☎ 02-866103
- 開 12:00〜15:00、19:00〜23:00
- 休 日曜

中級 フィオライオ・ビアンキ・カフェ
Fioraio Bianchi Caffè
MAP p.262-B　€40〜

花に囲まれたカフェ＆レストラン

フラワーショップを兼ねたアート感覚あふれる一軒。ミラノ風カツレツの酢漬けトマト添え€17やイワシのパスタ・カラスミ添え€18など、どれも料理のアレンジと盛り付けにセンスが感じられる。

- 交 地下鉄3号線トゥラーティTurati駅から徒歩5分
- 住 Via Montebello, 7
- ☎ 02-29014390
- 開 8:00〜24:00
- 休 日曜

韓国料理 ハナ
Hana
MAP p.262-J　€13〜、€25〜（夕食）

焼肉のほか家庭料理もおいしい

ピビンパ定食やキムチ鍋、ゆでたブタ肉を白菜に包んでキムチと一緒に口に入れる「ポッサム」などの家庭料理がおいしい。平日は韓国人ビジネスマンで込み合う店だけに、味は折り紙付き。

- 交 地下鉄1/3号線ドゥオモDuomo駅から徒歩2分
- 住 Giuseppe Mazzini, 12
- ☎ 02-36513597
- 開 12:15〜14:30、19:00〜22:30
- 休 日曜、8月の2週間

カフェ ブォングスト
Buongusto
MAP p.262-I　€35〜

豊富な種類のパスタが味わえる

客席から手打ちパスタを作る様子が見えるオープンキッチン。生パスタは、タリアテッレ、タリオリーニ、パッパルデッレなど種類が豊富。自家製のデザートやチーズにもこだわっている。

- 交 地下鉄2号線サンタンブロージョS.Ambrogioから徒歩8分　住 Via Molino delle Armi, 48
- ☎ 02-86452479
- 開 12:30〜14:30、19:30〜24:30、土曜19:00〜24:30
- 休 日曜

プリメ
Prime
中級　MAP p.261-C　€15〜（昼）、€30〜（夜）

ワンプレートランチが人気

平日なら€10のワンプレートランチがお得で、地元ビジネス客で込んでいる。手長エビとブリーチーズの極太パスタにはピスタチオソースを絡めるなど食材の取り合わせが独創的。肉・魚とも得意。

- 交 地下鉄2・5号線Garibaldi駅から徒歩6分
- 住 Viale Francesco Crispi,2
- ☎ 02-65560923
- 開 12:00〜14:30、19:00〜23:30、土・日曜19:00〜
- 休 1/1の昼、12/25、祭日の昼

トリエンナーレ・デザイン・カフェ
Triennale Design Cafe
カフェ　MAP p.262-A　€5〜

展示作品を見ながら楽しむ食事＆カフェ

インダストリアル・デザインの歴史をテーマにした展示場「トリエンナーレ・デザイン・ミュージアム」の中にある。レモンチェッロと生ラズベリーのチーズケーキ€12などドルチェもおいしい。

- 交 地下鉄1号線カドルナCadorna駅から徒歩4分
- 住 Viale Emilio Alemagna, 6
- ☎ 02-89093899
- 開 10:30〜20:30
- 休 月曜

チャールストン
Charleston
カジュアル　MAP p.263-G　€35〜

買い物の途中で立ち寄りたい店

昔ながらの石窯で焼くアツアツのピッツァが常時20種類ほどもあり、どれにするか悩んでしまう。スパゲッティやニョッキもおいしい。ショッピングの合間にふらりと立ち寄りたい一軒。

- 交 地下鉄1号線サン・バビラSan Babila駅から徒歩5分
- 住 Piazza del Liberty, 8
- ☎ 02-798631
- 開 12:00〜0:00a.m.
- 休 無休

ビストロ・ミラノ・チェントラーレ
Bistrot Milano Centrale
中級　MAP p.261-D　€5〜

駅構内のくつろげるビストロ＆カフェ

店内で焼き上げる天然酵母パンやピッツァ、オープンキッチンで作られる惣菜がフレッシュでおいしい。手前はカフェ、奥はビストロ。厳選食材やワインコーナーもあり、腹ごしらえや買い物に活躍の一軒。

- 交 ミラノ中央駅2階（鉄道ホームフロア）
- 住 Stazione Milano Centrale, Piazza Duca D' Aosta,1
- ☎ 02-6748-1995
- 開 6:00〜21:30
- 休 無休

ラ・ファットリア
Trattoria la Fattoria
中級　MAP p.261-C　30〜

サルデーニャの味を守る下町の食堂

サルデーニャ出身の家族が営む店。ボンゴレとカラスミのスパゲッティ€12、ハムとペペロンチーノのクリームスパゲティ€7などパスタの種類が豊富。サルデーニャ産白ワインと楽しみたい。

- 交 地下鉄3号線レプブリカRepubblica駅から徒歩3分
- 住 Via G.Fara,1
- ☎ 02-6700575
- 開 12:00〜14:30、19:00〜22:30
- 休 日曜

ボッテガ・デル・ヴィーノ
Bottega del Vino
バール　MAP p.260-J　€3.50〜（ワイン1杯）、€2.50〜（つまみ）

多数のワイン、蒸留酒を取りそろえたエノテカ

ワインショップを兼ねたバー。ワイン1500種類以上、シャンパン30種以上を常時取り揃え、蒸留酒グラッパ、ウイスキーなども置いている。軽いつまみとともに、お気に入りの一杯を楽しんで。

- 交 地下鉄2号線サンタゴスティーノSant'Agostinoから徒歩7分
- 住 Corso Genova, 19　☎ 02-58102346
- 開 9:00〜21:00
- 休 無休

Hotel

ドゥオモ周辺と地下鉄レプブリカ駅から中央駅にかけてにホテルが集中。週末割引になるホテルが多いのは商業都市ならでは。国際見本市が開かれる時期は込み合う。

＊日本でのホテル予約は、p.391を参照

高級 フォー・シーズンズ・ミラノ
Four Seasons Milano
MAP p.263-G

最高級の洗練と品格

14世紀の修道院だった建物をホテルに改装したもので、世界のフォーシーズンズのなかでも異色。回廊やフレスコ画、レリーフなどが当時のまま残され、モダンなインテリアとよくマッチしている。

■交地下鉄3号線モンテナポレオーネMonte Napoleone駅から徒歩5分　■住Via Gesu, 6/8　☎02-77088
■FAX02-77085000　■料S €800〜　T €800〜
■118室　■WiFi 無料
■http://www.fourseasons.com/milan/

高級 エ・デ・ミラン
Et de Milan
MAP p.263-C

オペラの世界が息づく、贅を凝らした館

1863年に開業し、作曲家ヴェルディ、プッチーニなどに愛されてきた歴史的ホテル。水周りはリニューアルされており使いやすい。アンティーク家具を配した19世紀の豪華な雰囲気は今もそのまま。

■交地下鉄3号線モンテナポレオーネMonte Napoleone駅から徒歩1分　■住Via Manzoni, 29　☎02-723141
■FAX02-86460861　■料S €340〜　T €360〜　■95室
■WiFi 無料
■http://www.grandhoteletdemilan.it/

高級 スパダリ
Spadari
MAP p.262-F

モダンなインテリアが個性的

美術商一家が経営するホテル内は、現代アートが飾られたモダンなスペース。客室は、ベッドリネンやカーテンの色などが全室異なる内装。すぐ隣には、高級惣菜＆デリの店「ペック」がある。

■交地下鉄1/3号線ドゥオモDuomo駅から徒歩2分
■住Via Spadari, 11　☎02-72002371
■FAX02-861184　■料S €260〜　T €280〜
■40室　■WiFi 無料
■http://www.spadarihotel.com/

高級 グランド・ヴィスコンティ・パレス
Grand Visconti Palace
MAP p.261-K

ミラノ環状線に近い近郊のホテル

ドゥオモから地下鉄3号線で4駅目のポルタ・ロマーナ地区にある。館内には屋内プール、サウナ、バー、カフェなども完備。歩いて5、6分のところにスーパーマーケットCOOPもある。

■交地下鉄3号線ポルタ・ロマーナPorta Romana駅から徒歩4分　■住Viale Isonzo, 14
■☎02-540341　■FAX02-54069523
■料S €160〜　T €170〜　■172室　■WiFi 無料
■http://www.grandviscontipalace.com/

高級 プリンチペ・ディ・サヴォイア
Principe di Savoia
MAP p.261-C

貴族的な優雅さのあるホテル

国賓や各国の著名人が定宿として名を連ねる、ミラノきっての名ホテル。かつて上流階級の社交場だった華やかな歴史の跡が、館内随所に残っている。客室は広めで、アメニティも充実。

■交地下鉄3号線Repubblica駅から徒歩2分
■住Piazza della Repubbulica, 17　☎02-62301
■FAX02-6595838　■料S €330〜　T €380〜　■301室
■WiFi 無料
■http://www.dorchestercollection.com/

エクセルシオール・ガリア
高級 Excelsior Gallia
MAP p.261-C

ミラノ中央駅前に立つクラシックな4つ星

ミラノ中央駅前広場に面して建つ1932年開業のホテル。ロビーも客室も貴族の館を思わせるような重厚な雰囲気を感じさせ、接客も行き届いている。スポーツクラブやギフトショップなども完備。

- ■交ミラノ中央駅Stanz. Centraleから徒歩1分
- ■住Piazza Duca d'Aosta, 9
- ■☎02-67851　■FAX 02-66713239
- ■料S €290〜　T €290〜　■230室　■WiFi 無料
- ■http://www.excelsiorhotelgallia.com/

スターホテル・ローザ・グランド
中級 Star Hotel Rosa Grand
MAP p.263-G

街の中心、ドゥオモの真裏に建つ

すぐ裏手にドゥオモがあり、観光やショッピングの足場に最適。1階には深夜まで営業しているバーもあり、食後に軽く一杯飲みたいときにも便利。スタッフの親切で細やかなサービスも気持ちいい。

- ■交地下鉄1/3号線ドゥオモDuomo駅から徒歩5分
- ■住Piazza Fontana,3
- ■☎02-88311　■FAX 02-8057964
- ■料S €300〜　T €300〜　■330室　■WiFi 無料
- ■http://www.starhotels.com/

メトロ
中級 Metro
MAP p.260-E

清潔で機能的な室内の3つ星

レオナルド・ダ・ヴィンチの『最後の晩餐』で有名なサンタ・マリア・デッレ・グラツィエ教会が徒歩圏内。40室の客室中22室にバスタブがあり、テレビは日本の衛星放送も視聴できる。

- ■交地下鉄1号線ワグナーWagner駅から徒歩3分
- ■住Corso Vercelli, 61
- ■☎02-4987897　■FAX 02-48010295
- ■料S €85〜　T €105〜　■40室　■WiFi 無料
- ■http://www.hotelmetro.it/

デミドフ
中級 Demidoff
MAP p.261-D

ビジネスユースにも最適な3つ星ホテル

中央駅の南東700mのところに立地。地下鉄1本で中央駅やショッピングエリアのサン・バビラ駅へ出られて交通至便。近年全面改装され、客室は清潔だが、シャワーのみでカーテンがない浴室も。

- ■交地下鉄1号線リマLina駅から徒歩1分
- ■住Via Pinio, 2
- ■☎02-29513889　■FAX 02-29405816
- ■料S €85〜　T €130〜　■43室　■WiFi 無料
- ■http://www.hoteldemidoffmilan.com/

ブルネレスキ
中級 Brunelleschi
MAP p.262-J

黒と白の色使いがモダンなロビー

地下鉄ミッソーリ駅からすぐ、ドゥオモまで歩いて数分という便利な立地に建つ。スタイリッシュなインテリアのホテル。シングルルームが半数以上を占め、ビジネス客や個人客の利用が多い。

- ■交地下鉄3号線ミッソーリMissori駅から徒歩3分
- ■住Via Flavio Baracchini, 12
- ■☎02-88431　■FAX 02-804924
- ■料S €150〜　T €175〜　■177室　■WiFi 無料
- ■http://www.hotelbrunelleschi.net/

ヒルトン・ミラン
中級 Hilton Milan
MAP p.261-C

ホテル内のレストランも人気

アメリカン・スタイルの機能的なホテル。ミラノ中央駅や駅前の空港バス停留所からワンブロックというアクセスのよさからビジネスマンの利用が多い。24時間営業のフィットネスセンターも完備。

- ■交ミラノ中央駅から徒歩2分　■住Via Luigi Galvani, 12
- ■☎02-69831　■FAX 02-66710810
- ■料S €200〜　T €210〜　■319室
- ■WiFi 24時間€14.50（ロビー無料）
- ■http://www.hilton.com/

アンティカ・ロカンダ・レオナルド
プチホテル
Antica Locanda Leonardo
MAP p.260-F

16室だけの家庭的な宿

『最後の晩餐』で有名な教会のそばにあり、周囲は静かな環境。オーナー夫人が日本人なので、日本語での予約が可能。内部は明るく近代的で清潔。有料で空港からの送迎サービスもある。

- 交地下鉄1号線コンチリアジョーネConciliazione駅から徒歩4分
- 住Corso Magenta, 78
- ☎02-48014197 FAX02-48019012
- 料S €100〜 T €130〜 休8月中旬の20日間
- 17室 WiFi 無料
- http://www.anticalocandaleonardo.com/

デュカ・ディ・ヨーク
プチホテル
Gran Duca di York
MAP p.262-F

家庭的な雰囲気でもてなす静かな館

ドゥオモの西側、アンブロジアーナ絵画館のすぐ前にあり、ドゥオモへも歩いて6、7分で行ける。数は少ないがテラス付きの部屋があり、空いていればこの部屋をリクエストしたい。

- 交地下鉄1/3号線ドゥオモDuomo駅から徒歩5分
- 住Via Moneta, 1 ☎02-874863 FAX02-8690344
- 料S €90〜 T €170〜
- 休クリスマスの5日間 33室 WiFi 無料
- http://www.ducadiyork.com

マルコーニ
中級
Hotel Marconi
MAP p.261-C

ミラノ中央駅から徒歩7分

ミラノの中心部にあり、アクセスがいい。ベージュを基調色とした客室は清潔で落ち着ける。客室ではNHK国際放送が視聴でき、WiFiが無料。ホテルから100mの場所に有料の屋内駐車場あり。

- 交地下鉄2/3号線中央Centrale駅から徒歩5分
- 住Via Fabio Filzi 3
- ☎02-66985561 FAX02-6690738
- 料S €95〜 T €120〜 68室 WiFi 無料
- http://www.marconihotel.it/（日本語あり）

カノーヴァ
中級
Hotel Canova
MAP p.261-D

中央駅にも近い家庭的なホテル

中央駅から歩いて5分のところにある60室の中規模ホテル。客室はやや古さは否めないが、深夜早朝にミラノ駅に着く人という場合に便利。場所柄、ビジネスユースや一人旅の顧客がメイン。

- 交ミラノ中央駅から徒歩5分
- 住Via Napo Torriani, 15
- ☎02-66988181 FAX02-66713433
- 料S €80〜 T €100〜 61室 WiFi 無料
- http://www.hotelcanove.com/

イビス・チェントロ
中級
Ibis Centro
MAP p.261-D

リーズナブルな大型シティホテル

共和国広場に近い、ポピュラーなホテルチェーン。地下鉄駅から近く、移動も便利。周辺はレストランも多く、日用品の買い物や食事に便利。浴室はバスタブがなくシャワーのみだが清潔。

- 交地下鉄A線レプブリカRepubblica駅から徒歩6分
- 住Via Finocchiano April, 2
- ☎02-63151 FAX02-6598026
- 料S €70〜 T €70〜 439室 WiFi 無料
- http://www.ibishotel.com/

アリストン
中級
Ariston
MAP p.262-I

エコロジカルがテーマのこだわりホテル

モダンな内装とシンプルで機能的な設備が充実。ドゥオモへトラム1本で行け、ショッピングや観光に便利。全室空気清浄機が付いており、朝食のパンやヨーグルトは無添加食品を使っている。

- 交地下鉄3号線ミッソーリMissori 通りから徒歩10分
- 住Largo Carrobbio, 2
- ☎02-72000556 FAX02-72000914
- 料S €100〜 T €120〜 52室 WiFi 無料
- http://www.aristonhotel.com

ロンドン
London
MAP p.262-F

ドゥオモから地下鉄で2つ目

ドゥオモの北西に位置する小規模ホテル。地下鉄駅と反対側にトラムの走る通りがある。館内には遅くまでオープンしているバーがあるほか、スカラ座の予約も代行してくれる。WiFi無料。

- 交 地下鉄カイローリCairoli駅から徒歩3分
- 住 Via Rovello, 3
- ☎ 02-72020166　FAX 02-8057037
- 料 S €110～　T €180～　■29室　■WiFi 無料
- http://www.hotellondonmilano.com/

フローラ
Hotel Flora
MAP p.261-D

中央駅そばの機能的なホテル

ミラノ中央駅と地下鉄駅に隣接したロケーション。観光はもちろん、ビジネスユースにも最適。部屋の内装はシンプルで機能的にまとめられている。ロビーでも無料でインターネットが利用できる。

- 交 ミラノ中央駅から徒歩5分
- 住 Via Napo Torriani, 23　☎ 02-66988242
- FAX 02-66983594　料 S €60～　T €75～
- ■50室　■WiFi 無料
- http://www.hotelfloramilano.com/

ガレス
Galles
MAP p.261-D

庶民的なショッピング・エリアに近い

地下鉄駅のすぐ隣というロケーションだけに、ビジネスユースやミラノが初めてという一人旅の利用が多い。簡素ながら落ち着ける客室。スカラ座、ドゥオモ、ブレラ美術館にも3、4駅の距離。

- 交 地下鉄1線リマLima駅から徒歩1分
- 住 Piazza Lima 2
- ☎ 02-204841　FAX 02-2048422
- 料 S €150～　T €175～　■200室　■WiFi 無料
- http://www.galles.it/

クラブ
Club Hotel
MAP p.261-D 外

赤いルーフが目印の現代的な宿

中央駅から歩いて5分ほどの便利な立地にある。古い石造りの建物だが、客室内は清潔で、意外と静か。朝食は卵やハム、フルーツなども出て、このクラスでは満足行く内容。WiFi有料。

- 交 ミラノ中央駅から徒歩5分、地下鉄ソンドリオSondrio駅から徒歩1分　住 Via Copernico, 18
- ☎ 02-67072221　FAX 02-67072050
- 料 S €60～　T €65～　■53室　■WiFi 24時間 €5
- http://www.hotelclubmilano.com/

アスプロモンテ
Hotel Aspromonte
MAP p.261-D 外

広場に面した家庭的なホテル

アスプロモンテ広場に面して建つ小さなホテル。公園前にはトラム停留所があり、地下鉄駅までも徒歩圏内。朝食はハム、チーズも出る良質な内容。スタッフの家庭的なサービスも心地いい。

- 交 地下鉄1/2号線ロレートLoreto駅から徒歩8分
- 住 Piazza Aspromonte, 12-14
- ☎ 02-2361119　FAX 339-1170950
- 料 S €50～　T €60～　■19室　■WiFi 無料
- http://www.hotelaspromonte.it/

ヴィニェッタ
Vignetta
MAP p.261-K

ナヴィリオ地区のシンプルなホテル

ナヴィリオ地区の入り口、ポルタ・ポルテーゼ門の近くの静かな通りに面している。1つ星ながら客室は清潔で心地よく、セーフティボックスもある。朝食も、このクラスのなかでは良質。WiFi無料。

- 交 地下鉄2号線ポルタジェノヴァPorta Genova F.S.駅から徒歩12分　住 Via Pietro Custodi, 2
- ☎ 02-8375589　FAX 02-8373233
- 料 S €110～　T €130～　■31室　■WiFi 無料
- http://www.lavignettahotel.it/

ミラノ起点の旅

ロンバルディア州 Lombardia

イタリア有数の穀倉地帯を背景に、農業、産業、工業がバランスよく発展している豊かな州。州都ミラノは商工業が盛んで、モードのトレンド発信地として世界中から注目されている。ミラノは中世にはロンバルディア同盟の中心都市。ミラノ郊外には、当時勢力を競い合ったベルガモBergamo、パヴィアPavia、ブレシアBrescia、マントヴァMantovaなどの諸都市が点在している。また、スフォルツァ家、ヴィスコンティ家が支配していたミラノには、ルネサンス期に建てられた豪華な宮殿や美術館も多い。

ミラノから少し北へ足を延ばせば、アルプスの氷河によって作られた湖をいくつも抱える湖水地方がある。アルプス山脈が屏風のようにそそり立ち、冷たい風をさえぎるため温暖な気候の湖水地方は、緑豊かなリゾート。ミラノから日帰りで充分楽しめる。

マントヴァの円形聖堂

ロンバルディア州の名物

穀倉地帯を抱えるため主食はパスタではなく米を使ったリゾット。また、コモ湖の近くにあるブリアンツァBrianzaは養蚕が盛んで最高級の絹が取れる。この絹を使った絹織物がコモでは盛ん。

ピエモンテ州 Piemonte

ピエモンテとは「山の麓」を語源とする言葉だ。その名のとおり、アルプス山脈とアペニン山脈にはさまれたポー平野に広がる州。米作とワイン作りが盛んで、水田とブドウ畑があちこちに広がっている。州都はサヴォイア公国の首都としての歴史を持つ、工業都市トリノTorino。

ピエモンテ州の名物

上質の赤ワインの産地として知られ、イタリアを代表する最高級銘柄バローロBaroloとバルバレスコBarbarescoの産地。発泡性ワインのアスティ・スプマンテAsti Spumanteも名産品だ。また、イタリア有数のトリュフの産地で、珍味の白トリュフが味わえる他、ゴルゴンゾーラ・チーズGorgonzolaも作られる。

エリア内 各地へのアクセス

ロンバルディアの各町へはミラノから鉄道で1時間程度で行ける。湖水地方のなかでガルダ湖はミラノからも日帰りが可能だが、ヴェローナからだと約20分とさらに近い。ミラノからトリノへは高速列車で約1時間。トリノからアオスタは鉄道で約2時間〜2時間30分。トリノからジェノヴァは特急ICで約1時間50分。ミラノからジェノヴァへはICで約1時間30分。ジェノヴァからサン・レモまではICで約1時間50分。ジェノヴァからポルトフィーノの最寄駅サンタ・マルゲリータ・リグレまではICで約30分。

ヴァッレ・ダオスタ州
Valle d'Aosta

ヨーロッパ・アルプスの高い山々に抱かれたフランス国境の山岳地帯で、急峻な山が大平野に向かって落ち込むアオスタ渓谷を形成している。国境沿いには標高4807mを誇るモンブラン（イタリア名モンテ・ビアンコ）、マッターホルン、モンテ・ローザなどのアルプス最高峰がそびえ、一帯はグラン・パラディーゾ国立公園に指定されている。

州都はアオスタAosta（P.27参照）。州内にはクールマイユールCourmayeurなどの国際的なスキーリゾートがある。

ヴァッレ・ダオスタ州の名物

フランス、スイスの山岳地方で食べられているチーズ・フォンデュがアオスタ渓谷の郷土料理。チーズなどの乳製品、蜂蜜、ワインも特産品。

リグーリア州
Liqure

フランス国境に接する西端の州。250kmに及ぶ海岸線はイタリアン・リヴィエラと呼ばれ、サン・レモSan Remo、チンクエ・テッレCinque Terre、ポルトフィーノPortofinoなどの国際リゾートが点在。州都はジェノヴァGenova。

リグーリア州の州都ジェノヴァ Genova

ミラノ起点の旅

289

MAP P.289-B

ミラノから一番近い湖水地方
Lago di Como コモ湖

湖畔には有名デザイナーなどの別荘が並ぶ

ミラノからちょっと足を延ばせば、日帰りで気軽に行けるのが湖水地方。なかでも風光明媚なコモ湖は、昔から貴族や芸術家たちの別荘地として愛されてきた。ミラノから一番近い、大自然のリゾートだ。美しい水をたたえる静かな湖面と、糸杉が目に鮮やかな緑濃い山々。湖畔には色とりどりの花が咲き、小道の散策が楽しめる。

コモ湖散策の中心となる町はコモ。ロマンチックな遊覧船観光の拠点であり、14世紀末に建てられた荘厳な雰囲気のドゥオモがある。ドゥオモの堂内では、聖書をテーマに、アントワープで織らせた大きなタペストリーが見られる。

また、湖畔にはヴィラ・デステのような5つ星の高級リゾートがあり、泊まらなくても優雅にランチやお茶が楽しめる。

■交通
ミラノ中央駅からコモの玄関駅、コモ・サン・ジョヴァンニ Como S.Giovanni 駅まで特急ECで所要約30分。ミラノ・ノルド駅からは私鉄ノルド線でコモ・ノルド・ラーゴ Como Nord Lago 駅まで約1時間。
● 観光案内所
住 Piazza Duomo, Como
☎ 031-304137
開 10:00～18:00
休 無休

遊覧船

深いブルーの湖水と、湖面すれすれにまで迫り出した山の織り成す景観を楽しむには、ローマ広場から出る遊覧船に乗ってみるといい。湖畔の街チェルノッビオ Cernobbio まで遊覧船で約15分、ベッラージョ Bellagio まで約1時間45分。運行は1時間に1～2本。所要1時間の周遊コースもある。湖の上は涼しいので、カーディガンなどを1枚持って乗ろう。

ボート遊びも楽しめる

宮殿を改装したホテル、ヴィラ・デステ

ヴィラ・デステには贅沢な噴水庭園もある

街のしくみ＆ウォーキングの基礎知識

　コモ・サン・ジョヴァンニ駅から、コモの街の中心カヴール広場までは徒歩8分。広場には観光案内所がある。カヴール広場から遊覧船が発着するローマ広場Piazza Romaへは徒歩2分の距離。ローマ広場から歩いて2分のケーブルカー乗場からは、ブルナーテ山の山頂までケーブルカーで昇れる。湖と山々の景色が一望できるので、ぜひ。

　また、特産品のシルク織物でも有名。シルク工場直販で高級ブランド向けのスカーフや生地を安く売る店もあり、ミラノから買い物を目当てに訪れる人もいるほど。

見どころ

ヴィラ・オルモ
Villa Olmo
MAP p.291-A
■カヴール広場から徒歩20分

かつてのミラノの支配者の別荘

　コモの中心街から北へ約1.5km行ったところにある、ヴィスコンティ家の別荘。18世紀末に建てられたネオ・クラシック様式の建物。

開ヴィラ／10:00～18:00、庭／7:00～23:00、冬季は～19:00
休ヴィラ／月曜　料無料

チェルノッビオ
Cernobbio
MAP p.291-B外
■コモから遊覧船で約15分

"コモ湖の真珠"とも称されるリゾート

　コモ湖は懐深く入り込むほど風光のすばらしさが楽しめる。「人」の字の形をした湖の南端に近いにあるチェルノッビオは、そんな湖の美しさを満喫できる。湖畔の遊歩道をゆっくり歩くだけでも心からリラックスできそう。

ホテル

ヴィラ・デステ
Villa d'Este
高級　MAP P.291-A外

16世紀の貴族の館を改装した5つ星

　世界的な有名人も顧客に名を連ねる最高級リゾートホテルで、チェルノッビオにある。湖に面した気分のよいレストランやカフェは宿泊客でなくても利用できるので優雅にランチやティータイムを楽しんでは？

　ただし、毎年、冬季の11月中旬から2月末までは休業する。

住Via Regina,40　☎031-3481　FAX031-348873
料S €740～ T €870～　休11月中旬～2月末　152室
WiFi 無料　http://www.villadeste.com/

ミラノ起点の旅

291

コモ湖

MAP P.289-A

きらめく水面と 美しい島々

マッジョーレ湖
Lago maggiore

ブルーの水面にカモメが舞う

スイスとの間にまたがるマッジョーレ湖は、かつてヨーロッパの王侯貴族が夏の別荘を建てた気品ある高級リゾート。アルプスの山々が屏風のように立ちはだかるため、冬も温暖な気候に恵まれ、庭園にはヤシの大木や珍しい花々も豊かに育ち、湖畔の景色を優雅なものにしている。

湖畔にはヘミングウェイが『武器よさらば』を書いた、宮殿のような華麗なホテルもあって、優雅な雰囲気。著名なデザイナーなどの豪華な別荘も建っている。

湖畔の街で観光客に人気が高いのは、昔からの保養地ストレーザStresa。美しいボッロメオ諸島への遊覧船もここから出る。

また、湖の中ほどにある保養地パッランツァPallanzaの近くには、2万種以上の植物・樹木を集めたイギリス式庭園で有名な、19世紀のターラント荘Villa Tarantoがある。

湖の面積はコモ湖より広く、湖面は南部では明るいブルーだが、北部では暗い緑色と場所によって姿を変える。遊覧船に乗れば、そんなマッジョーレ湖の変化も楽しめる。

■交通
ミラノ中央駅からマッジョーレ湖畔のストレーザStresa駅まで、特急ECで約1時間。街の中心マルコーニ広場Piazza Marconiからボッロメオ諸島行きの遊覧船が出ている。
●観光案内所
住Piazza Marconi, 16
☎0323-30150 開10:00〜12:30、15:00〜18:30、11〜3月10:00〜12:30、15:00〜18:30
休日曜、祝日

ストレーザの船着場

街のしくみ& ウォーキングの基礎知識

ストレーザには観光案内所があり、湖に浮かぶ美しいボッロメオ諸島Isole Borromeeに行く遊覧船発着場、高級ホテルがある。駅もストレーザにしかないので、鉄道利用の場合はストレーザを起点に散策を始めることになる。

ストレーザ駅前のプリンチペ・ディ・ピエモンテ通りVia Principe di Piemonteを右に取り、約100m歩いたところで交差するデュケッサ・ディ・ジェノヴァ通りVia Duchessa di Genovaを湖の方へ進むと、湖畔の表通りウンベルト1世通りCorso Umberto Iに出る。ウンベルト1世通りを右折すれば、船着場のあるマルコーニ広場まですぐ。駅から広場までは約12分の距離だ。

マルコーニ広場からは遊覧船で、湖の真ん中に浮かぶ3つの島からなるボッロメオ諸島（ベッラ島Isola Bella、ペスカトーリ島Isola dei Pescatori、マードレ島Isola Madre）へは頻繁に遊覧船が出ているので、遊覧を楽しもう。ただし、ベッラ島、マードレ島の見どころは3月下旬から10月中旬までの開業で、冬季は休みになるので注意しよう。

ストレーザ
Stresa
0　　100m

マッジョーレ湖
Lago Maggiore

ターラント荘
遊覧船発着場・ボッロメオ諸島
マルコーニ広場 ●ペスカトーリ島、マードレ島、
P.za Marconi ベッラ島へ

ウンベルト1世通り
Corso Umberto I

Corso Italia

サンタンブロージョ教会
S. Ambrogio

カドルナ広場
Piazza Cadorna

Via Fratelli Omarini

Via Duchessa di Genova

Via Pietro Canonica

レジーナ・パレス

Piazza Sirtori

Via Principessa Margherita

Via Roma

Via Principe Tomaso

Via Bonghi

Via Rosmini

Via Devit

Via Carlo de Martini

Viale M. d'Azeglio

カプッチ広場
Piazza Capucci

Via Filippo Bolongard

プリンチペ・ディ・ピエモンテ通り
Via Principe di Piemonte

ストレーザ駅
Staz. F.S. Stresa

見どころ

ストレーザ
Stresa
MAP p.292
■ストレーザ駅下車

マッジョーレ湖最大の保養地
　ボッロメオ湾に面したストレーザは温暖な気候と珍しい庭園、そして島々の眺めのよさが人気。ここには5つ星のグランド・ホテル・デジレ・ボッロメーをはじめ4つ星ホテルも多数ある。また、ロープウェイで20分ほどで頂上まで昇れるモッタローネ山がある。山頂からはアルプスの山々のパノラマが見渡せる。

夏のシーズン以外はひっそり静まるペスカトーリ島

ボッロメオ諸島でもっとも美しいベッラ島

マルコーニ広場

庭園のあるマードレ島

ボッロメオ諸島
Isole Borromee
MAP p.290-A
■ストレーザから遊覧船で約5分〜

17世紀の貴族の宮殿と庭園が見事
　湖の真ん中に浮かぶボッロメオ諸島へは遊覧船で気軽に行けるので、ぜひ散策してみよう。
　ストレーザを出た船は5分で"美しい島"の意味を持つベッラ島Isola Bellaに着く。ここには15世紀からこの地を支配したミラノの貴族ボッロメオ家が建てた豪華な宮殿と、迷路のようなバロック様式の庭園があり、珍しい植物や当時の貴族の邸宅が見られる。
　ベッラ島を出た船は5分で次の島ペスカトーリ島Isola dei Pescatoriに到着。ここは漁師だけが住む小さな島で、夏の間だけ開くレストランやホテルがある。
　ボッロメオ諸島のなかで最大のマードレ島Isola Madreにもボッロメオ家の宮殿がある。どちらの宮殿も3月24日ごろ〜10月20日ごろのみ開園するので、オンシーズンに訪れたい。

ターラント荘
Villa Taranto
MAP p.290-A
■ストレーザから遊覧船で約40分のパッランツァから徒歩30分

滝と珍しい植物2万本のある庭園
　1931年にスコットランド人所有者が作った別荘。入口はパッランツァからイントラIntra寄りへカスタニョーラ岬 Punta della Castagnolaを回り込んだヨーロッパ通りCorso Europeに近いところにある。

開 3月8:30〜17:30、4〜9月は〜18:30、10〜11月初旬 9:00〜16:30（変動あり）休 11月初旬〜2月 料 €10

ホテル

グランド・ホテル・デジレ・ボッロメー
Grand Hotel des Iles Borromees
高級　MAP P.292-A外

1861創業。宮殿のような豪華なホテル
　ストレーザ駅から歩いて7分ほどの湖畔に建つ。豪華な造りで設備も申し分ない。

住 Corso Umberto,I,67　☎0323-938938
FAX 0323-32405　料 S €230〜T €245〜　179室
WiFi 無料　http://www.borromees.it

中世の姿を残す静寂な古都
ベルガモ Bergamo

MAP P.289-B

ゴンビート通りにはレトロなお店が並ぶ

中世以来、ミラノのヴィスコンティ家の支配下に置かれた街で、ヴェネツィア共和国支配当時の城壁によって、山の上の旧市街チッタ・アルタCittà Altaと、下町の新市街チッタ・バッサCittà Bassaという2つのエリアに分かれている。

観光客にとって魅力のあるのは、丘の上の旧市街チッタ・アルタ。曲がりくねった狭い街路の両側に15~16世紀の建物が並び、不思議な静けさと絵のような風景が保たれている。歴史の落し物のような旧市街を歩けば、気分は遠く中世のイタリアへタイムスリップしそう。

■交通
ミラノ中央駅から普通列車で約50分。丘の上のチッタ・アルタCittà Alta(旧市街)のヴェッキア広場Piazza Vecchiaが街の中心。麓からケーブルカーに乗って約5分で到着する。
●観光案内所
住Via Gombito, 13 ☎035-242226 開9:00~17:30
休無休

街のしくみ&ウォーキングの基礎知識

ケーブルカー上駅の建物（左手前）

チッタ・アルタとチッタ・バッサはケーブルカーで結ばれている。まずは山手のチッタ・アルタへ登ろう。ベルガモ駅前からバスに乗り5分ほどでケーブルカーの駅に着く。チッタ・アルタは城壁に囲まれた狭いエリア。端から端まで歩いても15分ほどで見てまわれる。一方、ミラノのベッドタウンとして、あるいは商業の街として拡大しているのが下町のチッタ・バッサ。

見どころ

ヴェッキア広場
Piazza Vecchia
MAP　p.294-B
■ケーブルカー上駅から徒歩5分

旧市街の中心
　広場に面して、ドゥオモDuomoや、12世紀末に公会堂として建てられ16世紀に再建されたラジョーネ宮Palazzo della Ragioneなどの中世の建物が並んでいる。大きな回廊のあるのが昔の市庁舎。ヴェッキア広場の噴水は18世紀のもの。

コッレオーニ礼拝堂
Cappella Colleoni
MAP　p.294-A
■ケーブルカー上駅から徒歩5分

多色の大理石が織りなす壮麗な建築
　パヴィアの僧院を手がけた建築家アマデオが1470〜76年に建てたロンバルディア・ルネサンスの傑作。15世紀にこの街を支配した傭兵隊長バルトロメオ・コッレオーニが自分の墓として建てさせたもの。白色やピンク色の大理石が使われた優雅なファサードの装飾に圧倒される。
開3〜10月9:00〜12:30、14:00〜18:30、11〜2月9:00〜12:30、14:00〜16:30　休月曜　料無料

サンタ・マリア・マッジョーレ教会
Santa Maria Maggiore
MAP　p.294-A
■ケーブルカー上駅から徒歩5分

16〜17世紀のタペストリーが豪華
　コッレオーニ礼拝堂に向かって左側に隣接する12世紀のこの教会は、ロンバルディア・ロマネスク様式の傑作の一つ。内部は後にバロック様式に改築されているが、身廊の左右の壁にはフィレンツェ製の9枚の豪華なタペストリーがあり見事。クーポラには17世紀のカヴァニャのフレスコ画が描かれている。
開4〜10月9:00〜12:30、14:30〜18:00、日曜・祝日9:00〜13:00、15:00〜18:00、11〜3月9:00〜12:30、14:30〜17:00、日曜・祝日9:00〜13:00、15:00〜18:00
休無休　料無料

凝った装飾が見事なコッレオーニ礼拝堂

サンタ・マリア・マッジョーレ教会。内部は想像以上に豪華

アカデミア・カッラーラ美術館
Pinacoteca dell'Accademia Carrara
MAP　p.294-B外
■ケーブルカー上駅から徒歩10分

15〜16世紀の絵画を展示
　ケーブルカー上駅前の坂を東に下っていくとサンタゴスティーノの門Porta S.Agostinoがある。この門を出たらすぐ左手の小道を城壁伝いに下ると、美術館の前に出る。
　2階の展示室には、マンテーニャやジョバンニ・ベッリーニの『聖母子』、ティエポロなど、15〜18世紀のベルガモ派、ヴェネツィア派画家の作品を中心に展示している。
開夏季10:00〜19:00、冬季9:30〜17:30（変動あり）
休火曜、12/25　料€10

城門から400mほど

ホテル

NH ベルガモ
NH Bergamo
高級　MAP　P.294-B外

ベルガモ駅から徒歩5分の立地
　旧市街中心部までも徒歩圏内。部屋はコンパクトだが、朝食ブッフェは種類が多いと好評。

住Via Pietro Paleocapa 1/G
☎035-2271811　FAX035-2271812
料S €110〜 T €110〜
88室　■WiFi 無料
http://www.nh-hotels.it/

北イタリアの歴史的な小都市
Pavia パヴィア

MAP P.289-B

街の中心、ヴィットリア広場

ミラノ近郊のパヴィアは、石畳の続くしっとりと落ち着いた雰囲気の街。小さいながらも都会的に洗練されている。

歴史的には、ローマ時代にすでに重要な軍事拠点の一つだった。その後、中世にはミラノやベルガモなどと同じく自由都市として発展。大学はレオナルド・ダ・ヴィンチやペトラルカが学んだ由緒ある学問の府として有名だ。

また、14世紀にはヴィスコンティ家の支配下で学芸が栄えたが、16世紀以降はスペイン、オーストリアの支配を受ける。近代には、イタリア統一運動の盛んな都市だった。

■交通
ミラノ中央駅から特急ICで所要時間約25分。
●観光案内所
住Piazza della Vittoria
☎0382-079943 圏9:00～13:00、14:00～17:00、土曜・日曜9:00～14:00 休1/1、1/25

現在のパヴィアはミラノのベッドタウンであり、学生の街として、活気がある。

街のしくみ＆ウォーキングの基礎知識

駅の東側の旧市街に主な見どころは集まっている。駅前からヴィットリオ・エマヌエーレ2世通りViale Vittorio Emanuele Ⅱを歩くとすぐミネルヴァ広場Piazza Minervaに出る。ここから延びるカヴール通りCorso Cavourを進むと、12世紀の市庁舎が残るヴィットリア広場Piazza Vittoriaに出

る。広場のすぐ南にはドゥオモ、北にはパヴィア大学、さらにその北にヴィスコンティ城がある。充分徒歩で見てまわれる街なので、ゆっくりと街の雰囲気を楽しみながら散策したい。

また、時間に余裕があれば、パヴィアから約10km離れたヴィスコンティ家の霊廟、パヴィアの僧院Certosa di Pavia

にも足をのばしてみることをおすすめしたい。14世紀に建てられたこの僧院は、「美の女神の僧院」とも呼ばれ、ロンバルディア・ルネサンス建築の傑作。122のアーチのある豪華な大回廊や15～16世紀のフレスコ画がたくさんある他、当時の彫刻家たちの凝った装飾で満たされている。

見どころ

ヴィスコンティ城
Castello Visconteo
MAP p.296

■パヴィア駅から徒歩20分

角型の塔を持つ壮大な城

ガレアッツォ・ヴィスコンティ2世によって、1365年に建設された重々しいレンガ造りの城。ヴィスコンティ家の繁栄の跡がしのばれる。

内部は市立博物館Museo Civicoになっていて、考古学資料から絵画まで、豊富なコレクションを抱えている。そのなかにはベルゴニョーネの『十字架を運ぶキリスト』、ジョバンニ・ベッリーニの『聖母子像』などがある。

市立博物館／圏10:00～17:50、1・7・8・12月9:00～13:30（入場は閉館45分前まで）休月曜 料€8

市立博物館と美術館のあるヴィスコンティ城

アーチが美しいサン・ピエトロ・イン・チェル・ドーロ教会

サン・ピエトロ・イン・チェル・ドーロ教会
Chiesa di San Pietro in Ciel d'Oro
MAP　p.296

■ヴィスコンティ城から徒歩5分
ロンバルディ王もここに眠る
　12世紀に建てられた典型的なロンバルディア・ロマネスク様式の教会。内部には大理石でできたゴシック様式のサンタゴスティーノの石棺が保管されている。その精緻な彫刻、レリーフが見どころ。

開7:00～12:00、15:00～19:00　休無休　料無料

ドゥオモ
Duomo
MAP　p.296

■ヴィスコンティ城から徒歩15分
イタリア最大級のクーポラ
　ロマネスク様式の大聖堂跡に、1488年に建築が開始され、16世紀に完成した。設計にはレオナルド・ダ・ヴィンチとブラマンテが関わったと考えられている。北側に隣接するヴィットリア広場からもその巨大なクーポラが見える。ヴィットリア広場には12世紀の市庁舎ブロレット宮殿が建っている。開9:00～12:00、15:00～19:00（季節により変動あり）　休無休　料無料

パヴィア大学
Universita di Pavia
MAP　p.296

■ヴィスコンティ城から徒歩7分
ヨーロッパ最古の大学の一つ
　現在の建物は14世紀に建設されたもので、5つの回廊がある。学内にはパヴィア大学歴史博物館Museo per la Storia dell'Universitaが併設されていて、見学できる。

歴史博物館／開月曜 14:00～17:00、水・金曜 9:00～12:00（要予約 ☎0382-984709）　休火・木・土・日曜・祝日（変動あり）　料€6

数々の人材を輩出したパヴィア大学

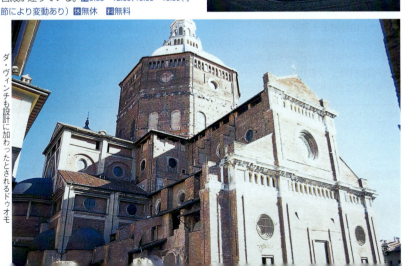
ダ・ヴィンチも設計に加わったとされるドゥオモ

国王の戴冠式が代々行われたサン・ミケーレ教会

サン・ミケーレ教会
Basilica di San Michele
MAP p.296

■ヴィットリア広場から徒歩7分

美しいブロンズ色のロマネスク教会
　12世紀の代表的なロマネスク様式で、ブロンズ色の正面ファサードは砂岩を使った珍しい造り。よく見ると、ヘビの尾を持つ魚など架空の動物や弓などが装飾されている。内部には12世紀の銀製の十字架が展示されている他、クーポラの装飾やモザイクなども見逃せない。
　クーポラの内側に描かれているフレスコ画『聖母の戴冠』は15世紀のもの。

■開月曜8:30～12:00、14:30～19:00、火～土曜8:30～19:00、休日9:00～20:00
休無休　料無料

コペルト橋
Ponte Coperto
MAP p.296

■ヴィットリア広場から徒歩10分

川岸からの情緒ある眺め
　ティチーノ川にかかる、屋根付の橋。中世に建造されたが第二次世界大戦中に爆撃され、戦後に再現された。夕暮れ時、レンガ造りの橋が赤く染まる風景は何ともいえない風情がある。

中世に完成したコペルト橋

レストラン

予算：ディナー1人分　予約が必要　服装に注意

ロンバルディア州のなかでもミラノに比べるとかなり軽めのパヴィア料理。ぜひ試してみよう。

オステリア・デッラ・マローラ
Osteria della Malora
高級　€35～　MAP P.296

郷土料理が味わえる
　冬はパヴィア風スープをぜひ。パヴィア産のハウスワインもおすすめ。

■住Via Milazzo, 79　☎0382-34302
■開12:15～14:00、19:45～22:00
■休月曜、日曜夜

デッラ・マドンナ・ダ・ペオ
Della Madonna da Peo
中級　€35～　MAP P.296

手軽にパヴィア料理を味わえる
　ドゥオモ近くにある手軽なレストラン。時間のないときにも便利。

■住Via dei Liguri,28　☎0382-302833
■開19:30～22:30、土・日曜12:30～14:45、19:30～22:30
■休月曜

ホテル

　小さな町なので、ホテルの数もあまり多くない。中級以上のホテルが集まっているのは駅前周辺。ここに宿を取り、身軽にして出かけよう。

モデルノ
Moderno
中級　MAP P.296

モダンな造りのホテル
　駅前広場から町の中心へ向かう途中にある4つ星ホテル。駅から徒歩3分。

■住Viale Vittorio Emanuele Ⅱ,41　☎0382-303401
Fax0382-25225　料S€115～　T€145～　■49室　WiFi無料
■http://www.hotelmoderno.it

エクセルシオール
Excelsior
エコノミー　MAP P.296

近代的な設備のあるエコノミーホテル
　駅前広場に隣接していて、観光に便利。

■住Piazza della Stazione, 25　☎0382-28596
Fax0382-26030　料S€70～　T€90～　■30室
WiFi 無料　■http://www.hotelexcelsiorpavia.com/

MAP P.289-B

ストラディヴァリのふるさと
Cremona クレモナ

ドゥオモに隣接する鐘楼「トラッツォ」

ミラノから南東に約90kmのところにある中世の都市国家。中世には自由都市として発展し、14世紀以降はミラノの支配下に置かれた。

この街を有名にしているのは楽器作り。17～18世紀にヴァイオリンの一種リュート製作における3大名家といわれたストラディヴァリ家、アマーティ家、グァルネリ家が競い合って、すばらしい楽器を生み出した。「ストラディヴァリウス」もこの街で、弦楽器製作者アントニオ・ストラディヴァリ（1644～1737年）により製作されたもの。その伝統は今でも受け継がれ、街なかには60カ所を超えるヴァイオリン工房がある。

■交通
ミラノ中央駅からマントヴァMantova行きの鉄道で約1時間20分。
●観光案内所
住Piazza del Comune,5
☎0372-407081
開10:00～18:00
休1/1、12/25

街のしくみ＆ウォーキングの基礎知識

ほとんどの人がミラノから日帰りで訪れる小さな街で、見どころはドゥオモのあるコムーネ広場Piazza del Comuneのまわりに集まっている。街の中心コムーネ広場までは、駅前からまっすぐ南に延びるパレストロ通りVia Palestroを歩き、ガレリア・アーケードを左折してすぐ。駅から歩いて15分ほどの距離だ。

コムーネ広場には、ドゥオモやコムーネ宮殿がある。時間にゆとりがあれば、ドゥオモに隣接するトラッツォTorrazoと呼ばれる13世紀末の鐘楼へ。高さ111mの鐘楼はイタリアでもっとも高い鐘楼。健脚な人でないと、500段近い階段をひたすら登るのはくたびれるが、上からの眺めは最高。

駅へ戻る道の途中に、市立博物館がある。コムーネ宮殿から南へ5分のヴァイオリン博物館ではヴァイオリン造りに関する展示も見られるので、楽器に関心のある人はぜひ。

ミラノ起点の旅

299

クレモナ

見どころ

ドゥオモ
Duomo
MAP p.299
■クレモナ駅から徒歩15分

13世紀末の鐘楼が見事

コムーネ広場に面して建つドゥオモは、225年もの歳月をかけて完成した。広場側の優美なアーチや、建築家アンテラミが製作した帯状の浮き彫り「フリーズ」の彫刻、大きなばら窓が目を引く。大きな時計のある鐘楼からは街全体が見渡せる。

開8:00～12:00、15:30～19:00、日曜7:30～12:30、15:30～19:00 休無休 料無料
塔／開10:00～12:30、14:30～17:40 休復活祭やクリスマスなど一部の祝日 料€5

白大理石のファサードを持つドゥオモ

市立博物館の絵画コーナー

ヴァイオリン博物館
Museo del Violino
MAP p.299下外

■クレモナ駅から徒歩20分
名匠ストラディヴァリの仕事道具を展示
　名匠ストラディヴァリがリュート製作に使った道具や木型、設計図、16世紀以降のリュート、チェロ、ヴァイオリンを展示する博物館。2013年にオープン。

　クレモナで製作されたヴァイオリンの名品「ストラディヴァリウス」や「グァルネリ」「アマティ」のコレクションを展示するほか、1〜6月にはコンサートなどのイベントも行われる。

開10:00〜18:00　休月曜、1/1、5/1、12/25　料€10

コムーネ宮殿
Palazzo del Comune
MAP p.299

■クレモナ駅から徒歩15分
18世紀の名楽器が見られる
　コムーネ広場に面している。13世紀に造られた市庁舎の建物。1階部分を大きな柱廊で囲むなど、中世の自治都市（コムーネ）であった時代の繁栄ぶりを示している。

開9:00〜18:00、日曜10:00〜17:00
休1/1、5/1、12/25　料無料

市立博物館
Museo Civico
MAP p.299

■クレモナ駅から徒歩7分
クレモナ派画家の作品を展示
　建物は16世紀に建てられた貴族の館。ロンバルディア様式の優美で端正な建築だ。
　内部は市立博物館になっていて、クレモナ派画家たちの絵画や、ドゥオモが所蔵する美術品、フランスの伝統工芸の象牙細工などを展示している。

開10:00〜17:00
休月曜、1/1、復活祭、5/1、12/25　料€10

ホテル

インペロ
Impero
高級　MAP P.299

コムーネ宮殿の西側に隣接
　街の中心にあり、観光に便利。

住Piazza della Pace,21　☎0372-413013
FAX0372-457295　料S €65〜　T €90〜
53室　WiFi無料　http://www.hotelimpero.cr.it/

アストリア
Astoria
中級　MAP P.299

便利で手ごろな料金
　ドゥオモに近い便利な場所にある。

住Via Domenico Bordigallo,19　☎0372-461616
FAX0372-461810　料S €45〜　T €75〜　24室
WiFi無料　http://www.hotelastoriacremona.com/

コムーネ宮殿

ミラノから日帰りで行けるリゾート
ガルダ湖
Lago di Garda

MAP P.289-B

雄大な景観が広がる

ミラノ市民やヴェローナ市民が好んで出かける湖畔のリゾート。イタリア最大の面積をもつ湖で、すぐそばまでドロミテ山塊が迫るダイナミックな景色が楽しめる。大都市のすぐそばにこんな大自然があるのはうらやましいほど。

湖をわたる風は爽やかだが、ドロミテ山が北風をさえぎるため気候は温暖で、地中海的なのどかな雰囲気さえ漂う。湖畔の町々には色とりどりの明るい色彩の家が並び、オリーブやレモンの緑も目にまぶしい。

湖畔には高級から手ごろな料金の宿まで、さまざまなリゾートホテルが建ち、ヨーロッパ中から保養客が訪れる。明るく開放的なリゾートでのんびりするのもお勧め。

Location

ミラノから鉄道で約1時間、ヴェローナからは約20分でデセンザーノへ到着する。ヴェローナからはバスも頻繁にあり、ガルダ、トッリ・デル・ベナコTorri del Benaco、マルチェージネMalcesineなどの町に停まりながらリーヴァRivaまで行く。ヴェローナからなら、バスの方が断然ラク。
●観光案内所
🏠 Via Porto Vecchio, 34
☎030-9141510 🕐 10:00～12:30、14:00～18:00、土曜10:00～12:30
休日曜、冬季の土曜の午後

Information

ガルダ湖観光の起点は、湖の南端。列車で訪れるなら、鉄道駅のあるデセンザーノDesenzanoが玄関口となる。

駅前のカヴール通りVia Cavourを湖の方向へ約15分歩くと、カペレッティ広場Piazza Cappellettiに着く。ここがデセンザーノの町の中心。この広場の湖寄りのポルト・ヴェッキオ通りVia Porto Vecchioに観光案内所があるので、まずはここで地図や時刻表などをもらっておこう。レストランやカフェなどもこの辺りに集まっている。

湖畔の町で観光客に人気が高いのは、p.302に挙げた3つの町。とくにシルミオーネには、古代ローマ時代の遺跡や中世の城塞などの歴史的遺構が残っていて、これらを訪ね歩くのも楽しい。また、ガルダの町ではウインドサーフィンなどのウォータースポーツも手軽に楽しめる。マルチェージネではロープウェイに乗って、バルド山の山頂からの雄大な景色を楽しみたい。

3つの町以外では、北端の町リーヴァも保養地として人気がある。ここには13世紀に建造された城もある。

遊覧船

デセンザーノの中心、カペレッティ広場から湖に向かってすぐのところに遊覧船乗場があり、ここからガルダ湖をまわる遊覧船、水中翼船が出ている。せっかくガルダ湖へ来たからには、ぜひガルダGardaやシルミオーネSirmione、マルチェージネMalcesine、リーヴァRivaなどの湖畔の町を船で訪れてみよう。晴れた日ならイタリア・アルプスの山々もくっきり見える。

船の発着時刻などは、遊覧船乗場前にある観光案内所でもらっておこう。デセンザーノからの遊覧船は、夏のシーズン中は1日12～13本ほど出ている。

ミラノ起点の旅 301 ガルダ湖

ガルダ湖畔のリゾート Best 3

ウォータースポーツが楽しめるガルダ湖

湖畔のリゾート Best 1
ローマ時代の遺跡もある保養地
シルミオーネ
MAP P.301

デセンザーノから最も近い人気の町。湖に向かって細長く突き出た半島の先端にあり、昔から保養地として親しまれている。家並みの中心には、13世紀に建てられた堅牢なスカラ家の城塞Rocca Scaligeraがある。岬の先端にはローマ時代に作られた別荘跡が残っている。カトゥルスの遺跡Grotta di Catulloと呼ばれるもので、はるか古代からここが景勝地として愛されていたことがうかがえる。

湖畔のリゾート Best 2
ロマンチックな岬がある
ガルダ
MAP P.301

デセンザーノから遊覧船で約1時間のガルダの町にはオープンカフェやレストランが建ち並び、モーターボートやウインドサーフィンを楽しむ人々で賑わっている。

また、ガルダのすぐ西側にあるサン・ヴィジリオ岬Punta S.Vigilioは湖畔で一番ロマンチックな場所とされるところ。

湖畔のリゾート Best 3
ガルダ湖の展望台
マルチェージネ
MAP P.301

高台に13～14世紀にヴェローナを支配したスカラ家の城Castello Scaligeroが残り、湖畔には15世紀のヴェネツィア共和国湖水管理官の館が残っている。また、ここはバルド山観光の拠点。ロープウェイで頂上まで昇れば、湖とドロミテ山塊との雄大なパノラマが楽しめる。

地中海的な明るい雰囲気が漂うガルダの町

ヴェルディの出世作『リゴレット』の舞台
Mantova マントヴァ

MAP P.289-B

人通りで賑わうエルベ広場

ポー川の支流ミンチョ川が作る3つの湖に囲まれ、半島のように突き出た地形のマントヴァ。

この町の起源は古く、紀元前にエトルリア人によって形成されたといわれている。その後ローマ帝国の支配下に置かれ、中世には混沌とした暗黒時代が続いたが、13世紀に自由都市になると都市が形成され、14世紀に入りゴンザーガ家支配の下で繁栄の時代を迎える。

15世紀後半から16世紀初頭、ゴンザーガ家のフランチェスコ2世と結婚したフェッラーラ出身のイザベラ・デステが芸術振興政策を取ると、芸術の都として花開く時代を迎え

■交通
ミラノ中央駅から鉄道で約2時間、ヴェローナからは約50分。
●観光案内所
住Piazza Mantegna,6
☎0376-432432
開9:00〜18:00、冬季は〜17:00
休1/1、3/8、復活祭、12/25、12/26

る。中心部には歴史的建造物が多く残るが、現代のマントヴァは、プラスチック工業が盛んな、保守的な小都市だ。

街のしくみ & ウォーキングの基礎知識

見どころのある旧市街は、駅の東側に広がっている。駅からヴィットリオ・エマヌエーレ2世通りCorso Vittorio Emanuele IIを東に1kmほど行くと、13世紀の旧裁判所パラッツォ・ラジョーネやサンタンドレア大聖堂のあるエルベ広場

Piazza Erbeに着く。ここには一風変わった円形の教会が建っている。11世紀のロマネスク様式の建築、サン・ロレンツォ円形聖堂だ。簡素だが優美なこの教会の北東に隣接するソルデッロ広場Piazza Sordelloには、マントヴァ最大の見どころドゥカーレ宮殿が建っている。エルベ広場に戻り、反対に約1.5km南へ歩けば、ゴンザーガ家の別荘、テ宮殿Palazzo Teがある。

なお、イタリアで最も偉大な作曲家ジュゼッペ・ヴェルディ作『リゴレット』は、ヴィクトル・ユゴーによる原作の舞台をパリからマントヴァに移し、オペラ化したもの。街には架空の「リゴレットの家」や「殺し屋スパラフチーレの家」などもある。オペラファンならこうした場所を訪ね歩くのも楽しいだろう。

ミラノ起点の旅

303 マントヴァ

エルベ広場。この一角に観光案内所がある

ドゥカーレ宮殿の「鏡の歩廊」

中庭から見たドゥカーレ宮殿

見どころ

ドゥカーレ宮殿
Palazzo Ducale
MAP p.303

■エルベ広場から徒歩5分

華麗な宮殿に思わずため息

　その重々しい中世を彷彿させる外観からは想像もできないほど、内部は豪華。イタリアでも屈指の壮麗な宮殿の一つで、ゴンザーガ家の最盛期にはヨーロッパ最大の宮殿だった。

　宮殿は、16世紀に建築された500室もの部屋をもつ建築群で形成されている。次々と現れる部屋には、ゴンザーガ家によって集められた数々の芸術作品が残され、見ごたえがある。「タペストリーの間」にはラファエロの作品が展示されている他、「12カ月の廊下Corridoio di Mesi」はきらびやかな「鏡の歩廊」や、ルーベンスやティントレットらの絵画が飾られた「射手の間」につながっていて、その豪華さに思わずため息が漏れる。

　そして、最大の見どころは宮殿のすぐ向かいのサン・ジョルジョ城内の「結婚の間Camera degli Sposi」。ここには1471年から3年の歳月を費やしてマンテーニャが描いた連作のフレスコ画があり、洗練された宮廷文化の極みを見ることができる。

　今でも豪華な宮殿だが、1630年にオーストリアのハプスブルク家がこの宮殿を接収したとき、約2000点の美術品が運び去られたといわれる。 開8:15～19:15（入場は～18:20） 休月曜、1/1、12/25 料€6.50（結婚の間を含む€12）
■結婚の間は要予約☎041-2411897

サンタンドレア大聖堂
Basilica di Sant'Andrea
MAP p.303

■エルベ広場に隣接

異彩を放つクーポラ

　15世紀後半、当時人気のあった建築家アルベルティによって設計されたルネサンス様式の代表的な聖堂。クーポラの部分は後に加えられたもの。礼拝堂にはマンテーニャの墓があり、彼のフレスコ画『聖家族Le Sacre Famiglie』も残っている。

開8:00～12:00、15:00～19:00、土曜10:30～12:00、15:00～18:00、日曜11:45～12:15、15:00～18:00
休無休 料無料

サンタンドレア大聖堂。左手の礼拝堂にマンテーニャの墓が

内部の装飾が見事なテ宮殿

テ宮殿
Palazzo Te
MAP p.303

■エルベ広場から徒歩15分

ゴンザーガ家の別邸
　ラファエロの弟子だった建築家ジュリオ・ロマーノをフェデリコ2世がローマから招聘し、設計にあたらせた宮殿。フェデリコ2世はこの宮殿を、愛人のラ・ボスケッタと暮らすために建てたといわれていて、完成には1525年から10年間もかかっている。

　ジュリオ・ロマーノは、マニエリスム様式の時代に流行しただまし絵の技法では当代一の芸術家であり、館の随所にマニエリスムの手法が見られる。

　「巨人の間 Sala dei Giganti」には、ロマーノとその弟子たちが部屋いっぱいに巨人の姿を描いたフレスコ画が飾られている。また、「プシケーの物語Storia di Psiche」にはサチュロスとニンフたちがエロティックに戯れる装飾が施されているが、これらはフェデリコ2世と愛人の退廃的な快楽生活を描いたものと考えられている。

開9:00～18:30、月曜は13:00～（入場は～17:30）
休12/25　料€12

レストラン

€予算：ディナー1人分　　予約が必要　　服装に注意

肉料理が中心のロンバルディアの郷土色豊かな料理を味わうことができる。

アクイラ・ニグラ・ラ・ドゥカーレ
Aquila Nigra la Ducale
高級　€70～　　MAP P.303

エレガントな高級レストラン
　川エビとズッキーニのフライなど、マントヴァの郷土料理が得意。チーズの種類も豊富。

住Vicolo Bonaccolsi,4　☎0376-327180　開12:00～14:00、19:30～22:00　休日曜夜、月曜、8月の2週間、7・8月と11～3月の日曜の昼

トラットリア・ドゥエ・カヴァリーニ
Trattoria Due Cavallini
中級　€25～　　MAP P.303

晴れた日にはテラス席が気持ちいい
　マントヴァの郷土料理を気軽に食べさせる店。ロンバルディア地方のポレンタ（トウモロコシ粉のパンケーキ）にシチューをかけて食べる料理をぜひ一度。

住Via Salnitro,5　☎0376-322084　開12:15～14:00、19:45～22:00　休火曜、月曜夜、7～8月の1週間、2月の1週間

テラス席もある

ホテル

エービーシー・スペリオール
ABC Superior
中級　MAP P.303外

駅前の広場に面し観光にも便利
　全室バスルーム付き。レストランも併設。

住piazza Don Leoni 25　☎0376-322329
FAX0376-310303　料S €55～ T €70～　58室
WiFi 無料　http://www.hotelabcmantova.it/

ビアンキ
Bianchi
中級　MAP P.303外

昔の個人の邸宅をホテルに改装
　1491年に建てられた個人の邸宅をホテルに改築した。ホテル内には17、18世紀の大理石の手洗い場など、アンティークな内装がそのまま残っている。

住Piazza Don Leoni, 24　☎0376-326465
FAX0376-321504　料S €75～ T €80～　53室
WiFi 無料
http://www.albergobianchi.com/

落ち着いた外観

かつてのイタリア最大の海運王国
Genova ジェノヴァ

MAP P.289-A

港のある海岸沿いの街並み

ジェノヴァの歴史と街の発展は、海軍とは切り離せない。12世紀の初めにはジェノヴァ海軍は軍艦70隻を保有するほど力があったという。

十字軍の遠征時代からルネサンス期にかけては、ヴェネツィアと並ぶ2大海運王国として華々しく繁栄した。

13世紀にはコルシカ島の領有権をめぐってピサと対立、14世紀には地中海貿易の制海権をめぐってヴェネツィアと衝突し、以後長い間ヴェネツィアとの間で対立が続いた。だがこの頃すでに東方貿易で巨富を得るようにな り、現在の流通業の基礎となる合資会社や為替手形、船舶保険などの経済・保険システムがこの街で最初に誕生したほど、経済が発達していた。

その後は大西洋岸の諸港との競争で次第に勢力を失い、17世紀にはフランス王ルイ14世の砲撃に合い、1805年にはついにナポレオンの帝国に組み入れられてしまう。

現在のジェノヴァの街は、イタリア第一の港町で、リグーリア州の州都。海洋共和国時代のたくさんの歴史的遺産が残る街でもある。

また、コロンブスをはじめ、明治時代に来日して大蔵省で紙幣・切手の原版を作成した銅版画家キヨッソーネらを生んだ街でもある。市内にはコロンブスの遺品を展示するトゥルシ宮Palazzo Tursiやコロンブスの生家Casa di Colombo、エドアルド・キオッソーネ東洋美術館Museo di Arte Orientale E.Chiossoneなどの見どころが多くある。

■交通
ミラノ中央駅から特急ICで約1時間40分、ローマからは高速列車で約3時間55分。
●観光案内所
住 Via Garibaldi, 12r
☎ 010-5572903 開 9:00〜18:20
休 無休

ジェノヴァ Genova
0 200m

新市街へ続く9月20日通り

街のしくみ＆ウォーキングの基礎知識

イタリア第五の都市ジェノヴァには、主要な鉄道駅が2つある。ミラノ・トリノ方面からのプリンチペPrincipe駅と、ローマ方面からのブリニョーレBrignole駅だ。

ジェノヴァ市街は大きく分けて、港のある海岸沿いと、狭い道がひしめき合う旧市街、そして山の手の住宅街の3つのエリアからなっている。重要な見どころの多くは、ひなびた雰囲気のある旧市街に点在している。

街歩きはまず、プリンチペ駅前から延びるバルビ通りVia Balbiを南東に進み、徒歩6分ほどでヌンツィアータ広場Piazza della Nunziataに着いたら、そこからガリバルディ通りVia Garibaldiへ。ガリバルディ通りから4月25日通りVia XXV Aprileを海側へ下ると、5分ほどで街の中心、フェッラーリ広場Piazza de Ferrariに出る。この広場から9月20日通りVia XX Settembreへ進めば、新市街に出られる。時間に余裕があれば、ジェノヴァ湾一周の遊覧船に乗ってみるのもいいだろう。また、住宅街への足として市民に利用されているケーブルカーを使って丘の上に登れば、ジェノヴァの街並みとジェノヴァ湾を一望。ケーブルカー乗り場はガリバルディ通りの一本山側にある。

見どころ

■ バルビ通り／ガリバルディ通り
Via Balbi/Via Garibaldi
MAP p.306-A.B

■プリンチペ駅から徒歩3〜12分

パラッツォ群は必見

バルビ通りにはジェノヴァが最盛期を迎えた16〜17世紀に建てられた豪壮な貴族の建物（パラッツォ）がたくさん残っている。これらの邸宅では、当時フランドル派の画家の多くがジェノヴァを訪れた際に数多く残した絵画作品を展示する美術館があるので、ぜひ訪れたい。

バルビ通りの先のガリバルディ通りにも数多くのパラッツォがあり、外観は地味なのに、内部の装飾が見事な館がたくさんある。1軒1軒のパラッツォのすべてが歴史的遺産であり、見どころといっても過言ではないほど。

■ 王宮
Palazzo Reale
MAP p.306-A

■プリンチペ駅から徒歩6分

サヴォイア家の別邸

1650年にジェノヴァの富裕階級バルビ家が建造した大邸宅。17〜18世紀の大富豪の豪邸が残るジェノヴァでも最大の建造物といわれる。後にサヴォイア家の所有となった歴史がある。内部には両家が収集した17〜19世紀の贅を尽くした家具、装飾品が残っている。また、美術品ではファン・ダイクの絵画などが展示されている。

開9:00〜19:00、土・日曜は13:00〜
休月曜、1/1、5/1、12/25　料€6

エレガントな王宮

■ 白の邸館
Palazzo Bianco
MAP p.306-B

■王宮から徒歩10分

当時の貴族の肖像画に出合える

16世紀なかばの貴族の館で、18世紀に後期バロック様式で再建された。内部は美術館になっていて、ルーベンスなどフランドル派の絵画を展示している。なかでもフランドル派の巨匠ファン・ダイクが1620年代にジェノヴァに滞在した際に描いた貴族の肖像画や、ストロッツィやマニャスコ、フィリッポ・リッピの絵画などが代表的な作品。

開9:00〜19:00、土・日曜10:00〜19:30（冬季9:00〜18:30、土・日曜は9:30〜）
休月曜、12/25
料€9（P.308赤の邸館と共通）

ミラノ起点の旅　307　ジェノヴァ

赤の邸館
Palazzo Rosso
MAP p.306-B

■王宮から徒歩10分
華麗な館に酔いしれる
　1671年から77年に建てられたバロック様式の貴族の館。白の邸館の斜め向かいにあり、正面ファサードに使われている赤みがかった石材からこの名がついた。内部は17世紀の家具、彫刻、鏡、陶磁器などが展示されているほか、ファン・ダイク、デューラー、ティントレットなどのフランドル派、ヴェネツィア派画家の絵画とバロック様式の彫刻を展示する美術館になっている。
開休P.307白の邸館と同じ　料€9（白の邸館と共通）

スピーノラ国立美術館
Galleria Nazionale di Palazzo Spinola
MAP p.306-B

■ガリバルディ通りから徒歩3分
下町のなかに建つ絢爛豪華なパラッツォ
　スピーノラ館と呼ばれるこの建物は、ファサードが「スタッコ装飾」と呼ばれる優美な彫刻で装飾された、16〜18世紀の典型的なジェノヴァ貴族の館。館内には、当時の装飾、家具、陶磁器、銀食器などが残っている。

　内部は、17世紀ごろの天井を飾る豪華なフレスコ画やファン・ダイクの『子供の肖像』、ルーベンスの絵画、ピサーノ作の彫刻などが見られる国立美術館として市民に親しまれている。
開8:30〜19:30
休日・月曜、祝日
料€6

エドアルド・キオッソーネ東洋美術館
Museo di Arte Orientale "Edoardo Chiossone"
MAP p.306-B

■ガリバルディ通りから徒歩10分
イタリアで出合う日本＆東洋芸術
　ジェノヴァ出身の銅版画家で、美術コレクターでもあったキオッソーネが、日本滞在中に集めた浮世絵、版画、掛け軸などの日本の美術品をはじめ、中国、タイの仏像などを展示する博物館。キオッソーネが見た日本、彼が愛した日本美術に触れられて、感慨深い。
　小高い丘の上の公園にあり、町の喧騒から離れてのんびりと港町の景色を眺めるのに、ちょうどいい場所でもある。
開9:00〜19:00、土・日曜10:00〜19:30（冬季9:00〜18:30、土・日曜10:00〜19:30）休祝日、月曜　料€5

マッテオッティ広場
Piazza Matteotti
MAP p.306-B

■フェラーリ広場から徒歩1分
ジェノヴァ繁栄の歴史がここにあり
　フェラーリ広場に隣接しているマッテオッティ広場には、海洋共和国時代の総督官邸だったドゥカーレ宮殿Palazzo Ducaleが建っている。この建物は13世紀に建てられた当初は市庁舎として使われていたが、ジェノヴァ共和国初代の総督が官邸として使って以来、代々官邸となった。現在ドゥカーレ宮殿は市立文化センターとなっていて、美術展などが開かれる。

スピーノラ国立美術館

マッテオッティ広場に建つドゥカーレ宮殿の塔

蔦の絡まるコロンブスの生家

コロンブスの生家
Casa di Colombo
MAP p.306-B

■フェラーリ広場から徒歩5分

コロンブスが生まれ育った家

1492年、アメリカ大陸を発見した探検家コロンブスは、ここで生まれて育ち、ここからスペインのイザベル女王のもとへ旅立った。現在残っている家は、コロンブスを誇りに思う市民によって、同じ場所に後年に建てられたもの。

■開土・日曜、祝日11:00～17:00（季節によって変動あり）、平日は予約のみ ☎010-4490128（予約）
■休月曜 ■料€5

レストラン

ジェノヴァの郷土料理といえば、ジェノベーゼ・ソース（ペストPestoともいう）が有名。バジルの葉と松の実、オリーブオイル、パルミジャーノ・チーズを混ぜたコクのある味わいは、パスタのソースに最適。ぜひ本場の新鮮なペストを試してみよう。

また、ジェノヴァのあるリグーリア州は、トスカーナ州やプーリア州と並んで、おいしいオリーヴオイルの産地であり、ワインのおいしい土地柄でもある。

レ・テラッツェ・デル・ドゥカーレ
Le Terrazze del Ducale
高級 €35～ MAP P.306-B

港の汽笛がロマンティック

ドゥカーレ宮殿の屋上にあるこのレストランでは、港町の贅沢な夜景が望める。ジェノヴァの魚料理を中心に、ポピュラーなイタリア料理はどれも得点。ワインも数多くそろえている。

■住Piazza Matteotti,5 ☎010-588600
■開12:30～15:00、19:30～23:00
■休8月の15日間

サンタテレサ
Ristorante Santa Teresa
中級 €40～ MAP P.306-B

イタリアとフランスの伝統の融合

フォアグラのソテーや、新鮮な魚介類のメインディッシュ。クレープ、ニョッキ、リングイネ。デザートにはバルサミコ酢を使ったイチゴのクレームシャンティやハチミツゼリーを。

■住Via Porta Soprana, 55 ☎010-583534
■開12:30～15:00、19:30～23:30
■休土曜の昼、日曜、8月の2週間

ホテル

コンティネンタル
Hotel Continental Genova
高級 MAP P.306-A

プリンチペ駅前にある高級ホテル

駅前広場から少し坂を上がったところにある。上階からは港が一望できる。

■住Via Arsenale di Terra,1 ☎010-261641
■FAX010-2772889 ■S €95～ T €95～ ■44室
■WiFi 無料 ■http://www.hotelcontinentalgenova.it/

風格あるたたずまい

ブリストル・パレス
Bristol Palace
高級 MAP P.306-B

客室にはアンティーク家具が

狭い間口からは、ここが4つ星ホテルであるとは想像がつきがたいが、一歩ロビーに入れば、小さいながらも贅沢な造り。

■住Via XX Settembre, 35 ☎010-592541
■FAX010-561756 ■S €85～ T €95～ ■133室
■WiFi 無料 ■http://www.hotelbristolpalace.it/

アニェッロ・ドーロ
Agnello d'Oro
中級 MAP P.306-A

アットホームなホテル

プリンチペ駅に近く、バルビ通りから路地に入ってすぐ。スタッフも親切だ。

■住Via delle Monachette, 6 ☎010-2462084
■FAX010-2462327 ■S €60～ T €70～ ■17室
■WiFi 無料 ■http://www.hotelagnellodoro.it/

VIPに愛されてきた高級リゾート
ポルトフィーノ
Portofino

MAP P.289-B

サン・ジョルジョ教会からの入り江の眺め

イタリアン・リヴィエラのなかでも最も高級なリゾート。かつては小さな漁村にすぎなかったが、20世紀初め頃から映画俳優や作家、芸術家をはじめ、世界中から著名人が豪華ヨットで訪れるようになり、有名になった。最盛期の20世紀半ば過ぎには、映画のワンシーンのような贅沢で華麗なリゾート生活が繰り広げられた。

ポルトフィーノ山にかけての眺めのよい丘には、世界の富豪たちがシーズン中のひとときを毎年過ごすための別荘も点在する。

小さな街だが、高級リゾートホテルが数軒あり、優雅なひとときを体験できる。

■交通
特急ICでミラノから約2時間20分、ジェノヴァからは約30分。フィレンツェからは約3時間10分。サンタ・マルゲリータ・リグレ駅前または街の中心ヴェネト広場Piazza Venetoから82番の市内バスで15分。バスは約20分おきに運行する。
●観光案内所
住Via Roma,35
☎0185-269024
開10:00〜18:00
休日曜、月曜

街のしくみ & ウォーキングの基礎知識

ポルトフィーノの玄関口は、隣町のサンタ・マルゲリータ・リグレS.Margherita Ligure駅。この街もまた、カジュアルに楽しめるリゾートとして愛されている。

サンタ・マルゲリータ・リグレからポルトフィーノへのバスは途中、サンタ・マルゲリータ・リグレの中心ヴェネト広場（MAP p.310）や、クルーザーが停泊する港を経て、半島の荒々しい海岸線伝いに坂を登って、終点リベルタ広場Piazza della Libertaへ到着する。この間約5kmの海岸線は実に美しい。

リベルタ広場からポルトフィーノの中心マルティリ・デッロリヴェッタ広場Piazza Martiri dell' Oliviettaまでは、目抜き通りのローマ通りVia Romaを通ってすぐ。ローマ通りには観光案内所があるので、ここで地図などの情報を入手しよう。エルメス、ルイ・ヴィトンなどのブランド・ショップがずらりと並んでいて、さすが世界のVIPが訪れる高級リゾートの雰囲気に。ランチをとるなら高級からカジュアルまでさまざまなレストランが並ぶマルティリ・デッロリベッタ広場周辺に店が多い。

サンタ・マルゲリータ・リグレ
Santa Margherita Ligure

レストランが並ぶマルティリ・デッロリベッタ広場

高級ブランド・ショップが並ぶローマ通り　　街のシンボル、サン・マルティーノ教会（左）とサン・ジョルジョ教会

見どころ

ブラウン城
Fortezza di S. Giorgio Brown
MAP p.311

■港から徒歩15分

ポルトフィーノの展望台

　ポルトフィーノの入り江全体をはるか眼下に見渡せる、格好の高台に建つ城。16世紀に要塞として建てられた城自体は廃墟になっているが、中庭からのポルトフィーノの眺めは絶景。

ブラウン城からの入り江の眺めは一段ときれい

　港からブラウン城へは、青い庇が目印のレストラン「デルフィーノ」Delfino前の道を岬の先端方向へ。登り道は急坂だが、途中の坂に建つサン・ジョルジョ教会S.Giorgio前の広場からも、美しい入り江と、反対側の外洋が一望でき、小休止できる。

開10:00〜18:00（季節によって変動あり）
休冬季の月〜金曜　料€5

ホテル

スプレンディド
Splendido
高級　MAP p.311

世界のVIPに愛されている最高級ホテル

　できれば最高級ホテルで心地よいサービスを受けながら過ごしてみたいもの。ポルトフィーノで最も贅沢なこのホテルは、昔から映画監督や女優たちに愛されてきた。ブラウン城の対岸の丘の上に建つホテルからは海や岬の眺望がすばらしい。宿泊しなくても、ランチやティータイムにぜひ。

住Salita Baratta,16
☎0185-267801
FAX0185-267806
料S€465〜　T€575〜
67室
WiFi無料
休11〜3月
http://www.belmond.com

断崖に向かって流れ落ちるかのようなプールも

ミラノ起点の旅

311

ポルトフィーノ

スプレンディド・マーレ
Splendido Mare
高級　MAP p.311

港に面した優雅なホテル
　丘の上のスプレンディドの姉妹ホテル。港の前、ローマ通りの角にあり、買い物にも食事にも便利。

- 住Via Roma,2
- ☎0185-267801
- 0185-267806
- 料S €570～ T €570～　16室
- WiFi 無料
- 休11～3月

エデン
Eden
中級　MAP p.311

この街では貴重な手ごろホテル
　すべてが高級で値段の高いポルトフィーノで手ごろな3つ星ホテル。観光案内所前の路地を入ってすぐ。

- 住Via Dritto, 20
- ☎0185-269091
- 0185-269047
- 料S €80～ T €135～　12室
- http://www.hoteleden portofino.com

MAP P.289-B

カジュアルな夏のリゾート
サンタ・マルゲリータ・リグレ
Santa Margherita Ligure

豪華クルーザーが停泊する港

　夏には海水浴客でいっぱいになる、東リヴィエラでも人気のリゾート。風光明媚な土地柄で昔からポルトフィーノとともに著名人に愛されてきた。ポルトフィーノ山と港に囲まれたエリアに街が広がっている。

　街の規模も港の規模もポルトフィーノより大きいので、ホテル代も食事代も高くてホテル数が極端に少ないポルトフィーノを避けて、あえてこの街に宿を取るのもおすすめ。気軽なマリン・リゾートを楽しめる。

■交通
サンタ・マルゲリータ・リグレ駅までは、ジェノヴァから特急ICで約30分、ミラノからは特急ICで約2時間。
●観光案内所
住Piazza Vittorio Veneto
☎0185-287485　開4月～9月9:30～12:30、13:00～20:00、10～3月9:45～13:00、13:10～16:00
休日曜、月曜

街のしくみ＆ウォーキングの基礎知識

　駅前のトリエステ通りVia Trieste を駅を背に右に下ると、道はローマ通りVia Romaと名前を変える。そのまま港の方へ下るとヴェネト広場。この広場からもポルトフィーノ行きバスが出る。観光案内所は広場から4月25日通りVia XXV Aprileを登った右手。ホテルもこの周辺に多い。レストランはヴェネト広場隣のカプレラ広場Piazza Caprera周辺に多い。

ティグリオ・エ・デ・ミラン
Tigullio et de Milan
中級　MAP p.310

観光案内所に近い3つ星
　部屋はやや狭いが、清潔で快適。観光拠点にも便利な場所にある。

ホテル

ジョランダ
Jolanda
中級　MAP p.310

観光拠点に便利な3つ星
　客室は暖色系の配色。レストラン、バーも完備。

- 住Via Luisito Costa,6
- ☎0185-287513　0185-284763
- 料S €80～ T €100～　休11/2～12/23
- 49室　WiFi 無料
- http://www.hoteljolanda.it/

- 住Viale Rainusso,3
- ☎0185-287455
- 0185-281860
- 料S €80～ T €90～
- 休11月中旬～3月末　40室
- WiFi 無料　http://www.hotel tigullio.eu/

急峻な崖に張り付く世界遺産の村

MAP P.289-B

チンクエ・テッレ
Cinque Terre

マナローラの村

リグリア海に面した急峻な岩壁に貼りつくように家々が集まる5つの漁村を総称してチンクエテッレと呼んでいる。平野のない荒削りなこの土地に、人々は500年以上前から工夫して家を建て、山の斜面を利用した階段状の土地でブドウ畑を耕して暮らしてきた。その険しい自然との共生の姿は、見る人を感動させずにはおかない。

モンテロッソ、ヴェルナッツァ、コルニリア、マナローラ、リオマッジョーレの5つの村の起源は11世紀ごろといわれる。マナローラの村には14世紀の教会が、またリオマッジョーレには中世の集落の名残も残っている。

Location

起点となるのは、ジェノヴァから高速列車で約1時間のラ・スペツィアLa Spezia。そこからモンテロッソまで鉄道で約15分。各村にも鉄道駅があるが、30分～1時間に1本程度なので時間配分は計画的に。
● 観光案内所 住モンテロッソ駅
☎0187-817059 開9:00～17:00、日曜は～13:00、10～3月9:30～18:30、日曜9:00～13:00 休1/1、復活祭、12/25

Information

チンクエ・テッレは訪れることが困難な5つの村だけに、いつまでも昔と変わらない伝統と景勝を保存し、1997年には近くの村ポルトヴェネレPortovenereとともに世界遺産に認定されている。現在でも陸路は寸断され、訪れるには海岸沿いを走る鉄道か、ラ・スペツィアからの船、もしくは断崖沿いの道しかない。

まずは観光案内所のあるモンテロッソから観光を始めよう。駅の階段を降りてすぐ左手に観光案内所がある。ここでホテルリストや、5つの村を遊覧する船の時刻表などがもらえる。モンテロッソからヴェルナッツァまで徒歩2時間の距離だ。海岸伝いにマナローラとリオマッジョーレを結ぶ約1kmの遊歩道「愛の小道」もあり、景勝地を堪能できておすすめ。

ホテル、レストランも多い
モンテロッソ
Monterosso

MAP P.313-A

5つの村のなかで一番栄えているのがこの村。駅前のビーチにはカラフルなパラソルが並び、ホテルやレストランもこの村に集中している。

駅前の遊歩道をヴェルナッツァの方向へ歩き、トンネルを抜けたところが村の中心。

一方、船で5つの村を遊覧するなら、駅前から村の中心とは反対方向へ少し歩いた港から船が出港する。

ミラノ起点の旅

中世の教会とカラフルな家並み
ヴェルナッツァ
MAP P.313-A

マナローラから鉄道で約8分で到着する隣村。中世に建てられたサンタ・マルゲリータ教会の丸い屋根と、ピンクや黄色の家々のカラフルな壁がなんともかわいい。

駅の真裏にはバールを兼ねたペンションがあり、駅から港までの道の両側にもレストラン、エノテカ、バールなどが並んでいる。

段丘の上の村
コルニリア
MAP P.313-A

人口約250人ほどの丘の上の村。ヴェルナッツァから鉄道で約5分。駅からは約380段の階段を登るかミニバスを利用する。岬の頂上が村の中心の広場。辺りには自宅の1室を貸すペンションや食事のできる小さなトラットリア、バールもある。マナローラまではハイキングコースで約1時間30分の距離。

ブドウ畑が広がる静かな村
マナローラ
MAP P.313-A

カラフルな家々が岸壁にへばりつき、絵のように美しい。コルニリアから鉄道で約5分。駅を出たら「教会Chiesa」の看板に従って坂を登ると、右手にホテル「カ・ダンドレアン」があり、さらに登ると中世のかわいい教会のある小さな広場に着く。この辺りが村の中心。周りにも小さなホテルがある。

断崖と海の眺望が開ける
リオマッジョーレ
MAP P.313-A

マナローラから鉄道で3分（徒歩約20分）の漁村。マナローラまでの海岸沿いの散歩道「愛の小道」の始発点でもある。駅を出てすぐのトンネル入口に、丘の中腹の展望台へ出るエレベータ（有料）がある。ここからの海と断崖の眺めが見事。一方、トンネルを抜けて急な階段を下りるとビーチへ出られる。

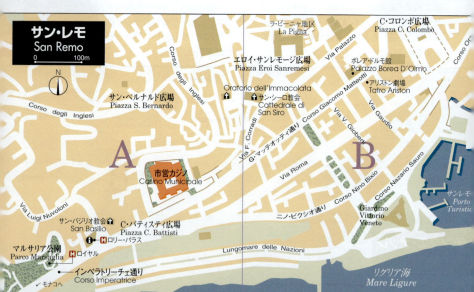

ホテル

チンクエ・テッレ
Cinque Terre
中級　MAP P.313-A

モンテロッソの近代的3つ星ホテル

近代的な設備と清潔な客室。

- 住Via IV Novembre,21
- ☎0187-817543
- FAX0187-818380
- 料S €80〜 T €120〜　休11〜3月　54室　http://www.hotelcinqueterre.com

カ・ダンドレアン
Ca'd'Andrean
中級　MAP P.313-A

マナローラの家庭的3つ星

家庭的なプチホテル。

- 住Via A.Discovolo,101
- ☎0187-920040　FAX0187-920452
- 料S €80〜 T €110〜　休11月中旬〜2月末　10室　WiFi無料
- http://www.cadandrean.com/

パルメ
Palme
中級　MAP P.313-A

モンテロッソ最高の4つ星

- 住Via IV Novembre,18　☎0187-829013　FAX0187-829081
- 料S €125〜 T €125〜　休11〜3月　49室　WiFi無料

音楽祭で賑わう陽気な港町
サン・レモ Sanremo

MAP P.289-A

リヴィエラ海岸のなかで、フランス国境に近い西リヴィエラは、「花のリヴィエラ」と呼ばれる。一年中温暖で、花が咲き乱れるサン・レモは、花のリヴィエラの中心的なリゾート。フランスからの観光客も多く、街にはフランス語も飛び交う。街には高級リゾートホテルや、白亜の宮殿のようなカジノ（写真左下）などのリゾート施設もいろいろ。

インペラトリーチェ通りのプロムナード

Location
ジェノヴァから特急ICで約1時間45分、ミラノからIC特急で約3時間30分。
●観光案内所
- 住Via Luigi Nuvoloni,1
- ☎0184-59059　開8:30〜19:00
- 休日曜

315　サン・レモ

Information

町の西側のインペラトリーチェ通りCorso Imperatriceは海岸沿いのプロムナード。リゾートホテルが並び、華やかな雰囲気。一本山側のジャコモ・マッテオッティ通りCorso Giacomo Matteottiにもレストラン、市営カジノなどが。海岸沿いに東へ歩けば、豪華クルーザーが停泊するポルト・ソーレ地区Porto Soleに出る。駅は郊外に移転した。

ホテル

ロイヤル
Royal
高級　MAP P.314-A

インペラトリーチェ通りの豪華ホテル

プロムナードに面して建つ。周辺の環境もよい。

- 住Corso Imperatrice,80
- ☎0184-5391
- FAX0184-661445
- 料S €200〜 T €275〜
- 126室　WiFi無料
- http://www.royalhotelsanremo.com/

ロリー・パラス
Lolli Palace
中級　MAP P.314-A

駅から歩いて2分の近さ

観光案内所のあるビルに入っている、清潔な3つ星ホテル。観光の拠点に便利な立地

- 住Corso Imperatrice,70
- ☎0184-531496
- FAX0184-541574
- 料S €70〜 T €100〜
- 休11/1〜12月中旬　52室
- WiFi無料

自動車産業が盛んな
ピエモンテ州の州都

Torino トリノ

MAP P.289-A

王宮前のカステッロ広場

イタリアが誇る高級自動車ランチアや大衆車フィアットの企業城下町であり、ピエモンテ州の州都であるトリノは、機械工業の中心都市。イタリアの自動車生産量の約8割を支えている。

また、イタリアサッカー、セリエA最多優勝を誇るユヴェントスの本拠地でもあり、それこそ話がカルチョ（サッカー）となると、トリノ市民はとことん鼻が高い。

11世紀以降、この街は約900年間フランスと縁の深いサヴォイア家が治め、街路樹の並ぶ整然とした通りの両側に、バロック様式の数々の重厚な建物を完成させていった。規則正しい街路や建築の配列は、トリノの印象をいっそう都会的で洗練されたものにしている。

イタリア統一後は首都としての重責も果たしたが、都としての歴史は1861年から65年と短く、フィレンツェへ遷都するまでの橋渡し的な役目に過ぎなかった。そんな歴史をもつトリノには、ローマ、ミラノ、フィレンツェ、ヴェネツィアなどの大都市などと比べて外国人旅行者は少なく、リピーターでも新鮮に感じるだろう。

■交通
ミラノ中央駅から鉄道で約1時間。列車は街の中心であるポルタ・ヌオヴァ Porta Nuova駅に着く。
●観光案内所
住Piazza Castello, 161
☎011-535181 開9:00～18:00
休無休
住Piazza Carlo Felice
☎011-535181 開9:00～18:00
休無休

カステッロ広場から延びるポー通りの回廊

316

アーチが美しいサン・カルロ広場の回廊

カステッロ広場の真ん中にあるマダマ宮殿

街のしくみ＆ウォーキングの基礎知識

　教会のファサードを思わせるポルタ・ヌオヴァ駅の正面には、市民の憩いの場となっているカルロ・フェリーチェ広場Piazza Carlo Feliceがある。

　この緑の広場を越えると、カステッロ広場Piazza Castelloまでローマ通りVia Romaが真っすぐ延びている。この目抜き通りは瀟洒な回廊になっていて、夏はテーブルを出すカフェやセンスのいいブティックが並び、目を楽しませてくれる。駅からカステッロ広場までは歩いて17、18分ほど。途中のサン・カルロ広場Piazza San Carloにもおしゃれなカフェやショップが並び、エジプト博物館Museo Egizioなどの見どころもある。カステッロ広場には、マダマ宮殿Palazzo Madamaや、王宮 Palazzo Realeなど、歴史的建造物が集まっている。

　カステッロ広場からポー川Fiume di Poへと続くポー通りVia Poも回廊で囲まれ、こちらはローマ通りよりも素朴で庶民的な雰囲気。街路は碁盤の目のように整理されていて動きやすい。

見どころ

王宮
Palazzo Reale
MAP p.316-B
■駅から徒歩20分

雄大なサヴォイアの宮殿

　街の中心でひときわ目を引くエレガントな建物。1646年から60年にかけて建造され、その後1865年までサヴォイア一族の居城となっていた。当時のサヴォイア家の栄華の跡が見てとれる。宮殿内には中世の兵器が展示されている。
開8:30～19:30（入場は18:00まで）　休月曜、1/1、5/1、12/25　料€12

マダマ宮殿
Palazzo Madama
MAP p.316-B
■駅から徒歩20分

古代ローマの門の遺構の上に中世の城を建造

　古代ローマ時代の街の入口だった門の遺構の上に、中世に城として改築された。王宮側からはフランス風の華麗な宮殿にしか見えないが、裏へ回ると、重みのある堅牢な建物の顔がのぞく。宮殿内は市立古典美術館 Museo Civico di Arte Anticaになっており、当時の装飾や、ピエモンテ州の画家の美術品を展示している。
開美術館／10:00～18:00（入場は閉館1時間前まで）
休火曜　料€12

エジプト博物館
Museo Egizio
MAP p.316-B
■駅から徒歩15分

エジプト美術を集めたエキゾチックな美術館

　エジプト美術のコレクションに関しては、世界で最も重要な博物館の一つ。ヨーロッパでは大英博物館に次ぐ規模だ。科学アカデミア館内にある。同館内にはサバウダ美術館Galleria Sabaudaもあり、これはサヴォイア王家の個人コレクションをベースに、1832年に設立された絵画館。ベアート・アンジェリコ、ティントレットなどの貴重な絵画作品を収蔵している。
開9:00～18:30、月曜は～14:00（入館は閉館1時間前）
休12/25
料€15
ラムセス2世王の彫像やミイラなど、3万点を超える考古学資料を展示

モーレ・アントネッリアーナ
Mole Antonelliana
MAP p.316-B

■カステッロ広場から徒歩15分

高層建築の映画博物館
「モーレ」とは大建造物の意。その名の通り、高さ176mと天を突く高層建築。エレベータで最上階まで上がれば、アルプスの麓に広がるトリノの街を一望できる。館内には1941年に誕生した国立映画博物館があり、映画の誕生から、高速度撮影、特殊効果、舞台装置など、映画技術の発展史に関する展示品が見られる。また、俳優、衣装、脚本、ポスターのコレクションもある。

■開国立映画博物館／9:00～20:00、土曜は～23:00（入館は閉館の1時間前まで）、エレベータ／博物館と共通
■休火曜 ■博物館€11、エレベータ€8、共通券€15
予約☎011-8138564

レストラン

€予算：ディナー1人分　☎予約が必要　T服装に注意

ドゥエ・モンディ
Due Mondi
高級 €35～　MAP P.316-B

上品なピエモンテ料理に大満足
駅から徒歩1分。伝統のピエモンテ料理を味わえる店。トリノの名門サッカーチーム、ユヴェントスの選手も利用することがある。

■住Via S.Pio V 3　☎011-6692056
■開19:30～22:30　■休日曜

ショッピング

意外と知られていないのがトリノでのショッピング。観光客で混雑することもなく、じっくりと楽しめる。ローマ通りにはルイ・ヴィトン、エルメス、アルマーニ、フェラガモ、ヴェルサーチなどの高級ブランドが軒を並べる。
サン・カルロ広場とローマ通りの角にも大型ブランドモールがあり、グッチ、プラダ、フェンディ、シャネル、ジル・サンダーといった人気ブランドを扱う。直営店では入手困難な新作もいち早く入荷。意外な掘り出し物も多い。

 ホテル

ポー通りとヴィットリオ・エマヌエーレ2世通りにはさまれた一帯にホテルが多い。大通りには高級ホテルが多いが、大通りから少し入っただけで手頃な宿が多くなる。

ローマ・エ・ロッカ・カヴール
Roma e Rocca Cavour
中級　MAP P.316-A

カルロ・フェリーチェ広場に面した立地
観光、買い物と何をするにも便利なロケーション。リーズナブルな料金で落ち着ける部屋が人気。

■住Piazza Carlo Felice,60
■☎011-5612772
■℻011-5628137
■料S €57～ T €85～
■90室　■WiFi 無料
http://www.romarocca.it

ジェニオ
Best Western Hotel Genio
中級　MAP P.316-B

通りを挟んで駅のすぐ東
クラシックで美しい外観。信号に引っ掛からなければ駅を出てから1分もかからない。スタッフの対応も好感が持てる。

■住Corso Vittorio Emanuele II,47
■☎011-6505771
■℻011-6508264
■料S €105～ T €145～
■120室　■WiFi 無料
http://www.hotelgenio.it

ホリデイ・イン
Holiday Inn City Centre
中級　MAP P.316-A

駅の西側にある近代的な設備のホテル
周辺は落ち着いた下町の雰囲気。付属のレストランがシック。

■住Via Assietta, 3　☎011-5167111　℻011-5167699
■料€90～ T €110～　■57室　■WiFi 無料
http://www.holidayinntorino.com/

ナポリ

Napoli

ナポリ 320

ポンペイ 334

ソレント 337

カプリ島 338

イスキア島 341

ポジターノ 343

アマルフィ 346

サルデーニャ／カリアリ 349

バーリ 351

アルベロベッロ 352

マテーラ 354

ナポリへの交通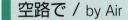

空港から市内へ
カポディキーノ空港から市内へはオレンジ色のシャトルバス、アリブスAlibusが便利。ナポリ中央駅前のガリバルディ広場まで約20分、港に近いムニチピオ広場まで約35分。料金は€3（車内だと€4）。20〜30分間隔で運行している。

バス&トラム
ガリバルディ広場や市庁舎近くのムニチピオ広場などにバスターミナルがあるが、路線図がなく旅行者が利用するのは少し難しい。

観光案内所
ナポリ中央駅構内23番線ホーム前
住Staz. Napoli Centrale
☎ 081-268779　開9:00 〜 18:00　休無休　MAP p.321-D

ウンベルト1世のガレリア内
住Via San Carlo, 9　☎ 081-402394　開9:30 〜 13:30、14:30〜18:30、日曜は〜13:00　休無休　MAP p.322-I

ジェズ・ヌオヴォ広場
住Piazza del Gesu Nuovo
☎081-5512701　開9:30〜13:30、14:30〜18:30、日曜は〜13:00　休無休
MAP.322-B

タクシー
乗り場から乗車するか、ホテルや店の人に電話で呼んでもらう。初乗り料金は€3.50、60mまたは10秒ごとに€0.05加算だが、空港から中央駅まで€16、スーツケース1個€0.50など均一料金制。

空路で / by Air
ナポリの玄関口カポディキーノ空港Aeroporto di Capodichinoは、市街から北東に約7km離れたところにある。エールフランス航空、ブリティッシュ・エアウェイズ、アリタリア-イタリア航空などの国際線や国内線が発着する。ミラノからは1時間15分、トリノからは1時間20分。

鉄道で / by Train
長距離列車は主にナポリ中央駅St.Napoli Centraleに到着する。一部の列車は中心市街の西側にあるメルジェリーナ駅St.Mergellinaに到着。メルジェリーナ駅発着の列車は、時刻表で"M"と表示されている。

▶ローマから
高速列車"フレッチャロッサFrecciarossa"やイタロ（p.14）が最も速く、所要時間は約1時間。フレッチャルジェントは約1時間20分。フレッチャロッサは1日約25本運行している。

市内の交通
ナポリ市内には7路線の地下鉄のほか、バス、トロリーバス、トラムがある。山側へは4本のケーブルカー（フニコラーレ）も運行され、交通網は発達している。乗車券が共通なのも便利（ただし、一部のチケットはケーブルカー不可）。1回券は1乗車限りで€1、90分券は€1.50で最初の刻印から90分間乗り継ぎ自由だが、同一路線で往復、のような使い方はできない。1日券は€4.50で当日24:00まで有効。

地下鉄 Metropolitana
1・2・6号線の3路線が観光に便利
中央駅前のガリバルディ広場Piazza Garibaldi駅からカヴール広場Piazza Cavourやモンテサントmontesantoなどへ行くのに便利な2号線、主に街の北側を走る1号線のほか、街の西部を走る6号線がある。現在、1号線のドゥオモDuomo駅は工事中。

ケーブルカー（フニコラーレ）Funicolare
街の西側に4路線のケーブルカーが約30分間隔で運行
モンテサント駅から出るモンテサント線、ウンベルト1世のガレリア近くから出るチェントラーレ線、アメデオ駅近くから出るキアイア線、メルジェリーナ通りから出るメルジェリーナ線と、4路線のケーブルカーがある。

街のしくみ&ウォーキングの基礎知識

見どころの多くはナポリ中央駅から西に走る地下鉄2号線のアメデオ駅までの4駅と地下鉄1号線の中央駅～ムゼオ駅までのエリアに集中。地下鉄やバスをうまく利用すれば、1～2日でまわれる。ただ、美術館などは冬季になると午後2時に閉館してしまうところが多く、日曜は午後1時に閉まってしまうので注意したい。それほど広い地域ではないが、効率よくまわるには、市内を3つのエリアに分けて考えるといい。

街の中心を彩るガレリア

エリア❶

街の東側にあたるスパッカ・ナポリ周辺。建物の間に洗濯物がずらりと干された、最もナポリらしい庶民的な風景が見られ、下町情緒が残る。街のシンボルであるドゥオモや、国立考古学博物館、ジェズ・ヌオヴォ教会などがある。地下鉄カヴール駅を基点にすれば、どこも徒歩でまわれる。

エリア❷

王宮やカステル・ヌオヴォなどのある海沿いのサンタ・ルチア地区とその西のキアイア地区。高級ホテルやブランド・ショップが集まり、リゾート気分が味わえる。バスを王宮前で下車すれば、港に突き出た卵城まで歩いて10分ほど。

ガリバルディ広場

エリア❸

スパッカ・ナポリの西の山側に広がるヴォーメロ地区。モンテサント線のケーブルカーで15分程登ると、ナポリを一望するサン・マルティーノ修道院やサンテルモ城がある。この他、市街の北側には上記3つのエリア圏外ではあるが国立カポディモンテ美術館も必見。ナポリ・ブルボン家が美術コレクションを展示するために建てた王宮が使われ、宮殿を取り囲む広大な公園がある。カポディモンテ美術館へはナポリ中央駅から地下鉄2号線カブールCavour駅で降り、バス137・160番に乗り換えミアーノMiano下車。王宮やダンテ広場からは24番バスでカポディモンテCapodimonte下車。ドゥカ・ダオスタ通りCorso A.d.Savona Duca d'Aostaをさらに北に進んだところ。

水中翼船・フェリー

ベヴェレッロ埠頭Molo Beverelloからイスキア島、カプリ島、ソレントなどへSNAV社、NLG社などの高速船や水中翼船が運航している。カプリ島まで約40分。

フェリーはベヴェレッロ埠頭から300mほど離れたカラータ・ディ・マッサ埠頭からcaremar社のカプリ、ソレント、プロチダ、イスキア島行きが出ている。カプリ島まで約1時間30分。

ナポリの楽しみ

ピッツァ発祥の地といわれるナポリでは、食事も楽しみのーつ。地下鉄ドゥオモ駅北側を東西に走るサン・ビアージョ・デイ・リブライ通りと、その北のトリブナーリ通り(Map p.323-C)などに、安くておいしい店が集まっている。

ナポリはフランスやスペインなどヨーロッパ各国の影響を受けているため、ナポリ独特の美術や建築物なども多く、美術館巡りをするのも楽しい。特に注目すべきはナポリ・ブルボン家のファルネーゼ・コレクション。国立カポディモンテ美術館で見ることができる。他にボルジア家所蔵のエトルリア文明とエジプト文明のコレクションを国立考古学博物館で展示。

ショッピングなら地下鉄ドゥオモ駅(工事中)南のウンベルト1世大通りや、ブランド店が多いキアイア通り周辺へ。

Area 1 王宮〜サンタ・ルチア地区
Palazzo Reale〜Santa Lucia

歴代の支配者が君臨した王宮

歩き方のヒント

楽しみ	
観光	★★★
食べ歩き	★★★★
ショッピング	★★
交通の便	
地下鉄	★★★★
バス	★★★
タクシー	★★

エリアの広さ
市街中心部はナポリ中央駅からメルジェリーナ駅までの約5km²のエリア。

街のしくみ ウォーキングの基礎知識

下町情緒と古い文化がミックスした人間味あふれる街

　ナポリは、ギリシア語で"新しい街（ネアポリス）"という意味で、ギリシア人の植民地としてスタートした。12世紀からはノルマン人に、13世紀にはアンジュー家とアラゴン家に統治され、さらに16世紀にはスペイン総督の支配下に置かれ、18世紀にはフランスのブルボン王家の統治を受ける。5km²の市中心部には、それぞれの時代の様式の建物や美術品が残っている。さまざまな為政者によって統治されたが、文化的な水準は高く、ナポリの人々は誇りと明るさを持ち、自分らしさをアピールするのが上手だ。

見どころ

プレビシート広場
Piazza del Plebiscito
地下鉄1号線ムニチピオMunicipio駅から徒歩10分
MAP P.321-K

中央の騎馬像が勇ましい半円形広場
　19世紀初め、ナポリを支配していたブルボン家のフェルディナンド1世が建設した。サン・フランチェスコ・ディ・パオラ教会の半円形ファサードに囲まれ、中央にはカノーヴァ作のシャルル3世の騎馬像が立っている。

活躍していた建築家ドメニコ・フォンターナによって建設された豪華な宮殿。18世紀以降はブルボン家をはじめ、歴代ナポリ国王の居城になり、プレビシート広場に面した正面にはナポリ王8人の彫像が並んでいる。
　内部は美術館になっていて、王家の調度品や絵画などが見られる。

開9:00〜20:00（入場は閉館1時間前まで）休水曜、1/1、12/25 料€4

王宮
Palazzo Reale
プレビシート広場Piazza del Plebiscitoから徒歩1分
MAP P.322-I

ナポリ王の像が立つバロック建築の宮殿
　スペイン統治下の17世紀初め、ローマでも

王宮内の美しい大理石の大階段

サン・カルロ歌劇場
Teatro San Carlo
プレビシート広場Piazza del Plebiscito
からすぐ
MAP P.322-I

トップクラスの音楽家も訪れる歌劇場
　ブルボン家のシャルル3世が18世紀半ばに建築。19世紀初めに改築されたが、豪華な内装もさることながら、音響効果もよく、イタリア屈指の歌劇場として名高い。

開予約制見学ツアーのみ（開始時刻は10:30、11:30、12:30、14:30、15:30、16:30）☎081-7972331 料€7

王宮に隣接するサン・カルロ歌劇場

ウンベルト1世のガレリア
Galleria Umberto I
プレビシート広場Piazza del Plebiscitoから徒歩1分
MAP P.322-I

ガラス張り天井が印象的な近代ナポリの象徴
　ミラノにあるヴィットリオ・エマヌエーレ2世アーケードと同じ19世紀末に建築された近代的な建物。ガラス張りの天井が見事だ。内部はショッピング・アーケードになっている。

外光が降り注ぐ巨大なガラス張りアーケード

カステル・ヌオヴォ
Castel Nuovo
プレビシート広場Piazza del Plebiscitoから徒歩2分
MAP P.322-I

フランスのアンジュー家の居城
　フランスのアンジェの城をモデルに、1282年、フランスのアンジュー家出身のシャルル1世が建てた城。1467年にはスペインのアラゴン家のアルフォンソ1世が王となり、全面改築が行われた。正面に並ぶ3つの塔の右側2つの間に、見事なルネサンス様式の凱旋門を完成させ、自らが凱旋行進する様子を大理石に刻んだ。周囲は濠で囲まれ、内部は博物館として開放されている。

巨大な塔の間に白い凱旋門が浮かぶ

　ヌオヴォとは新しいという意味だが、これはサンタ・ルチア港の先にある卵城に比べて新しいという意味。

開9:00～19:00（入場は～18:00）休日曜 料€6

卵城
Castel dell'Ovo
プレビシート広場Piazza del Plebiscitoから徒歩10分
MAP P.321-K

要塞のような城からは絶景が楽しめる
　12世紀、ノルマン王によってサンタ・ルチア港の埠頭に建てられた城。卵城という名の由来は、城を築くとき、基礎部分に卵を埋め込み、「この卵が割れたときは、城はおろかナポリの街まで危機が迫る」と呪文がかけられたという伝説があることにちなんでいる。また、「ナポリを見て死ね」という言葉は、この城から見たナポリの風景の美しさを称えたものだといわれている。市の公共事業体の許可がなければ建物内の見学はできない。

開夏季9:00～19:30、日曜・祝日は～14:00、冬季は～18:30、日曜・祝日は～14:00（入場は閉館30分前まで）休1/1、12/25 料無料

Area 2 ドゥオモ～スパッカ・ナポリ
Duomo～Spacca Napoli

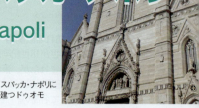
スパッカ・ナポリに建つドゥオモ

ドゥオモ
Duomo
地下鉄2号線カヴールCavour駅から徒歩6分
MAP P.323-D

年2回起きる奇跡の日には多くの人が訪れる

　ナポリの守護聖人に捧げられた教会で、13世紀末に建てられた後、何度か改築された。身廊天井や礼拝堂にはペルジーノらによる絵画がある。毎年5月の第1日曜と9月19日は「サン・ジェンナーロの奇跡祭」と呼ばれ、その時に凝固した聖人サン・ジェンナーロの血液が液体に戻る奇跡が起こるといわれる。

ドゥオモ／開8:30～12:30、16:30～19:00、日曜8:00～13:30、17:00～19:30　休無休　料無料、サン・ジェンナーロ博物館／開9:00～16:30、土・日曜は～17:30　休無休　料€6、地下遺跡／開ガイド付きツアー（英語）の開始時刻10:00、12:00、14:00、16:00、18:00、木曜は21:00もあり　休無休　料€10

国立考古学博物館
Museo Archeologico Nazionale
地下鉄2号線カヴールCavour駅から徒歩4分
MAP P.321-C

古代ギリシア・ローマ芸術の宝庫

　19世紀初めの開館当初はブルボン家のシャルル3世が母方のファルネーゼ家から継承した美術品が主だったが、現在はポンペイやエルコラーノから出土した古代文明の遺物も数多く展示。3mもある巨大な「ファルネーゼのヘラクレス像」や「ヴィーナス像」など、古代ローマ時代の彫刻も多い。

開9:00～19:30（入館は～18:30）　休火曜、1/1、5/1、12/25　料€12

サンタ・キアーラ教会
Basilica di Santa Chiara
地下鉄1号線ダンテDante駅から徒歩8分
MAP P.322-F

中庭が色鮮やかなゴシック様式の教会

　アンジュー家のロベルト1世の妻が資金援助をして、14世紀に完成した教会。当初はプロヴァンス風のゴシック様式だったが、18世紀にバロック様式に改築。その後、第二次大戦で全焼し、再びゴシック様式に再建された。美術品などの多くは焼失してしまったが、フィレンツェの彫刻家ベルティーニらによるロベルト1世の墓などがあり、教会裏には陶板で彩られた美しい「クラリッセの回廊」がある。回廊へは教会外の専用入口から。

開教会／7:30～13:00、16:30～20:00、博物館／9:30～17:30、日曜・祝日10:00～14:30　休無休　料€6

ジェズ・ヌオヴォ教会
Chiesa di Gesu Nuovo
地下鉄1号線ダンテDante駅から徒歩8分
MAP P.322-B

広場にそびえるオベリスクが目印

　サンタ・キアーラ教会のすぐ前にある教会。16世紀末に17年の歳月を費やして建設された。同名の広場中央には、18世紀半ばに建てられたバロック様式のオベリスクがあり、頂上には金箔の聖母像が見られる。

開7:00～12:30、16:00～19:45　休無休　料無料

スパッカ・ナポリ
Spacca Napoli
地下鉄2号線カヴールCavour駅、モンテサントMontesanto駅の間辺り
MAP P.323-C

最もナポリらしいといわれる旧市街

　ナポリを半分に割るという意のスパッカ・ナポリは、トレド通りのダンテ広場Piazza Danteとカリタ広場Piazza Caritaを結んだ地域のこと。細い石畳の両側に古い建物がひしめきあい、庶民の活気にあふれる下町だ。

躍動感ある古代彫刻などを展示する国立考古学博物館

Area 3 ヴォーメロ地区
Vomero

展望台としても親しまれているサンテルモ城

サン・マルティーノ修道院（サン・マルティーノ国立博物館）
Certosa di San Martino (Museo Nazionale di San Martino)
MAP P.320-F
モンテサント・ケーブルカーでモンテサントMontesanto駅下車、徒歩10分

ルネサンス様式の回廊が美しい
ナポリ市街を見下ろすヴォーメロの丘に建つ修道院。14世紀、アンジュー家によって創建され、17世紀に全面改築されている。ルネサンス様式のしゃれた回廊は建築家で彫刻家でもあったファンツァーゴの作。
現在、内部は博物館として公開されており、ナポリ王国の美術品や民族衣装、ナポリ派による絵画が収められている。また、ナポリのクリスマスにかかせないプレジピオと呼ばれるミニチュア人形のコレクションも数多く展示されている。

開8:30～19:30（入場は～18:30）
休水曜
料€6（修道院と博物館）

サンテルモ城
Castel Sant'Elmo
MAP P.320-F
モンテサント・ケーブルカーでモンテサントMontesanto駅下車、徒歩10分

ナポリ湾を一望できる
サン・マルティーノ修道院のすぐ横にあるこの城は、16世紀にスペイン人が改装して以降、刑務所として使われていたもの。屋上に昇るエレベーターで見晴らし台に出れば、ナポリ湾やヴェスヴィオ火山まで一望できる。

開8:30～18:00（入場は～17:00） 休火曜 料€5

国立陶磁器博物館
Museo Nazionale della Ceramica
MAP P.320-F
地下鉄1号線ヴァンヴィテッリVanvitelli駅から徒歩6分

磁器のコレクションが充実した博物館
ヴォーメロの裾野にある美しいヴィラ・フロリディアーナ庭園の中にある陶器博物館。新古典主義様式の館内には、七宝、陶器、象牙、磁器など、質の高いコレクションがそろっている。

開8:30～19:00（入館は～17:30）
休火曜 料€4

国立カポディモンテ美術館
Galleria Nazionale di Capodimonte
MAP P.321-C外
カヴァール駅からバス178番などでミアーノMiano駅下車すぐ

ナポリの傑作絵画のコレクションが集結
1734年、カルロ3世が狩猟のための別荘として建てたブルボン王朝の旧王宮内にある美術館。館内にはシャルル3世が相続したファルネーゼ家の調度品や武具、陶器をはじめ、ナポリ派やシエナ派など、14～18世紀のルネサンス絵画が数多く見られる。周囲の庭園はヴェルサイユのトリアノン庭園をモデルにしていて、当時、マイセンなどと並んで有名だったカポディモンテ窯の磁器工場跡も残る。

開8:30～19:30（入館は～18:30）
休水曜、1/1、12/25 料€12

とっておき情報

ナポリのショッピング事情
プレビシート広場周辺にマックスマーラ、ポロ・ラルフローレン、ベネトンなどがあるほか、広場手前を西に入るキアイア通りVia Chiaiaを進んだマルティリ広場Piazza Martiri周辺にはグッチなどの一流ブランド店が並んでいる。ただし、ローマに比べると店数は少なく、昼休みや日曜に閉店するショップも多いので注意。
主なショッピング・エリアはウンベルト1世通りCorso Umberto Iやトレド通りVia Toledo周辺、キアイア地区、ヴォーメロ地区のスカルラッティ通りVia Scarlattiなど、特産のミニチュア人形の店は、サン・グレゴリオ・アルメーノ通りVia San Gregorio Armenoに多い。

ナポリを一望できるサン・マルティーノ修道院

329 ナポリ 見どころ

レストラン

ピッツァ・マルゲリータやフレッシュトマトを使ったトマトソースのパスタは、ナポリが発祥の地。

予算：ディナー1人分　予約が必要　服装に注意

ロゾリーノ
Rosolino
高級　€25〜　MAP P.321-K

サンタ・ルチア港に面した優雅なレストラン
　広い店内では海老とアーティチョークのフェトチーネや黒トリュフのピッツァなどが味わえる。

- 交 プレビシート広場Piazza del Plebiscitoから徒歩5分
- 住 Via Nazario Sauro,2/7　☎081-7649873
- 開 11:30〜24:00
- 休 無休

パラッツォ・ペトルッチ・ピッツァリア
Palazzo Petrucci Pizzeria
高級　€60〜　MAP P.322-B

モツァレラと甘エビの前菜。教会広場を見下ろせる2階席もある

旬の魚介を使った新ナポリ料理を提案
　地元グルメ誌で高い評価を受けるスタイリッシュな店。モツァレラチーズと甘エビの前菜など繊細な料理を得意とし、パンも自家製。

- 交 地下鉄1号線ダンテDante駅から徒歩7分
- 住 Piazza San Domenico Maggiore, 5/6/7
- ☎081-5512460
- 開 12:00〜16:00、19:00〜23:30
- 休 8月の3週間

ブランディ
Brandi
中級　€25〜　MAP P.321-K

マリア・カラスなど有名人も数多く訪れた老舗
　1889年ナポリに滞在したマルゲリータ王妃がここのピッツァを食べ、現在のピッツァ・マルゲリータが生まれた有名店。

- 交 プレビシート広場Piazza del Plebiscitoから徒歩2分
- 住 Salita S.Anna di Palazzo,1/2　☎081-416928
- 開 12:30〜15:30、19:30〜24:00
- 休 月曜

ロンバルディ
Lombardi
中級　€20〜　MAP P.321-C

アンティパストも充実の気軽なレストラン
　創業1892年の老舗。アンティパストからメインまで豊富で、写真付きメニューがある。おすすめはシーフードパスタ。

- 交 地下鉄2号線カヴールCavour駅からすぐ
- 住 Via Foria, 12/14　☎081-456220
- 開 12:00〜15:30、19:00〜翌1:00
- 休 月曜

ホテル

リゾート気分を味わいたいなら港に面したホテルがおすすめ。　＊日本でのホテル予約はp.391参照

ユーロスターズ・ホテル・エクセルシオール
Eurostars Hotel Excelsior

高級　MAP P.321-K

数々の映画人に愛された最高級ホテル

　サンタ・ルチア港に面し、絶景を楽しめる。ロビーから客室まで重厚感のある落ち着いた雰囲気で、快適に過ごすことができる。

- ■交プレビシート広場Piazza del Plebiscitoから徒歩8分
- ■住Via Partenope,48
- ■☎081-7640111　■FAX081-7649743
- ■料 S €235〜 T €250〜　■122室　■WiFi 無料
- http://www.eurostarshotels.it/

グランド・ホテル・サンタ・ルチア
Grand Hotel Santa Lucia

高級　MAP P.321-K

卵城の目の前にあるシックなホテル

　部屋からは卵城とヨット・ハーバーをすぐ目の前に望める。館内にはヴェネツィア製のシャンデリアや17世紀の豪華な絵画が飾られている。

- ■交プレビシート広場Piazza del Plebiscitoから徒歩8分
- ■住Via Partenope,46
- ■☎081-7640666　■FAX081-7648580
- ■料 S €140〜 T €220〜　■96室　■WiFi 無料
- http://www.santalucia.it/

ルナ・ロッサ
Hotel Luna Rossa

中級　MAP P.321-H

ナポリ民謡作曲家ゆかりの3つ星ホテル

　カーペットの部屋とスペイン・マヨルカタイルの部屋がある。ナポリ民謡のホテル名にちなんだ装飾品が各部屋に飾られている。

- ■交ナポリ中央Centlare駅から徒歩5分
- ■住Via Giuseppe Pica, 20/22
- ■☎081-5548752　■FAX081-5539277　■料 S €40〜 T €55〜　■22室　■WiFi 無料
- http://hotellunarossa.it/

カサノヴァ
Hotel Casanova

エコノミー　MAP P.321-D

使い勝手を追求した居心地のいい宿

　自然な木の風合いを活かした内装が疲れた身体を癒してくれる。ラウンジには各国の本が並ぶアットホームな小さな宿。全室バス付き。

- ■交ナポリ中央Centlare駅から徒歩8分
- ■住Corso Garibaldi, 333 (Via Venezia, 2にも入口)
- ■☎081-268287　■FAX081-269792
- ■料 S €35〜 T €40〜　■18室　■WiFi 無料
- http://www.hotelcasanova.com/

ナポリ起点の旅

カンパーニャ州 Campania

ナポリを起点に旅をする場合、周辺には多くの人が訪れる古代遺跡のポンペイPompeiや、高級リゾートのポジターノPositano、ソレントSorrentoなどの観光地を抱えているため、楽しめる。

州都はナポリ。さんさんと降り注ぐ陽光に恵まれた陽気なナポリから沿岸部を南へ下れば、ソレントSorrento、ポジターノPositano、アマルフィAmalfiまで、絶景のアマルフィ海岸が続いている。かつてのアマルフィ共和国の首都アマルフィでは、色石のモザイクが施されたドゥオモや、岬に建つ13世紀の修道院を改装したリゾートホテルがロマンチック。また、有名ブランドのショップが軒を連ねる高級リゾートのカプリ島Isola di Capriでのショッピングや、温泉エステが受けられるイスキア島Isola di Ischiaもぜひ訪れたい。また、アマルフィ海岸の端にあたるサレルノSalernoは、かつてのナポリ王国の首都。中世の街並みとヤシの大樹が続くプロムナードが旅人の心を惹きつけている。

カンパーニャ州の名物

ナポリ郊外ではカメオが名産品。高級白ワイン、グレコ・ディ・トゥーフォGreco di Tufoの産地でもある。また、カプリ島やアマルフィ海岸のリゾートでは、レモンのお酒リモンチェッロが特産。ナポリは、釜で焼くピッツァの本場。

断崖と海とが美しく調和するソレント

バジリカータ州 Basilicata

イタリア半島の長靴の足裏の部分に当たる地方で、州都はポテンザPotenza。古代にはギリシアの植民地だったところが多く、当時はルカーニアと呼ばれていた。侵食作用でできた荒涼とした岩に覆われた崖や渓谷が広がっている。

訪れる観光客は少ないが、世界遺産に登録されているマテーラMateraの洞窟住居群は有名。バジリカータ州の観光拠点となるのは、隣のプーリア州の州都バーリBari。バーリには南部では数少ない飛行場があるので、ここを拠点に南部の各州をまわるのもいいだろう。

エリア内 ウォーキングの基礎知識

ポンペイ、カプリ島、ソレント、イスキア島へはナポリが起点になる。ソレントへはナポリから私鉄チルクムヴェスヴィアーナ鉄道で約1時間。カプリ島、イスキア島へはナポリから水中翼船でそれぞれ約40分。

ポジターノとアマルフィはソレントが起点。ポジターノへはバスで約45分、アマルフィへは約1時間30分。船ならポジターノへはカプリ島から約30～40分。アマルフィへはポジターノから約30分、カプリ島から約1時間。バーリへはローマから高速列車で約4時間、ナポリから約3時間40分。

プーリア州
Puglia

南部は空路も上手に利用して

南部は交通の便がよくないのが難点。バーリへはローマから高速列車で約4時間、ナポリからでも3時間40分。飛行機ならミラノから約1時間30分。上手に飛行機を組み合わせよう。

個人旅行では行きにくいアルベロベッロへも、バーリまで空路で飛べば、貴重な時間を節約できる。

長靴のかかとに当たる部分で、古代にはバジリカータ州や隣のカラブリア州Calabriaとともに、ギリシアの植民地だった。

州都バーリBariは11世紀になるとノルマン人によって支配され、当時を物語るビザンチン様式の建築も数多く残っている。また、中世には東方へ向かう十字軍の出港地として、また、中世以降はユーゴスラビアとギリシアを結ぶ海運業とで栄えた。

海岸沿いには、16～18世紀のバロック様式の歴史的建造物が多く残っているレッチェ Lecceや、ギリシアへの船が出るブリンディジBrindisi、軍港の置かれたターラントTarantoなどの主要な都市がある。

観光地としては、とんがり屋根を持つ不思議な住居群のあるアルベロベッロAlberobelloが有名。このとんがり屋根の家々は「トゥルッリTrulli」と呼ばれ、15世紀以降に造られたものといわれる。世界的にも珍しいトゥルッリの家々のある地区は世界遺産にも認定されている。

プーリア州の名物

アドリア海に面したプーリア州は、オリーブ畑とブドウ畑の多い丘陵地帯でもある。飲みやすいワイン、カステル・デル・モンテCastel del Monteは有名。世界のオリーブオイル生産量の10%はこの州で作られている。良質のオリーブオイルもおみやげに最適。

ナポリ起点の旅

333

一瞬にして消え去った古代の街
Pompei ポンペイ

MAP P.333-B

近くのポンペイ新市街から、遺跡地区全景とヴェスヴィオ火山が望める

　西暦79年の夏、ヴェスヴィオ火山が大噴火を起こした。その火山灰と火砕流の直撃を受け、一瞬のうちに埋もれてしまったのが、ナポリから南へ約20kmに位置するポンペイだ。それまでのポンペイは紀元前8世紀ごろから商業活動の要衝として栄え、紀元前1世紀ローマ帝国に編入されてからは貴族の別荘なども建てられ、噴火直前には人口約1万2000〜2万5000人だったと推定されている。

　18世紀半ば、ナポリ王カルロス3世によって発掘され、厚い火山灰の下から現れた遺跡は、古代人たちの生活が鮮明にわかるほど状態がよく、人々を興奮させている。

●交通
ナポリ中央駅の南300mにあるチルクムヴェスヴィアーナ駅Staz. Circumvesuvianaからチルクムヴェスヴィアーナ鉄道で約35分。ポンペイ・スカヴィ・ヴィラ・デイ・ミステーリPompei Scanvi Villa dei Misteri駅下車、遺跡の入口まで徒歩3分。
●観光案内所
⊠Via Villa dei Misteri, 2　☎081-8575347
開8:30〜15:30　休1/1, 12/25

街のしくみ & ウォーキングの基礎知識

　遺跡はほぼ楕円形に広がり、碁盤の目に通りが走っている。一番長いアッボンダンツァ通りで約1kmだが、遺跡内はすべて徒歩。主な見どころは60ヵ所もあるのですべて見るには約4時間かかる。西側の主要ポイントだけでも2時間は必要。
開4〜10月9:00〜19:30（入場は開場1時間30分前）、11〜3月8:30〜17:30（入場は閉場1時間30分前）
休1/1, 5/1, 12/25　料€15

見どころ

バシリカ
Basilica
MAP p.334-A

■チルクムヴェスヴィアーナ鉄道のポンペイ・スカヴィ・ヴィラ・デイ・ミステリPompei Scavi-Villa dei Misteri駅から徒歩5分

裁判や商取引きなどが行われた場所
古代の建築様式に見られるバシリカのなかでも最古の時代に属するもの。紀元前2世紀末に建造されたと推定され、28本の大円柱は漆喰が塗り込められていた。3廊式に分かれた内部では、裁判や商取引きが行われ、経済・政治の問題についても討議されていた。

アポロの神殿
Tempio di Apollo
MAP p.334-A

■バシリカからすぐ

48本のイオニア式円柱で囲まれた大神殿
バシリカの向かいにある神殿。周囲は48本の円柱と壁で覆われ、中央にある本殿は40本のコリント式円柱で囲まれていた。奉納者の名が刻まれた陶器や、アポロのブロンズ像、アポロの妹ディアナ像が出土しているが、ここにあるのはコピーで、オリジナル像はナポリの国立考古学博物館（p.328参照）に収蔵されている。

アポロのブロンズ像が立つアポロの神殿

フォロ（広場）
Foro
MAP p.334-A

■バシリカからすぐ

政治・経済の施設が並ぶ街の中心
バシリカ、アポロ神殿、食品市場、聖堂、浴場などの公共建築が取り囲むポンペイの中核的広場。長方形の広場を2層の列柱回廊が囲み、床は大理石の石板で舗装され、皇帝の像が立ち並んでいたと考えられている。

フォロの浴場
Terme del Foro
MAP p.334-A

■バシリカから徒歩6分

フォロのすぐ北側にある浴場
男性用の浴場が修復され、冷水・温水風呂やサウナなどの設備が見られる。床のモザイクも当時のもの。冷水風呂は男性4人が入れる大きさだったようだ。出口正面には居酒屋があり、風呂帰りの客で賑わったと思われる。

フォロ周辺

フォロの浴場

食品市場

アポロの神殿

バシリカ

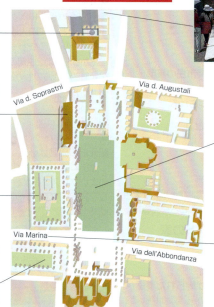
Via d. Soprastni
Via d. Augustali
Via Marina
Via dell'Abbondanza

居酒屋

フォロ

マリーナ通り

ジュピターの神殿
Tempio di Giove
MAP　p.334-A

■バシリカから徒歩3分
フォロの北側に建つ広場のシンボル
ジュピター、ユノ、ミネルヴァの三神を祭る神殿。紀元前2世紀半ば、ヴェスヴィオ火山を背にフォロの北に建てられ、前面にはイオニア式とコリント式の2層の円柱が並んでいた。

ファウノの家
Casa del Fauno
MAP　p.334-A

■バシリカから徒歩12分
紀元前2世紀に建てられた大豪邸
ローマ将軍の甥のものと考えられる大豪邸。玄関ロビーにはコリント式円柱のある祭壇、アトリウムには家の名の由来となった「踊るファウノ」のブロンズ像がある（本物はナポリの国立考古学博物館p.328に展示）。

とっておき情報

ちょっと途中下車して エルコラーノの遺跡を見る

ナポリ・ポンペイ間には、ポンペイ同様、ヴェスヴィオ火山の噴火で埋まった町エルコラーノErcolanoがある。噴火前は人口約5000人の小さな港町で、貴族の保養地でもあった。ポンペイに比べ規模は小さいが、一瞬にして木材などが炭化したため、家の骨組みや家具などは原形をとどめ、モザイク画なども色鮮やかに残っている。「フォロの浴場」や「ネプチューンとアンピトリティスの家」、「サムニテスの家」などが見どころ。ナポリからチルクムヴェスヴィアーナ鉄道Ferrovia Circumvesuvianaで約20分、エルコラーノErcolano駅で下車、徒歩10分。
開8:30〜19:30、11〜3月 8:30〜17:00（入場は閉場1時間30分前まで）休1/1、5/1、12/25　料€11
MAP p.333-A

ヴェッティの家
Casa dei Vettii
MAP　p.334-A

■バシリカから徒歩15分
多くの壁画が見られる新興市民の豪邸
富裕な商人ヴェッティウスらが建てたもので玄関や食堂にフレスコ画が見られる。

カリグラ帝の凱旋門
Arco di Caligola
MAP　p.334-A

■バシリカから徒歩8分
カリグラ帝を讃えるアーチ
フォロの北西にある凱旋門。フォルトゥナ通りやテルメ通りなどが交わるところにある。

黄金のキューピッドの家
Casa Degli Amorini Dorati
MAP　p.334-A

■バシリカから徒歩16分
金箔装飾のキューピッドが飾られた寝室が
ネロ帝妃ポッペアの縁者の家。敷地は狭いが、花壇や泉のある柱廊式回廊があり、寝室にはキューピッドや三神を祭る祭壇があった。

大劇場と小劇場
Teatro Grande e Teatro Piccolo(Odeion)
MAP　p.334-B

■バシリカから徒歩10分
5000人と1500人収容の大小劇場
馬蹄形のギリシア様式の大劇場は、紀元前3世紀から紀元前2世紀のもの。半円形小劇場は紀元前80年ごろのものと考えられている。

秘儀荘
Villa dei Misteri
MAP　p.334-A外

■ポンペイ・スカヴィ・ヴィラ・デイ・ミステーリ駅から徒歩15分
紀元前の壁画は必見
遺跡エリアからやや離れているが、保存状態のよいフレスコ画が数多く残る。「ポンペイ・レッド」と呼ばれる赤の顔料が今も鮮やか。

フォロの入口へつながるカリグラ帝の凱旋門

5000人の観客を収容できた大劇場

Sorrento ソレント

長く続く海岸線と豊かな緑のあるリゾート

MAP P.333-B

青く光る海がきれいなソレント半島

「帰れソレントへ」のカンツォーネで有名。ソレント半島のなかでも、夏は国際的な海水浴場として、冬は避寒地として古くから賑わっているリゾート。丘の上にある街からは青々と光る海、そしてヴェスヴィオ火山やソレント半島の長い海岸線が見える。周囲にはオレンジやレモンの畑が多く、名物のリモンチェッロ（レモン酒）を売る店が並ぶ。

■交通
ナポリからチルクムヴェスヴィアーナ鉄道Ferrovia Circumvesuvianaで約1時間。タッソー広場まで徒歩5分。海岸線へはバスで約8分。水路を利用するなら、ナポリのベヴェレッロ埠頭Molo Beverelloから水中翼船で約40分。
●観光案内所
住Via Luigi de Maio 35
☎081-8074033 開夏季8:30〜19:00、冬季は〜16:00 休冬季の土・日曜

街のしくみ＆ウォーキングの基礎知識

埠頭の左右にマリーナ・グランデMarina Grande、マリーナ・ピッコラMarina Piccolaと長い海岸線が続いている。タッソー広場Piazza Tassoを中心にした街は1日で十分まわれる。街には古い城門や中世の教会などが残り、名産の寄木細工の工場も見られる。

見どころ

コッレアーレ・ディ・テッラノーヴァ博物館
Museo Correale di Terranova
MAP p.337-B

■タッソー広場Piazza Tassoから徒歩10分

この街で生まれた詩人タッソーの遺品を収蔵

ソレント出身の詩人タッソーの名は、街の中心の広場にもなっているほど有名。この博物館には彼の遺品や考古学のコレクションなどが納められている。

開9:30〜18:30、日曜・祝日は〜13:30、11〜3月9:30〜13:30
休月曜
料€8

ホテル

エクセルシオール・ヴィットリア
Excelsior Vittoria
高級　MAP p.337-A

ナポリ湾を見渡せる展望のよいホテル

住Piazza Tasso,34　☎081-8777111　FAX081-8771206　料S €310〜 T €320〜　82室　WiFi無料

ナポリ起点の旅

337 ソレント

ローマ時代から皇帝の別荘が置かれた
カプリ島 Isola di Capri

MAP P.333-A

どこまでも青い海がきれい

神秘的な美しさが見られる青の洞窟があることで有名なカプリ島は、ナポリから約30kmの海に浮かぶ長さ約6km、幅約3kmの小さな島。温暖な気候と美しい景色は、古くから皇帝、貴族などにも愛され、アウグストゥス帝の別荘も建っていた。現在は一流ブランド店やしゃれたカフェが建ち並ぶ華やかなリゾートとして観光客に人気がある。

● 交通
ナポリのポルタ・ディ・マッサ港Porta di Massaからフェリーで約1時間30分、またはベベレッロ埠頭Molo Beverelloから水中翼船で約45分、マリーナ・グランデMarina Grandeに到着。カプリへはケーブルカー（フニコラーレ）でウンベルト1世広場下車。夏季はソレントからは通年、イスキア島からは夏季のみ船便がある。
● 観光案内所 住 ウンベルト1世広場Piazza Umberto I
☎ 081-8370686 開 9:30〜13:30、15:00〜18:00 休 11〜2月の日曜

街のしくみ＆ウォーキングの基礎知識

カプリ島にはカプリとアナカプリの2地区があり、どちらもマリーナ・グランデからケーブルカー（€1.80）で上った丘の上にある。

カプリの街は、高級ホテルや一流ブランド店が並ぶ観光の基点。アナカプリは住宅地の中に古い教会が建つ静かな街だ。どちらの街も、車も通れない狭い道が多く、歩きが多くなるが、小さな島なので1〜2日でまわれる。カプリからアナカプリへはバスが

電気で走る市バス

運行されており、所要時間は約15分。

見どころ

マリーナ・グランデ
Marina Grande
MAP p.338-B
■ 船の発着所からすぐ
白亜の建物が並ぶカプリの海の玄関口

ナポリなどからの船が発着するカプリ島の主要な港町。観光案内所やみやげ物店、パールなどが並び、アウグストゥス帝の宮殿跡もこの地区にある。また、「青の洞窟」行きの観光船もここから発着しており、切符売り場もここにある。高級ホテルや高級ブランドショップのあるカプリの街はここからケーブルカー（フニコラーレ）で上った（所要約5分）ウンベルト1世広場 Piazza Umberto I から始まる。

大砲の展望台
Belvedere di Cannone
MAP p.338-B

■ウンベルト1世広場Piazza UmbertoⅠから徒歩20分

きれいな公園と大パノラマが見られる
　兵器開発で巨万の富を築いたドイツのフリードリヒ・アウグスト・クルップが、19世紀初めに造園した庭園の一角にある展望台。真っ青な海に突き出るトラガーラ岬やファラリオーネの断崖Faraglione di Mezzo、マリーナ・ピッコラなどが一望できる。庭園は現在、アウグストゥスの庭園Giardini di Augustoと呼ばれ、カプリ市の所有公園として開放されている。

ヴィラ・ヨーヴィス
Villa Jovis(Palazzo di Tiberio)
MAP p.338-B

■ウンベルト1世広場Piazza UmbertoⅠから徒歩1時間

カプリ島に残るローマ期最大の宮殿跡
　27年から37年ごろまで使われたティベリウス帝の宮殿跡。煙を焚いてローマと交信したとか、皇帝の死の数日前、死を予感するように地震で崩れたなどの伝説がある。また、宮殿の絶壁から罪人を海に放り込んだという記録も残る。

開10:00～16:00　休火曜、1・2月
料€6

マリーナ・ピッコラ
Marina Piccola
MAP p.338-B

■カプリのバス乗場からバスで約15分

マリーナ・グランデの逆側にある海水浴場
　島の南側にある、島で一番人気のある海水浴場。海岸近くには聖アンドレア教会S.Andreaがあり、少し歩いたところにはアーチ型の洞窟やシダの洞窟がある。砂浜は少なく、急に深くなる部分もあるので、泳ぐ人は気をつけたい。

ヴィラ・サン・ミケーレ
Villa San Michele
MAP p.338-A

■カプリのバス乗場からバスで約15分、アナカプリのヴィットリア広場Piazza Vittoriaで下車、徒歩5分

個人の古代美術品コレクションを収蔵
　「サン・ミケーレ物語」という著書があるスウェーデンの医師、アクセル・ムンスが建てた館。内部には彼がコレクションした古代美術品やレプリカが展示されている。建物奥の岬からはすばらしい景色が眺められる。

開9:00～18:00、4・10月は～17:00、11～2月は～15:30、3月は～16:30　休無休　料€8

聖ソフィア教会
Chiesa di Santa Sofia
MAP p.338-A

■ヴィットリア広場 Piazza Vittoriaから徒歩5分

18世紀に建てられた白い教会
　16世紀末、カルロ教会跡に建てられたもの。その後、街の公益基金活動によって何度も部分的な改装が行われ、さまざまな建築様式が無秩序に同居することになった。

開7:00～12:00、15:30～19:00、冬季は～18:00　休無休
料無料

青の洞窟
Grotta Azzurra
MAP p.338-A

■カプリからアナカプリ経由のミニバスで約20分

一度は訪れたい神秘的なブルーの世界
　数千年をかけた海の浸食により形成された洞窟。波が静かな天候のよい日には、青く神秘的に光る水面を進みながら洞窟探検ができる。もっとも広い部分で長さ70m、幅25m、海水面からの高さは10mほど。

開9:00～17:00(季節、天候により欠航となる日も多い。冬場の欠航率はかなり高い)　料€14（ボート代€10＋入場券€4)、マリーナ・グランデからモーターボートで行く場合は€29。所要時間は15分ほどだが、小舟への乗り換えに長時間待たされることが多い。

洞窟内は神秘的なブルーで満たされている

洞窟前で小船に乗り換える

サン・ミケーレ教会
Chiesa di San Michele

MAP　p.338-A

■ヴィットリア広場 Piazza Vittoriaから徒歩5分

別名"地上の楽園"と呼ばれる教会

17世紀末から18世紀初頭に建てられたバロック様式の小さな教会。中には、マヨルカ焼きのタイルが一面に敷き詰められた美しい床がある。

開10〜3月10:00〜15:00、4〜9月9:00〜19:00　休11〜12月の2週間　料€2

レストラン

€ 予算：ディナー1人分　℡ 予約が必要　† 服装に注意

あまりに有名なリゾートにはおいしいレストランは少ないのでは？と思いがちだが、カプリではそんなことはない。夜はちょっとおしゃれして出かけよう。

ブカ・ディ・バッコ
Buca di Bacco

高級 30〜　 MAP　p.338-B

窓際席からはすばらしい景色が楽しめる

生地のなかにチーズと生ハムが入った横長のピッツァ・スフィラティーノなどが自慢。

魚介のパスタ、トマトソース

住Via Longano,35
℡081-8370723
開12:00〜15:00、19:00〜翌1:00
休月曜、12〜3月（冬季休暇変動あり）

ヴィラ・ヴェルデ
Villa Verde

高級 40〜　 MAP　p.338-B

ウニのスパゲティが美味

テラスのある店内では、ロブスターや魚介のパスタが味わえる。日本語メニューあり。

住Via Sella Orta,6
℡081-8377024
開12:00〜15:00、19:00〜23:00
休11〜3月

前菜の野菜もおいしい

ショッピング

小さい町ながらショッピングは充実。カプリには徒歩10分のエリアにブランド店がぎっしり。ただし、冬季は休む店が多いので注意。

グッチ
Gucci

MAP　p.338-B

品ぞろえ抜群！

店舗はレディスの洋服やバッグを扱う店と、メンズと時計を扱う2店がある。

住Via Camerelle,25-27　℡081-8370820
開10:30〜17:00（季節により変動あり）
休11〜2月の日曜

サルヴァトーレ・フェラガモ
Salvatore Ferragamo

MAP　p.338-B

レディスとメンズ合わせて3店舗が

レディス2店舗、メンズ1店舗があり、最新アイテムも充実。

住Via Vittorio Emanuele,21／29
℡081-8370499　開10:00〜20:00（季節により変動あり）
休11月中旬〜3月

エルメス
Hermès

MAP　p.338-B

入手困難なアイテムも見つかるかも

年2回、パリ本店でセレクトした商品が入荷する。シーズン初期はとくに品ぞろえ豊富。

住Via Camerelle,43　℡081-8378957
開10:00〜19:00（季節により変動あり）
休11月中旬〜3月

> #### とっておき情報
>
> #### カプリで味わいたいもの
>
> カプリ島周辺は農業の盛んな地域で、トマト、パプリカ、レモン、イチジク、アンズなどの生産が盛ん。また、ティレニア海で獲れるエビ、アサリ、イワシ、タコなどの海の幸も豊富。そして、忘れてならないのがモツァレラ、リコッタ、スカモルツァ、ペコリーノなどのチーズ。ワインでは「南部のバローロ」と称される赤のタウラージや、力強い白ワイン、グレコ・ディ・トゥーフォが有名。

ホテル

カプリには優雅なリゾートホテルがたくさんある。眺めのいいテラスで朝食をとり、午後はプールで日光浴を楽しむ……そんな贅沢なひとときを過ごそう。

グランド・ホテル・クイジザーナ
Grand Hotel Quisisana

高級　MAP p.338-B

5ツ星を誇る高級ホテル

有名人も泊まる一流ホテル。買い物にも便利で、プール、サウナ、ジムも完備。11月から3月23日まで休業。

- 住 Via Camerelle,2
- ☎081-8370788
- FAX 081-8376080
- 料 S €360〜 T €360〜
- 147室　WiFi 無料
- 休 11〜3月
- http://www.quisisana.com/

ルナ
Luna

高級　MAP p.338-B

青い海と爽やかな風が迎えてくれる

夜はホテル名の通り、美しい月が眺められる。昼はテラスから青い海がきれい。プール、バー、レストランもあり、ゆったりした滞在が楽しめる。隣りにはジャコモ寺院跡があり、アウグストゥスの公園も近い。

- 住 Viale Giacomo Matteotti,3　☎081-8370433
- FAX 081-8377459　料 S €225〜 T €225〜
- 50室　WiFi 無料　休 11〜3月
- http://www.lunahotel.com

のんびり過ごせるプールにはテラスバーも

イスキア島
Isola d'Ischia

おいしいワインと、テルメで至福のときを過ごす

MAP P.333-A

穏やかに広がるイスキアの海

かつてはアウグストゥス帝が所有していた面積46.3km²のナポリ湾最大の島。温暖な気候で育つブドウと新鮮な海の幸、そして国際的なテルメ（温泉）があることで有名。温泉療法が盛んなドイツなどEUからの観光客も多く、長期滞在する人が多い。リゾートスパやエステ施設も充実しているので、できれば宿泊して過ごしたい島だ。ただし、海が荒れている日は船が出ないので時間にゆとりを持って訪れよう。

街のしくみ＆ウォーキングの基礎知識

島の中央にある標高788mのエポメオ山M.Epomeoの山麓にはブドウ畑が広がり、海岸線にいくつかの街がある。船が到着するイスキア港Ischia Portoは島の東側に位置し、その南東には城のあるイスキアの町、バスで15分西へ行くと、多くのテルメがあるカザミチョラ・テルメCasamicciola Termeの街に出る。また、そこからバスで15分ほど西へ行ったフォーリオForioの街では、眺めのいいソッコルソ岬Punta del Soccorsoや、14世紀に建てられた聖ガエターノ教会Chiesa S. Gaetanoなどが見られる。

島のあちこちには海水浴場や釣り場、特産品の焼物工房があり、島最大のリゾートスパ施設「ポセイドン」もある。

■交通

ナポリのベヴェレッロ埠頭Molo Beverelloから水中翼船で約50分でイスキア港に到着。ナポリのポルタ・ディ・マッサ港からフェリーで約1時間30分。夏季はカプリ島への便もある。
島内では、バスまたはタクシーが便利。バス案内所は港近くにあり、切符（午前券、午後券、1日券）はタバッキ（売店）で購入する。

●観光案内所
- 住 Banchina Porto Salvo　☎081-5074231
- 開 9:00〜14:00、15:00〜20:00　休 冬季の日曜・祝日

見どころ

アラゴン家の城
Castello Aragonese d'Ischia
MAP p.342-B

■イスキア港からバス7番で約15分。アラゴン家の城下車、徒歩3分

海に突き出た丘の上に建つ巨大要塞

通称イスキア城。かつて見張り台だった小島に1441年、スペイン王族アラゴン家のアルフォンソが橋をかけ、海賊から街を守る要塞を丘の上に建てた。その後はフランスの支配下に置かれ、修道院や監獄として使われた。

開夏季9:00～20:00、冬季～16:00　休無休　料€10

ポセイドン
Poseidon
MAP p.342-A

■イスキア港からバス2番で約40分

20の大小温泉プールを持つ巨大テルメ施設

温泉療養の先進国ドイツで開発されたプログラムを使ったリゾート型テルメ。温度が微妙に違うさまざまな温泉プールをはじめ、洞窟内のサウナ、砂風呂、エステ、レストランまで完備。静かなプライベート・ビーチも。1～2週間通い続ける人も多く、1日ではもったいないほど充実。

住Via G.Mazzella,75 Forio d'Ischia ☎081-9087111　開9:00～19:00（シーズンにより異なる）　休11～3月（変動あり）　料1日券€33（7・8月は€35）

ホテル

アルベルゴ・デッラ・レジーナ・イザベラ
Albergo della Regina Isabella
高級　MAP P.342-A

女優やモデル御用達の温泉ホテル

良質の温泉がわくカザミチョラ地区に建てられた5つ星の温泉ホテル。レストランやバーなどの施設のほか、エステ施設も充実。

住Lacco Ameno, Piazza S.Restituta1　☎081-994322　FAX081-900190　料S €160～ T €250～　■128室　WiFi無料　休11～3月
http://www.reginaisabella.com/

(上) 入り江に面した部屋 (右) エステでは泥を使ったボディパックやフェイシャルが受けられる

イル・モレスコ・グランド・ホテル
Il Moresco Grand Hotel
高級　MAP P.342-B

北アフリカ風のノスタルジックな造り

アラゴン家の城に向かう途中にある。ビューティセンターが充実している。

住Via Emanuele Gianturco,16　☎081-981355　FAX081-992338　料S €240～ T €250～　■70室　WiFi無料　休10月中旬～4月中旬　http://www.ilmoresco.it/

MAP P.333-B

アマルフィ海岸の優雅なリゾート
Positano ポジターノ

紺碧の海とパステルカラーの家並み

アマルフィ海岸Costiera Amalfitanaのなかで保養地として最も賑わっているポジターノは、9世紀にはアマルフィ共和国に組み入れられ、10世紀になると世界でも有数の海運都市として栄えていた。

この地中海交易では、ヨーロッパ諸国へ香辛料や絹を、中東へは高級木材を運んでいた。街が最盛期を迎えたのは16～17世紀。この時期に世界中から集めた最高の建築材料でバロック様式の邸宅が建てられ、瀟洒な街並みができあがった。

街はラッターリ山地から海岸にかけての斜面に広がり、海と山に抱かれている。濃いブルーの海と変化に富む地形、温暖な気候、階段上に並んだ地中海風の白亜の建物が印象的だ。建物の間を埋めるように咲くブーゲンビリアのピンクやバイオレットが目にまぶしく、潮風が心地いい。シーズンには多くの観光客で込み合う高級リゾートだ。

●交通
ナポリ中央駅から特急ICで約30分のサレルノ駅で下車。サレルノ駅から徒歩10分のコンコルディア広場Piazza della Concordia前の港から、トラ・ヴェル・マール社Tra. Vel. Marのフェリーで約75分。静かな湾内の航行で揺れも少なく、海側からアマルフィやラヴェッロなどの街を一望できる。アマルフィからだと約30分。
バスは、サレルノのSita社のバスターミナルから約3時間。アマルフィからは1時間30分。
●観光案内所 ㈲Via del Saracino,4 ☎089-875067 闢9:00～19:00、日曜は～14:00、冬季9:00～16:30 休冬季の日曜

ナポリ起点の旅

343 ポジターノ

高台からの眺め

ポジターノ Positano

住宅街からの眺め

この地の風光明媚さに魅せられて、ピカソをはじめ世界的な芸術家や音楽家たちが避暑地として訪れ、映画や小説の舞台にもたびたびなっている。

また、舞踏芸術に与えられる「レオニダ・マッシーネ賞」や、優秀な監督や芸術家に与えられる「ヴィットリオ・デシーカ賞」があることでも有名。

街のしくみ
ウォーキングの基礎知識

10を超えるビーチと70数軒のホテルがあるポジターノは、海岸線近くまで山が迫っているため街の中心には車が入れないエリアも多く、港の一帯は徒歩でまわることになる。

一番賑やかなのは、グランデ浜Grande Spiaggia前のブリガンティーノ通りVia del Brigantinoと、それに交わるドゥオモ前を通るムリーニ通りVia del Mulini界隈。まずは、サラチーノ通りにある観光案内所で地図をもらったら、サンタ・マリア・アッスンタ教会からムリーニ通りへと歩いてみよう。ムリーニ広場からは、市内を山の中腹まで循環するバスも出ているので、山側のホテルに宿を取った人は利用すると便利。

海辺にあるトラジータの塔Torre Trasitaの先にあるフォルニッロSpaggia del Fornilloのビーチは、静かでひときわ美しいビーチだ。

見どころ

サンタ・マリア・アッスンタ教会
Santa Maria Assunta
MAP p.343-B
■港から徒歩2分

四角い箱型のドームが印象的

18世紀のマヨルカ焼の大クーポラが印象的なこの教会は、主祭壇に13世紀のビザンチン風イコン（聖画）が納められている。教会に保管されているサン・ヴィートの整骨箱は、アマルフィ海岸にあるナポリの金細工芸術の最も優れた作品の一つ。鐘楼には中世の浅浮彫りが施されている。

開 8:00～12:00、16:00～20:00　休 無休　料 無料

ムリーニ通り
Via Mulini
MAP p.343-B
■港から3分

輝く海に映えるリゾートウエアの店が多い

船着き場から北へ延びる街の中心ムリーニ通り周辺には、リゾート・ファッションのお店がずらりと並んでいる。さらりとした肌合いの麻やシルク製のビキニ＆パレオ、レストランへも着ていけるゆったりした涼しげなワンピースなど、1枚持っていると便利な上質のリゾートウエアが買える。

マヨルカ焼のクーポラ

カラフルなパラソルが並ぶビーチ

レストラン

💰 予算：ディナー1人分　📞 予約が必要　👔 服装に注意

新鮮なシーフードを食べさせるレストランがビーチ周辺に集まっているが、高級リゾートにもそれぞれ眺めのよいレストランがあるので、ゆったりリゾート気分を満喫したいときにおすすめ。おしゃれをして出かけたい。

ダ・ヴィンチェンツォ
da Vincenzo

エコノミー 💰30〜　　MAP p.343-A

フレッシュな素材が自慢の家庭料理
　鮮度のよいシーフードやパスタをリーズナブルに味わえる眺めのよい店。タコのグリルやムール貝、魚介のフリットなどがおすすめ。中心部から離れているが徒歩で行ける。
🏠Via Pasitea, 172/178　📞089-875128
🕐12:30〜14:45、18:30〜22:45　休火曜の昼

レ・トレ・ソレッレ
Le Tre Sorelle

エコノミー 💰30〜　　MAP p.343-B

マリーナ・グランデ通りの人気店
　名物はロブスターや手長エビが入ったブイヤベース「ズッパ・ディ・クロスタチェイ」。エビやムール貝、イカがたっぷり入ったリングイネ・パスタもおいしい。ガラス張りの空間で潮風を受けながら食事を楽しめる。
🏠Via del Brigantino, 27　📞089-875452
🕐3〜11月の12:00〜23:00　休12〜2月

ダ・ヴィンチェンツォのテラス席と、魚介のフリット

明るく開放的なレ・トレ・ソレッレ

ホテル

見晴らし抜群のホテルが多く、海を眺めながらのんびりと過ごせる。各ホテルはレストランやスポーツセンターも充実。

ポセイドン
Poseidon

高級　MAP P.343-A

海を見下ろすプールが気持ちいい
　オーナーが自宅の建物をホテルに改装したもので、家庭的な温かい雰囲気。高台にあるので、各部屋とレストランからの眺めも抜群。
🏠Via Pasitea, 148　📞089-811111　FAX089-8758 33　料S €250〜 T €250〜　48室　WiFi無料
http://www.hotelposeidonpositano.it/

コヴォ・デイ・サラチェーニ
Covo dei Saraceni

高級　MAP P.343-B

青く澄んだ海がすぐ目の前
　船着場の近くにあり、海側の部屋から青い海を眺められて気持ちいい。
🏠Via Regina Giovanna, 5　📞089-875400
FAX089-875878　料S €365〜 T €365〜　休11月中旬〜3月末　66室　WiFi無料
http://www.covodeisaraceni.it/

賑やかなコヴォ・デイ・サラチェーニ前

プペット
Pupetto

中級　MAP P.343-A

フォルニッロ・ビーチの前
　海を間近に眺められる部屋や、高台からの眺めのよい部屋まで。レストランのメニューも豊富。中心からは500〜600m離れているが、静かに過ごしたい人におすすめ。
🏠Via Fornillo, 37　📞089-875087　FAX089-811517
料S €160〜 T €160〜　休10月末〜4月　30室　WiFi無料　http://www.hotelpupetto.it/

MAP P.333-B

レモンの香り漂うリゾート
Amalfi アマルフィ

陽光に映える海岸沿いの白い建物

イタリアで最も美しい海岸の一つ、アマルフィ海岸の中心都市。ムリーニMulini渓谷のそそり立つ断崖に、へばりつくように築かれた白い家々が明るい陽射しに輝き、青く澄んだ海の色に映える。ここアマルフィは世界遺産にしてリゾート。中世には四大海運共和国の一つとしてヴェネツィア、ピサ、ジェノヴァと勢力を競い合ったこともあるが、今ではどこにもそんな面影は見られないほど、すべてがゆったりと穏やかだ。だが、町が誇る11～12世紀のドゥオモ建築はブロンズの重厚な扉や、複雑で手の込んだ装飾で彩られ、その当時の繁栄ぶりを今に伝えている。

■交通
ナポリ中央駅から特急ICでサレルノへ約35分。サレルノのSita社バスターミナルからブルーのバスで約1時間20分。切り立った崖際の狭い道だが、ブルーの海とレモンやオレンジ、オリーブが植えられた畑、そして白い家の立ち並ぶ村々を眺めながらの走行は気持ちいい。船で、サレルノのコンコルディア広場前の港から約35分。1日便ほど。
●観光案内所 **自**Via delle Repubbliche Marinare ☎089-871107
開9:00～13:00、14:00～18:00
休日曜、11～3月の午後

街のしくみ&ウォーキングの基礎知識

街の中心はドゥオモ広場Piazza Duomo。観光やショッピングを楽しむ人々で活気に満ちている。ここに続くジェノヴァ通りVia Genovaから海岸通りへ出ると、豪華なヨットやボートが浮かぶ穏やかな海がきらめいている。遊歩道には、爽やかな風を頬に受けながら散歩をしている人、ベンチに掛けてぼんやりと海を眺めている人、と思い思いの休日を楽しむ人の姿が見られ、避暑地の空気がゆったりと流れている。

エメラルド色の海を高台から眺めるには、高台のリゾートホテルに泊まるか、ムリーニ渓谷の散歩道を歩いてみるのもおすすめ。

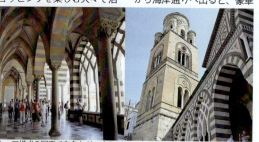

ムーア様式の回廊で有名なドゥオモ

船からのアマルフィ海岸の眺め

見どころ

ドゥオモ
Duomo
MAP p.346-B

■港から徒歩3分

ムーア様式の回廊が独特

もともとは9世紀に創建されたものだが、11世紀になると、コンスタンティノープルで鋳造させたビザンチン様式の大きなブロンズ扉が正面に付けられ、12世紀に華麗なモザイクで彩られたファサードが建築された。贅沢な建築様式からは、この町が最盛期を迎えた頃の豊かさが想像できる。構造的には三廊式になっていて、身廊にはアンドレア・ダステの天井画がある。鐘楼は13世紀初めに完成した。

正面に向かって左手には、貴族の墓所だった美しい「天国の回廊Chiostro del Paradiso」がある。13世紀に造られたムーア様式の回廊で、2本の柱の上部が交差してアーチを造る構造になっていて、回廊に影を落とす椰子の葉陰がノスタルジックな気分を誘う。

開3〜6月9:00〜18:45、7〜9月9:00〜19:45、11〜2月10:00〜13:00、14:30〜16:30 休12/25 料€3

複雑な装飾が豪華なドゥオモ

ドゥオモ広場
Piazza Duomo
MAP p.346-B

■港から徒歩3分

アマルフィ一番の賑わい

ドゥオモ前の広場は、目抜き通りロレンツォ・ディ・アマルフィ通りVia Lorenzo di Amalfiの始発点。この辺りをぶらぶらするのも楽しい。広場中央にはポポロの噴水があり、町の守護聖人アンドレアの像を囲むようにして、アマルフィ名物のリモンチェッロ（レモンのお酒）を売るお店や、この地方では縁起ものになっている唐辛子細工の店などが並んでいる。ホテル、レストラン、カフェの多くもこの周辺にある。

レストラン

予算：ディナー1人分　予約が必要　服装に注意

ドゥオモ広場周辺には、夜にライトアップされるドゥオモを眺めながらディナーをとれる店も多いので、ちょっとおしゃれをして楽しもう。

ラブシデ
L'Abside

エコノミー €30〜　MAP P.346-B

自家菜園の野菜と新鮮な魚介が自慢

魚介のグリルや生パスタなど新鮮素材にこだわりのあるレストラン。ドゥオモに近いドージ広場に面している。

住Piazza dei Dogi,31　☎089-873586
開12:00〜22:30　休日曜

サン・アンドレア
Sant' Andrea

中級 €40〜　MAP P.346-B

新鮮な魚介を手ごろな値段で

ドゥオモの大階段脇にある人気レストラン。アンティパストに魚貝の盛り合わせ、ムール貝のグラタン、カニ肉のペンネ、魚のスープから魚のグリルまで、新鮮な海の素材による豊富なメニューがそろっている。南イタリア名物の詰め物をして2つ折りにした「カルツォーネ」もおいしい。

住Piazza Duomo,26　☎089-871023
開10:30〜16:00、18:00〜24:15
休1〜2月

ナポリ起点の旅　アマルフィ

ザッカリア
Zaccaria

中級 €45〜　MAP p.346-B

海を眺めながら味わうシーフード
　新鮮な素材を求めて、主人自ら毎日バイクを飛ばして買い集めにまわっているレストラン。崖に面したロケーションで眺めもよい。

- 住 Via Cristoforo Colombo, 9　☎089-871807
- 開 12:00〜15:00、19:00〜23:00　休 月曜

海に面したザッカリア

 ホテル

ルナ・コンヴェント
Luna Convento

高級　MAP p.346-B

修道院の回廊が残る優雅なホテル
　修道院を改装したホテルで、中庭には13世紀の聖フランチェスコ修道院の回廊が残されている。16世紀のアマルフィの塔Torre di Amalfiやプールも道路をはさんですぐ向こうに。塔の建つ岬に月が昇る時刻になると、かつて「月の修道院」とも称された名前にふさわしい風景になり、ロマンチックな旅の情趣が味わえる。

- 住 Via Pantaleone Comite,33　☎089-871002
- 089-871333　料 S €250〜 T €270〜　43室
- WiFi 無料　http://www.lunahotel.it/

岬に建つ塔に向き合うルナ・コンヴェントからの眺め。通りをはさんで向かいにプールもある

レジデンツァ・ルーチェ
Residenza Luce

中級　MAP P.346-B

上質なインテリア空間で落ち着ける
　オーナーのヴィンチェンツォさん親子が経営するブティック・ホテル。メゾネットタイプのスイートは1階がリビング、2階がベッドルーム。全室バスまたはシャワー付。

- 住 Salia Frà Gerardo Sasso,4
- ☎089-871-537　089-8736812
- 料 D €100〜 T €110〜　10室　WiFi 無料
- http://www.residenzaluce.it

アマルフィ
Hotel Amalfi

中級　MAP P.346-B

ドゥオモと海岸に近いホテル
　海岸からジェノヴァ通りを300メートルほど登ったところにある。室内はシンプルだがモダンな色使い。明るい雰囲気のレストランでは、地中海料理やアマルフィの地方料理が楽しめる。

- 住 Via dei Pastai, 3
- ☎089-872440　089-872250
- 料 S €75〜 T €80〜　55室　WiFi 無料
- http://www.hamalfi.it/

ラ・ブッソーラ
La Bussola

中級　MAP p.346-A

19世紀のパスタ工場の建物を改装
　「ラ・ブッソーラ」とは、羅針盤という意味。その名の通り、いかにも海を感じさせるホテル。海岸沿いにあるが、静かなエリアにあり、客室も近代的で快適。手ごろな料金も魅力だ。

- 住 Via Lungomare die Cavalieri , 16　☎089-871533
- 089-871369　料 S €115〜 T €115〜
- 50室　WiFi 無料　http://www.labussolahotel.it

悠久の歴史を持つ地中海の島
サルデーニャ
Sardegna

MAP P.7-G

白灰色の建て物が目立つ市内

シチリアに次ぎ、イタリアで2番目に大きい2万4089㎢の島。白灰色の岩山が多く、そこに地中海沿岸部特有の灌木が茂る。この島には、紀元前2000年頃から「ヌラーゲNuraghe」と呼ばれる古代住居があった。ヌラーゲとは、切り出した石を円錐形に積み重ねた要塞を兼ねた住居のこと。カリアリCagliariの国立考古学博物館でその模型や出土品を展示している。

6～8世紀にはビザンチン帝国に、中世には海運共和国のピサとジェノヴァに、また18世紀までスペインに支配され、その後もオーストリアやサヴォイア公国に支配された複雑な歴史を持つ。

現在のサルデーニャはこの島だけで一つの州を形成。高級リゾートのコスタ・ズメラルダCosta Smeraldaがあり、夏のシーズンには世界のVIPで賑わう。

■交通
サルデーニャ島には、アルゲーロAlghero空港、オルビアOlbia空港、カリアリCagliari空港の3つの空港がある。各空港にはローマ、ミラノなどからアリタリア航空、エールイタリ航空、ライアンエアなどの便が頻繁に運行している。ローマやミラノからは約1時間。島内の交通の便はよくない。鉄道は南部のカリアリと北部のサッサリ、オルビアを結ぶ幹線などがあるが使い勝手は悪く、長距離バスのほうが便利。

●観光案内所（カリアリ）
住Piazza Palazzo, 2
☎070-4092306 開夏季10:00～19:00、冬季10:00～13:30、15:00～17:30 休無休

カリアリ
Cagliari

MAP P.349

街のしくみ
ウォーキングの基礎知識

サルデーニャの州都カリアリは、商業が栄んな都市。市内には歴史的建造物の見どころも多い。街の中心は空港からのバスが着くマッテオッティ広場Piazza Matteotti。

見どころ

サン・レミの城壁
Bastione di Saint-Remy
MAP p.350-B
■マッテオッティ広場から徒歩10分

14世紀の壮麗な城壁

ピサによって支配されていた14世紀に外敵からの防御のため建てられた城壁。弧を描く巨大な建物が町に彩りを添えている。城壁の階段を登ると、眺めのよい展望テラスに出る。

開9:30～20:00 休無休 料無料

ピサ統治時代の面影を残すサン・レミの城壁

ナポリ起点の旅

349

サルデーニャ

円形劇場　　　　　国立考古学博物館の展示品

サン・パンクラツィオの塔
Torre di San Pancrazio
MAP　p.350-A

■マッテオッティ広場から徒歩20分

高さ55mの塔は街で一番高い楼閣

1305年に建造されて以来、カリアリのシンボルとなっている。スペイン支配当時は市庁舎。

開夏季10:00～14:00、16:00～19:00、冬季9:00～17:00
休月曜　料€3

円形劇場
Anfiteatro Romano
MAP　p.350-A

■マッテオッティ広場から8番バスで約5分

2世紀に造られた古代ローマの遺跡

階段状の客席は半分以上崩れていて常時修復中だが、見学はできる。当時、1万人の観客を収容できたという劇場は、社会階層の異なる観客向けに3パートの客席で構成されている。

開金～日曜9:00～18:00　休月～木曜　料€5（ガイド付きツアーのみ）

国立考古学博物館
Museo Archeologico Nazionale
MAP　p.350-A

■マッテオッティ広場から徒歩20分

島の文化を知る絶好の場

紀元前6世紀から、紀元7、8世紀までの歴史資料を展示する博物館。埴輪そっくりな石偶や、ほぼ完璧な姿で残っている人型、古代の要塞兼住居「ヌラーゲ」の模型とその出土品などを展示している。

開9:00～20:00（入場は～19:15）　休月曜　料€7

ホテル

レジーナ・マルゲリータ
Regina Margherita
高級　MAP　p.350-B

サン・レミの城壁に近く観光に便利

マッテオッティ広場や港へのアクセスもよく観光に便利。

住Viale Regina Margherita,44　☎070-670342
FAX070-668325　料S €100～ T €130～　100室
WiFi 無料　http://www.hotelreginamargherita.com/

Alghero
MAP P.349

スペイン統治時代の面影を色濃く残す旧市街は「サルデーニャの小バルセロナ」と呼ばれる。カタロニア・ゴシック様式の鐘楼が見事。

街のしくみ
ウォーキングの基礎知識

空港からのバスが着くポルタ・テッラ広場Piazza Porta Terraが旧市街歩きの起点。観光案内所もこの広場にある。ここから鐘楼まで徒歩5分。旧市街は徒歩で充分。

ホテル

カタルーニャ
Catalunya
高級　MAP　p.349

ポルタ・テッラ広場に近い4つ星

観光港まで歩いて行ける距離にあり旧市街中心部までバスで約10分。

住Via Catalogna,22　☎079-953172　FAX079-9531 77　料S €95～ T €120～　128室　WiFi 無料
http://www.hotelcatalunya.it

プーリア州の州都で、南部の産業都市

Bariバーリ

MAP P.7-I

■交通
ローマから空路で1時間、ミラノから1時間30分。鉄道ならローマから高速列車で約4時間、ナポリからは約4時間。

●観光案内所
住 Pizza Alde Moro, 32
☎ 080-5821411
開 9:00〜13:00、15:00〜19:00
休 日曜

プーリア州観光の拠点となるのがバーリ。アドリア海に面して開けた港を中心に、ギリシアやユーゴスラヴィアを結ぶ交通の要衝として栄えてきた。中世にはこの港から十字軍がオリエントへ向けて出港したところでもあり、海運都市としての地位を確立した。

街は、細い迷路のような曲がりくねった道と中世の建物がひしめく半島部の旧市街バーリ・ヴェッキアBari Vecchiaと、19世紀に整然とした街造りがされた新市街とに分かれている。このうち、観光客にとって魅力のあるのは旧市街。港沿いには海賊から守るために造られた中世の城壁が残り、11〜12世紀に建てられた聖堂も多く残っている。とりわけ、サン・ニコラ教会Basilica di San Nicolaはプーリア州を代表するロマネスク様式の建築の一つ。毎年5月にはこの教会を中心に、盛大な聖ニコラ祭が開かれる。

新市街では、考古学博物館Museo Archeologicoが必見。プーリア州で発掘された美術品などの出土品を展示している。

街のしくみ ウォーキングの基礎知識

バーリの町は、駅前のアルド・モーロ広場Piazza Aldo Moro周辺の新市街と、駅の北約1kmの旧市街Bari Vecchiaに分かれている。ショッピング街はカヴール大通りCorso Cavourとスパラーノ・ダ・バーリ通りVia Spalano da Bari、歴史的な観光名所は旧市街に集まっている。ヴィットリオ・エマヌエーレ2世通りCorso Vittorio Emanuele Ⅱから先が旧市街。カヴール通りCorso Cavourとピッチーニ通りVia Pucciniが交差するエリオ・デル・マーレ広場Piazza Erio del MareにSTP社の、駅の南側にはSITA社のバスターミナルがある。

見どころ

カテドラル
Cattedrale di Bari
Map p.351

■中央駅から徒歩15分

簡素な外観と違い、三廊式の内部は壮麗。連続アーチが連なる上部の空間は、聖堂全体に優美な調和をもたらしている。ロマネスク様式の鐘楼は創建された11世紀当時のもの。カテドラルCatedraleからさらに北へ進むと、サンタクロースの由来となった聖ニコラを祀ったサン・ニコラ教会に着く。

開 8:30〜19:00、日曜は8:00〜　休 無休　料 無料

ノルマーノ・スヴェーヴォ城
Castello Normanno Svevo
Map p.351

■中央駅から徒歩15分

カテドラルの西にあるこの城は、11世紀のノルマン時代に建立された土台の上に、13世紀に入り、神聖ローマ皇帝フリードリヒ2世が拡張したもの。その後、ビザンチン帝国により襲撃を受けたが、15世紀末にはナポリ王アルフォンソ2世の娘でスペイン・アラゴン家のイザベラ女王が拡大し、彼女の住まいだったこともある。

開 8:30〜19:30（入場は〜18:30）　休 水曜　料 €3

ナポリ起点の旅

351 バーリ

MAP　P.7-I

アルベロベッロ
Alberobello

とんがり屋根のかわいい家々が並ぶおとぎの国のような村

トゥルッリが軒を連ねる集落

プーリア州を組み込んだ観光ツアーの一番の目玉は、ここアルベロベッロを訪れること。石灰岩でできた白い円柱形の壁に、とんがり帽子のような屋根が載っている不思議な光景は、一度写真で見たら忘れられないほどインパクトがある。

「トゥルッリTrulli」と呼ばれるこのとんがり屋根は、この地方で取れる石灰岩の石を薄く切り、四角い台座の上に円錐形に積み重ねていったもの。一番頂上には、「ピナクル」と呼ばれる小さな円錐がちょこんと載っている。この村にはこうしたトゥルッリが1000以上保存されている。

バーリの南一帯にはこうした家々がところどころに見られるが、これほどまとまって保存されているところはない。アルベロベッロのトゥルッリ地区Terra dei Trulliは貴重な人類の文化遺産として、1996年に世界遺産に認定されている。このトゥルッリ、とんがり屋根の下部の家々はくっつき合って建っている。内部は狭いのではと想像してしまうが、3つか4つずつのトゥルッリがくっついて1軒を形成しているので、意外に広いようだ。ちなみに一番大きいのは、村の主教会の後方に建つ2階建てのトゥルッロ・ソヴラーノTrullo Sovrano。

■交通
バーリから私鉄のスッド・エストSud-est線で約1時間40分。1～2時間に1本の割合で運行している。バーリまではローマから高速列車で約4時間、ナポリからは約4時間。
●観光案内所
住Via Monte Nero, 1
☎080-4322822　営10:00～12:00、16:30～19:30（季節により変動あり）　休木曜

"トゥルッリの王"と呼ばれている。

モンテ・サン・ミケーレ通りVia Monte San Micheleを登った丘の上には、やはりトゥルッリを模したサンタントニオ教会Chiesa di Sant' Antonioが建っている。

村にはトゥルッリを改装したホテルもあり、トゥルッリ生活を味わえる。

352

街のしくみ
ウォーキングの基礎知識

アルベロベッロ駅からは、駅前のマッツィーニ通りVia Mazziniからガリバルディ通りVia Garibaldiへ進めば、やがて村のなかのポポロ広場Piazza del Popoloに着く。ここからは「トゥルッリ地区Zona Trulli」の標識に従えば、とんがり屋根トゥルッリが並ぶエリアに到着する。ポポロ広場の東側で、インディペンデンツァ通りVia Indipendenza北側に広がるアイア・ピッコラ地区Rione Aia Piccolaはあまり商業化されていない住宅地区。400軒ほどあるトゥルッリの多くが今も住居として使用されている。

ポポロ広場南側のモンティ地区Rione Mo-ntiにはトゥルッリが1000軒以上残っている。こちらは、その多くがみやげもの店などとして使われている。モンティ地区にある最も古いトゥルッリ、トゥルッロ・シアメーセTrul-lo Siameseは、2つの屋根がつながった形。また、ポポロ広場からヴィットリオ・エマヌエーレ通りCorso Vittorio Emanueleを西へ15分ほど歩いたところにあるトゥルッロ・ソヴラーノTrullo Sovranoは、2階建てトゥルッロの内部を見学できる小さな博物館になっている。ぜひ見学してみよう。

モンティ地区には高級ホテル、デイ・トゥルッリHotel dei Trulliなどのホテルがあるほか、トゥルッリを改装したレストランもある。2つの地区を合わせても2時間ほどでまわれるが、ゆっくりした時間をこの町で過ごすのも旅の贅沢といえるだろう。

トゥルッリに泊まれるホテルやレジデンスも人気がある

人の生活感が息づくアイア・ピッコラ地区

モンティ地区最古のトゥルッロ・シアメーセ

●とっておき情報●

トゥルッリの集落はなぜ生まれた？

おとぎの国に迷いこんだような気持ちになるトゥルッリの街並み。このユニークな建物は、16世紀後半、スペイン統治時代に造られたのが始まり。当時の南イタリアでは、大土地所有を基本とする荘園制が広まっていた。とはいえ、石灰岩地層の痩せた大地ではオリーブくらいしか育たず、小作人は厳しい生活を強いられた。

隣同士で壁を共有する長屋のようなトゥルッリの集落ができたのは、材料費や手間を省くためといわれている。建築材料は、足元の大地を掘ればすぐ調達できる石灰岩。それを積み重ねただけの屋根はセメントなどの接着剤は一切使用していない。

その理由は、ナポリから役人が村に来たら屋根を取り壊し、「家ではない」と主張することで納税から逃れるためという説が有力。その簡素な造りのため、50〜60年に一度は改装が必要だという。

簡素な住まいだが、トゥルッリの住居の壁は厚みが80cmから2mにもなり、南イタリアの暑くて乾燥した気候から住人の健康を守る役目を果たしている。内部見学の際は、ひんやりした建物内部の空気も感じてみてほしい。

Matera

岩山と住居が合体したような洞窟住宅群

MAP P.7-I

グラヴィーナ渓谷の洞窟群

　マテーラは、カルスト台地の岩山に築かれた、独特の洞窟住居群「サッシ」Sassiが有名で、世界遺産に認定されている。荒涼とした岩山の上に13世紀のカテドラルがそびえ、白灰色の岩に重なるようにして建つ住居群。どこまでが岩山で、どこからが建物なのかわからないほど渾然一体となったその景観は、あまりにもユニーク。

　洞窟住居群は互いにくっついて重なり合っていて、家々の屋根が通り道になっている。町には約130もの岩窟教会が掘られている。これらは、8世紀から12世紀にかけて東方からこの地に逃れてきた修道僧たちが、追害から隠れてひそかに信仰生活を送った場所だ。

■交通
バーリ・ノルドBari Nord駅から私鉄アップロ・ルカーネAppulo Lucane線で約1時間30分。途中アルタムラAltamuraで車両乗換が必要な列車もある。

●観光案内所
住Via Domenico Ridola, 67
☎0835-311655
開夏季9:00〜13:00、冬季10:00〜13:00 休無休

街のしくみ
ウォーキングの基礎知識

　バスターミナルもある私鉄マテーラ駅前広場の北にあるマッテオッティ広場Piazza Matteottiをローマ通りVia Romaへと進むと、町の中心ヴィットリオ・ヴェネト広場Piazza Vittorio Venetoに出る。

　サッシ住居群があるのは、カテドラルを挟んで北側のバリサーノBarisano、南側のカヴェオーソCaveosoという2つの地区。このエリアは足で歩くしかなく標識もあるが、階段が多く道が入り組んでいる。カテドラルの鐘楼を目印に歩こう。14〜17時までは昼休みを取る店も多いので、水の準備はしっかりと。町にはサッシを利用した快適なホテルもある。

見どころ

カテドラル
Cattedrale
Map p.354

■マテーラ駅から徒歩15分

　高さ54mの鐘楼を持つカテドラルは町で一番高いチヴィタという丘の上に建てられ、町歩きの目印に。完成は1270年。地味なロマネスク様式の外観からは想像できないが、内部は装飾的。岩を掘った小さな礼拝堂もある。

開9:00〜13:00、16:00〜19:00 休無休 料無料

サン・ピエトロ・カヴェオーソ教会。教会前からは町を一望できる

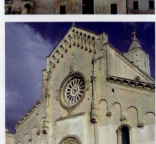
高台に建てられたカテドラルは1270年に完成。内部には13世紀のフレスコ画がある

[マテーラ Matera 0 100m 地図]
私鉄マテーラ駅 Stazione F.A.L.
サン・ジョヴァンニ・バティスタ教会 Chiesa di San Giovanni Battitsa
サッシの出入口
バリサーノ地区 Sasso Barisano
カテドラル Cattedrale
Via Roma
Via San Biagio
ヴィットリオ・ヴェネト広場 Piazza Vittorio Veneto
Via Don Minzoni
Via Ascanio Persio
Via del Corso
Via dele Saccherie
Via Lucana
サン・フランチェスコ・ダッシジ教会 San Francesco d'Assisi
プルガトーリオ教会 Chiesa del Purgatorio
サン・ピエトロ・カヴェオーソ教会へ Chiesa di San Pietro Caveoso
カヴェオーソ地区 Sasso Caveoso
Via Domenico Ridola
国立ドメニコ・リドラ博物館 Museo Nazionale Domenico Ridola
ベルヴェデーレ展望台 Belvedere
サッシの出入口
Via Giacomo Matteotti
Via Cappelluti

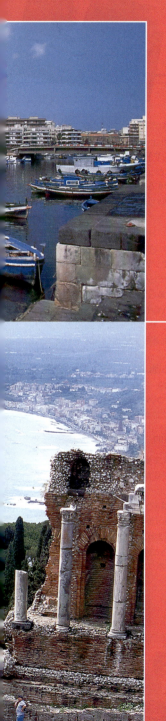

シチリア
Sicilia

シチリア	356
パレルモ	360
モンレアーレ	364
セジェスタ	365
タオルミーナ	366
アグリジェント	368
カターニャ	371
シラクーザ	373

シチリアへの交通

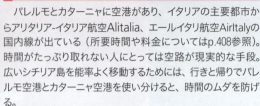
島内を巡るプルマン

空路で / by Air

パレルモとカターニャに空港があり、イタリアの主要都市からアリタリア-イタリア航空Alitalia、エールイタリ航空AirItalyの国内線が出ている（所要時間や料金についてはp.408参照）。時間がたっぷり取れない人にとっては空路が現実的な手段。広いシチリア島を能率よく移動するためには、行きと帰りでパレルモ空港とカターニャ空港を使い分けると、時間のムダを防げる。

船で / by Sea

ナポリ～パレルモ間は、船でシチリア島に入る場合の最も一般的な手段。また、北イタリアのジェノヴァGenovaからも20時間かけてパレルモへ到着するGNV社が運航する便がある。他に、ピサ郊外のリヴォルノLivorno（19時間）、チッタヴェッキアCittavechia（12時間）、サルデーニャ島のカリアリCagliari（13時間30分）からも週数便が出ている。

ナポリから

ナポリからパレルモへ向かう便は毎日運航しており、所要時間は約10時間。ティレニア汽船、SNAV社が運航（欄外参照）している。運航時間や料金については、ナポリの観光案内所（P.324欄外参照）で確認しておきたい。

鉄道で / by Train

時間はかかるが、海峡を超えて乗り継げる旅は、鉄道ファンでなくても心ひかれるもの。時間がたっぷりある人は挑戦してみては？

ローマやナポリからの列車は本土の東端ヴィッラ・サン・ジョヴァンニVilla San Giovanniからシチリアの入口メッシーナMessinaまで車両ごと船に積まれ、パレルモかタオルミーナ、シラクーザ、カターニャ方面へと向かう。メッシーナまでは特急ICでローマから約8時間、ナポリからは約5時間40分。

国内線航空便についての問い合わせ先

アリタリア-イタリア航空
コールセンター
☎03-5413-8070（日本国内）
エールイタリ航空
コールセンター
☎0789-52682（海外から）

フェリーについての問い合わせ先

ナポリの観光案内所
Piazza Gesu Nuovo
☎081-5512701
パレルモの観光案内所
Piazza Bellini
☎091-7408021
ティレニア汽船
コールセンター
☎02-76028132（海外から）
SNAV社
コールセンター
☎081-4285555

長距離バス会社連絡先

シチリアの主要な町をまわるバス（プルマン）は、SAIS社、CUFFARO社などが運行している。
SAIS（パレルモ）
☎091-6166028

小さな町へも足をのばすならバスかレンタカーが便利

島のしくみ&ウォーキングの基礎知識

日本の四国よりやや広い面積の大きな島だが、本土と違って交通手段が発達していない。そこで、まず交通手段を何にするか、しっかり計画を立てることが大切。島には鉄道も走っているが、内陸部や小さな町には通っていないので、むしろプルマンと呼ばれる長距離バスの方が便利がよい。バスでなければ見られない見どころも多い。ただ、便数は少なく、広いシチリア島内でバスを乗り継ぎながら移動するのは体力的にも精神的にも相当疲れるだろう。できればパレルモからのバスツアーか、そうでなければレンタカー（借り方や注意についてはp.412参照）での旅がおすすめ。

シチリア島を3つのエリアに分けて考えよう

大きく3つに分けて考えると移動の予定が立てやすい。①は、旅の拠点に便利なパレルモ周辺。近郊のモンレアーレ、パレルモ郊外にあるセジェスタ遺跡まで含む。②はカターニャ周辺。カターニャの北にあるタオルミーナと、南のシラクーザまでの南北に長いエリアだ。③は、南側の町アグリジェント。

エリア移動にかかる時間はパレルモ〜カターニャ間が約2時間40分、パレルモ〜アグリジェントが約2時間15分だが、プルマンは土・日曜・祝日には極端に本数が減るので、余裕を持って日程を組みたい。

レンタカー会社連絡先

パレルモ空港の構内にレンタカー会社の窓口がある。
（マニュアル車のみ）
ハーツ
☎091-213112
エイビス
☎091-591684

疲れず旅するには

予想以上に移動に時間がかかるので、シチリア内の旅の計画は余裕を持って組みたい。3、4日の日程ならあまり無理せずに、2つのエリアくらいに絞るといい。

357

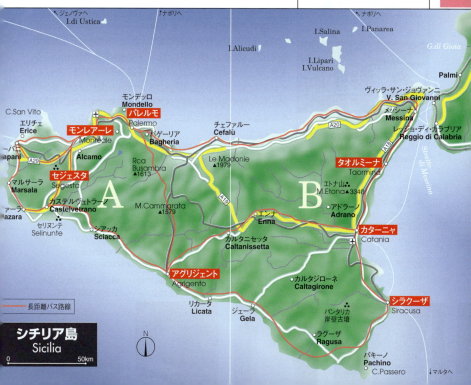

パレルモへの交通

空路で / by Air

アリタリア-イタリア航空の国内線が、主な都市とパレルモのファルコーネ・ボルセリーノ空港Aeroporto Falcone Borsellinoとを結んでいる。最も便がよいのは、1日約10本の便が運航しているローマと、1日約8便が運行しているミラノ。所要時間は、ローマから1時間10分、ミラノから1時間20分、ボローニャから1時間20分、ナポリから1時間ほか。

鉄道で / by Train

ローマからは特急ICで約11時間40分、タオルミーナからは約5時間。アグリジェントからは各停で約2時間、シラクーザからは4時間15分。パレルモ中央駅Stazione Centraleは街の中心より700mほど南にある。

パレルモ中央駅

市内の交通

バス / Autobus

路線番号と経由地をしっかり確認

パレルモでの公共交通機関はバスだけ。観光客にとって利用価値が高い路線は、街の中心ポリテアマ劇場前Politeamaと中央駅、ヴェルディ広場Piazza Verdiを結ぶ101、107番。そして、インディペンデンツァ広場Piazza Indipendenzaからモンレアーレへ行く389番。市内バスは90分有効で€1.40、1日券€3.50など。乗降の仕方についてはローマ（p.88）などと同じ。

タクシー Taxi

タクシー乗り場やホテルなどから乗る。初乗り料金や日曜・祝日の追加料金などはローマ（p.89）を参照。

空港から市内へ

到着フロアを出たところにエアポート・シャトルバス乗場がある。運行時間は早朝5時から午前0時までの間、約30分おき。料金は€6.30、切符は車内で購入する。空港から市内までの所要時間は約50分。市内中心部のポリテアマ劇場近くのカステルヌオヴォ広場に停まり、中央駅西口が終点。

観光案内所

ベッリーニ広場内
住Piazza Bellini ☎091-585172 開8:30～18:30 休日曜
MAP p.360-B

ポリテアマ劇場

とっておき情報

シチリアでアグリツーリズモ

田舎に泊まって地域の食材を使った料理を楽しめるアグリツーリズモを、シチリア東北部メッシーナ郊外で楽しめる「パルコ・ムゼオ・ヤラリ」。シチリアの伝統料理や菓子作りが学べる料理教室、近隣の町への半日観光、チーズ工房訪問などのオプショナルツアーが選べる文化体験型の施設だ。パルコ（公園）内は、伝統的なシチリアの家屋や職人の工房を再現した青空博物館となっており、レストランや宿泊施設がある。

料金は宿泊料1泊€60（朝食付きツイン利用の1人料金）～。ワインの試飲ができるワイナリー見学コース€80、老舗チーズ工房見学・試食コース€60など。問い合わせは日本語でOK。問い合わせ先：Parco Museo Jalari ☎39-090-9746245 ウェブサイト http://www.parcojalari.com/ メール info@parcojalari.com

「パルコ・ムゼオ・ヤラリ」の客室

できたてのチーズは巨大なお餅のよう

地区限定販売のサラミやチーズを試食

周辺には中世の雰囲気を残す町も点在

パレルモの基礎知識

地中海の真ん中に位置する南国情緒たっぷりのパレルモは、初めフェニキア人によって開拓され、シチリア島全体がアラブ人に占領された9世紀から大きく発展していく。11世紀にはノルマン王国の都が置かれ、その王朝が13世紀に滅びた後はフランスのアンジュー家やアラゴン家の支配を経てスペインの領地となり、またフランスのブルボン家に統治されるという複雑な運命をたどる。1860年、ガリバルディ将軍がブルボン家を追放し、イタリア王国に併合するまで、実に長い歳月外国の支配が続いた。

そのため街中の建築にはさまざまな文化の影響が見られる。とくにアラブ・ノルマン建築と、バロック、ルネサンス建築とがミックスした景観は、独特の雰囲気をかもしだしている。ノルマン宮殿をはじめビザンチン様式のモザイクを多用した建築が多いことでも有名で、ラヴェンナにも劣らない美しく密度の濃いモザイク美術が見られる。こうした歴史を直に感じながら街歩きを楽しみたい。

旧市街と新市街、2つのエリアがある

パレルモの市内は旧市街と新市街に分かれている。旧市街はノルマン宮殿を中心とする一角。細い路地には洗濯物が旗のように翻り、賑やかな市場もある。下町情緒たっぷりのエリアだ。見どころのほとんどがこの旧市街に集中している。

新市街

一方、新市街は空港からのバスが着くポリテアマ劇場から北にかけてのエリア。高層ビルが建ち並ぶ現代的な街並みには、イキイキした現代のパレルモが感じられる。

旧市街も、さらに2つのエリアに分けて

旧市街も、ノルマン宮殿を中心とするエリアと、港寄りのクアトロ・カンティを中心とするエリアの2つに分けて歩くとまわりやすい。ノルマン宮殿周辺は徒歩15分くらいの範囲のなかに見どころがいくつもある。クアトロ・カンティ周辺も、プレトーリア広場から港にかけての1kmくらいの範囲のなかに教会、美術館などの見どころが散らばっている。2つのエリア間の移動は徒歩で10分くらいだ。

プレトーリア広場

レンタカーでパレルモの旧市街を走るのは容易ではない。一方通行が多く、ドライバーのマナーも悪い。また、駐車場所を見つけるのもたいへん。上の写真のように、住民にだけ駐車が許されているパーキングも多いので注意しよう

パレルモの治安

シチリアというとマフィアを連想してしまい、なんとなく恐そうというイメージもあるのでは？　確かにときどき街中で発砲事件が起こることもある。だが、これらはマフィア同士の抗争で、一般市民が巻込まれることは、まずないようだ。

それよりもむしろ恐いのはスリや物乞い。夜間の一人歩きはやはり避けた方が賢明だ。とくに、中央駅、クアトロ・カンティ、カテドラルにかけての下町は人通りもあまりなく、人目につきにくい路地が多いので、夜遅くなったら歩かないよう注意したい。

シチリアの名物

街歩きに疲れたら、シチリア生まれのシャーベット「グラニータ」を食べてみよう。新鮮なフルーツのジュースで作るシャーベットは爽やかで、生き返るおいしさ。街中のジェラート・ショップで食べられる。店によって当たりはずれはあるが、自家製のところはまずおいしい。

さまざまな文化が渾然一体となった不思議な街
パレルモ Palermo

MAP P.357-A

彫刻が美しいプレトーリア広場

歩き方のヒント

楽しみ	
観光	★★★★★
食べ歩き	★★
ショッピング	★
交通の便	
バス	★
タクシー	★★★★

街のしくみ＆ウォーキングの基礎知識

見どころが集まる旧市街の観光は、町の中心プレトーリア広場から。いろいろな文化が渾然一体となった建物を見ながらそぞろ歩けば、この町の不思議な魅力が実感できる。あまり時間がない人なら午前中にバスで郊外のモンレアーレへ行き、帰りにモンレアーレからのバスが着くインディペンデンツァ広場Piazza Indipendenzaを基点に観光するのも効率的。

360

見どころ

プレトーリア広場
Piazza Pretoria
MAP P.360-B

中央駅から徒歩10分

芸術的なセンスのよさに感動

市庁舎の前にある広場で、大理石の彫像で飾られた16世紀の噴水（写真前ページ上）があることで有名。まわりを教会や役所の建物で囲まれた中庭のような空間に、ルネサンス彫刻が何体も並ぶ様は見事。他の都市のどこにも見られないほど豪華な彫刻はフィレンツェの彫刻家を招いて造らせたもの。ベンチもあるのでひと休みするのにも最適。

クアトロ・カンティ
Quattro Canti
MAP P.360-B

プレトーリア広場に同じ

街そのものを芸術作品にしてしまった？

プレトーリア広場の斜め前にある四つ辻「クアトロ・カンティ」は、美しい彫刻が必見。ヴィットリオ・エマヌエーレ通りCorso Vittorio Emanueleとマクェーダ通りVia Maquedaの交差点に建つスペイン・バロック様式の建物は、どれも前面が4分の1の円弧を描いており、全体で調和の取れた円形空間を作り出している。

クアトロ・カンティに建つ建物

サン・カタルド教会
Chiesa di San Cataldo
MAP P.360-B

ラ・マルトラーナに同じ

アラブの赤いクーポラが目印

ラ・マルトラーナに隣接するこの建物は、1160年頃の創建。シチリア島におけるノルマン建築に特徴的な、窓周りの意匠とアラブのクーポラを持つアラブ・ノルマン様式の建物だ。人目を引く赤色のクーポラは、当時の宦官が被っていた帽子の色。内部は非常に簡素で、床と祭壇以外にモザイクはない。

赤い屋根が目立つサン・カタルド教会

開 9:30～12:00、15:00～18:00
休 無休 **料** €2.50

ラ・マルトラーナ
La Martorana
MAP P.360-B

プレトーリア広場から徒歩1分

パレルモを代表するノルマン建築

12世紀のノルマン時代に、ノルマンの骨格にギリシア十字のビザンチン様式を加味して建てられた。広場から見る正面は16世紀にバロック様式でつけ加えられた。クーポラ内部を飾る長髪長髭のキリスト胸像は黄金モザイクで造られ、地中海エリアで現存するものの中でも1、2を争う美術的な質の高さ。ビザンティンの賛美歌がアラビア語に翻訳されているのが識別できる。

ノルマン建築様式

開 9:30～13:00、15:30～18:00 **休** 無休 **料** €2.50

カテドラル
Cattedrale
MAP P.360-A

プレトーリア広場から徒歩7分

アングロ・ノルマン様式の大聖堂

古い聖堂跡地に1184年に建てられた大聖堂。アラブ統治下ではモスクに改築され、イギリスを征服したノルマン人（アングロ・ノルマーノ）の時代には、キリスト教教会に改築されたこともある。とりわけ変更が大きかったのは、1781～1801年。それまでのバジリカ型の建物はラテン十字型へと変えられ、内陣の上にドームが建設された。これは、1177年にシチリア王国ノルマン朝のグリエルモ2世がイギリスから王妃として迎えたジョーン・オブ・イングランドの影響。大聖堂の内部にはシチリアで最も重要な人物フェデリコ2世の棺が納められている。また、祭壇に向かって右側の礼拝堂に置かれた銀の壷には、この町の守護聖人である聖ロザリアの遺骨が納められている。

開 9:00～17:30、日曜・祝日7:30～13:30、16:00～19:00、ただし11～2月は9:30～13:00
休 無休 **料** €3（宝物館と地下聖堂）、€7（宝物館と地下聖堂、屋上。ただし屋上は30分おきのツアー）

ノルマン宮殿
Palazzo dei Normanni
プレトーリア広場から徒歩10分

アラブ・ノルマンとビザンティンの融合
王宮一帯は紀元前カルタゴの海洋商業地だったが、その後ローマ、ビザンチン、アラブの支配を受けた歴史を持つ。9世紀後半、北アフリカから来たアラブ人がこの地を征服すると、要塞を建設。1072年にはノルマン人が制圧し王宮へと変えられた。1140年ノルマン王ルジェッロ2世が献堂した王宮付属礼

パラティーナ礼拝堂。外壁にまで細かい装飾が

拝堂「カペラ・パラティーナ」が見事。内陣などに施された金地モザイクは伝統的なビザンティン様式だが、木製天井はアラブ様式。両者の芸術が見事に融合している。上階にあるルジェッロ王の間も金地モザイクで埋め尽くされている。

天井・壁に豪華なモザイクが

開8:15〜17:45、日曜・祝日 8:15〜13:00（入場は閉館45分前まで）休1/1、12/25
料€12（火・木曜は一部見学不可のため€10）

サン・ジョヴァンニ・デリ・エレミティ教会
San Giovanni degli Eremiti
ノルマン宮殿から徒歩3分

庭園とそれを囲む小回廊に注目！
1132年、ノルマン王ルジェッロ2世がアラブ職人を用いて建てさせた。ノルマンの骨格に平面なラテン十字、内部は円柱のない簡素な単一空間である。そこに特徴的なアラブのクーポラが載る。もともとこの場所は6世紀のベネディクト会修道院跡地だったが、アラブ人の進出で修道院は破壊され、一時はモスクが存在していたとされる。一説には、神聖ローマ帝国カール5世の統治時代に改変が行われたともいわれる。近代には何度も地震に見舞われるなどもあって修道院の一部と思しき部分は消失した。

現存する一連のアラブ式の赤いクーポラを持つノルマン時代の建築は、モスク由来のもの。ここで最も注目したいのは、庭園とそれを取り囲む小回廊。修道院時代の庭には、対の小円柱と、渦を巻く葉模様（アカンサス）が装飾された柱頭、ノルマン式尖塔アーチで囲われた静かな13世紀の小回廊があり、庭にはアラブ時代の井戸が見られる。

サン・ジョバンニ・デリ・エレミティ教会。象眼の回廊が美しい

開9:00〜19:00、日・月曜、祝日は〜13:00
休無休 料€6

シチリア州立美術館
Galleria Regionale della Sicilia
プレトーリア広場から徒歩10分

シチリア出身の芸術家の作品を網羅
中世から18世紀までのシチリア芸術を集めた美術館。15世紀の彫刻家フランチェスコ・ラウラーナの『エレオノーラ・ディ・アラゴンの胸像』、15世紀のフレスコ画『死の凱旋』、アントネッロ・ダ・メッシーナの『受胎告知』などのすばらしい作品が見られる。

15世紀に建てられたゴシック様式とルネサンス様式が混在するアバテリス宮殿Palazzo Abatellisのなかにある。

開9:00〜18:00、土・日曜9:00〜13:00（入館は〜13:00）休月曜 料€8

考古学博物館
Museo Archeologico
プレトーリア広場から徒歩10分

シチリア島の古代遺跡の出土品が見られる
島の各地に点在するギリシア時代の遺跡から発見された出土品を展示。1階ではセリエンテの神殿を飾っていた「メトープ」と呼ばれる石の浮彫りや、「パレルモ・ストーン」と呼ばれるエジプトの碑文が必見。2階にはシラクーザから見つかったヘレニズム期のブロンズ作品『牡山羊』などがある。

開9:30〜18:30、日曜・祝日は〜13:30
休月曜 料無料

レストラン

- 予算：ディナー1人分
- 予約が必要
- 服装に注意

　市内にはシチリアの郷土料理を食べさせる店がたくさんある。高級店からトラットリアまであり、ポリテアマ劇場前からクアトロ・カンティまでのローマ通りやマケーダ通りには安くてカジュアルな店も多い。

ラ・スクデリア
La Scuderia

高級 €60～ MAP P.360-A外

洗練されたシチリア料理に定評がある

　エントランスには小川の流れるガーデンがあり、店内も優雅な雰囲気。ロブスターのソースで絡めたラビオリ、カラスミのリングイネなど、海の幸をふんだんに使った料理に、シチリア料理の醍醐味を知るはず。

住Viale del Fante,9　☎091-520323　営12:30～15:00、19:30～23:00　休月曜、日曜の午後、8月

上品な店だが昼はTシャツでもOK

フィレ・ステーキのバジルソースかけ

ホテル

　ポリテアマ劇場周辺と、ローマ通りにホテルがある。パレルモの最高級ホテルは、ランキング上では4つ星の、グランド・ホテル・エ・デ・パルメ（右上記）だけ。あとは4つ星でもビジネスホテル風のものが多い。

グランド・ホテル・エ・デ・パルメ
Grand Hotel et des Palmes

高級　MAP P.360-A

多くのVIPに愛されてきた、由緒あるホテル

　1856年に建築されたイギリス貴族の邸宅を、1874年にホテルにしたもの。ドイツの作曲家ワグナーも夫人とともに長く滞在し、オペラ『パルシファル』を書き上げたという。1階奥のバーにはワグナー愛用の椅子が飾ってある。また、高級レストラン「パルメッタ」では、シチリア料理と地中海料理が味わえる。

住Via Roma,398　☎091-6028111　FAX091-331545
料S €115～　T €125～　98室　WiFi 無料
http://www.grandhotel-et-des-palmes.com/

イギリス人建築家が手掛けたサロン

大人のための居心地のよいバー

ポリテアマ・パラス
Politeama Palace

高級　MAP P.360-A

パレルモ港やプレトーリア広場も徒歩圏内

　ポリテアマ劇場前にあり、便利。

住Piazza Ruggero. Settimo,15
☎091-322777　FAX091-6111589
料S €45～　T €50～　94室　WiFi 無料
http://www.hotelpoliteama.com/

MAP P.357-A

ビザンチンとアラブ、
両様式の建築が融けあう

Monreale
モンレアーレ

町の中心に建つドゥオモ

パレルモの南西約8kmにある丘の上の小さな町。「黄金の盆地」とも称され、パレルモ湾を見渡せる景勝地だ。このため、観光シーズンは観光客で溢れかえっている。12世紀ベネディクト派修道院の門前町として人が住み始めたのが始まり。

モンレアーレは「王の山」という意味で、その名のとおり眺めのよさと高台にある涼しさから、王族の別荘地として愛されてきた。ここにはイタリアでも指折りの美しい僧院がある。ノ

街のしくみ＆ウォーキングの基礎知識

とても小さな町で、見どころはドゥオモとその隣の僧院の回廊がほとんどすべてといっていい。

パレルモからのバスや観光バスはドゥオモ前のグリエルモ2世広場Piazza GuglielmoⅡに到着するので、ほとんど歩くことなく見どころに到着できる。

観光に必要な所要時間も人それぞれ。急ぐなら40、50分でもOKだが、あまりに美しい回廊を駆け足で見るのはもったいない。のんびりと

■交通
パレルモのインディペンデンツァ広場Piazza Indipendenzaのバス停から市内バス389番で約20分。運行は1時間10〜20分おき。

ルマン、アラブ、ビザンチンの各様式が巧みに混じり合った優美な柱廊芸術は、えもいわれぬ美しさ。当時、権勢を張り合っていたパレルモに対抗して作られたといわれている。これを一目見るためだけでもパレルモから訪れる価値が十分にある。

中庭を散策したり、晴れた日ならドゥオモの裏手に出て、眼下に広がるパレルモの街と、その向こうに続く海を見つめるのも気持ちいい。グリエルモ2世広場の周辺にはレストランやカフェもある。

見どころ

ドゥオモ
Duomo
パレルモからバス20分
MAP P.364

モザイクで彩られた宗教画に圧倒される

ノルマン王グリエルモ2世の命で12世紀に建てられたベネディクト派の修道院。入口のブロンズの扉は、ゴシック期の彫刻家ピサーノによるもの。内部には、『イエスの生涯』や『復活』『アダムとイヴ』『楽園追放』など、旧約・新約聖書の場面をていねいに描いたモザイクがある。黄金色に輝く繊細なモザイクの面積は、聖堂全体で6000㎡にもなるという広範囲なもの。まぶしいモザイク芸術の世界に、しばらく遊んでみたい。
開8:30〜12:30、14:30〜16:30、日曜・祝日8:00〜9:30、14:30〜16:30 休無休 料€4

モンレアーレ

ドゥオモの内部

僧院の回廊
Chiostro
ドゥオモに同じ

MAP P.364

まばゆいばかりの東方エキゾチズムの極致

　ドゥオモの右手に隣接する回廊は、入った途端、その美しさに見とれてしばし立ち尽くしてしまうほど。

　中庭を囲んで弧を描いて立つ均整の取れた列柱の1本1本に、細やかな金銀・原色のモザイクが施されている。近づいてよく見れば、モザイクはアラブ風の幾何学模様でできていて、とても緻密。現代にも通じるデザイン感覚は、古さをまったく感じさせない。

　とりわけ、奥の一角を占める噴水は最もエキゾチズムが色濃く漂い、官能的なまでの美しさだ。

僧院の回廊。一番奥に噴水がある

開9:00～19:00（入場は18:30まで）、日曜・祝日は～13:30（入場は13:00まで）　休無休　料€6

小列柱のデザインも凝っている

回教寺院の中庭のよう

MAP P.357-A

紀元前5世紀の神殿が残る
セジェスタ
Segesta

　パレルモの西約60kmのところにあるセジェスタには、バルバロ山の山頂とその斜面に、紀元前430年頃建造された神殿が、保存状態よく残っている。神殿が建ち並ぶアグリジェント（p.368）とは違い、規模は小さいが、ドーリア式の36本の列柱が並ぶ斜面の神殿は、優美な力強さで古代都市の風景をかいま見せてくれる。

　セジェスタの街は、紀元1000年サラセン人による攻勢やその後の大地震により打撃を受けたと考えられている。神殿から約2km離れた山頂には、ヘレニズム時代の半円形の劇場Teatroや住居跡も残っている。

■交通
パレルモから鉄道で約1時間40分のセジェスタ・テンピオSegesta Tempioe駅下車。本数は少ない。駅から遺跡のあるエリアまでは徒歩約30分。またはパレルモ駅前から遺跡直行バスもある。

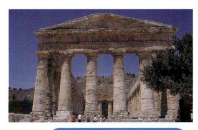

とっておき情報

現地ツアーを活用しよう！

　シチリア島の観光地は、個人では行きにくいもの。現地旅行社が催行する現地発着ツアーを上手に活用したい。例えば、「シチリア島周遊2日間」は、パレルモ発、トラーパニから船でファヴィニャーナ島、トラーパニの塩田、アグリジェントの古代ギリシャ遺跡・神殿の谷、リゾート地・タオルミーナを回ってカターニア空港解散で、アグリジェントの4つ星ホテル泊、食事はシチリアの伝統料理、2名1室の一人料金€510など。

MAP P.357-B

青い海と壮大な
古代劇場のある
Taormina タオルミーナ

タオルミーナの街並み

標高206mの町からは活火山エトナ山を背景に、眼下にイオニア海を見下ろせる。海の美しさは、この町を舞台にした映画『グランブルー』でおなじみ。冬でも温暖な気候に恵まれ、ハイビスカスやレモン、オレンジの花が咲き誇る。崖の上にはギリシア遺跡の円形劇場があり、スケールの大きな景色が楽しめる。

●交通
パレルモからバスまたはレンタカーで約2時間40分。鉄道ではカターニャCataniaからタオルミーナ・ジャルディーニTaormina Giardini駅まで約50分。鉄道駅は海岸沿いにあり、丘の上の町まではさらにタクシーで10分。
●観光案内所 ⓗPalazzo Corvaja ☎0942-23243 開夏季8:30～14:15、15:30～19:00、土曜9:00～13:00、16:00～19:00、日曜9:00～13:00、冬季8:30～14:15、15:30～19:00 休冬季の土・日曜、祝日

街のしくみ＆ウォーキングの基礎知識

町の中心はヴィットリオ・エマヌエーレ広場Piazza Vittorio Emanuele。広場の角に観光案内所がある。ここからギリシア劇場通りVia Teatro Grecoを5分歩けば、丘の上のギリシア劇場に着く。

また、ショップやレストラン、ホテルが建ち並ぶ賑やかなウンベルト1世通りCorso Umberto Iを12分ほど進めば、ひっそりとしたたたずまいのドゥオモに出る。街は徒歩だけで充分見てまわれる大きさだ。

丘の下には美しい海岸線を持つジャルディーニ・ナクソスの町があり、国際的なビーチリゾートとして賑わっている。

ギリシア劇場。大パノラマが見事

見どころ

ギリシア劇場
Teatro Greco
ヴィットリオ・エマヌエーレ広場から徒歩5分
MAP P.366-B

夏には古典劇やバレエ公演も行われる

海を見下ろす断崖絶壁の上に建造された、紀元前3世紀の野外劇場。直径は最大で109mあり、シチリアでは2番めに大きい。観客席の上に登ってこの劇場を見渡すと、列柱の向こうに青い海と富士山のようなエトナ山の勇姿を望め、胸に迫る美しさ。この劇場の雰囲気を最も楽しめるのは夏。ここでバレエや演劇、コンサートなどが開かれ、ドラマティックな祝祭ムードに酔える。

■開9:00〜17:00（季節により閉場時間に変動あり）
■休無休　■料€10

古代の通路も残る

ウンベルト1世通り
Corso Umberto I
ヴィットリオ・エマヌエーレ広場前
MAP P.366-A

ショップが建ち並ぶ目抜き通り

両側の店をのぞきながらそぞろ歩きするのが楽しい。通りの中ほどにある4月9日広場Piazza 9 Aprileには展望テラスがあり、雄大なパノラマが望める。

通りの中ほどにある4月9日広場

ダ・ロレンツォ
Da Lorenzo
高級　€35〜　MAP p.366-A

ウニのスパゲティがおいしい

魚介を使った料理で定評がある。おすすめは、シチリアならではのウニのスパゲティ。シーフードがたっぷり入った海の幸のリゾットや、魚介のグリルもすばらしい味。夏は潮風が心地よいテラス席に座って、ハイビスカスの花を眺めながら優雅に食事を楽しみたい。

■住Via Roma,12
■☎0942-23480
■開12:00〜15:00、19:00〜24:00
■休夏季は日曜、水曜の昼、冬季は水曜

店の向こうにある断崖は夜、ライトアップされる

レストラン

予算：ディナー1人分　予約が必要　服装に注意

ラ・グリーリア
La Griglia
高級　€40〜　MAP p.366-B

魚介のパスタを味わうならこの店で

ウンベルト1世通りにある。魚のカルパッチョ、エビのリングイネ（パスタ）などが美味。

■住Corso Umberto, 54　■☎0942-23980　■開12:00〜15:00、18:30〜23:00　■休火曜

ホテル

エクセルシオール・パラス
Excelsior Palace
高級　MAP p.366-A

広大な庭とプールのある優雅なホテル

古代のギリシア劇場から徒歩10分のところにあり、歴史地区の観光に便利な4つ星。

■住Via Toselli,8
■☎0942-23975　■FAX0942-23978
■料S €160〜　T €220〜　■88室　■WiFi 無料
■http://www.excelsiorpalacetaormina.it

シチリア／タオルミーナ

MAP P.357-A

海の見える丘に建つ
夢のような古代神殿
アグリジェント
Agrigento

コンコルディア神殿

地中海に臨む丘の中腹にあるアグリジェントは、紀元前6世紀ごろこの地に入植して来たギリシア人によって開拓された町。紀元前5世紀の最盛期には人口30万人を擁する大都市となった。

当時の面影を伝えるのが、神殿の谷Valle dei Templiと呼ばれる考古学エリアに点在するギリシア神殿の数々。海に面した丘の中腹から稜線にかけてのエリアに9つの神殿と、約10の神殿跡や廃墟があり、先史時代のギリシア・ローマ人住居跡も残っている。

これらの神殿建設を行ったのは、紀元前5世紀のテロンをはじめとするギリシア僭主たち。

ギリシアの詩人ピンダロスは、神殿の並ぶこの町を「この世で最も美しい都市」と称えた。春にはアーモンドの花の香りに包まれるこの丘は、古代の夢とロマン香る特別な場所だ。

■交通
鉄道でパレルモから2時間30分。バスまたはレンタカーでは2時間。
●観光案内所
住Piazza Aldo Moro, 1　☎0922-593227
開8:00～14:00、14:30～19:00、土曜8:00～13:00
休日曜

街のしくみ＆ウォーキングの基礎知識

駅・バスターミナルから市バスを利用して考古学エリアへ

アグリジェントの町は、神殿の谷のある考古学エリアと、鉄道駅のある市街地の2つに分かれている。プルマンと呼ばれる長距離バスで到着した場合も、新市街のヴィットリオ・エマヌエーレ広場Piazza Vittorio Emanueleに着く。広場から坂を降りた右手が鉄道駅。駅前は市内バスのターミナルになっていて、考古学エリアの中心、神殿広場Piazza dei Templiへ行く1・2・3番バスもここから出発する。

観光案内所は神殿広場にある。駅から神殿広場までは約3kmの距離。神殿広場の前にはバール兼カフェもある。夏場はここで水分補給を。

神殿の谷では、エルコーレ神殿Tempio di Ercoleやコンコルディア神殿Tempio della Concordiaなど、目を奪われるほど美しいドーリス式神殿が点在している。これらの神殿を見てまわるためには、駆け足でも数時間、ゆっくり見たいなら半日はかかる。日帰りでもいいが、夜間はライトアップされて神々しい姿が一層ドラマティックに浮かび上がるので、時間が充分あれば近くのホテルに1泊を。夜は公園入口までタクシーで往復を。帰りのタクシーはつかまりにくいので待たせておこう。

神殿の谷／開8:30～19:00（夏季は時間延長あり）
料€10（国立考古学博物館と共通券€13.50）　休無休

ライトアップされ幻想的な姿を見せるジュノーネ神殿

ジョヴェ・オリンピコ神殿に横たわるテラモン。当時は立像だった

見どころ

神秘的な力強さのあるエルコーレ神殿

ジュノーネ神殿
Tempio di Giunone
神殿広場から徒歩23分
MAP P.369-B

25本の列柱が残る東端の神殿

神殿広場から、神殿の建ち並ぶ神殿通りVia dei Templiの坂を登っていくと、丘の稜線の東端にある。紀元前470年に建造されたこの神殿には破風壁や壁面は大地震などで残っていないが、25本の円柱と、円柱によって支えられている軒桁（壁）の一部は残っている。神殿の東側にある大きな平たい岩は、かつて羊や人間の子供を神への生贄として捧げた祭壇だったところ。

コンコルディア神殿
Tempio di Concordia
神殿広場から徒歩12分
MAP P.369-B

最も保存状態のよい神殿

20余りの神殿が残るアグリジェントの神殿の谷で、最大のドーリア式神殿。ディオスコロイ神に奉献するために、紀元前5世紀半頃に建てられたものだ。その後、少なくとも6世紀末に、司教グレゴリウスによってキリスト教の大聖堂として改築され1748年まで使われていた。そのおかげでほぼ完全な保存状態が保たれている。正面に6柱、側面13柱、外周34柱の円柱は今も創建当初のまま現存。列柱廊の内側、神室の壁にアーチが繰り抜かれているのは聖堂として使われていた時代の名残だ。

ジョヴェ・オリンピコ神殿
Tempio di Giove Olimpico
神殿広場から徒歩3分
MAP P.369-A

巨人像の柱が残る

神殿の谷の入場料を払うゲートを通ってすぐにある。現在は廃墟だが、完成当時は縦113m、横56mという、この谷一番の大きさを誇る神殿で、円柱と円柱の間には、高さ7.5mの巨大な人像柱「テラモン」が置かれていた。テラモンの本物は国立考古学博物館に収蔵されているが、この神殿にもその複製が、横に寝かせた形で置かれている。

シチリア

369

アグリジェント

エルコーレ神殿
Tempio di Ercole
神殿広場から徒歩3分
MAP P.369-A

ヘラクレスに捧げた紀元前520年の建物
わずかに8本の円柱が残るだけの、神殿の谷で最も古い神殿。神殿広場前にある。荒々しい岩の上に建てられた8本の柱は不思議な力強さで見る人の胸に迫ってくる。

国立考古学博物館
Museo Archeologico Nazionale
神殿広場から徒歩3分
MAP P.369-A

(左)古代ギリシアの壺のコレクションも (下)ギリシア彫刻の逸品『アグリジェントの若者』

テラモンの本物が見られる
ジョヴェ・オリンピコ神殿に残っていた1体の巨人像「テラモン」の本物が展示されていて、その迫力に圧倒される。また、紀元前5世紀に造られた美しい大理石像『アグリジェントの若者』や、ヴィーナス像を思わせるテラコッタ、黒絵の描かれた陶磁器などの美術作品が見られる。

開9:00～19:30、日・月曜、祝日9:00～13:30
休無休 料€8 (神殿の谷との共通券€13.50)

ホテル

ホテルがあるのは主に新市街のアルド・モーロ広場とそのそばのアテネア通りVia Atenea、そして神殿の谷近くにも数軒ある。

ライトアップした神殿を見に行くには、神殿の谷近くに宿を取るといい。夜の神殿の谷エリアではタクシーも拾えないので要注意。

デッラ・ヴァッレ
Hotel Della Valle
高級 MAP p.368 外

新市街と神殿の谷の中間にある
近代的な設備とサービスで定評のあるジョリー・ホテルの一つ。リゾートホテルとしての位置付けで、プールサイド・バーのあるプールも完備。室内の設備も申し分ない。

住Via Demetre, 3
☎0922-26966 FAX0922-26412
料S €80～ T €100～ 113室 WiFi無料
http://www.hoteldellavalle.ag.it/

(上)部屋の窓からは果樹園が見え (左)静かに過ごせる優雅なプール

コッレヴェルデ・パーク
Colleverde Park
高級 MAP p.369-B 外

デッラ・ヴァッレのやや神殿寄り
ホテルから国立考古学博物館まで徒歩15分の距離。神殿の谷に面した部屋からは眺めもいい。レストランも完備している。

住Via Panoramica dei Templi ☎0922-29555
FAX0922-29012 料S €70～ T €80～
48室 WiFi無料 http://www.colleverdehotel.it/

表通りからは少し奥まっている

MAP P.357-B

バロック様式の建物が随所に残るベッリーニゆかりの地
Catania カターニャ

ドゥオモ広場前

パレルモに次ぐシチリア第2の都市で、島の工業の中心地。17世紀のエトナ山の噴火と大地震によって街は壊滅的に壊れたが、18世紀にバロック様式で再建された。19世紀の音楽家、ベッリーニを生んだ街でもある。また、エトナ山観光のベースでもあり、目抜き通りのエトネア通りVia Etneaからのエトナ山はすばらしい眺め。シチリア東・南部への観光拠点でもある。

■交通
ローマ、ミラノなどの主要都市からアリタリア航空の国内線で約1時間10分。鉄道ではローマから約9時間20分、シラクーザSiracusa、メッシーナMessinaから1時間20分。パレルモからはバスかレンタカーで約2時間40分。
●観光案内所
住 Via Vittorio Emanuele II, 172　☎095-7425573
開8:00〜19:00、日曜8:30〜13:30　休無休

街のしくみ＆ウォーキングの基礎知識

街の中心は、駅から西に20分ほど歩いたとこ

空港からは空港バスで街へ

ろにあるドゥオモ広場Piazza del Duomo。この周辺に見事なバロック建築が集まっている。街のどこからでも見えるいかつい姿のウルシーノ城は、13世紀に要塞として使われたもので内部は市立博物館になっている。2時間もあればほとんどの見どころを見てまわれる。

カターニャ空港

シチリア

371

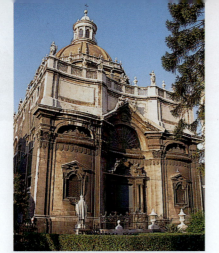

バロック様式のドゥオモ（上・下）

見どころ

ドゥオモ広場
Piazza del Duomo
駅から徒歩約20分
MAP P.371-A

18世紀に完成したバロックの都市空間
　まるでバロック建築の展示場のような広場。美しいドームを戴いたドゥオモ、広場に面した18世紀の「象の噴水」、広場の北側にある美しい市庁舎Palazzo del Municipio、古い歴史を持つ大学などの建物が見事な調和を保っている。

ベッリアーノ博物館
Museo Belliniano
ドゥオモ広場から徒歩4分
MAP P.371-A

歌劇『ラ・ノルマ』作者の生家
　カターニャが生んだヴィンチェンツォ・ベッリーニの生家を残し、彼に関する資料を展示する博物館としたもの。ここから駅の方へ10分歩いたところにはマッシモ・ベッリーニ劇場Teatro Massimo Belliniがあり、10月末から6月中旬までのシーズンにはオペラ、バレエ公演が見られる。

開9:00～19:00、日曜・祝日は～13:00
休無休　料€5

ローマ円形劇場
Anfiteatro Romano
ドゥオモ広場から徒歩10分

MAP P.371-A

ローマ時代の劇場跡
　ドゥオモ広場からエトネア通りVia Etneaを北へ歩いたところにある。紀元前2世紀の競技場跡で、溶岩で造られた階段状の客席の一部と、大理石で覆われた舞台が残っている。

開9:00～13:30、14:30～18:00
休日、月曜　料無料

ウルシーノ城
Castello Ursino
ドゥオモ広場から徒歩7分
MAP P.371-A外

内部は市立博物館
　ドゥオモの南側にある城砦のようなこの城は、13世紀、フェデリコ2世が築いたもの。

開9:00～19:00
休無休　料€6

ホテル

ウナ・ホテル・パラス
Una Hotel Palace
高級　MAP P.371-A外

エトネア通りに面した便利なホテル
　ドゥオモまで徒歩10分で行ける距離にある4つ星ホテル。エレガントなレストランも完備。

住Via Etnea,218
☎095-2505111　FAX095-2505112
料S€130～　T€130～　94室　WiFi無料
http://www.unahotel.it/

ドゥオモ広場近くにある「アメナノ噴水」

シラクーザ Siracusa

シチリア最大のギリシア劇場が古代の繁栄をしのばせる街

MAP P.357-B

オルティージア島の港

古代ギリシア時代にはアテネと勢力を競い合うほどの町で、ギリシアの幾何学者アルキメデスの出身地でもある。考古学エリアZona Archeologicaには、シチリア最大のギリシア劇場などがある。また橋で結ばれた小島の旧市街にも、かつての繁栄の名残がくっきり。

■交通
バスでカターニャ空港から1時間、カターニャから1時間20分、パレルモからは4時間。アグリジェントからのバスはカターニャ乗り換えで約2時間35分～3時間30分。
●観光案内所 住Via Roma, 31 ☎800-055500
開8:00～20:00 休無休

街のしくみ＆ウォーキングの基礎知識

考古学エリアには紀元前に建立されたギリシア劇場Teatro Grecoやローマ円形劇場Anfiteatro Romanoなど多くの遺跡がある。中央駅から考古学エリアまでは徒歩15分。また、中央駅からウンベルト1世通りCorso Umberto Iを南東へ歩いて橋を渡れば、15分で旧市街オルティージア島Isola di Ortigiaに着く。

見どころ

ローマ円形劇場
Anfiteatro Romano
シラクーザ駅から徒歩15分
MAP P.373

ほぼ原型をとどめるローマ時代の闘技場

3～4世紀のローマ時代に闘技場として造られた円形の劇場。幅140m、奥行き119mの劇場には、石段状の座席や、剣闘士が出入りするための通路が残っている。

開8:30～16:00（日曜・祝日は～12:30）
料€10（考古学公園入場料） 休無休

ギリシア劇場
Teatro Greco
シラクーザ駅から徒歩15分
MAP P.373

古代劇場では最大級で保存状態もよい

タオルミーナにあるものより規模が大きい。夏にはここで古典劇やバレエ上演がある。
開料休（ローマ円形劇場と同じ）

天国の石切り場
Latomia del Paradiso
シラクーザ駅から徒歩15分
MAP P.373

ギリシア時代に神殿建築用の石を採掘

かつての石切り場に、ディオニソスの耳Orecchio di Dionisoと呼ばれる洞窟がある。音響効果が抜群で、かつて牢獄として使われていたとき、洞窟の外から中の囚人の会話を盗み聞きしたという伝説がある。
開料休（ローマ円形劇場と同じ）

シチリア 373 シラクーザ

シラクーザ Siracusa
0 400m

石段状の客席が残るローマ円形劇場

ディオニソスの耳

サン・ジョヴァンニ教会

サン・ジョヴァンニ教会
Chiesa di San Giovanni alle Catacombe
シラクーザ駅から徒歩20分
MAP P.373

地下に広いカタコンベがある
　聖堂遺構の地下にサン・マルチアーノの地下礼拝堂があり、パオロが説教した祭壇がある。そこから進むと、ギリシア時代の貯水池、水道を利用したサン・ジョヴァンニのカタコンベがあり、多くの石棺がある。
開9:30〜12:30、14:30〜17:30（冬季は〜16:30）
休月曜　料€8

パオロ・オルシ考古学博物館
Museo Archeologico Regionale P.Orsi
シラクーザ駅から徒歩23分
MAP P.373

広大な展示面積を持つ州立博物館
　考古学地区の向かいに位置するランドリーナ公園のなかにある。近代的な建築が特徴の広い館内は3部門に分かれ、旧石器時代、ギリシア植民地時代、シラクーザの植民都市からの出土品などを見ることができる。
開9:00〜18:00、日曜・祝日は〜13:00
休月曜　料€8

ドゥオモ
Duomo
マルコーニ広場から徒歩25分
MAP P.373

古代のアテナ神殿がドゥオモに
　ギリシア時代、アテネに次ぐ第二の大都市だったこの街にふさわしい大聖堂だ。起源は紀元前5世紀に遡る。7世紀に、古代アテナ神殿を改造し聖堂に変えられた。内部には紀元前5世紀のドーリア式円柱が健在で、それらを壁でつないだ身廊がある。今日でも現役で使われている非常に稀有な聖堂だ。街は1542年と1693年の2度、壊滅的な地震に見舞われた。その復興過程で、被災したこの地

エレガントな雰囲気漂うドゥオモ広場

方の他の都市と同じく、この大聖堂も18世紀の改修でバロック様式の正面ファサードを持つことになる。
開夏季9:00〜18:30、冬季は〜17:30
休無休　料€2

アポロ神殿
Tempio di Apollo
マルコーニ広場から徒歩13分
MAP P.373

紀元前7世紀の神殿跡
　旧市街のオルティージア島に渡る橋を渡ってすぐのところにある。神殿の跡地だが、南側と東側に円柱とその土台が残っている。

アレトゥーザの泉
Fonte Aretusa
マルコーニ広場から徒歩30分
MAP P.373

パピルスの茂る清泉
　伝説のニンフ、アレトゥーザが姿を変えたと伝えられる泉。ここからの海の眺めがいい。

ホテル

ローマ
Antico Hotel Roma1880
高級　MAP p.373

ドゥオモ広場横の優雅なホテル
　2000年開業の快適なホテル。インターネット無料のパソコンを備えた部屋もある。

開Via Roma,66　☎0931-465630　FAX0931-465535
料S €140〜 T €140〜
45室
WiFi無料

グランド・ホテル・オルティージャ
Grand Hotel Ortigia
高級　MAP p.373

旧市街の港に面した眺望抜群のホテル
　オルティージア島に渡ってすぐの港にあり、目の前にはブルーのイオニア海が広がる。

開Via Mazzini,12
☎0931-464600
FAX0931-464611
料S €110〜 T €130〜
58室　WiFi無料
http://www.grandhotelortigia.it

トラベルインフォメーション 日本編

出発前にやることチェックリスト

- ☐ 持ちものチェックリスト（p.388）で荷物の準備
- ☐ スーツケースを空港に送る
- ☐ パスポートのコピーをとる（本人写真が写っているページ）
- ☐ 万一のパスポート紛失時のために本人写真（2枚）を準備
- ☐ カード会社・保険会社の現地連絡先を確認する
- ☐ 新聞・郵便の留め置きにする手配
- ☐ テレビ番組をチェックして録画予約
- ☐ 進行中の仕事の連絡事項、予定を詰める
- ☐ ペットがいる人は留守中の世話を確認
- ☐ 持病がある人は医者に薬をもらう
- ☐ 宿泊ホテルやツアー会社の連絡先を家族や知人に知らせる
- ☐ 留守番電話のメッセージを変える
- ☐ 冷蔵庫の生ものを処分する
- ☐ 出発日、空港へ向かう移動手段の手配

出発日検討カレンダー　376

イタリアへいつ旅行する？　378

ツアー選びのポイント　380

個人旅行のポイント　382

これだけあれば安心！旅の必需品　384

お金の持っていき方　386

持ち物プランニング　388

鉄道パスの予約＆手配　390

日本でのホテル予約　391

空港に行く　392

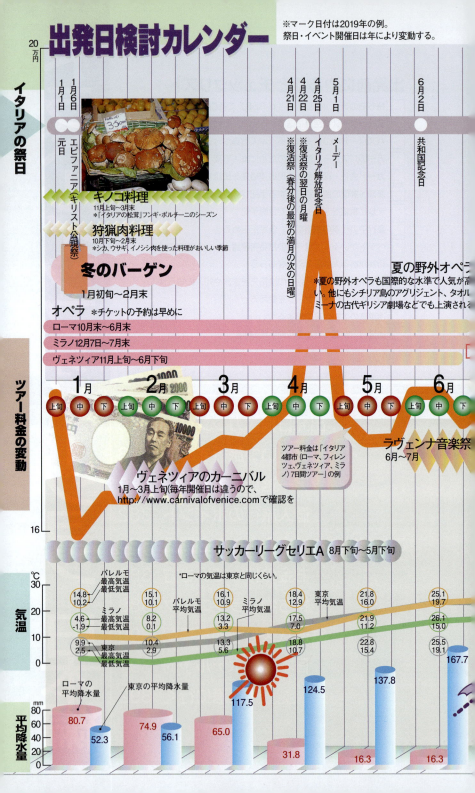

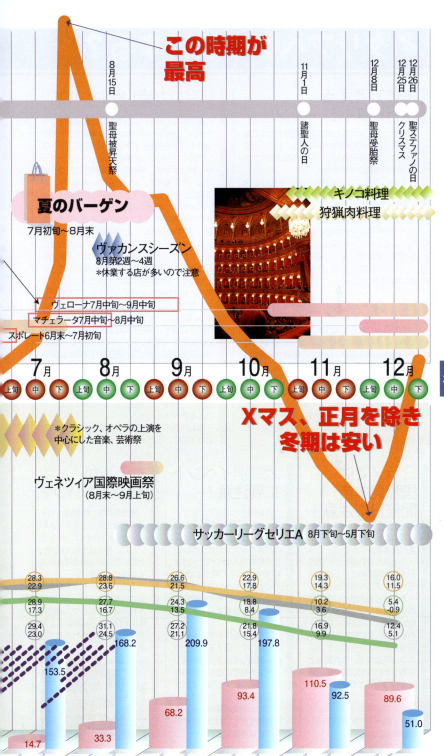

Go to Italy

航空券が安いのは1月中旬、6月、11月

イタリアへいつ旅行する？

気候で考える旅行ベストシーズン

イタリアには日本と同じように四季折々の魅力があり、一年中が観光シーズン。だが、北部の冬はしびれる寒さだし、南部の夏は照りつける太陽が容赦なく降り注ぐ。

しかし、イタリアは白夜の影響を受ける国。夏場は夜9時〜11時頃まで明るいので、観光できる時間が長く、限られた日程を有効活用することができる。ローマやヴェローナでは、野外オペラやコンサートなど夜のイベントが組まれている。逆に、冬場は日の出・日の入りが早いので1日があっという間に終わってしまう。6、9月は比較的過ごしやすく、時間を使いやすい時期といえる。

観光ベストシーズンは？

観光目当てなら冬場はベストシーズンとはいい難い。冬には冬の魅力もあるのだが、観光客の少なくなる冬場は、観光地の整備や工事で目当ての名所が閉まっている場合がある。しかし、年中観光客で賑わう観光大国イタリアの4月〜10月は、常に観光客でいっぱい。名所には観光客の行列ができている。人が集まる場所には泥棒も出没するのが常。観光ベストシーズンはリスクが伴うといってもよい。これを避けたいと思うのなら、繁忙期をずらすのも一案。

航空券が安いのはいつ？

基本的にハイシーズンを除いた時期がオフシーズン。ハイシーズンは、年末年始やゴールデンウイーク、8月。これは日本側のハイシーズンであり、ヨーロッパ側から見たハイシーズンがこれに加わる。復活祭（移動祝日のため、年によって変動する。だいたい3〜4月いずれかの週末）がそれにあたる。これら以外がオフシーズンだが、年末年始の直後やゴールデンウイークの直後は特に航空券が安くなる。具体的には、1月中旬、6月、11月が格安で航空券を手に入れることができる時期。さらに、航空会社によってハイシーズンの設定が違うので、直行便・経由便とも、1日の差で何万円も料金が違うこともある。旅行会社によって料金設定が異なるので、航空料金を比較するサイトなどを利用して、手間を惜しまず調べてみよう。

p.382で紹介するペックス航空券には、早く予約すればするほど安くなる割引航空券もある。航空券を安く買うシーズンはもちろん、早めの対応が重要だ。ただし、航空券は安ければ安い方がいいというわけではない。経由便の場合は、乗り継ぎに時間がかかり、空港で6時間待ちということもある。精神的にも肉体的にも疲れてしまい、現地で思う存分楽しめなかったということもありうる。

また、週末出発や週末帰国は追加料金が必要になるので、平日出発・戻りが理想的だ。

ミラノでは国際見本市開催日に注意！

経済都市ミラノでは、年中、国際見本市が開かれる。ミラノのホテルは数多いが、国際見本市が開かれている期間は現地でホテルを探そうと思っても、どこも満室という事態になる。ミラノでは毎年春と秋に国際見本市が多く開催されるので、この時期は要注意。国際見本市の関係者はビジネスユースなので、3つ星以上はあっという間に満室に。時期がぶつかるようなら早めに予約を。ボローニャ、ヴェローナ、ヴェネツィア、ジェノヴァ、ローマの国際見本市の時期も込む。

地域別イベントに要注意！

各地のイベントスケジュールもチェックしておきたい。例えば、ヴェネツィアのカーニバルやシエナのパリオなど世界的に有名なイベント時は町全体がお祭り騒ぎになり、どこのホテルもレストランも観光客で込む。ホテル確保はもちろん、食事すらできないことも。

ホテルやレストランを早めに予約して対応するか、別の町に宿泊して公共交通機関でイベント見学に出かけるのもいいだろう。大規模なイベント開催時期には、鉄道やバスなどの公共交通機関は多くの臨時便を出しており、移動の足だけは確保できる。

ホテルが安いのはいつ？

航空券の安い時期は、ホテルの料金も安いと考えてよい。1月中旬、6月、11月が狙い目だ。有名観光地では、金・土曜に週末料金が適用され高くなることが多い。

ミラノやローマなどの大都市ではビジネスユースのホテル利用客も多いので、国際見本市が開かれる時期にホテル室料も高く設定されるので注意したい。

太陽の国イタリアといえども一年中暖かいわけではない。冬の北部は凍てつくような寒さだし、夏の南部は日差しが痛いほど。でも、夏には夏の、冬には冬の見どころがある。最高の状態でイタリア旅行を満喫したいなら目的に合わせたベストシーズンを探そう。

グルメツアーなら、この季節

　新鮮な食材を活かしたメニューがイタリア料理の魅力。どんなソースを使うよりも、食材が新鮮であればあるほどイタリア料理の味は引き立つ。そんな旬の食材は、冬の珍味、白トリュフが有名。

　イタリア料理に多く使われるのはトマト。年中、新鮮なトマトが手に入るイタリアだが、冬はイスラエル産やスペイン産のものが多く出回る。だが、味ではイタリア産にはかなわない。

　イタリア産のトマトの季節は初夏。この季節のイタリア産トマトを使ったメニューは、高級レストランでなくても素晴らしい味わいとなる。特に、新鮮さが決め手のカプレーゼ（p.48参照）は絶品。

土・日曜と月曜午前中は閉まる店もある！

　イタリアの慣習や労働基準法により、日曜や月曜の午前中は閉めるというレストランやショップは少なくない。大都市では年中無休の店が増えてきてはいるが、それでも、すべての店がそうではないし、まして地方ではまだまだ少ない。日曜にショッピングの予定を入れておくと、1日が丸つぶれということにもなりかねない。地方では、食事する場所が見つからずに、食事を抜く羽目になることも。ピッツェリアなどのファストフード店も活用して臨機応変に。

　そこで、思いきって、日曜や月曜の午前中を移動にあててはどうだろう。また、美術館などの観光地は月曜休館であることが多いので、日曜にのんびりと名所を見て歩くのもいいだろう。

　このようなイタリアの慣習も念頭に置いて、旅のスケジュールを立てよう。

買い物するならこの時期が狙い目

　夏（7〜8月）と冬（12〜2月）の年2回、ほとんどの店でセールが行われる。正確なセールの時期はそれぞれの町で異なる。町ごとにセールの時期が定められているからだ。

　しかし、本格的セール開始まで待てない店もあり、開始時期前にプレセールが行われる。本格セールに比べて値引き率はよくないが、旅行日程が本格セール時期に間に合わない場合は定価で買うよりお得になる。

　プレセールは1〜2割引きから始まり、本格セール時期には3割〜5割引き、セール後半には6割引きに。ただし、時期が早ければ早いほどお目当ての品を手に入れられるので、プレセール期は、欲しい商品を手に入れることのできる時期といえる。また、値引き率の高いセール後半の残り物はサイズが合わなかったり、不人気商品であることが多い。

北イタリアのベストシーズンは？

　冬場の寒さが厳しい北部イタリア。1〜2月のミラノは、顔が痛くなるほどの寒さ。その寒さゆえに北イタリアではウインタースポーツが盛ん。夏はトレッキングや湖水地方でのリゾートを楽しむ観光客で賑わいを見せる。しかし、観光地を楽しみたい観光客にとって、この寒さは苦痛。さらに、冬場のミラノでは、日中、霧が立ちこめることも多く、1週間太陽を見ることができないということも。また、ヴェネツィアも、秋から冬にかけては高潮のために運河沿いが水浸しになる「アックア・アルタ」という現象の心配もある。アックア・アルタは午前中で引いてしまうが、その間、サン・マルコ広場が池のようになり、そこに歩行者用の通路がしつらえられる。観光に適した時期とはいえない。

南イタリアのベストシーズンは？

　北部に比べて、冬場も気候が穏やかなので一年を通して観光には適するが、美しい海岸線や高級リゾート地の多い南イタリアは夏場がハイシーズン。南部のリゾート地には、イタリアの太陽を求めてヨーロッパ各地から観光客が押し寄せる。ホテルの室料は高く、どこも満室。しかし、リゾート地に人々が繰り出す夏は、名所・旧跡などの一般観光地のホテル室料が安くなる。暑い夏に暑い場所へ行くということは、体力的にも厳しいことだが、懐中にはとてもやさしい。一方、冬場のリゾート地では、多くのホテルやレストランが休業するため、閑散とした雰囲気に。賑わいはないが、人が少なく、ホテル室料の安いので狙い目。ただし、お目当ての店なども休業している場合があるので注意。

Go to Italy

ツアー選びのポイント
旅費・内容・目的に合ったツアーを探す

どんな人におすすめ？

〈フルパッケージ〉
- 海外旅行の経験が少ない
- 人気の町・エリアをまわりたい
- 語学力に自信がない
- 添乗員がいるほうが安心
- 団体行動はOK

〈フリープラン型〉
- ある程度旅慣れている
- 語学力はわりとある
- 気ままな旅をしたい
- 時間はたっぷりある

〈ダイナミックパッケージ〉
- ある程度旅慣れている
- 自分好みのコースを組み立てたい
- ホテルと航空券はリーズナブル＆スムーズに手配したい

〈体験型〉
- 旅の目的がはっきりしている
- 仕事やプライベートに役立つ技術を習得したい
- 何度目かのイタリア。より深くテーマを掘り下げたい

チーズ工場やピッツァ職人の厨房見学や料理教室などの体験型ツアーも人気

旅の目的や予算、訪れたい都市やエリアなどに応じて、ツアーを選ぶか個人手配旅行を選ぶか。ツアーといっても、添乗員同行のフルパッケージ型や、現地オプショナルツアーを組み合わせることのできるツアーなど、ツアーの形態によっても主催する旅行会社によっても選択肢はさまざま。旅の知識・技術、予算などに合ったベストな旅を選びたい。

お得なセット価格が魅力のツアー

■ **フルパッケージ**
添乗員の同行で航空会社、観光、食事がセットされたツアー。旅慣れない人、言葉に不安を覚える人にも安心だ。イタリアの都市だけをまわるものから、パリやウイーン、バルセロナなどEUの人気都市・エリアと組み合わせたものなど内容はいろいろ。

■ **フリープラン（フリーステイ）**
往復の航空券と宿泊、現地係員の送迎がセットになっているほかは基本的に滞在中フリータイム。滞在期間や現地発着ツアーなどを自由に選べるものが多い。ホテルはエコノミークラスが多いが、ほとんどは市内中心部周辺にあり観光や買い物には困らない。安価なものほど経由便利用のものが多い。経由便だと、その経由地での空港使用料や空港税、時間もかかる。

■ **ダイナミックパッケージ**
最近人気の商品で、フリープランが進化したもの。Web上で航空券を選ぶと、旅程に合わせて宿泊可能なホテルが表示されるので、予算などの条件に合ったものを選んで、セットで申し込める。個人手配旅行に近いが、旅行商品としてはパッケージツアーと同じ募集型企画旅行なので旅程保証の対象になる。フリープランとの違いは、空港〜ホテル間の送迎がつかないことが多いことと、チェックインも自分で行う点。

■ **体験型**
農家に滞在して田舎暮らしを体験するアグリツーリズモや、個人宅に泊まり料理を習ったり、オリーブオイルの収穫や油絞を体験するなどテーマを絞った旅も最近増えている。

■ツアーと個人旅行のメリット・デメリットは？

		ツアー	個人旅行	メリット・デメリット
海外旅行経験	初めて	◎	×	まずはツアーで旅の流れを覚えたい
事前準備できる時間	たっぷり取れる	◎	◎	ツアーの場合、自由行動を下調べすれば内容充実
	まったく取れない	◎	×	こういうとき、ツアーが頼れる
旅行時間	〜14日間	○	◎	10〜12日間程度のツアーで延泊する手もある
	それ以上	×	◎	長いツアーは割高に。個人旅行向き
旅行人数は	1人	×	◎	ツアーは安心だけど1人部屋追加料金が高い
同行者は	友人	◎	◎	個人旅行でもツアーでも部屋代を節約可能
	両親	◎	×	両親をハプニングに付き合わせるのは避けたい

団体料金の適用で旅行代金が安く、主な見どころが含まれているパッケージツアーはイタリア初心者におすすめ。旅慣れた人なら、本書を参考に自由な旅行プランを練ってみよう。

自由な旅を演出できる個人旅行

旅行の計画から航空券の手配、ホテル予約など、旅のすべてを自分でこなさなければならない個人手配旅行。旅慣れていないと大変手間がかかり、旅先での移動時間の読みが狂ったときなどに臨機応変に対応できる力量も必要。反面、旅行時期や条件などにより旅費を抑えつつ、思いどおりの旅行プランを立てられるのが最大の魅力。

ツアーそれとも個人旅行？

今回の自分の旅の目的に合うのはツアーなのか個人旅行なのか。まずはそこから把握しよう。

■ ツアーのメリット・デメリット

ホテル代や現地でのバス料金などに団体料金が適用され、料金が低く抑えられている。また、交通の便のよくない地方都市やエリアへの移動時間と費用、手間を最小限に抑えられるのもツアーのメリット。ただし、1人参加の場合は「1人部屋追加料金」がかかり、割高になるので要注意。場合によっては個人手配旅行と変わらないか、高くなることもある。

ツアーのデメリットは団体行動を強いられること。そもそも初めて訪れる都市でない限り、市内観光そのものが苦痛である場合もある。申し込み時に「この市内観光はパスできますか？」などと確認しておくことも、気持ちよく旅行するためのコツ。

■ 個人旅行のメリット・デメリット

格安航空券を探したり、お気に入りのホテルの安い時期を狙ってお得なプランを立てたりと、納得のゆく旅プランを自由に設定できる個人旅行。旅慣れていて費用を安くあげるノウハウを持っている人なら、自由気ままな個人旅行はおすすめ。

デメリットは、ホテル代や移動費が、安い仕入れ価格で設定できる団体旅行に比べて高くついてしまうこと。旅先での交通事情がルーズなときや、バスの乗降場所を見つけるのに手間取ったときなど、予想外の出来事に対処する能力も求められる。とくに、盗難や災害など、ひとたびトラブルに遭遇したら、ある程度高度な英語力がないと対処できない場面が多い。そこで必要となるのが海外旅行保険やクレジットカードに付帯するサービス。個人旅行では「万一のとき」を考え、相談窓口の連絡リストを持参するなど万全の準備が欠かせない。

■ 専門性の高いツアー

山旅やスキー、自然などテーマ性の高いツアーで需要が高まっているのが、専門の旅行会社のツアー。個人では行きにくい場所へも現地に精通するスタッフが案内してくれる安心感、1人でも参加できる手軽さ、手配旅行も可能な利便性が魅力。

自分専用のツアーをつくる

「こんな旅行にしたい」というイメージはあっても、パッケージツアーに希望のものがないときには、旅の専門家にオーダーメイド旅行を依頼することもできる。その国・エリアに詳しいトラベルコンシェルジュと相談しながら、自分だけの旅行を企画・手配までしてもらえる。また本書の読者限定で、下記の専用メアドからイタリアに関する質問にも答えてもらえる。

◆ウェブトラベル
URL www.webtravel.jp
e-mail blueguide@webtravel.jp

ハイキング・スキーは専門の旅行会社に相談

ハイキング、トレッキング、スキーなど山岳ツアーが目的なら、専門に扱う旅行会社にまずは相談するのもよい（フェロートラベル、アドベンチャーガイズなどがある。p.26参照）。

トラベルインフォメーション[日本編]

381

ツアー選びのポイント

Go to Italy
個人旅行のポイント
航空券の手配が要

 イタリア国内の移動は

地方都市が旅の目的地なら、豊富な国内線路線網を持つアリタリア航空の直行便を利用して乗り継ぐのが便利。航空券の種類などにより、直行便を利用すればイタリア国内の2フライトを無料で追加できる場合もある。オープンジョー（p.383欄外参照）の利用などにより条件が異なるので、旅程に合った条件の航空券を求めたい。

ローマに寄らずに目的地に直行？

バーリ、パレルモ（シチリア）などが旅の目的地なら、ミラノで国内線に乗り換えるよりも、ヨーロッパ系航空会社で直接、目的地に入った方が便利という考え方もできる。航空会社・航空券によっては、ヨーロッパ内2フライトが無料になることもあるため、ロンドン、パリなどにも立ち寄りたいという人は検討してみよう。ミラノに入る場合、直行便では街の中心部から遠いマルペンサ空港だが、欧州乗り継ぎ便なら市街地に近くて便利なリナーテ空港を利用できるメリットもある。

欲張って旅行するならストップオーバー利用

目的地への往復途中で、乗り継ぎ地に24時間以上滞在することを「ストップオーバー」という。これを使えば、往復のどちらかまたは両方で途中の都市で24時間以上滞在ができる。格安航空券を購入する際は、「ストップオーバー可/不可」の条件を確認しよう。無料でできる場合もあるが、航空券によっては数万円の追加料金がかかることもあるので注意。

航空券の種類と特徴は？

自分で手配する個人旅行では、航空券とホテルの選び方で、費用が大きく変わってくる。航空券にはいくつか種類があり、料金や利用条件が大きく異なる。個人旅行者は、ゾーンペックス、エイペックス、格安航空券を利用する機会が多いが、それぞれの特徴を見てみよう。

●普通航空券（ノーマルチケット）
　IATA（国際航空運送協会）が決定した定価運賃で、季節による価格変動がない。高額だが他社便への乗換え、途中降機（ストップオーバー）などに制限がない。購入後1年以内ならキャンセル料なしで払い戻し可能。

●IATAペックス航空券
　IATAが運賃を設定した特別運賃航空券。航空会社は自由に選ぶことができるが、エコノミークラス限定で往復の利用日が決められている。

●ゾーンペックス航空券
　各航空会社が独自に運賃を設定した正規割引運賃航空券で、航空会社の変更不可。予約や経路の変更もできない。

●エイペックス航空券
　ゾーンペックスチケットの一種だが、出発日○○日前までに購入など、期限を限定して発売することで割引率を高めた、事前購入型航空券。ANA「スーパーバリュー」、JAL「ダイナミックセイバー」などがこれに当たる。発券後の変更は不可。

●格安航空券
　航空会社が団体旅行用に旅行会社に卸売りした航空券をバラ売りしたもの。往復の便が指定された往復航空券で、発券後の変更は不可。キャンセル、マイレージなどの条件は不利。

●LCC正規航空券
　LCC（格安航空会社）のチケットで、片道料金で表示される。運賃は安いがキャンセル料は高い。機内食や受託手荷物などのサービスは別料金。

安心・便利な直行便、料金なら乗り継ぎ便

イタリアまでの飛行時間は、ローマ、ミラノまでの直行便だと約13時間。運賃の安い乗り継ぎ便は待ち時間も含め所要時間がかかるが、料金は数割から半額近く安くなる場合が多い。

■ リスクが少なく、滞在時間も長くとれる直行便
　直行便には乗り継ぎ時の遅延や荷物トラブルがなく、飛行時間も短いので、旅のスケジュールが立てやすい。直行便があるのはアリタリアイタリア航空のみで、成田・ローマ間が週7便、成田・ミラノ間が週7便（冬期は5便）。所要時間はどちらも往路約13時間、復路約12時間30分で、成田を13:30～14:00頃

料金は高いが時間が短く安心感のあるアリタリア-イタリア航空の直行便で。日本の地方空港から出国するなら便数の多いアジア系航空会社で。ローマ、ミラノ以外の都市に行くのならヨーロッパ系航空会社で。時間はかかっても安いチケットがいいなら南回りの中東系航空会社で。

に出発し、現地時間でローマに19:00、ミラノに18:30頃到着するのが一般的。

■ ベネチアやフィレンツェも到着地に選べるヨーロッパ系

日本からの乗り継ぎ便は、アジア系、ヨーロッパ系、中東系などの航空会社20社以上が運航している。それぞれ乗り継ぎ地が異なるのでメリット、デメリットがある。ヨーロッパ系だとエールフランスがパリ、ブリティッシュ・エアウェイズがロンドンでの乗り換え。ローマ、ミラノ以外にベネチアやフィレンツェも到着地に選ぶことができる。ハブ空港で買い物をしたりストップオーバーを利用すれば市内観光を楽しむこともできる。

■ 料金が安く地方空港からの出発も可能なアジア系

大韓航空や中国国際航空、キャセイパシフィックなどアジア系の航空会社は日本の地方空港にも乗り入れているので、成田以外の各地から1回の乗り換えで、しかも15〜18時間と比較的短い所要時間で目的地に到着できる。エミレーツ航空、カタール航空など中東系航空会社は料金が安く、直行便の半額近くですむこともあるが、南回りで所要時間が20時間近くかかってしまうのが難点。ただし機内サービスの評判はよい。全日空、日本航空の日系2社には直行便がないので、ヨーロッパで乗り継ぎ、イタリアまでは各社のコードシェア便を利用することになる。

Eチケット(Electronic Ticketing)について

Eチケットとは、紙に印刷していた航空券を電子化したもの。IATA加盟航空会社にはEチケット使用が義務付けられている。顧客には確認書（メールの場合も）や「お客様控え」が渡され、空港カウンターで搭乗手続きを行う。

到着・出発都市を変更できるオープンジョー

ヨーロッパ系航空会社を利用する際、行きと帰りで違う空港を利用することができる場合がある。このサービスを「オープンジョー」と呼ぶ。オープンジョーを利用すれば、ミラノ入国、ローマ出国などの旅程が組め、一度訪れた都市に戻らなくていいので効率のよい旅ができる。利用するには、航空券購入の際に「オープンジョーを利用したい」旨伝えること。航空券によっては不可だったり追加手数料がかかる場合もある。「オープンジョー可」であっても、正規割引航空券や格安航空券では、現地で経路変更などは一切できない。航空券購入前に経路を決めておくことが大切だ。

直行便の割引航空券料金（一例）

※2018年5月の例
●直行便
アリタリア-イタリア航空
10万8000円〜
※上記以外に空港使用料や燃油サーチャージなどもかかる。

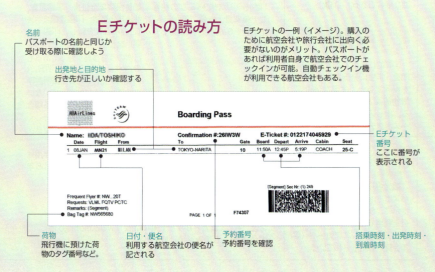

Eチケットの読み方

Eチケットの一例（イメージ）。購入のために航空会社や旅行会社に出向く必要がないのがメリット。パスポートがあれば利用者自身で航空会社でのチェックインが可能。自動チェックイン機が利用できる航空会社もある。

- **名前**：パスポートの名前と同じか受け取る際に確認しよう
- **出発地と目的地**：行き先が正しいか確認する
- **荷物**：飛行機に預けた荷物のタグ番号など。
- **日付・便名**：利用する航空会社の便名が記される
- **予約番号**：予約番号を確認
- **搭乗時刻・出発時刻・到着時刻**
- **Eチケット番号**：ここに番号が表示される

Go to Italy

これだけあれば安心！
旅の必需品

旅のお金

旅のお金の持って行き方についてはp.386を参照。

ビザ（査証）

相手国政府が発行する入国許可証。通常はパスポートの査証欄にスタンプが押される形で発行される。イタリアへの入国には90日を超える滞在期間の時のみビザが必要。

国外運転免許証

レンタカーを借りるには国外免許証が必要。日本の免許証を提示する必要もあるので、必ず併せて持っていこう。国外運転免許証の取得は、日本の運転免許証があれば簡単。現住所のある各都道府県の運転免許試験場などで、通常、1時間程度で交付される。国外運転免許証の有効期間は1年間。日本の運転免許証の残存有効期間が1年未満の場合は、自治体により、日本の運転免許証の期限前更新が必要な場合もある。

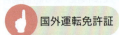
国際学生証

国際的に通用する学生身分証明書。学生に発行され、カードを提示すると、主要な美術館、博物館などで割引が受けられる。申し込みは各大学生協、ユースホステル協会などへ。

シニア割引

観光名所やオペラなどでは、パスポートなどの身分証明書の提示で、60歳以上であれば割引を利用できる。また、イタリア鉄道発行のシニアカード（要年会費）も用意されている。

パスポート（旅券）

これがなければ、いかなる外国への入国もできないばかりか、日本から一歩も外へ出られない海外旅行の必需品。有効期限が5年（表紙が紺色）と10年（表紙が赤色）の2種類があり好きな方を選択できるが、20歳未満は5年パスポートのみ。おとなも子どもも、1人ずつパスポートが必要。

■ 新規申請
必要書類をそろえて、住民登録をしている都道府県の旅券課で申請できる。取得までは休日を除き1週間程度かかる。

■ 有効期間内の切り替え申請
すでにパスポートを持っている場合は、残存有効期間が1年以下になったら更新の申請ができる。イタリアへの入国には90日間のパスポート残存有効期間が必要なので、自分のパスポート残存有効期間のチェックを忘れないように。

■ その他の変更申請など
姓の変更などの訂正申請、住民登録地以外での申請、代理人申請、紛失による再発行などは都道府県旅券課へ問い合わせを。

パスポート申請に必要な書類

① 一般旅券発給申請書1通
（用紙は都道府県旅券課にある）
② 戸籍抄(謄)本1通
（6ヵ月以内に発行されたもの）
③ 顔写真1枚
（縦45ミリ×横35ミリの縁なしで無背景、無帽、正面向き、上半身で6ヵ月以内に撮影したもの）

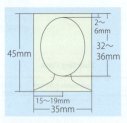

④ 本人確認の書類
（運転免許証、写真付き住基カードなど。健康保険証など顔写真のない証明書は、次のAから2通、もしくはAとBから1通ずつ必要）。Bのみ2通は認められない。

A 健康保険証、国民健康保険証、共済組合員証、船員保険証、後期高齢者医療被保険者証、国民年金証書（手帳）、厚生年金証書、船員保険年金証書、恩給証書、共済年金証書、印鑑登録証明書（この場合は登録した印鑑も必要）など。

B 次のうち写真が貼ってあるもの。学生証、会社の身分証明書、公の機関が発行した資格証明書等
※住基ネットに加盟していない自治体に住民登録している場合は、住民票1通が必要。詳しくは各都道府県旅券課に確認を。

● 発行手数料
5年用は1万1000円、10年用は1万6000円。12歳未満は5年用のみで6000円。

問い合わせ先
外務省
http://www.mofa.go.jp/

海外では医師にかかると予想以上の出費になる。海外旅行傷害保険に加入した方が安心だ。クレジットカードに保険が付いていることもあるので確認を。

海外旅行傷害保険

海外旅行中の不慮の事故、病気、けが、盗難などに備える掛け捨ての任意保険。各保険会社では、加入者への日本語での緊急ダイヤル、救急医療機関の紹介・手配などのサービスを行っている。

■ 保険の種類と内容

海外旅行傷害保険は、基本契約と特約契約の2種類がある。基本契約は、事故などの傷害での死亡や後遺障害、けがでの治療関連に適用されるもの。特約契約は、旅行中に誤って人にけがを負わせてしまった場合などの賠償責任、携行品の盗難などいくつかの項目がある。

基本契約への加入は義務づけられており、特約契約のみの加入はできない。海外では日本の健康保険はそのまま適用されないので、医師にかかると多額の出費になる。とくにイタリアではカゼやアレルギーで医者にかかると数万円になることがあり、「えっ、こんなにかかるの？」とあわてかねない。万が一のときに備えて、基本契約は加入しておきたい。クレジットカードに保険が付いている場合も補償内容を確認しておこう。

特約契約に自動車運転者賠償もあるが、レンタカーを利用する場合はレンタカー会社での保険にも加入すると安心。詳しくは保険会社と相談するといい。

■ 保険金が支払われる事例

傷害	旅行中に、交通事故に遭いケガをしたり、スポーツ中にケガをしたり、階段から落ちて足を骨折した場合など。
疾病	旅行中に、カゼ・下痢・盲腸などで治療・入院・手術を受けた場合など。
救援者費用	旅行中に、ケガや病気で3日以上入院または事故により遭難し、日本から家族が現地に赴く場合など。
賠償責任	他人にケガをさせたり、ホテルでじゅうたんを水浸しにしてしまい、法律上の賠償請求をされた場合など。
携行品	スーツケース・カメラ・時計などが盗難に遭ったり、落として破損してしまったような場合。支払限度額は30～50万円。契約内容で異なる。
手荷物遅延	搭乗時に航空会社に預けた手荷物が、航空機が目的地に到着して6時間以上経っても受け取れなかった場合。
航空機遅延	悪天候、機体の異常などにより、搭乗予定の航空機が6時間以上遅延したり、欠航、運休になった場合など。

■ 保険請求に必要な書類

携行品事故	破損事故の場合	指定保険金請求書、損傷品の修理見積もり（または全損証明）、第三者証明書、航空会社の証明書、保険契約証の控え
	盗難事故の場合	指定保険金請求書、損傷品の保証書（もしくは領収書）、警察の事故証明書（もしくは第三者証明）、保険契約証の控え
治療費用		指定保険金請求書、病院の領収書やレシート、診断書、パスポートの署名欄と日本帰国スタンプのページコピー、保険契約証の控え

保険内容と保険料は？

保険料は旅行の日数、契約の種類、保険内容によって違う。保険会社で代表的な例をパックにした商品もあり、利用に便利だ。自分は携行品盗難の保険は不要だとか、基本契約部分の金額を高くしたい、安くしたいなど好みに応じての選択もできる。その選択のしかたによって、加入料金も変わってくる。基本的に大人も子どもも同額だが、同一行動の旅ならば、家族や夫婦で申し込めば割安になる。また、どの保険にも現金盗難の補償はないので注意したい。

主な保険会社の問い合わせ先

●損保ジャパン日本興亜
http://www.sjnk.co.jp/
●三井住友海上
http://www.ms-ins.com/
●エイチ・エス損害保険
http://www.hs-sonpo.co.jp/
●AIU保険会社
http://www.aiu.co.jp
●ジェイアイ傷害火災保険
http://www.jihoken.co.jp/

申し込みの方法は？

●ネットで…
簡単加入でき、保険料が安くなる場合も。保険料比較もできる。
●空港で…
成田や関空など各国際空港の出発ロビーにも窓口や自動加入機があり、加入を申し込める。
●旅行会社で…
ツアーで行くなら、その旅行会社で加入することをすすめる。トラブルが起きてしまったときの処理は、旅行の手配と同じ会社で申し込んだほうが、責任ある対処が期待できるためだ。
●クレジットカードで…
旅行傷害保険がセットされる場合が多い。疾病・携行品などの特約部分が不十分な場合も。

Go to Italy

手数料に注意
お金の持っていき方

ユーロ・円の交換式

日本円＝ユーロ金額×132

目安は、為替レートが1ユーロ132円だとすると、100ユーロは1万3200円、50ユーロは6600円（€1＝132円、2018年5月現在）

❓どこで両替する？

両替は当然、その日のレートによって変動するが、安心な銀行での両替がおすすめ。CAMBIO（両替）と書いてある窓口へ。両替の際に、パスポートの提示などを求められる場合がある。ユーロを受け取ったら、その場ですぐに確認を。銀行の営業時間は、8:30～13:30、15:00～16:00。土・日曜、祝日は休業。

イタリアの通貨と両替

■通貨の単位と種類

通貨€の単位はユーロ（エウロEuro）とユーロセント（エウロチェントEuro Cent）。1ユーロセントは100分の1ユーロ。金額は€と表示され、紙幣は€5、€10、€20、€50、€100、€200、€500の7種類。硬貨は1ユーロセントから2ユーロまで8種類。硬貨の表は共通デザイン、裏は任意デザイン。

■イタリアの両替事情

イタリアの空港に到着したら、市内やホテルに向かうための交通費や当日の食費など、すぐに使うお金は両替しておく必要がある。空港内には休日でも営業している窓口がある。

イタリア語で両替はカンビオCAMBIO。窓口にその日のレートが表示されている。レートや手数料は場所によって異なるので、なるべくレートのよい場所で両替しよう。

一般的に、銀行がいちばん両替率がよく、観光地の両替所、ホテルの順に両替率が悪い。ただ、銀行は営業時間が短く、手続きに時間がかかるのが難点。パスポートの提示を求められる

ユーロのお札とコイン

5ユーロ　10ユーロ　20ユーロ
50ユーロ　100ユーロ　200ユーロ
500ユーロ　1ユーロセント　2ユーロセント　5ユーロセント
1ユーロ　2ユーロ　10ユーロセント　20ユーロセント　50ユーロセント

海外で戸惑いがちなのが、ふだん見慣れないお札やコイン。出発前に覚えておけば、現地での支払いもスムーズ。また旅のお金は現金だけでない。トラベルマネーカードは現金の持ち歩きを最小限にしてくれるというメリットもある。

こともある。両替所はレートがよい場合でも、高額の手数料をとることがあるので注意が必要だ。

■使い勝手がいいのはクレジットカード

◆クレジットカード

日本同様に各種カードがホテル、レストラン、ブランドショップなどで使えるが、引き出し手数料に注意。クレジットカードでの海外キャッシングは融資であるため、返却日まで所定の利息がかかる。一般的に、VISAインターナショナルが定めたレートに約2～4％加算して円換算する。国際キャッシュカードは引き出しが無料のカードもあるが、手数料はかかる。手数料は為替レートに3～5％の手数料が円換算で加算される。

◆国際キャッシュカード

日本の自分の銀行口座から、海外のATM（国際ATMネットワークである「PLUS」か「Cirrus」）を利用して現地通貨を引き出すことができるキャッシュカード。

現在、新規に国際キャッシュカードを作れるのは以下の銀行。
● シティバンク（一定条件を満たさないと月額2100円の口座維持手数料がかかるので要注意。）
● 新生銀行総合口座パワーフレックス

◆VISAデビットカード

クレジットカードと違い、支払い額が即時に引き落とされるVISAカード。銀行口座の残高範囲内であれば、クレジットカードとして利用できるほか、海外では国際キャッシュカードとしてPLUSのマークのATMから現金を引き出すことができる。りそな銀行、スルガ銀行、楽天銀行などで発行している。
https://www.visa.co.jp/pay-with-visa/find-a-card/debit-cards.html

◆プリペイドカード

出発前に日本で入金しておき、渡航先のATMで現地通貨を引き出せる。銀行口座を開設する必要がなく、そのために銀行口座とリンクしていない点が安全。また、海外でのショッピング時にはデビットカードとしても利用できる。
● トラベレックス「キャッシュパスポート」MasterCardのATMで利用でき、マスターカードのデビットカードとして利用できる。http://www.travelex.co.jp/
● 「Visaトラベルプリペイド」PLUSとVISAのATMで利用できるほか、VISAデビットカードとしても使える。
http://www.travel-prepaid.com/

◆何を持っていけばいいか

引き出す金額や各ATMの手数料により若干異なるが、手数料や金利を比較するとクレジットカードのキャッシングが最もお得。

クレジットカード申込・問い合わせ先

● VISAカード
http://www.smbc-card.com/
● マスターカード
http://www.mastercard.co.jp/
● アメリカン・エキスプレス
http://www.americanexpress.com/japan/
● ダイナースクラブカード
http://www.diners.co.jp/
● JCB
http://www.jcb.jp/

地方都市でも国際キャッシュカードは使えるの？

地方をまわるとき心配になるのが、国際キャッシュカードが使えるATMがあるのかということ。でも、たいていの街には銀行があり、自分のカードに対応していればATMが使えるので、銀行の数こそ少ないが大都市と条件は同じ。銀行がないような場所に行かない限り、意外と使えるので、持っていて損はない。国際キャッシュカードの適用レートや手数料は各カードの規定により異なる。よく確認のうえ利用しよう。

トラベラーズチェック

トラベラーズチェック（旅行用小切手）は、日本での販売は終了したが、以前に購入したものを持っている人は、利用できる。

トラベルインフォメーション［日本編］

387

お金の持っていき方

Go to Italy

快適な旅を楽しむために用意しておきたい
持ち物プランニング

飛行機内への液体物の持ち込み

飛行機内に手荷物を持ち込む場合、中に飲み物のペットボトルや化粧品などが入っていないか確認を。化粧品や薬などを機内に持ち込むには、100ml以下の容器に入れ、開封可能な透明なプラスチック袋に入れて密封しなければならない。規制内容が変わる可能性もあるので、出発前に旅行会社などに確認を。

常備薬は

必ずスーツケースに入れたいのが常備薬。カゼ薬、胃腸薬、痛み止め、下痢止めを用意しておけば安心。イタリアでも買えるが、日本人には効き目が強すぎることが多いのと、市販の薬の種類が少なく、それ以外のものは医者の処方箋を持っていかないと売ってくれないのが不便。

❓ これはどうする?

■ドライヤー
高級ホテルなら部屋についている。中級以下のホテルで部屋に備え付けられていない場合でも、頼めば貸してもらえる。
■歯ブラシと歯磨き
高級ホテルでも備えていないことが多い。機内での歯磨きにも必要になるので持参しよう。

イタリアのコンセント&電圧

日本とはコンセント、プラグの形状・電圧が違う(写真)。国際対応でない日本の電化製品を持ち込むなら変圧器が必要だ。国際対応のものは「100V-240V」という表示がある。

長時間のフライトでは水分補給に注意

長時間のフライトが避けられないイタリア旅行。飛行機で長時間座り続けることで注意しなければならないのは「深部静脈血栓症」(旅行者血栓症)。原因は、下肢や上腕その他の静脈に血栓が生じるためで、この血栓が血液とともに肺へ流れ、肺動脈が詰まると酸素が供給されにくくなる。立ち上がったり歩き出したりした後に胸の痛み、呼吸困難、血圧低下などを起こし、最悪の場合は心肺停止となることもある。

これを防ぐには、座ったままでもできる腕や足の体操をすること。足の指でグー、パーをつくる、足を上下につま先立ちする、足首を回す、など血行を促す体操を心がけよう。また、機内では水の補給をこまめに行うことも忘れずに。アルコールは血栓症を促進させる要因になるので注意しよう。

常備薬は忘れずに

必ずスーツケースに入れたいのが薬。カゼ薬、胃腸薬、鎮痛薬などは日本から持参したほうが無難。イタリアの薬局でも買えるが、語学力が必要になるし、服用方法などが日本とは違う場合も多い。また、一般的な薬以外は処方箋がないと買えない。持病のある人は常備薬を必ず持参しよう。万一に備えて、英文の簡易診断書(p.425)を用意しておけばさらに安心だ。

荷物のチェックリスト

★=必須　☆=必要　○=あった方がいい

機内持ち込み手荷物		スーツケース	
★現金		★パスポートのコピーと顔写真 (p.384)	
★クレジットカード		☆保険会社緊急連絡先	
★パスポート		☆折りたたみ傘	
★筆記用具		衣類	
☆海外旅行傷害保険証書		★着替え	
★Eチケット控え (p.383)		★下着	
☆デジカメ、メモリーカード		★靴下	
☆電卓、時計		☆ウインド・ブレーカーなど	
☆ガイドブック		☆パジャマ	
★ホテル・バウチャー (p.391)		雑貨	
○レイルパス		★洗面道具	
○電子辞書、イタリア語会話集		★常備薬	
○室内履き (機内でも使える)		★化粧品	
○歯ブラシ、化粧品		★生理用品	
○国外運転免許証 (p.384)		☆絆創膏・救急セット	

イタリアで自分の携帯を利用する場合の料金は、メール受信方法やオプションサービスの設定によって異なる。事前に受信設定メニューや通信各社のサイトを見て、チェックしておこう。

スマホやケータイをイタリアで使うには

最も安い通話方法はスカイプ電話などのインターネット音声電話。イタリア・日本間のプリペイドの通話料金は1分約2.26円。イタリアは駅やバスターミナルなどの公共空間やホテル、レストラン、カフェでフリーWiFiの整備が進んでいる。

国際ローミングサービスに対応した機種なら、NTTドコモのワールドウイング、auのグローバルパスポートGSM、ソフトバンクモバイルの世界対応ケータイなどのサービスを利用して、いつもの携帯電話で番号もそのままで通話やメールができる。ただし出発前に事前の契約・設定が必要になる場合もある。

■ 日本との違いは?

まず、海外での利用分は、日本の料金体系とは異なるということを覚えておこう。かかってくる電話は日本の携帯電話番号を使うため日本宛の電話を海外に転送するという形を取る。そのため着信時には日本からの「着信料」が発生し、これは受ける方(自分)の負担となる。

■ メール送受信で料金を抑えるには?

イタリアからも、旅先の風景を撮影して写真入りのメールを送ったり、デコメールで楽しい気分を伝えたり、日本国内の場合と同様にメール送受信できる。ただ、メール通数が多い場合やデータ容量が大きい場合は高額な料金になってしまう場合も。メールがたくさん来る人なら「メール選択受信」(NTTドコモ)などの設定をしておくのが利用料金を抑えるコツ。「海外では受信せずにメールの内容だけ確認する」「必要に応じて携帯本体に選択受信する」など、受信方法を選び、事前設定をしておこう。

日本国内では無料で利用できるサイト(NTTドコモのiMenuトップページなど)にアクセスした段階で、海外ではパケット通信料がかかることもある点にも注意。渡航前に、各社のウェブサイトの料金概算や受信設定メニュー、トラブル予防のためのQ&Aなどをよく読んでおきたい。

■ 携帯電話をレンタルするには

自分の携帯電話の機種が海外対応でない場合、レンタルサービスを利用すれば、日本で使っている携帯電話番号のまま利用できる。レンタルの申し込みは空港の国際線出発ロビーにある各社カウンターでできるが、事前に予約しておけば宅配(NTTドコモの場合、無料)で受け取りが可能だ。

■ イタリアでの利用、おおまかな料金は?

現時点でのおおまかな利用料金の目安は右のとおり。料金は利用会社、送受信設定、ネットワーク状況などによって変わるので、利用の際は必ず最新料金案内で確認しておこう。

電話会社の問合せ先

■NTTドコモ
http://www.nttdocomo.co.jp/
トップページの「サイト内検索」で「国際ローミング」を検索。
ドコモの携帯電話から:
☎151(無料)
一般電話から:
☎0120-800-000
■au(総合案内)
http://www.au.com/
トップページの「サイト内検索」で「国際ローミング」を検索。
au携帯電話から:
☎157(無料)
一般電話から:
☎0077-7-111(無料)
■ソフトバンクモバイル
http://www.softbank.jp/mobile/
トップページの「キーワードで探す」で「国際サービス」を検索。
ソフトバンク携帯から:
☎157(無料)
一般電話から:
☎0800-919-0157(無料)

イタリアで利用する場合の
料金目安(単位:円)

サービス		音声通話	SMS
電話をかける	イタリア国内	80	
	イタリアから日本へ	280	全角70文字の場合で100(受信は無料)
電話を受ける		110	

(注:料金は2018年4月現在。通話は1分当たりの料金)

トラベルインフォメーション[日本編]

389

持ち物プランニング/携帯電話

Go to Italy

日本を発つ前に手配しておきたい各種パス

鉄道パスの予約&手配

オンラインチケットを受け取ったら「Coach」（車両）、「Seats」（座席番号）、「Departure」（出発日）、Time（出発時刻）、From（乗車駅）、To（降車駅）、Class（車両クラス）を確認しておこう。

◆ユーレイルイタリアパス

トレニタリア全線に期間中、乗り放題のパス。フレッチェなどの特急車両も座席指定料を支払えば乗車できる。使用開始から2カ月間のうち3日から10日までの使用日数を1日刻みで選ぶ。使用開始日は発行から6カ月以内。2人以上で同一のパスを購入する場合は、下記よりも一人当たり料金が割安になる「セーバー料金」が適用される。

	1等大人	2等大人
3日間	27200円	21900円
4日間	32600円	26300円
5日間	37600円	30300円
6日間	50600円	40700円

	1等セーバー	2等セーバー
3日間	23250円	18800円
4日間	27850円	22400円
5日間	32050円	25750円
6日間	43200円	34650円

◆ユーレイル・セレクトパス

EU諸国から隣接する3・4・5カ国を選んで利用するパス。特急料金も含まれている。使用開始から2カ月間のうち5・6・8・10日（5カ国選択の場合は15日も）を選ぶ。27歳以下の場合は料金が安くなる「ユース」の適用を受けられる。

	1等大人	2等大人
5日間	51800円	41700円
6日間	57000円	45900円
8日間	66600円	53600円
10日間	74900円	60100円

※料金は、3カ国選択のもの

日本でトレニタリアの乗車券を買う

■ オンラインで買えるトレニタリアのチケット

トレニタリア（旧国鉄・FSとも表記されるイタリア鉄道）のサイトでは、日本にいながらチケットのネット予約・購入が可能。ただし、ウェブで購入する際は窓口販売とは違い、独自の料金体系がある。また、早割に相当するスーパーエコノミーやエコノミーは列車の変更や払い戻しができないなど制約も多い。

ウェブ上で予約・購入すると、チケットの詳細がメールで送られてくるので、印字して持参する。とくに大切なのがチケットに表記されている「PNRコード」というアルファベットと数字の組み合わせ。この番号を紛失すると検札のとき引っかかるので、なくさないよう注意したい。

■ ウェブ上で予約・購入する際の料金体系

トレニタリアのサイトで予約・購入する場合は、現地窓口で買う場合とは、料金カテゴリーが別体系になっている。種類は以下と、60歳以上のシニア、及び30歳以下のヤングがある。割引チケットは制約もある。

Super Economy	スーパーエコノミー	最も割引率の高いチケット。予約の変更も払い戻しも不可
Economy	エコノミー	出発前なら予約の変更が可能な割引チケット。列車の種類変更は不可
Base	ベース	通常運賃で、出発前であれば何度でも無料で予約の変更ができる。出発時刻前なら20%の手数料を払えば払い戻しも可能

■ イタリア国内のレイルパス

イタリア国内のレイルパスには、有効期限内で一定日数乗り放題の「ユーレイル　イタリアパス」があり、最も速い「フレッチェ」シリーズの高速列車フレッチャロッサを含め、トレニタリア全線で利用できる。ただし、高速列車利用の際は座席指定料（約1600円）を払う必要がある。料金的には個別に買うほうが無駄がなく、たとえば3日間パスを買うなら、ミラノ～ローマ間と同程度の移動を3回しないと元が取れない。ウェブ上で早割を活用して、乗る分だけ買えば出費が抑えられる。

■ 日本語で買えるチケット

トレニタリアの乗車券（通常運賃のみ）を日本語で買えるオンラインサービスもある。たとえば、レイルヨーロッパ・ジャパンのサイトで買うと、価格が現地で買うのと同じくらいのこともあり、また日本語で買える安心感がある。購入した乗車券の払い戻しは、利用の3日前まで。購入価格の8割が払い戻される。

役立つサイトを紹介
日本でのホテル予約

ホテル予約に便利な、ホテル予約サイトやワールドワイドなホテルチェーングループ、日系代理店などをまとめてみた。ネット上で無料の会員登録をすれば、特典付きのキャンペーン情報をメール受信できるなどのメリットや、早期予約で大幅割引が受けられる場合もある。最低価格保証をうたう予約サイトは要チェック。

ホテル予約サイト

個人で直接予約するよりも安い場合があるホテル予約サイト。たとえ価格が同じでも、空港までの無料送迎や連泊割引などで特典がある場合もある。予約の際は、サービス内容も含めて検討するといいだろう。

キャンセル料などの規定はサイトごとに異なる。「支払は前金、キャンセル時に返金なし」という条件で割引率を高めに設定している場合もある。トラブルを防ぐためにも、予約サイトとホテルそれぞれのキャンセルポリシーをよく読んで利用したい。

●ブッキングドットコム

世界中のホテル59万軒以上の登録があり、アパートメントやB&Bの検索・予約もできる。予約手数料無料で、最安値保証対象のホテルも多い。4200万件以上のユーザーレビューがあり、利用判断の参考にすることができるほか、日本語カスタマーサービスもある。
http://www.booking.com/

●ホテルズドットコム

世界のホテル36万軒を登録、650万件のユーザーレビューがある。日本語カスタマーセンターがあり、24時間、通話料無料で、日本語で電話予約できる。日本円での決済。
http://jp.hotels.com/

ホテルグループ

ホテルへの直接予約のメリットは、予定変更やキャンセルの場合に融通が利くことが多いこと。好みのホテルグループがあれば、そこに会員登録しておくと、よい部屋を割り当ててくれることも。ホテルグループのサイトでもスペシャルオファーやキャンペーンなど

お得情報が紹介されているので要チェック。
●ヒルトン・ホテルズ&リゾーツ
http://www.hiltonhotels.jp
☎03-6679-7700
●ハイアット・ホテルズ・アンド・リゾーツ
http://hyatt.com/
●スターウッド・ホテルズ&リゾーツ
http://www.starwoodhotels.com/
●マリオット・ホテル&リゾート
☎0120-142-890（日本国内から）
http://www.marriott.co.jp/
●インターコンティネンタル・ホテルズ・グループ
http://www.ihg.com/
●アコーホテルズ
http://www.accorhotels.com/

日系予約サイト&バウチャー

海外での緊急時の連絡先を用意し、海外オプショナルツアーの予約が可能なサイトもある。
●ホテリスタ

海外ホテルが当日まで予約でき、早期決済割引などがある。海外のホテルで、「案内された部屋が予約したカテゴリーと違う」「お風呂のお湯が出ない」などのトラブルがあった場合、日本語サービスデスクを通してホテルへ確認・交渉してもらえる安心感が強み。
☎03-3980-7160
http://hotelista-jp
●JHC

世界2500都市5万軒以上のホテルを登録。ホテル宿泊料金を日本円で払うとホテルバウチャーが発券されるしくみ。そのバウチャーを海外ホテルのフロントに渡す。事前に日本円で支払うため、急な為替変動でもあわてなくて済むメリットがある反面、バウチャーを紛失すると宿泊できない場合や、現地で通常の宿泊料金を請求される場合もある。予約サイトでは、破格の格安ホテルを紹介する「期間限定ホテルバーゲン」などのお得情報も掲載。
☎03-3543-7010
http://www2.jhc.jp/

トラベルインフォメーション [日本編]

鉄道パスの予約&手配／日本でのホテル予約

空港に行く 成田国際空港

成田国際空港インフォメーション
☎0476-34-8000
ウェブサイト…http://www.narita-airport.jp/

日本最大の国際線就航数を誇る空港で、東京都心から60kmの千葉県成田市にある。第1～3の、3つのターミナルからなり、鉄道もバスも下車駅が異なる。東京寄りが第2ターミナルビル駅で、第1ターミナルへは終点の成田空港駅へ。各ターミナル間は無料連絡バスが多数運行。

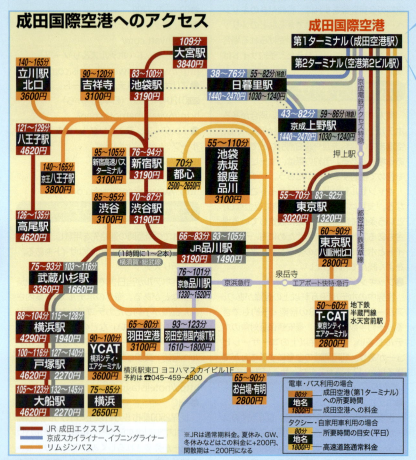

成田エクスプレス
時間に正確、大きな荷物も安心！

東京、神奈川、埼玉の主要駅と成田空港を結ぶJRの特急で、荷物を置くスペースも完備。1日27便。八王子や大宮からは少なく1日2本のみ。夏期には横須賀、鎌倉からの臨時便も運行。従来の「立席特急券」は廃止。かわりに乗車日と乗車区間のみ指定の「座席未指定特急券」を導入。料金は指定特急券と同額。

横須賀・総武線でも

特急にくらべ時間はかかるが、JRの普通列車でも成田空港に行ける。横須賀線・総武線直通運転の快速エアポート成田は、日中ほぼ1時間に1～2本の運行。特急券は不要で、乗車券のみで利用できる。ただし車両は普通の通勤用なので、大きな荷物があると不便。
JR東日本お問い合わせセンター………
☎050-2016-1600

 鉄道ダイヤの乱れや道路渋滞で遅れて飛行機に乗れなかったとしても、航空券の弁償はしてもらえない。ツアーの場合は旅行会社、個人旅行の場合も利用航空会社の緊急連絡先は控えておき、すぐに連絡をして善後策を相談。

Airport Guide

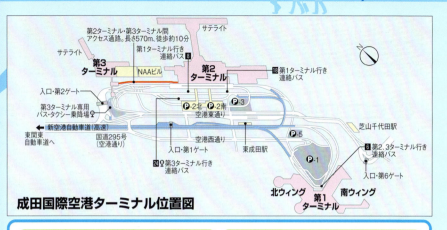

成田国際空港ターミナル位置図

第1ターミナルのエアライン

南ウィング
- IBEXエアラインズ
- アシアナ航空
- ANA（全日空）
- ヴァージン・オーストラリア
- ウズベキスタン
- エア・カナダ
- エアジャパン
- エアセイシェル
- エアプサン
- エジプト航空
- エチオピア航空
- エバー航空
- LOTポーランド航空
- 山東航空
- ジェットエアウェイズ
- シンガポール航空
- 深圳航空
- スイスインターナショナルエアラインズ
- スカンジナビア航空
- タイ国際航空
- ターキッシュエアラインズ
- 中国国際航空
- ニュージーランド航空
- Peach
- MIATモンゴル航空
- 南アフリカ航空
- ユナイテッド航空
- ルフトハンザドイツ航空

北ウィング　アリタリア-イタリア航空
- アエロフロート
- アエロメヒコ
- 厦門航空
- エアカラン
- エア・ベルリン
- エティハド航空
- エールフランス
- オーロラ航空
- ガルーダ・インドネシア
- KLMオランダ航空
- 四川航空
- ジンエア
- 大韓航空
- 中国南方航空
- デルタ航空
- ハワイアン航空
- ベトナム航空
- ヤクーツク航空

第2エアーターミナル
- アジアアトランティック
- アメリカン航空
- イースター航空
- イベリア航空
- エアインディア
- エア タヒチ ヌイ
- S7航空
- エミレーツ航空
- 海南航空
- カタール航空
- カンタス航空
- キャセイパシフィック
- JAL（日本航空）
- スクート
- スリランカ航空
- セブパシフィック
- タイ・エアアジアX
- タイガーエア台湾
- チャイナエアライン
- 中国東方航空
- ティーウェイ航空
- TAM航空
- ニューギニア航空
- バンコク・エアウェイズ
- パキスタン航空
- ファイアーフライ
- フィリピン航空
- フィンランド航空
- ブリティシュエア
- 香港エクスプレス
- 香港航空
- マカオ航空
- マリンド航空
- マレーシア航空
- メガモルディブ
- ノックスクート
- ラン航空
- ロイヤルブルネイ

第3ターミナル
- ジェットスター航空
- ジェットスタージャパン
- Spring Japan
- チェジュ航空
- バニラエア

スカイライナー
世界標準のアクセスタイムを実現

成田スカイアクセス線経由のスカイライナーは、日暮里と成田空港駅（第1ターミナル）間を最速36分で結ぶ。料金は2470円。18時以降は京成本線経由のイブニングライナーが1440円と安くて便利。特急料金不要のアクセス特急は青砥から所要約45〜50分、1120円。上野からだと京成本線経由の特急が1時間2〜3本運行、1030円。
京成お客様ダイヤル …………☎0570-081-160

京急線、都営地下鉄からでも
京浜急行、都営浅草線からも直通のアクセス特急と快速特急などが成田スカイアクセス線及び京成本線経由で毎日17〜19本運行。20分近く時間短縮となり便利。
京急ご案内センター …………☎03-5789-8686

リムジンバス
乗り換えなしでラクチン

JRや京成電鉄の駅に出るのが面倒なら、自宅近くからリムジンバスや高速バスが出ていないか要チェック。都心や都下の主要ポイントを運行する東京空港交通（リムジンバス）のほかに、京王、小田急、神奈川中央バス、京成バスなどが関東や静岡などの主要都市から数多く運行している。
リムジンバス予約・案内センター…☎03-3665-7220
…… http://www.limousinebus.co.jp/
京王バス高速予約センター（聖蹟桜ヶ丘、多摩センター、調布など）………☎03-5376-2222
小田急バス高速予約センター（たまプラーザ、新百合ヶ丘など）…………☎03-5438-8511
神奈中高速バス予約センター（茅ヶ崎、相模大野、町田など）…………☎0463-21-1812

 東京駅八重洲口や銀座から成田空港まで900円〜2000円（深夜早朝便）で格安の連絡バスが運行。詳細は京成バス「東京シャトル」 www.keiseibus.co.jp、平和・あすか交通・JRの「THEアクセス成田」 accessnarita.jpへ。

空港に行く　成田国際空港

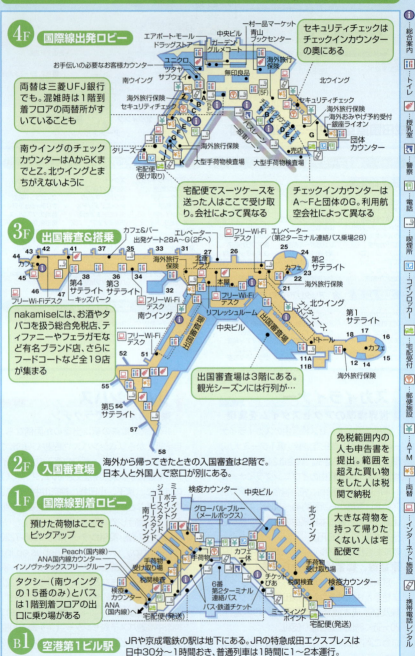

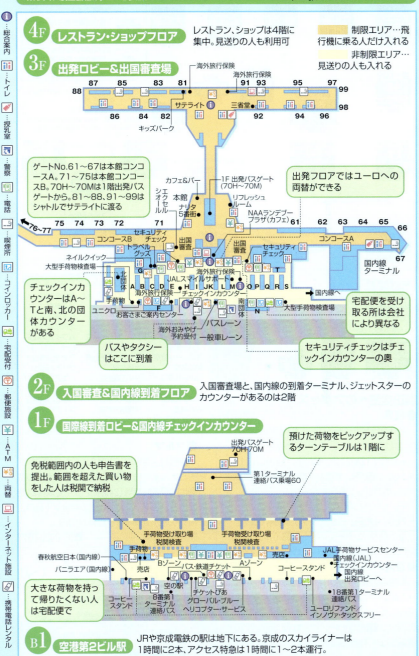

空港に行く 東京国際空港（羽田空港）

東京国際空港ターミナルインフォメーション
☎03-6428-0888
ウェブサイト…http://www.haneda-airport.jp/inter/

羽田空港へのアクセス

●電車

京浜急行と東京モノレールを利用。

京浜急行の場合は、品川から快特・エアポート急行で12〜23分、410円。横浜駅から16〜31分、450円。新橋から都営浅草線直通の快特・エアポート急行で22〜34分、530円。

モノレールの場合、山手線浜松町駅から13〜21分、490円。日中は3〜5分間隔で運行。

京急ご案内センター ……………☎03-5789-8686
東京モノレールお客さまセンター……☎03-3374-4303

●空港バス

都内各方面、神奈川・埼玉県など各地からリムジンバスが運行している。新宿・渋谷・横浜などでは深夜・早朝便を割増料金で運行。

リムジンバス総合インフォメーション…☎03-3665-7220
京浜急行バス運輸部運輸課…☎03-3280-9177

●クルマ

首都高速湾岸線湾岸環八出口から国際線ターミナルまで約5分。国際線ターミナルの南側に国際線駐車場（24時間2100円。以後24時間ごとに2100円、72時間以上の場合は1日の上限1500円）がある。予約料1400円。

国際線駐車場…………………☎03-6428-0121

東京国際空港位置図

Airport Guide

東京国際空港(羽田空港)ターミナル

東アジアのハブ空港を目指し、大幅に国際路線が増設された。都心からのアクセスが極めて便利になり、成田に匹敵する空港に。2014年3月には新規サテライト部分がオープンした。

東京国際空港ターミナル
インフォメーション
☎03-6428-0888
ウェブサイト…http://www.haneda-airport.jp/inter/

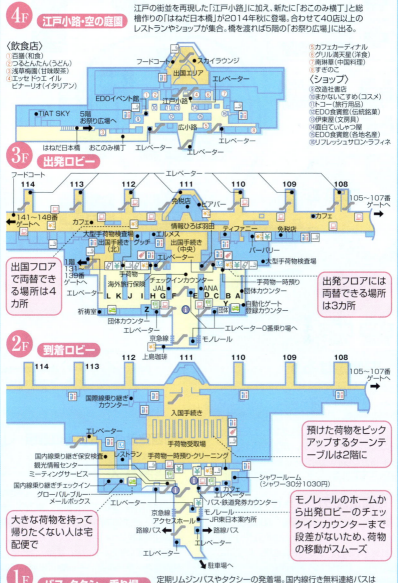

空港に行く

397

東京国際空港（羽田空港）

空港に行く 関西国際空港

関西国際空港総合案内所
☎072-455-2500
ウェブサイト…http://www.kansai-airport.or.jp/

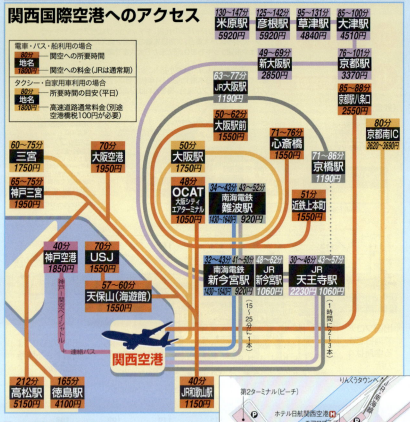

JR特急はるか
　京都、大阪と関空を結ぶJRの特急。一部米原、草津始発の列車もあるが、ほとんどは京都駅が始発。日中ほぼ30分に1本の間隔で運行。急いでいなければ京橋または天王寺始発の関空快速もおすすめ。所要時間は特急より+15分くらいだが、普通料金で利用できる。
JR西日本お客様センター……☎0570-00-2486

南海電鉄ラピートα・β
　難波から新今宮、天下茶屋、泉佐野、りんくうタウン停車で関空に行くのがラピートα、平日朝4本運行。ラピートβは堺、岸和田にも停車し、合わせて28本運行。
南海テレホンセンター………☎06-6643-1005

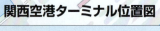

関西空港ターミナル位置図

空港バス
　関西から一部四国まで路線が充実しており、上図以外にも、JR・阪神尼崎駅、京阪守口市駅、JR・近鉄奈良駅発などがある。2週間有効の往復乗車券が割引率がよくておすすめ。予約が必要な便もあるので、要問い合わせ。
関西空港交通………………☎072-461-1374
http://www.kate.co.jp/

 京都・神戸・芦屋エリアから関空まで乗合タクシーが走っている。料金は京都から1人4200〜4500円、神戸・芦屋2000〜4000円など。予約は、MKスカイゲイトシャトル（京都）☎075-778-5489／神戸・芦屋）☎078-302-0489）、ヤサカ関空シャトル（京都）☎075-803-4800）へ

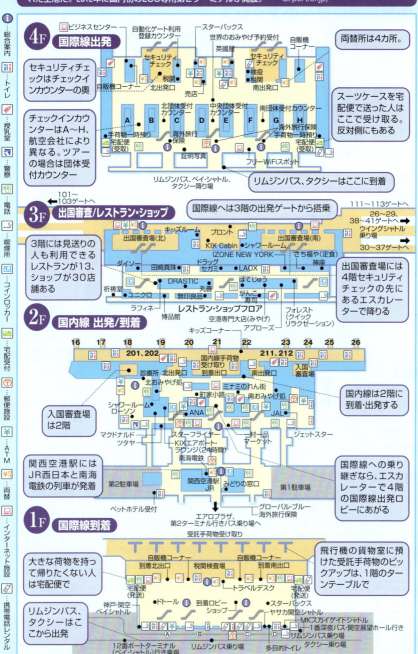

空港に行く 中部国際空港（セントレア）

セントレアテレホンセンター
☎0569-38-1195
ウェブサイト…http://www.centrair.jp/

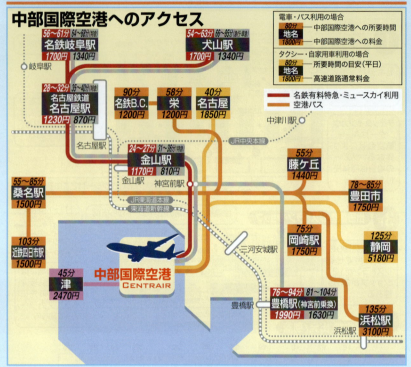

鉄道
名古屋、岐阜、犬山などと中部国際空港間は名鉄を利用。快速特急（ミュースカイ）を使えば名古屋からだと最速で28分で空港に。料金はミューチケット360円込みの1230円。
名鉄お客さまセンター………☎052-582-5151
http://top.meitetsu.co.jp/

空港バス
名古屋市内や近郊、愛知県各所、四日市、桑名、浜松、掛川ICなどから高速バスが運行している。乗り換えしなくてすむのが便利だ。

名鉄お客さまセンター………☎052-582-5151
三重交通四日市営業所………☎059-323-0808
　　　　　桑名営業所………☎0594-22-0595
知多乗合お客様センター……☎0569-21-5234
遠鉄バス予約専用ダイヤル…☎053-451-1595

船
三重県の津、松阪から高速艇が中部国際空港まで運航。津から1日13便。松阪から津経由・乗継便が1日5便の運航。夏期増便あり。
津エアポートライン…………☎059-213-4111

 福岡空港

福岡空港国際線案内…………☎092-621-0303
http://www.fuk-ab.co.jp/

 仙台空港

仙台空港総合案内所…………☎022-382-0080
http://www.sendai-airport.co.jp

空港に行く 新千歳空港

新千歳空港総合案内…………☎0123-23-0111
http://www.new-chitose-airport.jp/ja/

Airport Guide

出国手続きの流れ

空港に着いてから飛行機に乗るまでの所要時間は約2時間。Webチェックインの場合は1時間。

START
00:20

チェックイン
10〜20分

利用航空会社のカウンターに行き、パスポートとeチケット等を示して、搭乗券と預けた荷物の預かり証(クレーム・タグ)をもらう。込んでいる時は自動チェックイン機を利用しよう。座席指定も可能だ。

⚠ スーツケースはここで預ける。貴重品、壊れ物は入れないこと。ハサミ等の危険物はスーツケースに入れる

荷物検査

チェックイン時にスーツケースなどの受託手荷物がある場合は、預けた荷物がベルトコンベアにのり、高性能X線検査機を無事通過するのを確認してからその場を離れること。制限品などが見つかると、ここで余計な時間を費やすことになる。

⚠ 単体のリチウム電池やモバイルバッテリーがスーツケースに入っていると、この検査で発見され、取り出すように指示されるので要注意

30
00:50

両替、買い物、旅行保険
15〜30分

時間に余裕があれば、現地通貨に両替したり、レストランやショップへ。夏休みやGWなどは、この後の手続きにも時間がかかるので、早め早めに行動しよう。

⚠ 空港でも、海外旅行傷害保険に加入できる。掛け捨てになるが、もしもの時のために必要

15

01:05

セキュリティチェック
10〜15分

機内持ち込み手荷物のX線検査と、金属探知器での身体検査がある。コインや時計、ベルトのバックルが反応することもある。

⚠ ノートパソコンはあらかじめ出しておく。機内持ち込み制限対象の化粧品類は、あらかじめスーツケースに

15
01:20

税関申告
10〜15分

100万円を超える現金や小切手などを持ち出す場合は「支払手段等の携帯輸出・輸入申告書」、時計など高価な外国製品を所持の場合は「外国製品持出し届」を提出すること。未申告だと帰国時に免税範囲の超過分に関税が課せられる。

⚠ 高額の現金や外国製品を持っていない人には必要のない申告なので、出国の人の流れにそのままついて行くと忘れがち

出国審査
10〜20分

20
01:40

出国審査場の窓口にパスポートと搭乗券を提出しチェックを受ける。夏休みなどの旅行シーズンは自動化ゲートを利用すると出国審査が迅速にすむ。

⚠ 空いている時期ならあっという間にすむが、夏休みなど混雑期には長蛇の列になる。こんな時は自動化ゲートがおすすめ。利用のための事前登録も簡単に当日空港内でできる

搭乗ゲートへ
10〜20分

20
02:00

出国審査が終わったら、搭乗券に記されている搭乗ゲート番号と時刻を確認する。ゲートの案内板が出ているので、利用するゲートに向かおう。なお搭乗ゲートでもパスポートチェックがある。

⚠ 利用するゲートによっては移動に時間がかかることも。買い物やトイレなどは、利用するゲートの場所を確認してからにしよう

401 中部国際空港 他／出国手続きの流れ

Airport Guide

空港利用の裏ワザ

スーツケースは宅配便で

スーツケースなど重い荷物を空港まで運ぶのは大変。宅配便利用なら、そんな苦労もしなくてすむし、帰りも空港から自宅に荷物を送ることができる。距離、重さによって異なるが、スーツケース1個（20kg以内）で成田、羽田、関空、中部とも2160円（ANAなどは重さによって異なる）から。出発前日～30日前までに予約して、自宅等で集荷してもらう。

●主要空港宅配便連絡先
JAL ABC（成田・羽田・中部・関空）
☎0120-919-120　☎03-3545-1131（携帯から）
www.jalabc.com/airport/delivery_service.html
ANA手ぶら・空港宅配サービス（成田・羽田・関空）
www.ana.co.jp/int/ground/baggage.html
GPA成田空港宅急便（成田のみ）
☎0120-728-029　☎0476-32-4755（携帯から）
www.gpa-net.co.jp（ネット予約なし）
関西エアポートバゲージサービス（関空のみ）
☎072-456-8701
www.konoike-aps.net（ネット予約可）
セブンイレブン（関空第2ターミナル）
☎072-456-8751

Webチェックインで時間を有効活用

パソコンやスマートフォンを利用してチェックインが手軽にできるサービスがWebチェックイン。eチケットがあれば誰でも可能。出発の24～72時間前からでき、座席指定も可能。パソコンで搭乗券を印刷するかモバイル搭乗券をスマートフォンで受け取れば完了。その代表例がANAの「オンラインチェックイン」や日本航空の「QuiC」など。当日預ける手荷物がなければそのまま保安検査場へ。ある場合は手荷物専用カウンターで預けてから。空港には搭乗60分前までに着けばいいので楽だ。詳細は各航空会社のHPで。

手ぶらサービスを利用して、らくらく海外へ

日本航空と全日空は、成田・羽田・関空・中部（日本航空のみ）発の国際線（グアム・ハワイを含む米国路線、米国経由便、共同運航便は除く）の利用者に対して、自宅で預けた宅配便スーツケースを渡航先の空港で受けとれるサービスを行っている。前述のWebチェックインと併用すれば、空港での手続きも不要で大変便利。料金は、日本航空が通常の宅配料金プラス210円、全日空がプラス324円。申し込みは日本航空http://www.jalabc.com/checkin/または☎0120-981-250、03-3545-1166。全日空https://www.ana.co.jp/int/ground/baggage.html。

定番みやげは予約宅配で

旅先で限られた時間を、義理みやげや定番アイテムを探すことに使うのはもったいない。そんな場合に活用したいのが、海外旅行みやげの予約宅配システム。成田にある海外おみやげ予約受付（第1北4F）では、チョコレートやお酒など、世界各国の定番のおみやげを豊富に揃えており、全国一律972円で指定の日に配達してくれる。出発前に商品カタログを自宅に取り寄せて（☎0120-988-275）申し込むか、空港の受付で注文しておけば、身軽に海外旅行が楽しめる。羽田、中部、関空にも同様のサービスがある。

成田空港までマイカーで行くなら

成田空港までのアクセスに車を使う場合、問題になるのが駐車場。空港周辺の民間駐車場をネット予約すれば、空港までの送迎タイプで4日間2000円、7日間3500円くらい。高速代を加味しても、複数なら成田エクスプレス利用よりは安くなるが、時間がかかる。

成田空港の駐車場を利用すると利便性は高まるが、民間より料金は高くなる。第1ターミナルならP1かP5駐車場、第2、3ターミナル利用ならP2・P3駐車場が近くて便利。このうち予約ができるのはP2とP5のみ。料金はP1、P2駐車場の場合、5日駐車で10,300円。事前予約のサービス料515円も加算される。GWや夏休みは混むので、予約は早めに。

成田空港駐車場ガイド（民間）
http://www.narita-park.jp/
成田国際空港駐車場案内
http://www.narita-airport.jp/jp/access/

トラベルインフォメーション イタリア編

Travel Imformation

現地滞在基礎知識
到着と入国審査　404
帰国日のポイント　406

国内移動
飛行機　408
鉄道　409
バス・フェリー　411
レンタカー　412

実用ガイド
電話/インターネット/ATM　414
手紙・小包　416
祝祭日・トイレ　417
買い物事情　418
ホテル事情　419
レストラン事情　420

Go to Italy

入国ガイド 日本から＆ヨーロッパからの入国
到着と入国審査

ローマのフィウミチーノ国際空港ターミナル

国内線のターミナル1と、国際線のターミナル2、ターミナル3、ターミナル5の4つがある。日本を含むシェンゲン協定非加盟国（シェンゲン条約加盟国についてはp.405「飛行機で」参照）からの国際便はターミナル3。アメリカ便はターミナル5。

日本からイタリアへの入国

日本からの直行便が到着するのは、ローマのフィウミチーノ（レオナルド・ダ・ヴィンチ）空港、ミラノのマルペンサ空港。フィウミチーノ空港では直行便とアジア系航空会社便はターミナル3に到着する。到着ロビーには両替所、ホテル予約窓口、レンタカー会社窓口などがあり、市内への電車、バス、タクシーなどの乗り場に接続しているほか、カフェやレストランもある。

◆到着から入国まで

到着 Arrivi/Arrival	飛行機を降りたらArrivi／Arrivalの表示に従って歩く
入国審査 Immigration	入国審査を受ける列は「EU諸国の国民」と「その他」に分かれているので「その他」の列に並ぶ。パスポートと帰りの航空券（Eチケット控え）を提示する
荷物受け取り Baggage Claim	入国審査が終了したら、機内に預けた荷物を受け取るためBaggage Claimの表示に従って進む。案内表示で便名の確認をしてターンテーブルでピックアップ
税関審査 Customs	荷物を受け取ったら税関審査へ。課税対象となるものがない人は緑のランプNothing to Declareへ。課税対象となるものを持っている人は赤のランプGoods to Declareへ
到着ロビー Arrival Lobby	到着ロビーに出たら、必要に応じて両替を済ませ、市内への鉄道・バス乗り場へ。ツアーの場合は現地係員が待機している

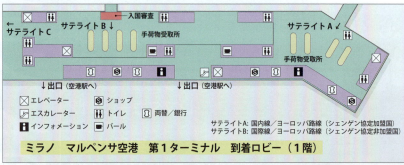

ミラノ　マルペンサ空港　第1ターミナル　到着ロビー（1階）

ローマ　フィウミチーノ空港　到着ロビー（1階）

利用する航路・発着地によって空港やターミナルが異なる場合もあるので、事前に確認して間違えないようにしよう。

ヨーロッパから

■飛行機で

ローマのフィウミチーノ空港は利用する航空会社・路線によりターミナルが異なる。シェンゲン条約加盟国（アイスランド、オーストリア、オランダ、ギリシャ、スイス、スウェーデン、スペイン、デンマーク、ドイツ、ノルウェー、フィンランド、フランス、ベルギー、ポルトガル、ルクセンブルクなど）からの便が到着するのはターミナル2。その他の国際線は主にターミナル3。ミラノではヨーロッパからの便はリナーテ空港に到着する。欧州内の格安系航空会社では、ローマの使用空港がフィウミチーノ空港ではなくチャンピーノ空港になる場合もある。

■鉄道で

国際列車のターミナル駅はミラノとトリノ。パリとミラノ間（トリノ経由）は、TGVアルテシアという愛称の特急が走っている。スイスのチューリヒ、バーゼル、ジュネーヴの3方面からは国際特急ユーロシティECがミラノまで走っており、フィレンツェ、ローマ、ボローニャとはドイツのミュンヘン、オーストリアのインスブルックからユーロスターESが結んでいる。ジュネーブとミラノ間を結ぶECもある。また、夜行特急ユーロナイトENがスイス、オーストリア、フランス方面を結ぶ。

■駅に着いたら

●案内所には2種類ある

大きな鉄道駅には、2種類の案内所 i マークがある。一つは鉄道案内所で、鉄道の路線図や時刻表の配布、払い戻しや周遊券使用開始の押印などを行っている。乗り継ぎなど、わからないことはここでたずねればよい。もう一つは観光案内所。市内の地図や観光パンフレットを配布したり、ホテル予約やレストラン、イベント情報を提供している。

●両替はどこでする？

国際列車が発着する大きな駅には両替所があり、年中無休で営業している。駅は人の出入りが激しく、あまり安全なところではない。多額の現金の出し入れは人目につかない場所で。あらかじめ両替する分だけの現金を小分けしておくと安全だ。

●駅の荷物預かりは重宝な存在

荷物預かりは、駅周辺の観光、ホテル探しなど一時的に荷物を預けたいときに便利。料金は通常5時間単位。荷物1個につき約€6、6〜12時間は1時間€0.90、以降1時間€0.40。営業時間は6〜23時（ミラノ駅）。また、ローマ、ミラノなどの中央駅にはスーパーマーケットがある。

車両切り離しには要注意

車両によって行く先が異なることがあるので、乗る前に確かめよう。また、特急列車などは車両と車両の間が通れなくなっているところがある。出発ぎりぎりに別の車両に飛び乗っても自分の座席に行けないことがあるので注意。列車を利用するときは時間に余裕を持って駅に行きたい。

駅で見る標識

鉄道案内所　観光案内所

荷物預かり所　コインロッカー

ポーター　カート

両替所　待合室

切符売場　郵便局

飲料水　税関

トラベルインフォメーション[イタリア編] 到着と入国審査

Go to Italy
無事に旅行を終わらせるために
帰国日のチェックポイント

国際宅配便

電話1本でホテルまで集荷に来てくれる宅配便サービスを利用することもできる。日本まで、早ければ3日、通常5日くらいで着く。
<連絡先>
●ヤマトグローバルロジスティクスジャパン(株)(ミラノ)
☎02-2187-2446(日本語)
海外から自宅へ送る別送品の料金は10kgまで€130、20kgまで€180など(ローマから)。
http://www.y-logi.com/

日本入国時の免税範囲

● 酒類　　760mℓ　3本
● 香水　　2オンス(約56mℓ)
● たばこ　紙巻　200本
　　　　　葉巻　50本
　　　　　その他250g
● その他　合計額20万円※
※同一品目の合計が1万円以下の商品は合算に加えない

免税超過分の課税価格(一例)

● 酒類　ワイン　200円／ℓ
ウイスキー・ブランデー
　　　　　　　600円／ℓ
リキュール・焼酎 300円／ℓ
※詳しくは財務省関税局
http://www.customs.go.jp/

帰国便の出発時刻を確認しよう

帰国の日が近づいたら、帰国便の出発時刻を早めに確認しておこう。アジア系航空会社の一部で航空券を個人手配した場合、帰国にあたってリコンファーム(帰国便の再確認)が必要な場合もある。リコンファームが必要な航空会社を利用する場合は帰国の72時間前(3日前)までに航空会社の窓口に電話するか出向いて予約確認しておかないと、最悪の場合、予約が取り消されることもある。市内のホテルから空港までの交通手段についても確認しておこう。

STEP 1　荷造りは受託手荷物と機内持ち込みに分けて

欧州便の場合、機内に預ける受託手荷物(チェックインバゲージ)の重量は、エコノミークラスで23kg以内、ビジネスクラスで32kg以内の制限がある。スーツケースの重量がオーバーしないように注意が必要だ。また、機内持ち込み手荷物にも制限があり、アリタリア-イタリア航空の場合、サイズ25x35x55cm以内、重量8kg以内のもの1個と決められている。ハンドバッグや免税品での買い物袋は含まれない。手荷物は重量オーバーすると超過重量料金がかかるので注意が必要だ。アリタリア航空の超過重量料金は€100。

手荷物には他にも制限がある。例えばノートパソコンは手荷物とは別に機内に持ち込む、リチウム電池(モバイルバッテリーやカメラの電池)は受託手荷物には入れないで機内持ち込み荷物に。ナイフやはさみなど危険物、液体類は機内持ち込みはできないので受託手荷物に。ジャムやゼリーも液体扱いだ。税関で免税証明を受ける免税品も必ず機内持ち込みにすること。

STEP 2　空港までの交通手段を決める

個人旅行などで自分で空港まで行く人は、事前に交通手段と乗車時刻を確認しておこう。ローマから帰国する人は、空港とテルミニ駅を結ぶ空港直通列車「レオナルド・エクスプレス」が5時35分から22時35分まで約30分おきに出発、約30分で着く。料金は片道€14。発着はテルミニ駅23、24番ホーム。ミラノからはマルペンサ空港までは空港直通列車「マルペンサ・エクスプレス」が、ミラノ中央駅及びミラノ・カドルナ駅(ミラノ・ノルド駅)から約30分おきに出発する。料金は片道€13。

空港直通列車を利用する際は、出発前に必ず切符を購入してから乗ること。切符なしで飛び乗って、後で車掌から購入しようとすると罰金を取られるので注意しよう。

STEP 3　空港には出発2時間前までに到着する

旅行者の繁忙期など、航空会社の搭乗手続きに時間がかかることも珍しくない。空港には遅くとも2時間前、免税品の申告や免税店での買い物をするつもりなら3〜4時間前までに到着するようにしよう。

ローマ・フィウミチーノ空港のアリタリア-イタリア航空チェックインカウンターは第1ターミナル。搭乗は第3ターミナルで移動に時間がかかるので、空港には早めに。特に免税手続などがある場合は4時間前の到着をすすめる。できるだけ事前にWEBチェックインをすませてから空港へ！

■乗車時刻の目安を確認しよう
ローマ市内から空港へ行く場合
空港直通列車「レオナルド・エクスプレス」 テルミニ駅→空港駅 所要約30分

飛行機の出発時刻	時	分
▼ 出発時刻の2時間前		
空港駅到着	時	分
▼ 到着時刻の30分前		
テルミニ駅出発	時	分

STEP 4　出発30分前にはゲートへ
　出発ロビーへ進んだら、免税申告のある人は税関デスクへ（手続き方法についてはp.418参照）。申告手続きの必要がない人は、免税店で最後の買い物を楽しめる。出発30分前にはゲートに移動し、搭乗開始を待とう。出発ゲートによっては移動に時間がかかる場合もあるので、余裕を持って行動しよう。

STEP 5　日本での入国審査
　日本に到着したら、入国審査→受託手荷物の受け取り→税関検査の順に手続きする。買い物が免税の範囲でも、申告書の提出が求められる。範囲を超える人は購入品目の種類・数量・価格を記入して、赤い表示の税関検査カウンターへ。ここで検査を受けた後、税関を出たところにある銀行窓口で税金を支払う。

空港特急が発着するミラノ・カドルナ駅

日本への持ち込み規制・禁止規制されているもの

　ワシントン条約で規制されている絶滅危惧種の動植物と、ワニ、ヘビ、トカゲなどの皮革を使ったコート、ハンドバッグ、ベルト、靴、財布などの加工品は日本に持ち込めない。また、生ハム、ベーコンなども持ち込めない。125gを超えるキャビアの持ち込みも「輸出許可証」などの提示が必要になる。詳細は経済産業省のホームページで確認しておこう。

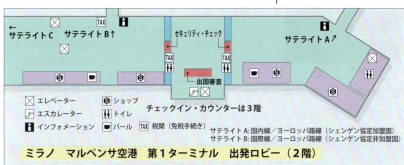
ミラノ　マルペンサ空港　第1ターミナル　出発ロビー（2階）

ローマ　フィウミチーノ空港　出発ロビー（2階）

Go to Italy

鉄道と飛行機を組み合わせて上手な旅を
空路＆鉄道

主な国内線航空会社

● アリタリア-イタリア航空
http://www.alitalia.com/
● エールイタリ航空
http://www.airitaly.com/

国際線からの乗り継ぎ

　国際線で入国して、そのままイタリアの他の都市へ乗り継ぐ場合、一度入国審査＆税関検査を受ける必要がある。手続きがすべて終わったら、必要に応じてターミナル移動をして（ローマの場合）再び荷物を預け、チェックインを受ける。

マルペンサ空港

国内航空路線

　イタリアの各都市を結ぶ航空路線が細かく発達している。特に、ローマとミラノからは各都市との間に多数のフライトがある。最も便数が充実しているのはアリタリア-イタリア航空。次いで充実しているのがローコストキャリア（LCC）のエールイタリAir Italy航空。これらの航空会社がイタリア国内路線を運航している。

日本で航空券を予約・購入する

　出発前に日本にいながら国内線航空券の予約を、アリタリア航空の日本支店や旅行代理店などで手配することができる。日本からアリタリア航空を利用してイタリアに行く場合、途中降機「ストップオーバー」（p.382）を利用すると、イタリアの国内線2フライトが無料になる場合があるので、同時に予約しておくといい。ただし、日本からローマに入国する場合、直行便が最初に到着するミラノからローマ間も1フライトとして換算される。

格安チケット系航空会社の料金もチェックしよう

　イタリア国内やヨーロッパ内の路線を利用する人は、LCCの料金もチェックしておこう。たとえば、上記で挙げたエールイタリ航空や、欧州内に多数の路線をもつライアンエアーなどでは、インターネットで早めに予約すれば、割引率の高いチケットが見つかる場合も。利用にはある程度の英語力が必要で、利用条件も各社により異なるが、チェックしてみる価値はある。

■ 主要ルートの所要時間と料金

主要都市間の所要時間と料金（片道）　　　　　（単位：€）

主要都市間	所要時間	料金
ミラノ〜ローマ	1時間10分	110
ミラノ〜ナポリ	1時間15分	80
ミラノ〜パレルモ	1時間35分	111
ミラノ〜バーリ	1時間25分	82
ローマ〜トリノ	1時間15分	115
ローマ〜ヴェネツィア	1時間5分	96
ローマ〜フィレンツェ	55分	97
ローマ〜パレルモ	1時間10分	112
ローマ〜バーリ	1時間5分	97
ナポリ〜トリノ	1時間30分	102
ナポリ〜ヴェネツィア	1時間15分	128

※価格は、税／特別料金／燃油代別の日本発券の最底価格
※航空運賃は季節、日時によって異なる

■ 主要国内航空路線図

国内主要航空路線

鉄道チケットの予約時は、行先、乗車日、列車番号、人数などを紙に書いておくと便利。あらかじめ紙に書いておいて窓口で見せればスムーズに購入できる。

鉄道

■列車の種類

イタリア主要都市間の移動でよく利用されるのが、高速鉄道「フレッチェ」シリーズ Le Frecce（p.16参照）。「フレッチェ」の列車群には最高時速360kmのフレッチャロッサFrecciarossa（写真右）、250kmのフレッチャルジェントFrecciargento、200kmのフレッチャビアンカFrecciabiancaがある。そのほかの特急列車や急行、普通列車の表示や注意点は以下の通り。また、高速鉄道「イタロ」についてはp.14参照。

「フレッチェ」シリーズ Le Frecce
新幹線に相当する超特急。フレッチャロッサをはじめ上記3種がある。ミラノーボローニャ間が1時間5分など、全国の主要都市間を最速で結ぶ。ミラノーローマのノンストップ便NO-STOPは時速300kmを超える運行速度を誇る。全席指定制で座席指定料が必要。

EC：EuroCity ユーロシティ
イタリア主要都市間と欧州の都市を結ぶ国際特急。1等と2等があり、全席指定制で座席指定料が必要。ETR610には個室、食堂車、バールがあり、長旅でも快適。フレッチャロッサより料金が安いこともあり、長距離移動するときに利用頻度が高い列車の一つ。

IC：Inter City インターシティ（インテルシティ）
イタリア主要都市間を結ぶ特急。1等と2等がある。客車は6人がけコンパートメント。普通運賃のほか特急運賃が必要。予約の場合は座席指定料が必要。イタリア国内を走る全席指定の寝台列車ICNインターシティナイト（インテルシティノッテ）も運行している。

E：Espresso エスプレッソ
急行。ほかに準急のディレットDirettoやIRなどがある。

R：Regionale レッジョナーレ
特定の州内を運行する各駅停車。客車は2等車のみ。

■チケットの予約・購入のしかた

チケットには1等、2等などのクラスがあり、1等は2等の約1.4倍。また、スタンダード料金のほか、いつでも列車を変更できるフレキシブル料金などがある。スタンダードでも、出発時刻前に限り、窓口で手続きすれば列車の日時変更ができる。乗車券は駅の窓口か旅行会社、インターネットで購入する。予約は駅の窓口で乗車の2カ月前から発車3時間前まで。窓口業務は7時半から20時頃まで。全席指定制の列車は乗車券と指定券が一体化した包括運賃チケットでの利用となるため、鉄道パスを持っていても予約と指定料金が必要となる。鉄道パスで追加料金なく利用できるのは普通列車レッジョナーレだけ。

鉄道関係のイタリア語

日本語	イタリア語（読み）
鉄道	ferrovia（フェッローヴィア）
駅	stazione（スタツィオーネ）
列車	treno（トレーノ）
客車	carrozza（カロッツァ）
1等	prima classe（プリマ クラッセ）
2等	seconda classe（セコンダ クラッセ）
指定席	posto prenotato（ポスト プレノタート）
自由席	posto libero（ポスト リベロ）
出発	partenza（パルテンツァ）
到着	arrivo（アッリーヴォ）
乗り換え	coincidenza（コインチデンツァ）
切符	biglietto（ビリエット）
片道	andata（アンダータ）
往復	andata e ritorno（アンダータ エ リトルノ）

Go to Italy

切符購入は自販機が主流
鉄道

ネットで予約購入した場合は、チケットの詳細を印字して持参するか、スマートフォンの確認メールを見せる。とくに大切なのが、6ケタの「PNRコード」というアルファベットと数字の組み合わせ番号で、検札のとき必要になる。ネット予約では乗車券の改札(写真)は不要。

券売機での買い方

1

駅構内でのチケット販売は、自動券売機が主流になりつつある。駅構内に並んでいる「BIGLIETTO VELOCE FAST TICKET(自動券売機)」の機械でチケットを購入する

2

出発駅を決める。通常は券売機が設置されている駅名が初期画面。駅名を変更する場合は「Modify Departure(出発駅の変更)」を押す。続けて降車駅、出発日、出発時刻を選ぶ

3

料金形態を選ぶ。旅行者は普通運賃「BASE(ベース)」を選択する。続けて1等車「prima classe」か2等車「seconda classe」を選び、「+」ボタンで大人、子供の人数を指定

4

選んだ列車と料金体系、クラスを確認。間違いなければ「Choose Seating」を押し、座席指定の画面に移る

5

帰りのチケットを購入する場合は「Buy Return」を選ぶ。このまま支払いに進むには「Purchase」を押す

6

現金かクレジットカードを選ぶ。クレジットカードで払う場合は暗証番号を押すとチケットが印刷されて出てくる

鉄道チケット

購入済フレッチェシリーズ(p.409)の乗車を変更する場合、ホームにある専用受付窓口(写真下)で出発時刻前に変更手続きを。

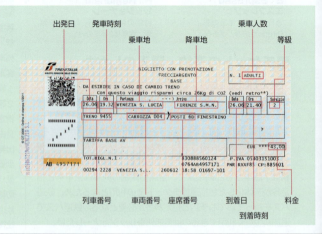

出発日 / 発車時刻 / 乗車地 / 降車地 / 乗車人数 / 等級 / 列車番号 / 車両番号 / 座席番号 / 到着日 / 到着時刻 / 料金

410

バス＆フェリー

バス　Pulmanプルマン

旧市街の外側に鉄道駅があることが一般的なイタリアでは、旧市街の中心部まで運んでくれるバスは移動の味方。特に鉄道があまり発達していない南部やシチリアなどではバスを利用するのが一般的。途中の風景も楽しもう。

●長距離バス
ローマとイタリア半島の南端やシチリアを結ぶ路線などがある。

●中距離バス
ほとんどの都市では近郊の小都市間を結ぶ路線がある。シチリアの島を縦横に網羅する路線も発達。

●チケットの予約・購入
バスターミナルで、出発の約1時間前までに購入しておく。その際、必ずバス乗り場を確認することを忘れずに。地方の町ではとくにバス乗り場がわかりにくい。

主なバス会社

●ミラノ
Autostradale社
http://www.autostradale.it/
●フィレンツェ
SITA社
http://www.sitabus.it/
●ナポリ
SITA社
http://www.sitabus.it/
●パレルモ
SAIS社
http://www.saisautolinee.it/
Segesta社
http://www.buscenter.it/
●広域
FLiX BUS社
https://global.flixbus.com/

フェリー　Naveナーヴェ

シチリアへはナポリから、サルデーニャへはジェノヴァ、リヴォルノ、チヴィタヴェッキア、ナポリからフェリーや水中翼船などが出ている。ナポリ～カプリ島／イスキア島も人気路線。

主要フェリーコース

主なフェリー会社連絡先

●ジェノヴァ-パレルモ
Grandi Navi Veloci社
☎010-2094591
http://www.gnv.it/
●ナポリ-パレルモ
カリアリ-パレルモ
Tirrenia di Navigazione社
☎02-76028132（海外から）
http://www.tirrenia.it/
●ナポリ-パレルモ
チヴィタヴェッキア-オルビア
ナポリ-カプリ島
ナポリ-イスキア島
SNAV社
☎081-4285555
http://www.snav.it/

■主な航路の所要時間

ジェノヴァ-パレルモ	フェリー20時間
ナポリ-パレルモ	フェリー10時間
チヴィタヴェッキア-オルビア	フェリー7時間
カリアリ-パレルモ	フェリー12時間
ナポリ-カプリ島	フェリー50分
	水中翼船35分
ナポリ-イスキア島	フェリー90分
	水中翼船45分

Go to Italy

気の向くままに移動するツール
レンタカー

運転に関するイタリア語

- ●道路／strada ストラーダ
- ●高速道路（有料）／Autostrada アウトストラーダ
- ●高速道路（無料）／Superstrada スーペルストラーダ
- ●免許証／patente di guida パテンテ・ディ・グイダ
- ●国外免許証／la patente internazionale パテンテ・インテルナツィオナーレ
- ●オートマティック車／macchina con cambio automatico マッキナ・コン・カンビオ・アウトマティコ
- ●マニュアル車／macchina con manuale マッキナ・コン・マヌアーレ
- ●無鉛ガソリン／Senza Piombo センザ・ピオンボ
- ●駐車場／parcheggio パルケッジョ

Senso Unico 一方通行
Divieto di Accesso 進入禁止
Divieto di Sorpasso 追い越し禁止
Sosta Vietata 駐車禁止
Passaggio a Livello 踏切注意
Lavori in Corso 道路工事中
Rallentare スピード落とせ
Pericolo 危険
Curva Pericolosa カーブ注意

給油のときのイタリア語

ガソリンを20ユーロ分ください
ヴェンティ エウロ ディ ベンジーナ ペル ファヴォーレ
Venti euro di benzina, per favore!

ガソリンの入れ方を教えていただけますか？
ミ スクージ コメ シ ウーザ ラ ポンパ
Mi scusi! Come si usa la pompa?

満タンにしてください
イル ピエーノ ペル ファヴォーレ
Il pieno, per favore

オイルとタイヤのチェックをお願いします
ポトレッベ コントロッラーレ ロリオ ディ フレーニ エ レ ゴンメ
Potrebbe controllare l'olio dei freni e le gomme?

予約から返却まで

❶ 予約する

現地で申し込むこともできるが日本で申し込んでおくことをすすめる。各種割引が適用されたり航空会社のマイレージへのポイント加算、希望車種を確保できる場合も。イタリアはオートマティック車の数が少なく料金も高め。希望するなら必ず予約を。現地で支店を探す場合は空港と大都市中央駅などにある。

❷ 借りる

レンタカーを借りるには次の3つが必要。(1) 日本の免許証と国外運転免許証(p.384)、(2) クレジットカード、(3) パスポート。クレジットカードは、現金支払の場合も身分証明書として求められる。なお、現金で払う場合は保証金（デポジット）を要求されることがある。年齢規定は、ハーツレンタカーが25歳以上、エイビスレンタカーは21歳以上など。予約した場合は予約確認書を提示する。借りる際には、利用日数、宿泊先、日本の連絡先、返却場所、任意保険加入の有無などについて確認がある。普通、レンタル料金には自動車損害保険が含まれているが、車両損害補償制度（CDW）や搭乗者保険（PI）、盗難保険（TP）などの任意保険にも加入しておくほうがいい。書類が完成したら、車体に傷がないか係員立会いのもとで確認。傷があれば契約書にそのむね記入してもらう。こうしておけば、後で誤って修理代金を請求される心配を回避できる。

❸ 返却する

ガソリン満タン分を先に払う燃料先払い制度（FPO）を選んだ場合は満タンにして返す必要がない。返却時には係員にクルマの確認を受けて鍵を返し、料金明細書の金額に間違いないかチェックしよう。

イタリアの運転事情

高速道路アウトストラーダAutostradaが縦横に走っており、よく整備されている。道路は一番左が追い越し車線、右が走行車線。車線変更する際にウィンカーを出さない人が多いので、車間距離を十分に取ろう。市街地では二重駐車や割り込みが多く、信号のない一方通行のロータリー交差点では注意が必要。ロータリーの中は左回りの一方通行。進入するときはロータリーの中の車に優先権がある。円周左サイドに注意してロータリーに入り、周回して徐々に円の外側に移動して目的の方向に出る。安心・快適なドライブをするためには、出発前に書店で詳細なドライブ地図を入手し、大まかな地理を頭に入れておきたい。

都市部の渋滞は、とくに朝8時から10時、夕方6時から8時が激しい。その時間帯にはなるべく車の運転は避けるほうが賢明だ。市街地ではロータリーにとくに注意。

■イタリアの道路標識

警戒標識

 前方優先道路 道を譲れ
 前方交差点 自車優先
 ロータリーあり
 前方対面通行

禁止標識

 車両通行禁止
 対向車優先
 追い越し禁止
 規制区間終了

義務標識

 指定方向外通行禁止
 規制区間終了
 バス専用車線
 ロータリー

指示標識

 高速道路
 パーキング
 対向車に対し自車優先
 一方通行

道路標識と制限速度

高速道路アウトストラーダAutostradaの制限時速は130kmだが140〜160kmで飛ばす人が多い。高速道路には無料と有料がある。有料の場合は入口でチケットを受け取り、降りるときに支払う。ゲートには自動課金システム「テレパスTelepass」専用ゲートがあるので、Telepassゲートではなく現金用ゲートを利用する。現金用は「bigliettoビリエット（チケット）」と表示されている。アウトストラーダの道路標識は緑色でA1-Firenze（A1-フィレンツェ線）などと書いてある。目的地に近づくと、道路標識に「チェントロCentro（中心部）」の文字が現れ、この標識に従えば市街地に出られる。

ガソリンを入れる

給油所には有人のところとセルフサービスのところがある。有人の給油所では料金分の給油をするか満タン「ピエノpieno」と言って入れてもらう。セルフの場合は自動販売機に紙幣（€20か€10）を入れて給油量と燃料の種類を選択し、ホースを給油口に入れるだけ。満タンになると給油は自動的に止まる。無鉛ガソリンは「センザ・ピオンボSenza Piombo」、ハイオクは「スーペルSuper」などと表記されている。

路上パーキングスペース

●白は無料、青は有料

市内中心部では駐車場を確保するのが難しい。路上パーキングスペースもあるが、停める前に、枠線の色を確認しよう。一般に、白は無料駐車帯だが、利用可能な時間帯が決められているので必ず確認すること。青は有料。そばにあるパーキングメーターで利用予定分のチケットを購入し、クルマのフロントガラスの内側に見えるように置いておく。黄色い線が引かれている場所は駐車禁止区域。もしここに停めれば、すぐレッカー移動されるので、くれぐれも注意。

電話/インターネット/ATM

日本との違いを押さえて

イタリアの公衆電話。ほとんどがこのタイプのカード電話機

主要都市の市外局番

ローマ	☎06
ミラノ	☎02
フィレンツェ	☎055
ヴェネツィア	☎041
ナポリ	☎081
ヴェローナ	☎045
パレルモ	☎091

ホテルからかける

ホテルの部屋から市内・国内および日本へ電話をかけるには、まず外線につなぐ番号を回す。外線番号はホテルによって異なるので客室備え付けのパンフレット等で確認を。電話料金は公衆電話よりかなり割高につく。

国際電話の問い合わせ先（日本）

KDDI
☎0077-7046
NTTコミュニケーションズ
☎0120-506506
ソフトバンクモバイル
☎0800-919-0157

■電話を使う

❶スマートフォンを使う際の注意点

海外でもパケット通信によるメール送受信やサイトの閲覧ができる。注意したいのは、日本国内で適用される各料金プランやパック料金に含まれる無料パケット通信分は海外の通信料に適用されないこと。海外でのパケット通信料は非常に高額になるので、一定額を上限とする定額データプランなどのサービスに契約しておくといい。そのうえで、指定の通信事業者以外につながらないよう渡航後すぐに、「手動」で事業者設定を行っておきたい。また、メールを受信する際、メールがたくさん届く人は「自動受信」でなく「メール選択受信」などの受信方法を選ぼう。

❷自分の携帯電話からかける

まずは自分の機種が海外対応かどうか取り扱い説明書などで確認し、国際ローミングサービスの利用申し込みをしておく。

海外で使うときの料金は日本とは体系が異なり、海外では電話を受けた場合も国際通話料が発生する。これは、かかってくる電話は日本宛となり、これを渡航先に転送するため。フリーダイヤルなどにも課金されることがある。

■公衆電話の使い方

受話器を取る。発信音が聞こえたらコインかテレホンカードを入れる。コインは￠10、￠20、￠50、€1、€2が使えるが、実際にはカードしか使えないタイプの電話機が多い。

■国際電話のかけ方

1 ダイヤル直通電話

コインでもカードでもかけられる。

国際電話の識別番号「00」を押し、次に日本の国番号「81」、さらに市外局番の「0」を取ったものに相手の番号を続ける。
（例）東京03-6809-0452に電話する場合

00	81	3	6809-0452
国際電話識別番号	＋日本の国番号	0を取った市外局番	相手の番号

2 携帯電話へかける

例えば、ホテルから日本の携帯電話090-1111-2222へかける場合は、外線番号をプッシュして次のようにかける。電話番号の最初の「ゼロ」は取る。

00	81	90	1111-2222
国際電話識別番号	＋日本の国番号	0を取った番号	相手の番号

日本からイタリアの電話番号を調べることが可能。KDDI☎0051に依頼すると、KDDIのオペレーターがイタリアの番号案内に問い合わせてくれる。また、イタリアの番号案内は割と英語を話す交換手が多い。

■インターネットを利用する

WiFi／LAN

カフェやレストラン、空港バスや鉄道の車内、公共の休憩スペースなどでWiFi可能エリアが広がっている。こうした場所では自分のスマートフォンやタブレット端末、PCなどで無線LAN接続ができる。また、海外用レンタルWiFiルーターを持参すれば、フリーWiFiエリア外でもインターネットにアクセスできる。

1 カフェなどで

無料WiFiが可能な店では、入口などにステッカーなどで表示している場合が多い。パスワードが設定されている場合は、店のスタッフに教えてもらおう。WiFiネットワークによっては、メールアドレスの登録を要求されたり、時間制限が設けられている場合もある。

2 ホテルで

ほとんどすべてのホテルが客室での無料WiFiおよびLANケーブルによる無線有線LAN環境を整えている。WiFiはパスワードが必要な場合と不要な場合がある。わからなければフロントで確認しよう。ただし、WiFiのセキュリティは万全ではないので、情報の扱いには注意が必要だ。

■ATMの使い方

◆現金引き出しの操作方法

① カードを挿入
▼
② 暗証番号（PIN Number）を入力する
▼
③ 取引方法を選択
キャッシュカードはWITHDRAWAL（預金引き出し）／クレジットカードはCASH ADVANCE（現金）を選択
▼
④ 口座の選択
キャッシュカードはSAVING ACCOUNT（預金口座）、クレジットカードはCREDIT CARDを選択
▼
⑤ 金額入力
▼
⑥ 紙幣の受け取り

手数料については、P.389を参照のこと。

イタリアのテレホンカード

テレホンカード「カルタ・テレフォニカ」は自動販売機、郵便局、電話局、バール、タバッキ（雑貨店）などで買う。市内通話用と国際通話用があり、値段は€5のほか数種類がある。使うときに角の破線の部分を切り取って使うタイプもある。カードは矢印で示された方向に差し込む。

テレホンカード

日本からイタリアへ電話する

日本からイタリアに電話をかけるには、KDDI☎001のほか、ソフトバンク☎0046などの会社を選択。そして010、イタリアの国番号39、0で始まる市外局番（「0」も必要）、相手の番号をプッシュする。なお、イタリア国内で市内通話する際には、同じ市内からでも0で始まる市外局番が必要。

イタリアの公衆電話

スマートフォンの普及で、町中からは減りつつあるが、空港や大都市の中央駅構内などに公衆電話が設置されている。困るのは、時折、故障したままになっている公衆電話があること。故障しているかしていないかの判断は、テレホンカードやコインを入れて「ツー」と音がするかどうかでわかる。音がしなければ故障。

Go to Italy

速さと料金を比較して

手紙・小包の送り方

イタリアの郵便局

http://www.poste.it/
英語版もあり、日本までの小包料金を簡易計算できる計算フォームもある。

● 窓口でのイタリア語
「これを日本に送りたいのですが」
Vorrei mandare questa in Giappone.
ヴォレイ マンダーレ クエスタ イン ジャッポーネ

郵便ポスト

ポストは四角い形をした青と赤の２色がある。青は外国向け、赤は国内向け。日本に送る場合はESTEROと書かれた青いほうへ投函する。

郵便局の営業時間

●大都市の中央郵便局
月曜～金曜　8:00～19:00
土曜　8:00～13:00
●その他の郵便局
月曜～金曜　8:00～14:00
土曜　8:00～13:00

宅配便

取扱いできる荷物は、重量25kg以内、サイズは縦＋横＋高さの合計が160cm以内など規定がある。
料金・問合せ先はp.406

イタリアの郵便事情

イタリアの郵便局は、黄色地に青い文字で「PT（Posteitaliane）」のマークが目印。日本への手紙は、7～10日ほどで到着する。日本への郵便物を送るには、宛名の一番下に英語でJAPANもしくはイタリア語でGIAPPONEと国名を書き、「Via Aerea」もしくは「Air Mail」と目立つところに記入すること。これを忘れると船便扱いとなって到着が遅れることもある。船便だと約２カ月近くかかる。日本までの郵便物は、ハガキ・封書ともに20gまで€2.20。料金が改定されることも多いので、利用時には局で料金を再確認しよう。

小包を送る

■International Express Mail Service（EMS）

30kg以下の書類や荷物を比較的安価な料金で送るには国際郵便サービスのEMSが便利。荷物の配達状況を、24時間インターネットで確認することができる。イタリアから日本へは5～10営業日ほどで着く。サイズは20cm×11cm×0.5cmから3辺が225cmを超えないものまで。料金は、1kgまで€36.50、3kg€42、5kg€59、10kg€82、20kg€130、30kg€190。郵便料金は荷物の紛失・破損による損害（責任限度2万円）による賠償責任の対象となり、追加の保険料を支払えば補償額を増額することも可能。

■国際小包Paccocelere Internazionaleの送り方

❶ 郵便局で販売している小包用の箱か、文具店で丈夫な箱を購入。縦・横・高さの合計が225cmまで、重さは30kgまで。
❷ 箱の表に送り先と差出人の住所氏名を記入、「petit paquet」と明記する。貴重品や現金は入れられない。
❸ 窓口で送り状をもらい、送り先の住所氏名、イタリアでの住所氏名、送る品の値段など必要項目を記入する。
❹ 受付は月曜～金曜の郵便局の営業時間内。

■日本までの国際小包料金の一例

郵便物	重量(kg)	料金(€)	配達日数（最短）	配達日数（最長）
書簡	0.5	46.96	3日	3日
	1.0	49.95	3日	3日
小包	5.0	68.72	3日	4日
	10.0	92.16	3日	4日
	15.0	124.65	3日	4日
	20.0	157.59	3日	4日
	26.0	211.00	3日	4日
	30.0	238.50	3日	4日

街歩きの基礎知識
祝日・祭日・トイレ

宅配便を送る

荷物が増えたときは宅配便でも送ることができる。旅先で購入した品や手荷物を自分宛に送る場合は別送品となり、携帯品とあわせて申告金額が20万円以下の場合は免税。別送品を送る条件は、本人から本人宛の荷物であること。それ以外の日本の家族・友人宛のプレゼントなどは課税となり、輸入関税・消費税がかかるので注意しよう。別送品を送る場合は、必ず荷物に「別送品Unaccompanied Baggage」と明記すること。また、帰国時の税関通過時に必要となるので送り状は帰国するまで大切に保存しておく。

祝祭日

1年を通してイタリアでは北から南まで、キリスト教の祭り、故事に由来する祭りなど、いろいろな祭りが開かれる。祭りに日程を合わせて旅するのもよいが、逆に混雑を避けたい人はこの期間は外そう。イベント時にはホテルも取りにくくなる。

1月1日	元日（Capodanno）
1月6日	キリスト公現祭（Epifania）
4月21日	復活祭（Pasqua）※2019年の場合
	（春分後の最初の満月後の日曜日）
4月22日	復活祭翌日の月曜（Lunedi di pasqua）
4月25日	イタリア解放記念日（Anniversario della Liberazione d'Italia）
5月1日	メーデー（Festa del Lavoro）
6月2日	共和国記念日（Fondazione della Repubblica）
8月15日	聖母被昇天の日（Assunzione）
11月1日	諸聖人の日（Ognissanti）
12月8日	聖母受胎祭（Immacolata Concezione）
12月25日	クリスマス（Natale）
12月26日	聖ステファノの日（Santo Stefano Martire）

※上記の祝祭日には多くのレストランや商店は閉店する。博物館はそれぞれ閉館日が違うので、個別に確認を。

トイレの使い方

イタリア旅行で困ることの一つがトイレ不足。バールで借りるのが最も便利だが、バールのトイレは鍵がかかっていることも多い。

トイレを利用する際はカウンターに一言ことわり、鍵（キアーヴェ Chiave）を借りて使おう。美術館や高級ホテルなどでは清掃員が常駐している場合も。そうしたトイレでは€0.50程度のチップを置く必要がある。

トイレで必要なイタリア語

トイレ
　イル・バーニョ Il Bagno
　またはガビネット Gabinetto
　またはトイレッテ Toilette
男性用　ウォモ Uomo
女性用　ドンナ Donnna
トイレはどこですか？
　ドーヴェ イル・バーニョ？
　Dove il bagno ？

各都市の祝祭日・イベント

イタリアでは都市ごとに定められた守護神の日があり、その日は街全体が祝祭日となる。また、街によって大きなイベントで祭日となる日もある。祝祭日・イベントには銀行、オフィス、商店、レストランなども閉まる場合がある。

● ヴェネツィア
2～3月　カーニバル
4月25日　街の祝祭日
● ヴェローナ
6月下旬～8月　野外オペラ
● フィレンツェ
6月24日　街の祝祭日
● シエナ
7月2日、8月16日　パリオ祭。中世の扮装をしてカンポ広場などで古式ゆかしい競馬を行う。
● トリノ・ジェノヴァ
6月24日　街の祝祭日
● ローマ
6月29日　街の祝祭日
● パレルモ
7月15日　街の祝祭日
● ナポリ
9月19日　街の祝祭日
● ボローニャ
10月4日　街の祝祭日
● バーリ
12月6日　街の祝祭日
● ミラノ
12月7日　街の祝祭日

トラベルインフォメーション[イタリア編]

417

手紙・小包／祝祭日／トイレ

Go to Italy

高額商品は免税還付を
買い物事情

タックス・リファンドが受けられる条件は？

同日に同一の店舗で€154.95以上の買い物をし、その購入品をEU圏外の居住国に持ち帰る場合に税金の払い戻しを受けることができる。イタリアまたはEU圏内の空港で出国時に税関のスタンプを受け忘れた場合は還付は受けられないので、注意しよう。イタリア出国後、乗り継ぎなどでEU内の空港に降り立つときは、最終的にEU圏内を離れる空港で還付を受ける。
- 最低購入額　€154.95
- 免税額は最大14.5%
- VAT（付加価値税）
  衣料品、酒類　22%
  食品　10%

帰国後に空港で受け取ることもできる

グローバル・ブルー加盟店で購入した場合は、成田空港到着ロビー、関西国際空港内の専用カウンターに免税申告書を提出すれば日本円で還付される。

タックス・リファンド加盟店マークと還付請求用の封筒

バーゲン時期は？

バーゲン「サルディ Saldi」時期は、一般に7月初旬から8月末と、1月初旬から2月末の年2回。州ごとに時期は多少異なる。

イタリアの買い物事情

店に出入りするときは店員に挨拶し、見たい商品は店員に頼んで取ってもらう。勝手に商品を触らないこと。客1人に店員1人が対応するので、接客中の店員に頼みごとをするのも避けたい。営業時間は店によって異なるが、個人商店、路面店などは昼休みをはさんで9:00/10:00〜12:30/13:00、15:30/16:00〜19:30/20:00ぐらい、日曜・祝日・月曜の午前は休みというのが一般的。ただし、デパートは休憩時間がなく、21:00/22:00まで営業している。また、日曜でも、大都市であればショッピングセンターは開いている。イタリアのバーゲン「サルディ Saldi」は、夏と冬の年2回開催される。期間は日本のバーゲンよりずっと長く、最大で60日間続く。日程は毎年州ごとに決定され、目安は7〜8月、1〜2月。割引率は店によって異なるが、70〜80%引きになっていること珍しくない。もちろん、高級ブランドショップでもサルディは行われる。買い物目当てで旅行する人は、この期間を狙って行けばお買い得だ。

タックス・リファンド

イタリアでの買い物には商品の種類により10〜20%のVAT（付加価値税）が含まれている。EU圏外に居住する人が一定額以上（欄外参照）買い物をしたときに、未使用の購入品を国外に出すことを条件に、付加価値税が免税される。イタリア国内で使用したり人に贈ったものには適用されない。
■買い物はTAX FREE表示のあるグローバル・ブルー（リファンド）Global Blue（Refund）またはプレミア・タックスフリー Premiertaxfree加盟店で❶支払時に「Tax Free Check, Please」と店員に申し出て、免税用の書類を作ってもらう。
❷免税書類とともに封筒が渡されるので帰国の日まで保管する。
■払い戻し方法
❶免税を受ける商品は機内預けでなく持込手荷物にすること。購入時に封印シールを貼られた商品は開封しないこと。
❷最終的にEU圏外へ出る空港で出国審査の後、「TAX FREE Cash Refund」か「VAT Refund」と書かれたリファンドカウンターに行き、パスポート、未使用の購入品、領収書を添えて申請書を提示して書類に税関印を押してもらう。
❸税関印を押してもらったら次の方法で払い戻しを受ける。
■イタリアまたはEU圏内のカウンターで受け取る場合
空港のリファンドカウンターに、税関印のある申請書を提出し、現金またはクレジットカード口座への振込みを選択。ユーロの現金ならその場で還付金を受け取れる。その後、申請書類を専用封筒に入れてリファンドカウンター前のポストに投函する。振込みの場合は2、3ヵ月後に振り込まれる。

予約とマナー
ホテル事情

イタリアのホテル事情

イタリアのホテルは1つ星から5つ星（州により5つ星L）まで、設備を基準に5～6つに分類される。シングル料金は最高級の5つ星で約€250～、4つ星で約€140～、3つ星で約€110～、2つ星で約€70～など。2つ星はAlbergo（「旅館」の意味）という看板が出ているところも。エコノミー・ホテルには、ペンショーネpensioneやロカンダLocandaと呼ばれる家族経営の宿や、相部屋形式のユースホステルもある。

ホテルのランクは、建物やサービスのグレードのほか、レストランやカフェの数やシャワーなどの設備を基準にしたもの。3つ星の中にも料金的に4つ星と同等のところもある。1年のうちでも料金は変動する。旅行者の少ない11～3月は安く、繁忙期の4～6月と9、10月は高い。

2011年から各都市で導入されている新税に滞在税Imposta di soggiornoがある。宿泊1泊ごとに宿泊料とは別に課税されるもので、課税対象年齢や対象泊数などの諸条件や課税額は都市ごとに異なる。ローマを例に挙げると、1泊につき€3（1つ星・2つ星）～€7（5つ星）で、10歳以下の子どもは免除。ホテル以外のB&B、アグリツーリズモ、レジデンスなどへの滞在も対象。滞在税は宿泊施設でチェックイン・チェックアウト時に直接請求され、現金で支払う。

予約方法

■エージェントを通して予約
一般に、3つ星以上のホテルなら日本の予約事務所（p.391）や旅行会社を通じて予約できる。予約が完了したらホテルクーポンまたは予約確認書をくれるので、必ず現地に持参する。

■個人で予約
個人で予約する場合、トラブルを防ぐには電話よりもファクスかメールで記録を残すほうがいい。インターネットで割引が受けられるホテル予約サイトもある（p.391）。

■現地で探す
ホテルの予約なしで現地に到着した場合は、空港のホテル案内カウンター、観光案内所、またはホテル予約所で予約することができる。紹介手数料を取るところもある。

ホテルでのマナーと注意

廊下やダイニングルームへスリッパで出ない。外出の際は鍵をフロントへ預ける。チェックインの時刻が夜になるときはホテルへ到着時刻を一報入れる。バスタブに湯をはるときは溢れさせないように。損害賠償を請求されるケースもある。

ホテルの設備とサービス

●フロント（receptionist）
チェックイン・チェックアウト、伝言、鍵の管理などを担当。
●コンシェルジュ（concierge）
街の観光案内を担当。レストランや劇場の予約も頼める。
●ドアボーイ（potiere）
玄関からロビーまで荷物を運んでくれる。タクシーの手配も。
●ベルボーイ（fattoriono）
ロビーから部屋まで荷物を運んでくれる荷物担当。
●ルームサービス（servizio in camera）
部屋での食事の手配と、客室サービスを担当。ヘアードライヤーなど、貸して欲しい備品があったらここに頼む。

チップ

何か特別のサービスをしてもらったときにはチップを渡す。ルームサービスに何か頼んだとき、荷物を運んでくれたベルボーイ、ハウス・キーパー、タクシーを呼んでくれたドアボーイに各€0.50。

バスルームでの注意点

バスタブに湯をためるときは、くれぐれも溢れないように。万一溢れると下の階が水浸しになり、大迷惑をかけるだけでなく損害賠償を請求されることもある。バスルームで身体を洗うときは、バスカーテンをバスタブのなかへ入れ、バスタブの外に水が流れないようにする。

トイレの脇にあるのはビデ。お湯が出るので、ウォッシュレットのように使ったり、汚れた足を洗うときなどに使う。

水道はF（Acqua Fredda）が水で、C（Acqua Calda）がお湯。

レストラン事情

メニュー構成から支払いまで

営業時間と休業日

レストランの営業時間は、だいたい昼が12:00～14:30、夜が19:00～24:00。休業日は店によって違うが、日曜か月曜に休むところが多い。また曜日によって昼は休業するところもある。

食卓のイタリア語

ナイフ	coltello コルテッロ
フォーク	forchetta フォルケッタ
スプーン	cucchiaio クッキアイオ
小さいスプーン	cucchiaino クッキアイーノ
グラス	bicchiere ビッキエレ
ナプキン	tovagliolo トヴァリオーロ
塩	sale サーレ
砂糖	zucchero ズッケロ
コショウ	pepe ペペ
マスタード	mostarda モスタルダ

❓ チップはどうするの？

勘定書に「サービス料込み」"servizio incluso（セルヴィツィオ・インクルーゾ）"と書いてなければ、チップとして料金の10％程度を皿の上に置いて店を出るのが一般的。トラットリア以下のカジュアルな店やカフェではチップは不要。

レストランの種類

■リストランテ Ristorante

高級店から中級までさまざま。高級店に行くときはなるべく予約をして、きちんとした服装で出かけたい。リストランテでの食事はコースの順にサーブされる。注文から支払いまでに、ある程度、時間がかかることを覚悟しておこう。

■トラットリア／オステリア Trattotia / Osteria

リストランテよりも家庭的な雰囲気。さらにカジュアルなのがオステリア。パスタとサラダとワインといった頼み方もOK。なお、料金的にはリストランテと変わらない高級店から、カジュアル価格の店までさまざま。

■ターヴォラ・カルダ Tavola Calda

あらかじめ調理された料理が並んでいて、その中から選べる気楽な食堂。短時間で食事をすませたいときに重宝する。語学に自信がなくても、料理を指差せばよいので、その点でも気楽。

■ピッツェリア Pizzeria

ピッツァ専門店。イタリアではリストランテでは一般的にピッツァを出さない。ピッツァを食べたいときはピッツェリアを選ぼう。着席で食べる店と、切り売りでテイクアウトする店があり、ピッツァだけでなくパスタのメニューがあるところも。

■エノテカ／ワインバー Enoteca

酒屋を兼ねたワインバーをエノテカ（ヴェネツィアでは「バーカロBacaro」）という。高級ワインもグラスで頼めるし、おつまみだけでなく軽めの料理も提供される。

料理の構成

イタリア料理はおおむね次の5つのパートに分けて構成されている。どんな料理があるかはp.48～55の料理ページ参照。

1　Antipasto　アンティパスト＝前菜
2　Primo Piatto　プリモ・ピアット（第1の皿）＝パスタやスープ、リゾットなど。
3　Secondo Piatto　セコンド・ピアット（第2の皿）＝肉料理Carne（カルネ）や魚料理Pesce（ペッシェ）のメイン。
4　Contorno　コントルノ＝野菜の付け合わせ
5　Dolce　ドルチェ＝デザート。ケーキやフルーツFrutta（フルッタ）など。

料理を注文する

イタリアのレストランに堅苦しいルールはないので、どんな注文の仕方もできる。コースにこだわることもない。店にもよるが、たとえば前菜とプリモとデザートだけだか、パスタとワインだけでもOKなところもある。

時間のないとき、レストランに飛び込んで軽く食事しようとしても、サービスに時間がかかり、慌てることも。こんなときは、あらかじめ調理された料理が並び、その中から選ぶ方式の「ターヴォラ・カルダ」Tavola Calda（写真右）やカフェが便利。

フルコースで頼みたい場合は、日本の女性なら1人分のコースを2人で分けて食べるのもよい。少食の人ならそれでちょうどよい分量になるだろう。その場合、カメリエレ（Cameriere「ボーイさん」）に「半分ずつ食べます」Facciamo a mezzoと言うと、たいてい最初から2皿に分けて持って来てくれる。店の人が注文を取りに来たら、デザート以外のすべてを注文し、食後にあらためてデザートとコーヒーの注文をするのが一般的。

食事のマナー

ワインを注ぐのはテーブル係。係のいないところでは、同性同士は構わないが、基本的に女性が男性に注ぐのはNG。麺やスープを、音を立ててすするのもマナー違反。男性は女性を静かで眺めのよい上席に座らせる配慮も忘れずに。ナイフやフォークを皿にぶつけたり、肉を切るときにナイフで皿をこする音も、できるだけ立てないように。服装については、イタリアのレストランは、一般的にカジュアルでよい（本書ではレストランの服装についてマークで示しているので参考に）。

支払いをする

支払いは日本と違ってテーブルでする。カメリエレに「お勘定をお願いします」"Il conto, per favore."（イルコント・ペルファヴォーレ）と告げると、勘定書を皿に乗せて持って来てくれる。まず勘定書の内容を確かめ、食べた料理の内容と合っているかどうかチェックしよう。レストランが込んでいるときなど悪気なく間違えることがある。次に勘定書に「サービス料込み」"Servizio incluso"とあるかどうかを見ておく。サービス料が含まれていなければチップを含めて支払う。現金でもクレジットカードでも、皿の上に乗せておくとカメリエレが皿ごといったん奥に下げ、お釣りをまた皿に乗せて持って来る。

バールの上手な利用法

「バールのない人生なんて考えられない」というのが、世界で一番コーヒーを消費するイタリア人。朝に夕に、バールで濃いエスプレッソ・コーヒーを飲まない日はない。

喫茶店とバーと総菜屋を合わせたような便利で愛すべき存在のバールは、旅行者にとってもありがたい。バールでは立ち飲みとテーブル席があり、料金は立ち飲みの方がずっと安い。注文は、基本的にレジで欲しい商品を伝え、代金を払い、レシートをカウンターに持っていって商品を受け取る。バールでは立ち飲みが基本だが、歩き疲れたときは、テーブル席でゆっくりするのもいい。また、トイレや電話を借りるためにバールを利用するのもいい方法。

バールの基本的な飲み物や軽食については、p.53を参照。

? ワイン選びはどうするの？

ワイン選びに困ったら、カメリエレに推薦してもらおう。デザート以外の料理を注文したあと、「これらの料理に合うワインを教えてください」"Potrebbe consigliarmi un vino adatto?"と聞いてみるとよい。またイタリアはほとんど全地域でワインを作っているので、土地のワインを取れば料理との相性はいい。その場合は「この土地のワインをください」"Vorrei un vino locale"と言う。

その場合でも、予算と、「赤ワイン」vino rossoか「白ワイン」vino biancoかぐらいは指定しよう。また、銘柄ワインの他に店が樽で仕入れる安いテーブルワインvino da tavolaも置いてある。だいたいどこの店でもオーナーやシェフが値段の割りにおいしいワインを選んだものなので、安心して注文してよい。

水を注文するためのイタリア語

「ミネラルウォーターを1瓶ください」は"Una bottiglia di acqua minerale, per favore."レストランでも水は「炭酸ガス入り」gassataと「ガスなし」の普通の水naturaleがある。1瓶（2ℓ）で多すぎるときは、「1/2瓶」"Una mezza bottiglia di acqua minerale"と注文する。

? タバコは吸っていいの？

現在、イタリア全土のレストランなど人が集まる場所はすべて禁煙となっている。灰皿はもちろん置いていない。これを守らないと、レストラン側が罰金を払わされるので注意しよう。

Go to Italy

世界一の登録数を誇る イタリアの世界遺産

　国別登録数では世界一を誇るイタリアの世界遺産。現在、北から南まで文化遺産は48ヵ所、自然遺産5ヵ所。イタリア全土に点在するこれらの世界遺産を一挙に紹介する。

イタリア北部

❶ **ピエモンテとロンバルディアのサクリ・モンティ**
16〜17世紀に作られた聖なる山々と呼ばれる教会群。ピエモンテ州・ロンバルディア州

❷ **サヴォイア王家の王宮**→p.317
ピエモンテ州トリノ。

❸ **ヴァルカモニカの岩絵**
川沿い約70kmの地域の岩壁に、前18世紀〜前2世紀頃描かれた約14万点の岩石絵がある。ロンバルディア州。MAP p.6-A

❹ **クレスピ・ダッダ**
19世紀末の資本家クレスピが作った労働者村。資本家と労働者が協力し合った理想の工業都市の姿が残る。ロンバルディア州カプリアーテ・サン・ジェルヴァージオ。MAP p.6-A

❺ **レオナルド・ダ・ヴィンチの『最後の晩餐』があるサンタ・マリア・デッレ・グラツィエ教会とドメニコ会修道院**→p.268

❻ **マントヴァとサッビオネータ**
マントヴァとサッビオネータは、ともにルネサンス期の都市計画を具現化した秀逸な実例。→p.303

❼ **レーティシュ鉄道アルブラ線・ベルニナ線と周辺の景観**
アルプスの難所を自然景観を壊すことなく完成させた驚くべき鉄道技術と美しい景観。アルブラ峠を走るアルブラ線は1904年に開通。ランドヴァッサー橋などの144の石の高架橋が見事。ベルニナ峠を走るベルニナ線は、サン・モリッツからイタリアのティラーノまでの61kmを結ぶ。イタリア・スイス共同登録。ロンバルディア州。MAP p.6-A

❽ **ヴェネツィアとその潟**→p.219

❾ **ヴェローナ市**→p.252
紀元前の円形競技場は今も夏の野外オペラの舞台。

❿ **ヴィチェンツァ市街とヴェネト地方のパッラーディオ様式の住宅群**
16世紀の建築家アンドレア・パッラーディオが設計した建築群が街を彩る。→p.249

⓫ **パドヴァの植物園**
パドヴァ大学付属の植物園として1222年に世界最初に造られた。→p.246

⓬ **アクイレイアの遺跡地域と総主教聖堂バシリカ**
東ローマ帝国の中で最大の富裕都市だったアクイレイア。遺跡や11世紀の教会、総主教聖堂などを見ることができる。フリウリ・ヴェネツィア・ジュリア州アクイレイア。MAP p.6-B

すばらしいモザイクが見られるラヴェンナ

⓭ **レ・ストラーデ・ヌオーヴェとパラッツィ・デイ・ロッリ**
16〜17世紀に建てられた富裕貴族の豪華な大邸宅が見事。リグーリア州ジェノヴァ。

⓮ **ポルトヴェーネレ、チンクエ・テッレと小島群**
海に面した岩壁沿いの5つの村々。→p.313

⓯ **ラヴェンナの初期キリスト教建築物群**→p.196
ビザンチン帝国時代のモザイク芸術が残る。

⓰ **フェッラーラ：ルネサンス期の市街とポー川デルタ地帯**
エステ家ゆかりの宮廷文化が香る。→p.216

⓱ **ドロミティ山系**
氷河のある最高峰マルモラーダ山Marmolada（3342m）など3000m級の山々が18峰も連なる。カルストが侵食され氷河によって削られた断崖絶壁、美しい湖など変化に富む景観が魅力。ドロミティの中心地はコルティナ・ダンペッツォ。全体は3つの州にまたがる。トレンティーノ・アルト・アディジェ州、ヴェネト州、フリウリ・ヴェネツィア・ジュリア州／●自然遺産。→p.22

⓲ **サン・ジョルジョ山**／●自然遺産。

⓳ **イタリアのロンゴバルド族：権勢の足跡**／ミラノの東93kmにあるブレシャ市のサン・サルヴァトーレ修道院など7ヵ所。

⓴ **アルプス山脈周辺の先史時代の杭上住居群**
ガルダ湖周辺やクレモナ郊外など19ヵ所にある紀元前5000年〜500年の遺跡。MAP p.6-A

㉑ **ピエモンテの葡萄畑の景観：ランゲ・ロエロ・モンフェッラート**

中世の塔の町サンジミニャーノ

イタリア中部

㉒ **モデナの大聖堂、鐘楼とグランデ広場**
12世紀ロマネスク様式のカテドラルとグランデ広場は当時最高水準の建築技術。→p.213

㉓ **フィレンツェ歴史地区**→p.154

㉔ **ピサのドゥオモ広場**→p.191

㉕ **シエナ歴史地区**→p.185

㉖ **サン・ジミニャーノ歴史地区**
13〜14世紀の塔が残る。→p.189

㉗ **ピエンツァ市街の歴史地区**
シエナの南方に位置する小さな町ピエンツァは、15世紀にローマ法皇ピオ2世が理想都市として、ルネサンスの建築家ロッセリーノに建築させた。トスカーナ州ピエンツァ。MAP p.6-E

㉘ **ヴァル・ドルチャ**
田園地帯が広がるラディコファニ、カスティリオー

ミネルヴァ神殿が残るアッシジ

カゼルタの18世紀の王宮

ネ・ドルチャ、サン・クゥイリコ・ドルチャ、ピエンツァ、モンタルチーノが自然保護地域に。トスカーナ州シエナ郊外。MAP p.6-D

㉙ ウルビーノ歴史地区→p.204

ローマとその周辺
㉚ トスカーナ地方のメディチ家ヴィラ群と庭園
㉛ アッシジ：フランチェスコ聖堂と関連修道施設群→p.141
㉜ ローマ歴史地区、教皇領とサン・パオロ・フオーリ・レ・ムーラ大聖堂→MAP p.68-J
㉝ ヴィラ・アドリアーナ
ハドリアヌス帝の別荘跡。→p.127
㉞ ティヴォリのエステ家別荘
数十種類の彫刻噴水が点在。→p.126
㉟ チェルヴェテリとタルクィニアのエトルリアのネクロポリ
ネクロポリとは墳墓遺跡。タルクィニアとチェルヴェテリ近郊のネクロポリは、エトルリア文化を今に伝える。ラツィオ州チェルヴェテリ、タルクィニア。→p.142

イタリア南部
㊱ ナポリ歴史地区
カンパーニャ州ナポリ。→p.319
㊲ ポンペイ、エルコラーノおよびトッレ・アヌンツィアータの遺跡地域→p.334～336
㊳ アマルフィ海岸→p.343～348
㊴ カゼルタの18世紀の王宮と公園、ヴァンヴィテッリの水道橋とサン・レウチョ邸宅群
ブルボン家・カルロス3世が、建築家ヴァンヴィテッリに造らせた城。海からの攻撃に備え、ベルサイユ宮殿以上の城を目指して造られた。カンパーニャ州カゼルタ。
㊵ パエストゥムとヴェリアの古代遺跡群を含むチレントとディアノ渓谷国立公園とパドゥーラのカルトジオ修道院
紀元前、ギリシア人によって築かれた植民地パエストゥム。平坦な草原に広がる神殿群、円形闘技場などが残る。カンパーニャ州パドゥーラ、パエストゥム。MAP p.7-I
㊶ アルベロベッロのトゥルッリ→p.352～353

ポンペイの遺構

㊷ デル・モンテ城
丘の上に建つ八角形のこの城は、1240年頃、神聖ローマ皇帝フェデリコ2世によって建てられた。皇帝の好んだ鷹狩も行われ、塔の一つは鷹の飼育小屋として使用されていた。プーリア州アンドリア。
㊸ マテーラの洞窟住居→p.354
古代の洞窟住居地が密集。

シチリア島とサルデーニャ島
㊹ エトナ山／●自然遺産　MAP p.357-B
㊺ アグリジェントの遺跡地域→p.368
㊻ ヴィラ・ロマーナ・デル・カサーレ
紀元前4世紀頃、古代ローマの王侯貴族達に愛されたシチリア中部の休養地。自然石で作られたローマ時代最大のモザイク装飾が施された宮殿が残り、当時の貴族達の優雅な生活をうかがい知ることができる。シチリア州ピアッツァ・アルメリーナ。
㊼ シラクーザとパンタリカ岸壁古墳→p.373
㊽ ヴァル・ディ・ノートの後期バロック様式の町々
バロック様式で造られた8つの町。シチリア州カルタジローネ、カターニャ、ミリテッロ・イン・ヴァル・ディ・カターニャ、モディカ、ノート、パラッツォロ・アクレイデ、ラグーサ、シクリ。
㊾ エオリエ諸島
シチリア島の北のティレニア海にY字型に浮かぶ島々。ストロンボリ火山をはじめ、活火山を含むこの島は自然遺産として登録される。シチリア州エオリエ諸島／●自然遺産。
㊿ スー・ヌラージ・ディ・バルーミニ
古代サルデーニャ人が地中海の外敵からの襲撃を防ぐために建てた砦がヌラーゲ。先史時代の重要な建造物だ。サルデーニャ州バルーミニ。
(51) パレルモのアラブ＝ノルマン様式建造物群及びチェファル大聖堂、モンレアーレ大聖堂
● 15世紀から17世紀のヴェネツィア共和国防衛施設群：スタート・ダ・テーラと西スタート・ダ・マール（注：3ヵ国にまたがる）
● カルパティア山脈とヨーロッパ各地の古代及び原生ブナ林／●自然遺産（注：12ヵ国にまたがる）

トラベルインフォメーション［イタリア編］

423

イタリアの世界遺産

とっておき情報

街全体が世界遺産といえるローマ

ローマ帝国の都として栄えたローマはフォロ・ロマーノなどの遺跡群とヴァチカン市国ほか16ヵ所が登録。そのなかで唯一、城壁外にあるサン・パオロ・フオーリ・レ・ムーラ大聖堂はローマ五大聖堂の一つ。4世紀に皇帝コンスタンティヌス1世が使徒パウロの墓の上に建てた教会堂をもとに、皇帝テオドシウス1世が大聖堂を建設。内部は「ヨハネの黙示録」の場面を表した壮大なモザイクが施されている。場所は地下鉄B線Basilica San Paolo駅からすぐ。

※サン・マリノ歴史地区とティターノ山（→p.207）、ヴァチカン市国（→p.100）も世界遺産に登録されている。

イタリア世界遺産マップ

Go to Italy

わがままイタリアトラブル対策はしっかりと

旅の安全と健康

緊急連絡先

日本大使館
Ambasciata del Giappone
ローマ●切りとり-5, p.71-C
Via Quintino Sella,60
☎06-487-991

日本総領事館
Consolato Generale del
Giappone
ミラノ MAP p.263-C
Via Privato Cesare Mangili, 2/4
☎02-6241141

警察Polizia ☎113
救急車Ambulanza ☎118

緊急時のイタリア語

●助けて! ●やめて!
Aiuto! Fermate!
●救急病院
Pronto Soccorso
●警察に電話してください
Chiami la polizia
●泥棒! つかまえて!
Un ladro! Fermatelo!
●救急車を呼んでください
Chiamatel' Ambulanza.
●医師を呼んでください
Mi chiami un dottore,perfavore.
●クレジットカードをなくしました
Ho perso la carta di credito.
●パスポートをなくしました
Ho Perso il passaporto.
●盗難証明書を作成してください
Faccia una dichiarazione difurto.

治安・疾病などの 情報収集はここで

●外務省領事局領事サービスセンター (海外安全担当)
☎03-3580-3311(内線2902、2903)
●外務省海外安全ホームページ
http://www.anzen.mofa.go.jp/
新型インフルエンザについては
上記サイトのほか、
在イタリア日本国大使館、
在ミラノ日本国総領事館のサイト
で確認を。
http://www.it.emb-japan.go.jp

旅先では、地理にうといことや気の緩み、日本人を狙った犯罪が多いことなどから思わぬトラブルに巻込まれがち。旅を楽しいものにするには、日本国内にいるときよりも危険が多いものだということを意識し、トラブル回避を心掛けよう。

イタリアの治安事情

イタリアの治安はけっしていいとはいえない。スリ、ひったくりなどの犯罪は多発している。レストランやカフェで椅子の背や足元に置いたバッグを盗られた、鉄道切符を買う間に床に置いたバッグがなくなったという事例も多い。パスポートや現金、クレジットカードなどの貴重品の管理はくれぐれも厳重に。

危機管理と自己責任

旅行を楽しみながらも、常に心の片隅で周囲を警戒し、事前に危機を回避する危機管理意識を持つことが大切だ。怪しい人がいたら、その場からすぐ離れる、やたらと親しげにつきまとう人には用心する、などして被害を未然に防ごう。

自分の身は自分で守るという「自己責任」が旅先での基本。貴重品は分散して肌身離さずに持つ、レストランでは荷物を足元に置かない（どうしても置かなければいけない場合は体の一部で常に触れておく）、高級ブランドのショッピングバッグをいくつもぶら下げて歩いたり、高級ブランド品や宝飾品を身に付けて歩くなどの目立つ振る舞いはしない、夜遅くなったら人目につきにくい暗い通りは歩かない、などの用心をすること。

知らない人に誘われて、その人の自宅について行くことや、ホテルの自分の部屋に招き入れるなどはもってのほか。また、押し売りにつきまとわれて閉口することもある。そんなときはあいまいな態度を取らず、「買わない」「要らない」ということを日本語でもいいから言い、毅然とした態度を示すこと。万一のために、旅程表を日本の家族に渡しておくことや、慣れない土地でぎりぎりのスケジュールで心身をすり減らすことがないよう、余裕のある日程を組むことも大切だ。

盗難・紛失・事故に遭ったら

●現金・パスポート
パスポートや現金などの貴重品を盗まれたり紛失したりしたら、すぐに現地の警察に行き、盗難／紛失証明書を作成してもらうこと。現金はまず戻って来ないが、帰国のための渡航書の発行や航空券の払い戻し請求の際にこの証明書が必要になる。

パスポートの発給には時間がかかるので、すぐに日本に帰る場合は、即日取得できる「帰国のための渡航書」を発給してもらう。

万一のために、パスポートやクレジットカード、海外旅行保険証の番号や緊急連絡先などをメモし、貴重品とは別の場所に保管しておく。持病のある人は英文の簡易診断書を用意しておくとさらに安心。

これには①紛失一般旅券等届出書（大使館や領事館にある）②盗難/紛失証明書③渡航書発給申請書（大使館や領事館にある）④戸籍謄（抄）本、または日本国籍があることを確認できる書類（免許証など）⑤写真2枚、が必要。手数料€20。

●クレジットカード
不正使用されないよう、すぐクレジットカード会社の現地窓口に連絡して、使用差し止め措置を取り、再発行の手続きを取る。現金もクレジットカードも盗られてしまった時、必要なお金を貸してくれるカード会社もある。万一の時のために、カード会社の海外連絡先を控えておこう。

病気・ケガをしたら

腹痛やカゼなどの比較的軽い病気やケガなら、ホテルに頼んで医師を紹介してもらうか、あるいは海外旅行保険の緊急連絡先に連絡して提携病院を紹介してもらう。

イタリアで医療を受けるには事前予約が必要となるうえ、病院で長い時間待たされることもある。こうした不便を解消するサービスが「メディコールイタリア」。365日24時間、イタリア全土で、日本語でホテルに医師を呼ぶことができる。医師往診料は8時〜20時が€250、20時〜8時が€300、医師派遣と医療にともなう通訳料は€200（ローマ、ミラノ、フィレンツェ、ヴェネツィアの場合）程度。医師往診料は、診察を受けた医師に現金で支払う。派遣・通訳料は現地で現金またはクレジットカードで払う（都市により異なる）。利用にはパスポートなどの身分証明書が必要。海外旅行保険加入者は領収書を保存し、帰国後に保険会社に請求することができる。現地の問い合わせ先は☎328-2320721。

持病がある人は英文簡易診断書を

慢性病や持病のある人は、旅行前に病院を受診して、医師からアドバイスを受けたり、旅行中に持参する薬を処方してもらうとよい。そのときに、ふだん飲んでいる薬の内容などを記した英文の治療証明書や簡易診断書を作成してもらい、旅行中、常に携帯していると安心だ。

また、慢性病や持病で薬の服用が欠かせない人は、万一の事故や災害にあった場合に備えて、薬を1週間分程度多めに持っていくことをおすすめする。薬は受託手荷物のスーツケースだけでなく、機内持ち込みの手荷物にも分散して入れておけば、ロストバゲージ（航空会社の手違いで、別の空港に荷物が送られてしまうこと。回送まで1日以上かかることも）に見舞われても、薬が飲めるので安心。

英文診断書を頼める医療機関

●日比谷クリニック（東京・有楽町）
☎03-3217-1105（代）
持病がある人が海外旅行するための簡易英文診断書、留学に必要な英文診断書など。完全予約制。有料。

病院での英語

●気分が悪いです　I feel sick.
●医者を呼んでください　Please get me a doctor.
●内科／インターナルメディシン internalmedicine
●外科／サージェリー surgery
●耳鼻咽喉科／オトラリンゴロジー otolaryngology
●頭痛がします　I have a headache.
●腹痛がします　I have a stomachache.
●目まいがします　I feel dizzy.
●下痢をしました　I have diarrhea.
●寒気がします　I have a chill.
●さしこむように痛む　A sharp pain.
●かゆい　itchy
●私は〇〇にアレルギーがあります　I'm allergic to 〇〇.
　抗生物質　アンティバヨティックス Antibiotics
●旅行保険に加入しています　I have travel accident insurance.
●保険用に診断書と領収書をください　May I have a medical certificate and receipt for my insurance？

日本人医師がいる医院

■ローマ
中田吉彦医院（内科一般。緊急は応診可）
⌂Via Monte del Gallo, 4
☎06-6381924
http://www.drnakada.org/
開月〜土曜（診察内容により異なる）、要予約（緊急時は不要）、パスポート、旅行保険証が必要、英語可

Index

さくいん

ローマ

見どころ

あ
アウグストゥス帝廟 …………… 95
ヴァチカン市国 ……………… 100
ヴァチカン美術館 …………… 103
ヴィラ・メディチ ………………… 95
ヴェネツィア広場 ……………… 96

か
カピトリーニ美術館 ………… 104
カラカラ浴場 ………………… 105
クィリナーレ宮殿 ……………… 92
国立絵画館（バルベリーニ宮殿）91
コロッセオ …………………… 105
コロンナ宮殿（コロンナ美術館）97

さ
サン・カッリストのカタコンベ … 106
サン・カルロ・アッレ・クアトロ・
　フォンターネ教会 …………… 93
サン・セバスティアーノ聖堂の
　カタコンベ ………………… 106
サンタ・マリア・ソプラ・
　ミネルヴァ教会 ……………… 99
サンタ・マリア・デッラ・
　ヴィットリア教会 ……………… 91
サンタ・マリア・デリ・
　アンジェリ教会 ……………… 90
サンタ・マリア・デル・ポポロ教会 …95
サンタ・マリア・マッジョーレ教会 …92
サンタンジェロ城 …………… 101
サンタンドレア・アル・
　クィリナーレ教会 …………… 92
サンティーヴォ・アッラ・
　サピエンツァ教会 …………… 99
サン・ピエトロ・イン・ヴィンコリ教会
　……………………………… 92
サン・ピエトロ大聖堂 ……… 102
サン・ピエトロ広場 ………… 101
サン・ルイージ・デイ・
　フランチェージ教会 ………… 99
ジェズ教会 …………………… 98
真実の口 ……………………… 105
スペイン広場 ………………… 94

た
チェチリア・メテッラの墓 … 106
ドミネ・クォヴァディス教会 … 106
ドーリア・パンフィーリ宮殿 … 97

トリニタ・デイ・モンティ教会 …95
トレヴィの泉 …………………… 97

な
ナヴォーナ広場 ……………… 99

は
蜂の噴水 ……………………… 92
バルベリーニ広場 …………… 91
パンテオン …………………… 99
フォロ・ロマーノ …………… 105
双子の教会 …………………… 95
ポポロ広場とポポロ門 ……… 95
ボルゲーゼ美術館 …………… 95

ま
マルクス・アウレリウスの記念柱 …97
モンテチトリオ宮殿 ………… 97

ら
ローマ国立博物館
　（アルテンプス宮）………… 99
ローマ国立博物館
　（ディオクレツィアヌスの浴場跡）…91
ローマ国立博物館（マッシモ宮殿）
　……………………………… 91

ショッピング

あ
アイスバーグ ………………… 110
ヴィットリオ・ヴェネト通り … 107
エスカーダ …………………… 109
エトロ ………………………… 110
エルメス ……………………… 109

か
カストローニ ………………… 112
カルティエ …………………… 109
キコ …………………………… 111
グッチ ………………………… 108
クリスチャン・ディオール…… 109
ケツァルコアトル …………… 112
コーラ・ディ・リエンツォ通り … 107
コルソ通り …………………… 107
コンドッティ通り …………… 107

さ
サルヴァトーレ・フェラガモ … 108
サンタ・マリア・ノヴェッラ薬局 … 111
ジャンニ・ヴェルサーチ …… 109
シャネル ……………………… 108
ステファネル ………………… 110
セルモネータ・グローブス …… 111

た
トッズ ………………………… 110
トリトーネ通り ……………… 107

な
ニア …………………………… 110

は
フェミニリタ ………………… 111
プラダ ………………………… 108
フランキ ……………………… 112
ブルガリ ……………………… 108
ブルマリン …………………… 110
ペッリカーノ ………………… 110
ポデーレ・ヴェッチアーノ … 112

ま
マックスアンドコー ………… 110
マックスマーラ ……………… 109
マレーラ ……………………… 110
モリオンド＆ガリーリオ …… 111

ら
ラ・ペオニア ………………… 112
リナシェンテ ………………… 112
ルイ・ヴィトン ……………… 108
ルコライン …………………… 111

レストラン …………… 113
ホテル …………… 118

ローマ起点の旅

見どころ

あ
アルバーノ・ラツィアーレ
　（カステッリ・ロマーニ）… 129
ヴィラ・アドリアーナ（ティヴォリ）
　……………………………… 127
ヴィラ・グレゴリアーナ（ティヴォリ）…127
ヴィラ・デステ（ティヴォリ）…126
エトルリア門（ペルージャ）…138
オスティア博物館（オスティア・
　アンティーカ）……………… 125

か
カステル・カンドルフォ
　（カステッリ・ロマーニ）…… 129
カテドラル（ペルージャ）…… 137
教皇の宮殿（ヴィテルボ）…… 131
グッビオ（ウンブリア）……… 142
劇場（オスティア・アンティーカ）…125
コッレッジョ・デル・
　カンビオ（ペルージャ）…… 137
国立ウンブリア考古学博物館

（ペルージャ）‥‥‥‥‥ 138
国立ウンブリア美術館
（ペルージャ）‥‥‥‥‥ 137
コムーネ広場（アッシジ）‥‥‥ 141
さ
サンタ・キアーラ教会（アッシジ）‥‥141
サン・ダミアーノ修道院
（アッシジ）‥‥‥‥‥‥ 141
サンタ・ローザ教会（ヴィテルボ）‥131
サン・パトリツィオの井戸
（オルヴィエート）‥‥‥ 134
サン・ピエトロ教会（ペルージャ）‥138
サン・フランチェスコ聖堂
（アッシジ）‥‥‥‥‥‥ 141
サン・ペレグリーノ通り
（ヴィテルボ）‥‥‥‥‥ 132
サン・ロレンツォ聖堂（ヴィテルボ）‥131
市立博物館（ヴィテルボ）‥‥‥ 132
11月4日広場（ペルージャ）‥‥137
スポレート（ウンブリア）‥‥‥ 142
た
タルクィニア（ラツィオ）‥‥‥ 142
チェルヴェテリ（ラツィオ）‥‥‥142
地下洞窟（オルヴィエート）‥‥ 134
ディアーナの家（オスティア・
アンティーカ）‥‥‥‥‥ 125
ドゥオモ（オルヴィエート）‥‥134
な
ネプチューンの浴場（オスティア・
アンティーカ）‥‥‥‥‥ 124
は
フラスカーティ（カステッリ・
ロマーニ）‥‥‥‥‥‥‥ 129
プリオーリ宮殿（ペルージャ）‥137
ま
マリーノ（カステッリ・ロマーニ）‥129
ら
ロッカ・マッジョーレ（アッシジ）‥141

レストラン
あ
アルトロモンド（ペルージャ）‥‥ 139
イル・カンティノーネ（ペルージャ）
‥‥‥‥‥‥‥‥‥‥‥‥ 138
イル・モナステロ（ヴィテルボ）‥‥ 132
た
ツェッペリン（オルヴィエート）‥‥135
ダ・チェザリーノ（ペルージャ）‥‥138
は
ファルケット（ペルージャ）‥‥ 138
ラ・ザッフェラ（ヴィテルボ）‥‥ 132
ワイン・バルトロ・オステリア
（ペルージャ）‥‥‥‥‥ 138

ホテル
ヴィテルボ‥‥‥‥‥‥‥‥ 132
オルヴィエート‥‥‥‥‥‥ 135
ペルージャ‥‥‥‥‥‥‥‥ 139

フィレンツェ

見どころ
あ
アカデミア美術館‥‥‥‥‥ 157
ヴェッキオ宮殿（市庁舎）‥‥ 159
ウフィツィ美術館‥‥‥‥‥ 160
か
近代美術館‥‥‥‥‥‥‥ 163
考古学博物館‥‥‥‥‥‥ 157
孤児養育院‥‥‥‥‥‥‥ 157
サン・ジョヴァンニ洗礼堂‥‥ 155
サンタ・クローチェ教会‥‥‥ 159
サン・マルコ美術館‥‥‥‥ 156
ジョットの鐘楼‥‥‥‥‥‥ 155
シニョリーア広場‥‥‥‥‥ 158
ストロッツィ宮殿‥‥‥‥‥ 159
た
ダンテの家‥‥‥‥‥‥‥ 155
ドゥオモ‥‥‥‥‥‥‥‥ 154
ドゥオモ美術館‥‥‥‥‥‥ 155
は
パッツィ家礼拝堂‥‥‥‥‥ 159
パラティーナ美術館‥‥‥‥ 162
バルジェッロ国立美術館‥‥‥ 159
ピッティ宮殿‥‥‥‥‥‥‥ 162
ボーボリ庭園‥‥‥‥‥‥‥ 163
ポンテ・ヴェッキオ‥‥‥‥ 159
ま
メディチ家礼拝堂‥‥‥‥‥ 155

ショッピング
あ
ヴェストリ‥‥‥‥‥‥‥ 170
エミリオ・プッチ‥‥‥‥‥ 167
エルメス‥‥‥‥‥‥‥‥ 167
エルメネジルド・ゼニア‥‥‥ 167
オフィチーナ・デ・トルナブオーニ‥170
か
カルティエ‥‥‥‥‥‥‥ 168
グッチ‥‥‥‥‥‥‥‥‥ 166
さ
サルヴァトーレ・フェラガモ‥‥166
サンタ・マリア・ノヴェッラ薬局‥170
ジュリオ・ジャンニ・エ・フィリオ‥170

ジョイア・デッラ・カーザ‥‥‥ 168
た
タッデイ‥‥‥‥‥‥‥‥ 170
チェッレリーニ‥‥‥‥‥‥ 168
ティファニー‥‥‥‥‥‥‥ 166
は
プラダ‥‥‥‥‥‥‥‥‥ 166
フルラ‥‥‥‥‥‥‥‥‥ 168
ペーニャ‥‥‥‥‥‥‥‥ 168
ボッテガ・ヴェネタ‥‥‥‥ 167
ま
マックスマーラ‥‥‥‥‥‥ 166
マドヴァ‥‥‥‥‥‥‥‥ 170
ミス・シックスティ‥‥‥‥ 168
ミュウミュウ‥‥‥‥‥‥‥ 167
ら
ルイ・ヴィトン‥‥‥‥‥‥ 166
ロロ・ピアーナ‥‥‥‥‥‥ 167

レストラン　171
ホテル　175
フィレンツェ起点の旅

見どころ
あ
エステンセ城（フェッラーラ）‥217
エステンセ図書館（モデナ）‥214
エステンセ美術館（モデナ）‥214
か
ガッラ・プラチーディアの霊廟
（ラヴェンナ）‥‥‥‥‥ 197
カテドラル（モデナ）‥‥‥‥ 214
カテドラル（フェッラーラ）‥‥ 217
カテドラル美術館（フェッラーラ）‥ 217
カンポ広場（シエナ）‥‥‥‥ 185
共和国宮殿（サン・マリノ共和国）
‥‥‥‥‥‥‥‥‥‥‥‥ 208
グイニージの塔（ルッカ）‥‥ 195
グランド・ホテル・テルメ
（キャンチャーノ・テルメ）‥ 179
グロッタ・ジュスティ
（モンスマーノ・テルメ）‥ 179
皇帝の城（プラート）‥‥‥‥ 184
国立絵画館（シエナ）‥‥‥‥ 188
国立絵画館（ボローニャ）‥‥ 203
国立美術館（パルマ）‥‥‥‥ 211
コレッジオ通り（サン・
マリノ共和国）‥‥‥‥‥ 209
さ
サン・ヴィターレ聖堂（ラヴェンナ）‥197

レファレンス

427　さくいん

サン・ジョヴァンニ・エヴァンジェリ
スタ教会（パルマ）・・・・・・・・・ 212
サンタゴスティーノ教会
　（サン・ジミニャーノ）・・・・・・ 190
サンタポリナーレ・イン・
　クラッセ聖堂（ラヴェンナ）　198
サンタポリナーレ・ヌオヴォ聖堂
　（ラヴェンナ）・・・・・・・・・・・・・・ 198
サン・フランチェスコ教会
　（サン・マリノ共和国）・・・・・ 208
サン・フレディアーノ教会（ルッカ）・・・ 194
サン・ペトローニオ大聖堂
　（ボローニャ）・・・・・・・・・・・ 201
サン・ミケーレ・イン・フォロ教会
　（ルッカ）・・・・・・・・・・・・・・・・194
参事会教会（サン・ジミニャーノ）・・・189
市庁舎（ボローニャ）・・・・・・・ 202
斜塔（ピサ）・・・・・・・・・・・・・・・ 192
斜塔（ボローニャ）・・・・・・・・・ 202
鐘楼（モデナ）・・・・・・・・・・・・ 214
市立考古学博物館（ボローニャ）・・・202
市立博物館（プラート）・・・・・・ 184
スキファノイア宮殿（フェッラーラ）
　・・・・・・・・・・・・・・・・・・・・・・・・・ 218
洗礼堂（シエナ）・・・・・・・・・・ 186
洗礼堂（パルマ）・・・・・・・・・・ 211
洗礼堂（ピサ）・・・・・・・・・・・・ 192
た
大司教区博物館（ラヴェンナ）・・・199
大聖堂　（シエナ）・・・・・・・・・ 186
大聖堂付属美術館（シエナ）　186
テルメ・ディ・サトゥルニア
　（サトゥルニア）・・・・・・・・・・・ 179
展望台（フィエーゾレ）・・・・・・ 182
ディアマンティ宮殿（国立絵画館）
　（フェッラーラ）・・・・・・・・・・ 218
ドゥオモ（パルマ）・・・・・・・ 211
ドゥオモ（ピサ）・・・・・・・・・・ 192
ドゥオモ（プラート）・・・・・・ 184
ドゥオモ（ルッカ）・・・・・・・・ 194
ドゥオモ広場（サン・ジミニャーノ）
　・・・・・・・・・・・・・・・・・・・・・・・・・ 190
ドゥカーレ宮（ウルビーノ）・・・ 205
トスカニーニの生家（パルマ）212
な
ネオニアーノ洗礼堂（ラヴェンナ）
　・・・・・・・・・・・・・・・・・・・・・・・・・ 199
ネプチューンの噴水（ボローニャ）・・・ 201
は
バンディーニ美術館（フィエーゾレ）・・・183
ファルネーゼ劇場（パルマ）・・・211
ポデスタ宮殿（執政官宮殿）
　（ボローニャ）・・・・・・・・・・ 202
ポポロ宮殿（サン・ジミニャーノ）
　・・・・・・・・・・・・・・・・・・・・・・・・・ 190

ま
マッジョーレ広場（ボローニャ）・・・201
マンジャの塔（シエナ）・・・・・・・ 185
ら
ラファエロの生家（ウルビーノ）
　・・・・・・・・・・・・・・・・・・・・・・・・・ 205
ローマ劇場跡（フィエーゾレ）182
ローマ広場（ウルビーノ）・・・206
ロッカ（サン・マリノ共和国）・・・208

ショッピング
ま
マレッティ（モデナ）・・・・・・・・・ 215

レストラン
あ
アル・マンジャ（シエナ）・・・・・・ 188
アンティカ・オステリア・ダ・ディーヴォ
　（シエナ）・・・・・・・・・・・・・・・・・・188
ヴィーコロ・コロンビーナ
　（ボローニャ）・・・・・・・・・・・ 203
ウーヴァ・ドーロ（モデナ）・・・ 215
オステリア・デイ・ミッレ（ピサ）・・・192
オステリア・デル・マンツォ
　（ルッカ）・・・・・・・・・・・・・・・ 195
か
カビリア（ラヴェンナ）・・・・・・ 199
グイド（フェッラーラ）・・・・・・ 218
た
ダ・ダニーロ（モデナ）・・・・・・・ 215
トラットリア・ジャンニ
　（ボローニャ）・・・・・・・・・・・203
トラットリア・ダ・レオ（ルッカ）・・・ 195
は
バギーノ（プラート）・・・・・・・・・ 184
フランコ（ウルビーノ）・・・ 206
ベッラヴィスタ（サン・マリノ共和国）
　・・・・・・・・・・・・・・・・・・・・・・・・・ 209
ペルセウス（フィエーゾレ）・・・ 183
ら
ラ・ブーカ・ディ・サンタントニオ
　（ルッカ）・・・・・・・・・・・・・・・195
ラ・フォルナリーナ（ウルビーノ）・・・ 206
ラ・レッジア（フィエーゾレ）・・・183
リギ・ラ・タベルナ
　（サン・マリノ共和国）・・・ 209
ルッジェーラ（モデナ）・・・・・・・ 215

ホテル
ウルビーノ・・・・・・・・・・・・・・・ 206
サン・ジミニャーノ・・・・・・・・ 190
サン・マリノ共和国・・・・・・・・ 209

パルマ・・・・・・・・・・・・・・・・・・・ 212
ピサ・・・・・・・・・・・・・・・・・・・・・ 192
フェッラーラ・・・・・・・・・・・・・ 218
ボローニャ・・・・・・・・・・・・・・・ 203
モデナ・・・・・・・・・・・・・・・・・・・ 215
ラヴェンナ・・・・・・・・・・・・・・・ 199
ルッカ・・・・・・・・・・・・・・・・・・・ 195

ヴェネツィア

見どころ
あ
アカデミア美術館　・・・・・・・・ 236
魚市場　・・・・・・・・・・・・・・・・・ 235
か
カ・グランデ（コルネル宮殿）・・・ 233
カ・ドーロ・・・・・・・・・・・・・・・ 234
カ・フォスカリ・・・・・・・・・・・ 235
カ・ペーザロ・・・・・・・・・・・・・ 235
カ・レッツォーニコ・・・・・・・ 235
コッレール美術館・・・・・・・・・・ 233
さ
サン・ジョルジョ・マッジョーレ教会・・・ 233
サン・マルコ大聖堂・・・・・・・・ 232
サン・マルコ信徒会堂・・・・・・ 233
サン・マルコ広場・・・・・・・・・・ 232
サン・ロッコ大信徒会堂・・・・・ 235
サンタ・マリア・グロリオーザ・デイ・
　フラーリ教会・・・・・・・・・・・・・・ 235
サンタ・マリア・デイ・
　ミラーコリ教会・・・・・・・・・・ 233
サンタ・マリア・デッラ・
　サルーテ教会・・・・・・・・・・・・ 236
た
ドゥカーレ宮殿・・・・・・・・・・・ 232
トルチェッロ島・・・・・・・・・・・ 237
は
ブラーノ島・・・・・・・・・・・・・・・ 237
ペギー・グッゲンハイム・
　コレクション・・・・・・・・・・・・ 236
ま
ムラーノ島・・・・・・・・・・・・・・・ 237
ら
ラ・フェニーチェ劇場・・・・・・ 233
リアルト橋・・・・・・・・・・・・・・・ 233
リド島・・・・・・・・・・・・・・・・・・・ 237

ショッピング
あ
イル・パピロ・・・・・・・・・・・・・ 239
か
カ・マカナ・・・・・・・・・・・・・・・ 239

グッチ ……………… 238
カリスマ ……………… 239
ケレル ……………… 239
は
ボッテガ・ヴェネタ ……… 238
ら
リゾラ ……………… 239
レ・ベルレ ……………… 239

レストラン ……240
ホテル ……………… 242

ヴェネツィア起点の旅

見どころ

あ
アレーナ（ヴェローナ）……… 252
アンドレア・パッラーディオ通り
（ヴィチェンツァ）……… 250
エルベ広場（ヴェローナ）…… 252
エレミターニ教会（パドヴァ）……247
エレミターニ市立博物館（パドヴァ）
…………………… 246
オリンピコ劇場（ヴィチェンツァ）251
か
カステル・ヴェッキオ（ヴェローナ）… 254
旧裁判所（パドヴァ）……… 248
さ
サン・ジュスト聖堂（トリエステ）… 256
サン・ジュスト城（トリエステ）… 256
サン・ゼーノ・マッジョーレ教会
（ヴェローナ）……… 254
サンタナスターシア教会
（ヴェローナ）……… 254
サンタントニオ大聖堂（パドヴァ）
…………………… 248
シニョーリ広場（ヴェローナ）…253
ジュリエットの家（ヴェローナ）254
市立美術館（ヴィチェンツァ）251
スクロヴェーニ礼拝堂（パドヴァ）
…………………… 246
洗礼堂（パドヴァ）………… 247
は
バシリカ・パラディアーナ
（ヴィチェンツァ）……… 250
パドヴァ大学（パドヴァ）… 247
バルバラン館（ヴィチェンツァ）250
ら
レヴォルテッラ博物館（トリエステ）… 256
ローマ劇場（ヴェローナ）…… 254

レストラン

あ
アイ・フィオーリ（トリエステ）…256
アンティコ・ブローロ（パドヴァ）
…………………… 248

ホテル

パドヴァ ……………… 248
ヴィチェンツァ ……………… 251
ヴェローナ ……………… 254
トリエステ ……………… 256

ミラノ

見どころ

あ
ヴィットリオ・エマヌエーレ2世
ガレリア ……………… 267
王宮 ……………… 266
か
近代美術館 ……………… 267
さ
最後の晩餐 ……………… 269
サン・ロレンツォ・マッジョーレ教会
…………………… 270
サンタ・マリア・デッレ・グラツィエ教会
…………………… 268
サンタンブロージョ教会 …… 269
スカラ座 ……………… 267
スフォルツェスコ城美術館 … 267
た
ドゥオモ ……………… 266
な
ナヴィリオ地区 ……………… 270
は
ブレラ絵画館 ……………… 267
ポルディ・ペッツォーリ美術館
…………………… 267
ら
レオナルド・ダ・ヴィンチ科学技術
博物館 ……………… 269

ショッピング

あ
アルベルタ・フェレッティ … 276
イータリー・ミラノ・スメラルド… 279
イル・サルマイオ ……………… 279
エトロ ……………… 273
エルメネジルド・ゼニア …… 276
エンポリオ・イゾラ ………… 278

か
カヴァッリ・エ・ナストリ …… 278
ガリバルディ地区………… 272
キッチン……………… 280
グッチ……………… 273
さ
サルヴァトーレ・フェラガモ… 273
サンタンドレア通り……… 272
ジャンニ・ヴェルサーチ … 273
ジョルジオ・アルマーニ … 276
スパツィオ・ロッサーナ・オルランディ… 277
スピガ通り……………… 272
セルジオ・ロッシ ……… 277
ソサエティ ……………… 278
た
DAAD ………………… 278
ディエチ・コルソ・コモ……… 278
トリエンナーレ・ストア… 280
ドルチェ＆ガッバーナ ……… 273
な
ナヴァ ……………… 280
は
ハイテック ……………… 279
パリーニ・ドロゲリア…… 280
プビ・ソラーリ ……… 278
プラダ ……………… 273
ブルガリ ……………… 277
ブルマリン ……………… 276
ブレラ地区……………… 272
ペック ……………… 279
ボッテガ・ヴェネタ ……… 276
ま
マックスマーラ ……… 277
ミッソーニ ……………… 276
ミラノ・リブリ ……… 279
モンテ・ナポレオーネ通り…… 272
ら
ラ・ペルラ ……………… 277
リナシェンテ ……………… 279
ルイ・ヴィトン ……… 277
レブス ……………… 280
レルボラリオ ……………… 280

レストラン ……281
ホテル ……………… 284

ミラノ起点の旅

見どころ

あ
アカデミア・カッラーラ美術館（ベルガモ）…295

レファレンス

429 さくいん

赤の邸館（ジェノヴァ）……… 308
ヴァイオリン博物館（パヴィア）… 300
ヴィスコンティ博物館（パヴィア）…296
ヴィラ・オルモ（コモ湖）… 291
ヴェッキア広場（ベルガモ）… 295
エジプト博物館（トリノ）… 317
エドアルド・キオッソーネ
　東洋美術館（ジェノヴァ）… 308
王宮（ジェノヴァ）……………… 307
王宮（トリノ）………………… 317

か
ガリバルディ通り（ジェノヴァ）…307
ガルダ（ガルダ湖）………… 302
コッレオーニ礼拝堂（ベルガモ）… 295
コペルト橋（パヴィア）……… 298
コムーネ宮殿（クレモナ）……300
コロンブスの生家（ジェノヴァ）…309

さ
サンタ・マリア・マッジョーレ教会
　（ベルガモ）……………… 295
サンタンドレア大聖堂（マントヴァ）
　…………………………… 304
サン・ピエトロ・イン・チエル・ドーロ
　教会（パヴィア）………… 297
サン・ミケーレ教会（パヴィア）298
シルミオーネ（ガルダ湖）… 302
ストレーザ（マッジョーレ湖）…293
スピーノラ国立美術館（ジェノヴァ）
　…………………………… 308
市立博物館（クレモナ）… 300
白の邸館（ジェノヴァ）……… 307

た
ターラント荘（マッジョーレ湖）293
チェルノッビオ（コモ湖）…… 291
テ宮殿（マントヴァ）……… 305
ドゥオモ（クレモナ）……… 299
ドゥオモ（パヴィア）……… 297
ドゥカーレ宮殿（マントヴァ）…304

は
ブラウン城（ポルトフィーノ）…311
パヴィア大学（パヴィア）…… 297
バルビ通り（ジェノヴァ）… 307
ボッロメオ諸島（マッジョーレ湖）
　…………………………… 293

ま
マダマ宮殿（トリノ）……… 317
マッテオッティ広場（ジェノヴァ）…308
マルチェージネ（ガルダ湖）… 302
モーレ・アントネッリアーナ（トリノ）
　…………………………… 318

レ ストラン

あ
アクイラ・ニグラ・ラ・ドゥカーレ

（マントヴァ）……… 305
オステリア・デッラ・マローラ
　（パヴィア）……………… 298

さ
サンタテレサ（ジェノヴァ）… 309

た
デッラ・マドンナ・ダ・ベオ
　（パヴィア）……………… 298
ドゥエ・モンディ（トリノ）… 318
トラットリア・ドゥエ・カヴァリーニ
　（マントヴァ）…………… 305

ら
レ・テラッツェ・デル・ドゥカーレ
　（ジェノヴァ）…………… 309

ホ テル

クレモナ ……………………… 300
コモ湖 ………………………… 291
サンタ・マルゲリータ・リグレ… 312
サン・レモ …………………… 315
ジェノヴァ …………………… 309
チンクエテッレ、サン・レモ… 315
トリノ ………………………… 318
パヴィア ……………………… 298
ベルガモ ……………………… 295
ポルトフィーノ ……………… 311
マッジョーレ湖 ……………… 293
マントヴァ …………………… 305

ナポリ

見 どころ

あ
ウンベルト1世のガレリア … 327
王宮 …………………………… 326

か
カステル・ヌオヴォ ………… 327
国立カポディモンテ美術館… 329
国立考古学博物館 …………… 328
国立陶磁器博物館 …………… 329

さ
サン・カルロ歌劇場 ………… 327
サン・マルティーノ修道院 … 329
サンタ・キアーラ教会 ……… 328
サンテルモ城 ………………… 329
ジェズ・ヌオヴォ教会 ……… 328
スパッカ・ナポリ …………… 328

た
ドゥオモ ……………………… 328
卵城 …………………………… 327

は
プレビシート広場…………… 326

レ ストラン……330
ホ テル………………… 331

ナポリ起点の旅

見 どころ

あ
アポロの神殿（ポンペイ）… 335
アラゴン家の城（イスキア島）342
青の洞窟（カプリ島）……… 339
ヴィラ・サン・ミケーレ（カプリ島）
　…………………………… 339
ヴィラ・ヨーヴィス（カプリ島）339
ヴェッティの家（ポンペイ）… 336
円形劇場（サルデーニャ）… 350
黄金のキューピッドの家（ポンペイ）
　…………………………… 336

か
カテドラル（バーリ）……… 351
カテドラル（マテーラ）…… 354
カリグラ帝の凱旋門（ポンペイ）336
コッレアーレ・ディ・テッラノーヴァ
　博物館（ソレント）……… 337
国立考古学博物館（サルデーニャ）
　…………………………… 350

さ
サンタ・マリア・アッスンタ教会
　（ポジターノ）…………… 344
サン・パンクラツィオの塔
　（サルデーニャ）………… 350
サン・ミケーレ教会（カプリ島）340
サン・レミの城壁（サルデーニャ）… 349
ジュピターの神殿（ポンペイ）336
聖ソフィア教会（カプリ島）… 339

た
大劇場と小劇場（ポンペイ）…336
大砲の展望台（カプリ島）… 339
ドゥオモ（アマルフィ）……… 347
ドゥオモ広場（アマルフィ）… 347
トゥルッリ（アルベロベッロ）… 353

な
ノルマーノ・スヴェーヴォ城（バーリ）
　…………………………… 351

は
バシリカ（ポンペイ）……… 335
秘儀荘（ポンペイ）………… 336
ファウノの家（ポンペイ）…… 336
フォロ（広場）（ポンペイ）… 335

フォロの浴場（ポンペイ）… 335
ポセイドン（イスキア島）…… 342

ま
マリーナ・グランデ（カプリ島）338
マリーナ・ピッコラ（カプリ島）339
ムリーニ通り（ポジターノ）… 344

ショッピング
あ
エルメス（カプリ島）………… 340
か
グッチ（カプリ島）…………… 340
さ
サルヴァトーレ・フェラガモ
　（カプリ島）………………… 340

レストラン
あ
ヴィラ・ヴェルデ（カプリ島）…340
さ
ザッカリア（アマルフィ）…… 348
サン・アンドレア（アマルフィ）
………………………………… 347
た
ダ・ヴィンチェンツォ（ポジターノ）… 345
は
ブカ・ディ・バッコ（カプリ島）340
ら
ラブシデ（アマルフィ）…… 347
レ・トレ・ソレッレ（ポジターノ）… 345

ホテル
アマルフィ ……………………… 348
アルゲーロ ……………………… 350
イスキア島……………………… 342
カプリ島………………………… 341
サルデーニャ …………………… 350
ソレント ………………………… 337
ポジターノ ……………………… 345

シチリア

見どころ
あ
アポロ神殿（シラクーザ）… 374
アレトゥーザの泉（シラクーザ）374
ウルシーノ城（カターニャ）… 372
ウンベルト1世通り（タオルミーナ）
………………………………… 367

エルコーレ神殿（アグリジェント）
………………………………… 370
か
カテドラル（パレルモ）……… 361
ギリシア劇場（シラクーザ）… 373
ギリシア劇場（タオルミーナ）… 367
クアトロ・カンティ（パレルモ）… 361
考古学博物館（パレルモ）… 362
国立考古学博物館（アグリジェント）
………………………………… 370
コンコルディア神殿（アグリジェント）
………………………………… 369
さ
サン・カタルド教会（パレルモ）
………………………………… 361
サン・ジョヴァンニ・デリ・エレミティ
教会（パレルモ）………… 362
サン・ジョヴァンニ教会（シラクーザ）
………………………………… 374
シチリア州立美術館（パレルモ）
………………………………… 362
ジュノーネ神殿（アグリジェント）
………………………………… 369
ジョヴェ・オリンピコ神殿
　（アグリジェント）………… 369
僧院の回廊（モンレアーレ）…365
た
天国の石切り場（シラクーザ）373
ドゥオモ（シラクーザ）……… 374
ドゥオモ（モンレアーレ）…… 364
ドゥオモ広場（カターニャ）… 372
な
ノルマン宮殿（パレルモ）… 362
は
パオロ・オルシ考古学博物館
　（シラクーザ）……………… 374
プレトーリア広場（パレルモ）361
ベッリアーノ博物館（カターニャ）
………………………………… 372
ら
ラ・マルトラーナ（パレルモ）…361
ローマ円形劇場（カターニャ）
………………………………… 372
ローマ円形劇場（シラクーザ）
………………………………… 373

レストラン
た
ダ・ロレンツォ（タオルミーナ）367
ら
ラ・グリーリア（タオルミーナ）367
ラ・スクデリア（パレルモ）363

ホテル
アグリジェント ……………… 370
カターニャ …………………… 372
シラクーザ……………………… 374
タオルミーナ ………………… 367
パレルモ ……………………… 363

旅の基本情報
イタリアの気候 ………………… 12
海外旅行傷害保険 …………… 385
帰国（日本への帰国）……… 406
薬 ………………………………… 388
携帯電話 ………………………… 389
個人旅行のポイント ………… 382
コンセント／電圧／プラグ…… 12
時差 ……………………………… 13
祝祭日とイベント …………… 417
食事のマナー ………………… 421
宅配便 ………………………… 417
治安 …………………………… 424
チップ……………………………… 11
日帰り現地ツアー ……………164
通貨と両替 …………………… 386
鉄道（イタリア国内の移動）…409
鉄道（EU内から入国）……… 405
鉄道パス ……………………… 390
鉄道路線図 ……………………… 8
電話 …………………………… 414
トイレ ………………………… 417
盗難・紛失・事故に遭ったら…424
入国（イタリアへの入国）… 404
バス …………………………… 411
パスポート …………………… 384
バールの上手な利用法 …… 421
飛行機（イタリア国内の移動）…408
ビザ …………………………… 384
ビジネスアワー …………………… 12
病気・ケガをしたら ………… 425
フェリー ……………………… 411
ホテルのサービス／種類 … 419
水 ………………………………… 12
免税の範囲 …………… 406,418
持ち物プランニング ……… 388
郵便 …………………………… 416
旅行関連ホームページ ………60
レストランでの注文 ………… 420
レストランの種類 …………… 420
レンタカー …………………… 412

レファレンス

431

さくいん

Staff

Producer
飯田敏子 Toshiko IIDA

Writers
飯田敏子 Toshiko IIDA
竹内花音 Kanari TAKEUCHI
　フリーライター。ローマ、オスティア・アンティーカ、ティヴォリ、カステッリ・ロマーニ、ナポリ、ポンペイ、カプリ島を執筆。
甲斐美也子 Miyako KAI
　フリーライター。日本での準備編、ペルージャ、ラヴェンナ、ボローニャ、ヴェローナを執筆。
望月いづみ Izumi MOCHIZUKI
　フリーライター。フィレンツェ、ヴェネツィア、ミラノの観光とホテルガイドを執筆。
江藤誌惠 Fumie ETO
　特集などを執筆。
柴田香葉美 Kayomi SHIBATA
　フリーライター。現地での基礎知識を執筆。

Assistant Writers
藤原裕之 Hiroyuki FUJIWARA
　フィエーゾレ、プラート、ルッカ、モデナ、フェッラーラ、トリノの取材を担当。
中嶋弥生 Yayoi NAKAJIMA
　ヴィテルボ、サン・マリノ共和国、ウルビーノ、アマルフィ、ポジターノの取材を担当。
佐久間由美子 Yumiko SAKUMA
　パヴィア、トリエステ、ジェノヴァ、マントヴァ、パドヴァの取材を担当。

Photographers
末永尚人 Hisato SUENAGA
　フリーカメラマン。本書の大半の写真を担当。
飯田敏子 Toshiko IIDA
　フィレンツェ、ピサ、アッシジ、北部を担当。
箕輪 均 Hitosi MINOWA
　フリーカメラマン
大平信隆 Nobutaka OHIRA
　建築史家

Art Director
(有)リブアート Liveart
山田晴久 Haruhisa YAMADA

Designers・Illustrators
デザイン倶楽部
住中るみ子 Rumiko SUMINAKA

(有)リブアート Liveart
山田詩季子 Shikiko YAMADA
蜂谷由実子 Yumiko HACHIYA
オムデザイン OMU
道信勝彦 Katsuhiko MICHINOBU
　目次、出発日検討カレンダーほか、シリーズ共通ページのデザインを担当。
岡本倫幸 Tomoyuki OKAMOTO
　空港に行く(p.392〜402)のページデザイン、空港平面図を担当。

Map Production
(株)千秋社 Sensyu-sya
　イタリア全図、広域地図、各都市地図などを制作。
(株)ジェオ GEO
　美術館平面マップなどを制作。

Map Design,Graphic Map
(株)チューブグラフィックス TUBE
木村博之 Hiroyuki KIMURA
　地図デザインと、鉄道路線図(p.8〜9)

Cover Designer
鳥居満智栄 Machie TORII

Editorial Cooperation
(株)千秋社 Sensyu-sya
舟橋新作 Shinsaku FUNAHASHI
(有)ハイフォン Hyfong
　横山 透 Toru YOKOYAMA
　横山 和希 Kazuki YOKOYAMA
林 弥太郎 Yataro HAYASHI
　(カナディアンネットワーク Canadian Network)
河野貴子 Takako KAWANO
森高由美 Yumi MORITAKA
高砂雄吾 Yugo TAKASAGO
マイケル・ネンディック Michael NENDICK

Special thanks to:
マルコ・ドナティ
Marco DONATI (取材協力)
アントニオ・クァリエリ
Antonio QUAGLIERI (イタリア語監修)
佐藤修一 Shuichi SATO (編集協力)

わがまま歩き…⑬「イタリア」　　　　ブルーガイド

2018年7月11日　第12版第1刷発行

編　集………ブルーガイド編集部
発行者………岩野裕一
ＤＴＰ………(株)千秋社
印刷・製本…大日本印刷(株)

発行所………株式会社実業之日本社 www.j-n.co.jp
　　　　　　〒153-0044　東京都目黒区大橋1-5-1 クロスエアタワー8階
　　　　　　電話【編集・広告】☎03-6809-0452　【販売】☎03-6809-0495

●本書の一部あるいは全部を無断で複写・複製(コピー、スキャン、デジタル化等)・転載することは、法律で定められた場合を除き、禁じられています。また、購入者以外の第三者による本書のいかなる電子複製も一切認められておりません。
●落丁・乱丁(ページ順序の間違いや抜け落ち)の場合は、ご面倒でも購入された書店名を明記して、小社販売部あてにお送りください。送料小社負担でお取り替えいたします。ただし、古書店等で購入したものについてはお取り替えできません。
●定価はカバーに表示してあります。　●実業之日本社のプライバシー・ポリシー(個人情報の取扱い)は、上記サイトをご覧ください。
©Jitsugyo no Nihon Sha, Ltd. 2018　ISBN978-4-408-06040-8(第一BG)　Printed in Japan